경북대 IT 법 총서. vol 1.

최승재 지음

한국학술정보㈜

삶은 경쟁이다. 우리는 살아가면서 여러 가지 경쟁을 한다. 이러한 인간들의 계약에 기초하여 만든 계약의 집합인 기업도 경쟁을 한다. 기업들은 인간들이 그렇듯 경쟁전략을 세워서 서로 경쟁한다. 경쟁법은 경쟁은 좋은 것이라고 한다. 그리고 독점을 나쁘다고 한다. 경쟁은 정말 혁신을 촉진하는가. 혁신을 위해서는 경우에 따라서는 협조적인 행동이 필요하지 않을까. 독점이 기술혁신이나 경영혁신을 촉진하는가. 독점을 할 수 있도록 허용하는 것이 기술혁신이나 경영혁신을 촉진하는가. 기업들은 왜 혁신을 하는가. 살아남기 위해서. 더 많은 이윤을 남기기 위해서. 경영진의 심리적인 만족을 위해서.

기업들 간의 경쟁이 소비자후생의 증대에 도움이 된다고 믿는다면, 이러한 신념체계에서 중요한 것은 무슨 경쟁전략이 어디까지 허용되고, 어디부터는 허용되지 않는가 하는 점에 대한 가이드라인을 제시하는 것이다. 기본적으로 경쟁법이 문제 삼아야 할 부분은 다양하다. 비유적으로 권투시합에서 벨트 아래로는 가격하지 말라는 것이라거나, 축구공을 손으로 던져 넣어서는 안 된다는 것과 같은 것으로부터, 오프사이드와 같은 기술적인 규칙까지 여러 가지 종류가 있다. 경쟁법은 경쟁의 규칙을 시장에 제공하는 것이며, 이러한 경쟁의 규칙은 시장에서의 경쟁의 모습을 바꾸고 국가경쟁력에 영향을 준다.

경쟁이 소비자후생에 기여하기 위해서는 개별경제주체들의 창의를 극대화시켜 주어야 하며, 창의적인 경쟁전략은 시장에 활력을 준다. 이 책에서는 경쟁전략에 대한 여러 가지 아이디어들을 제공하고자 한다. 그리고 이러한 새로운 아이디어들이 시장에 대한 여러 가지 시각을 제공하여 주리라고 믿는다.

이 책이 나오기까지 여러분들의 도움이 받았다. 우선 경북대 IT와 법 연구소의 김재범 소장님과 여러 동료 교수님께서는 책출간을 지원해주시고, 독려해주셨다. 그리고 출판과 편집에 힘써주신 한국학술정보(주)의 노고가 없었다면 이 책이 나올 수 없었다. 이 분들에게 감사의 마음을 전한다. 그러나 가장 큰 공은 부모님께 돌려야 한다. 특히 아버지는 이 세상에 난 그 순간부터 중학생이 될 때까지 직접 공부를 가르치셨고, 그 이후에도 여전히 모든 일에서 아들을 최우선으로 두셨다. 아버지의 은혜가 없었으면 내가 현재 가지고 있는 조그만 총명함도 있을 수 없다.

2009년 5월
경북대 법대 연구실에서
최승재 씀

목 차

머리말

제1장

산업별 경쟁전략과 법

I. 서 론

표준화는 다종다양한 제품들을 사용하게 되는 소비자의 관점에서 소비자 효용을 향상시킬 수 있는 중요한 수단이다. 반면, 표준화의 과정에서 내지 표준화의 결과로 나오게 되는 결과물의 소유와 사용과 관련하여 표준을 가지지 못한 생산자의 관점에서 표준은 심각한 진입장벽으로 작용할 수 있게 된다. 표준 그 자체는 이와 같이 경쟁의 관점에서 친경쟁적인 면과 반경쟁적인 면을 가지고 있다. 이러한 표준은 어떻게 발전하게 되나 가장 직관적인 예를 들어 설명하는 것이 좋겠다. 마차에서 증기기관이 발명됨으로 인하여 증기기관차가 나오게 되었을 때, 이러한 기차를 운용하기 위하여 필요한 필수적인 설비인 기차의 철로 폭은 다양하였다. 실제로 지금도 표준궤[2]가 존재하지만,

---

[*] 이 부분의 원고는 저자의 법조 2008년 6월호에 게재된 논문을 바탕으로 한 것임.

[2] 표준궤(標準軌)는 두 레일의 간격인 궤간이 1,435mm인 철도 선로를 말한다. 1830년 표준궤를 도입한 조지 스티븐슨의 이름을 따서 스티븐슨 게이지(Stephenson Gauge)라고도 불린다. 표준궤는 철도가 최초로 부설된 영국에서 형성된 궤간이다. 초기의 영국 철도는 다양한 궤간이 존재하고 있었는데, 심지어 스티븐슨이 초기에 개발했던 맨체스터 - 리버풀 간 철도조차 최초엔 1,422mm(4피트 8인치)의 것이었다고 한다. 그러나 스티븐슨의 성공은 여러 기술자들이 그 궤간을 답습하게 하는 효과를 초래하여, 결과적으로 영국에서 가장 긴 연장을 가진 궤간으로 자리 잡게 하였다. 그러나 표준궤의 설정이 많이 이용된 것만으로 결정된 것은 아니어서, 더 넓은 궤간을 통해 고속, 대형, 중량의 철도를 확보해야 한다는 견해 또한 많았다. 대표적으로 이삼바드 킹덤 브루넬의 2,140mm 궤간(7피트 1/4인치)이 이러한 광궤의 대표라 할 수 있다. 실제 이 궤간은 그레이트 웨스턴 철도(Great Western Railway: GWR)에서 사용되었다. 종국적으로 표준 궤간의 결정은 1845년 영국 왕립위원회에 의해서 이루어지게 되는데, 당시 GWR 외에 채용례가 적은 2,140mm 광궤 대신 그 8배 가까이 노선 연장을 확보한 1,435mm 궤간을 채용하는 것으로 결정되었다. 이 결정은 강제적인 것은 아니어서, GWR의 광궤가 즉각 표준궤로 개궤당하거나, 노선 연장을 금지당한 것은 아니다. 그러나 표준궤를 채용하는 철도가 증가함에 따라 1895년에 GWR은 표준궤로 개궤하게 되어 광궤의 시대는 끝나게 되었다. 당시의 표준궤 결정은 유럽 및 미주 등 각국에 확산되었다. 그 결과 전 세계 과반의 철도가 표준궤로 부설되었으며, 이후 국제철도연맹(UIC)에 의해 표준 궤간으로 결정되

국가별로 내지 같은 국가 내에서도 광궤[3])와 협궤[4]) 열차가 공존하고 있다.

1900년대 미국에서 철도 사업의 폭발적인 증가가 이루어지던 시기를 생각하여 보면, 국가나 사업자들의 단체에서 표준을 정하여야 할 필요성이 있음을 이해할 수 있다. 서로 다른 철도회사가 서로 다른 철로의 너비를 정하여 운행하는 경우, 소비자의 입장에서 보면, 다른 지역을 가기 위해서는 기차를 갈아타야 원하는 목적지로 갈 수 있는 불편함이 있는데, 이를 막아야 한다는 필요성은 사업자의 관점에서 보아도 좀 더 많은 신규 이용자를 창출하기 위해서 기차가 다른 교통수단에 비하여 경쟁우위에 있도록 하여야 하는바, 이러한 상황이 오면 국가가 굳이 개입하지 않더라도 시장에서의 경쟁압력이 사업자들 간에 표준을 만들도록 하는 압력으로 작용할 수 있게 되는 것이다. 이 글에서는 법학 관점에서 표준의 의미와 이러한 표준이 어떻게 만들어지는가 하는 점에 대하여 살펴보고, 이러한 표준화에 대한 경쟁당국의

없다(http://ko.wikipedia.org/wiki/%ED%91%9C%EC%A4%80%EA%B6%A4 2008. 2. 8. 최종접속).

3) 광궤(廣軌)는 표준궤보다 폭이 넓은 궤간을 가진 철도 선로를 말한다. 광궤는 특정한 궤간을 직접 일컫는 표현은 아니며, 표준궤보다 폭이 넓은 궤간을 통틀어 부르는 표현이다. 대표적인 광궤간으로는 러시아를 포함한 소비에트 연방 구소련권 국가의 1,524mm(러시아 궤간), 아일랜드 및 브라질 일부에서 이용되는 1,600mm(아일랜드 궤간), 포르투갈과 스페인이 이용하는 1,668mm(이베리아 궤간), 인도 일부 및 아르헨티나, 칠레, 파키스탄 등에서 이용하는 1,676mm(인도 궤간) 등이 있다. 이 외에 현재는 폐지되었으나, 스티븐슨 궤간과 경합한 브루넬의 2,140mm 궤간 역시 광궤에 해당한다. 광궤의 부설 이유는 크게 세 가지로 나누어진다. 첫째, 정치외교 또는 국방상의 이유로 인해, 타 국가의 철도편이 직결하거나, 영내 철도 구간을 이용하지 못하도록 하기 위한 것이다. 에스파냐의 경우 프랑스와의 단절을 위해, 러시아의 경우 독일과의 단절을 위하여 의도적으로 광궤를 채용하고 있다. 둘째, 대형, 대출력의 기관차 사용을 위하여 광궤를 부설하기도 한다. 광궤의 경우 더 넓고 무거운 차량을 사용할 수 있으며, 특히 이는 증기기관의 경우 연소실 용적 확보에 직결되므로 출력 강화가 용이해진다. 에스파냐는 앞서의 이유와 함께, 산악 구간을 통과하기 위한 기관차의 성능을 확보하기 위하여 광궤를 선택하였다. 또한 고속에서의 안정성 역시 향상되기 때문에, 영국의 서해안선(GWR)이 한때 브루넬의 의견에 따라 채용한 바 있다. 셋째, 토목상의 필요에 따라 광궤를 부설하기도 한다. 연약 지반 등과 같이 노반을 확보하기가 까다로운 구간의 경우 광궤를 부설하여 노반 공사에 드는 노력을 절감하려 하기도 한다. 시베리아 횡단 철도(TSR) 건설 시에 광궤 채용은 이러한 점에서 유리하게 작용하였다(http://ko.wikipedia.org/wiki/%EA%B4%91%EA%B6%A4 2008. 2. 8. 최종접속).

4) 협궤(狹軌)는 표준궤보다 폭이 좁은 궤간을 가진 철도 선로를 말한다. 협궤는 특정한 궤간을 의미하는 용어가 아니며, 표준궤보다 폭이 좁은 궤간을 일괄하여 부르는 호칭이다. 대표적인 협궤간으로는 1,067mm(케이프 궤간), 1,372mm, 1,000mm(미터궤간), 891mm, 763mm, 610mm 등이 있다. 협궤의 경우 더 급격한 선형을 적용할 수 있으며, 노반 축조에 적은 비용이 소요된다. 또한, 이러한 이유로 더 빠르고 저렴하게 부설할 수 있다. 이러한 장점은 시가지, 산악 구간과 같은 지형적인 조건이 열악한 경우 또는 경제성이 떨어지는 노선의 경우에 상당히 부합하는 특성이라 할 수 있으며, 특히 도로 교통이 발달하지 않았던 과거에는 협궤 철도가 크게 보급될 수 있는 원동력이 되었다 (http://ko.wikipedia.org/wiki/%ED%98%91%EA%B6%A4 2008. 2. 8. 최종접속).

역할에 대한 논의를 Ⅱ에서 하고자 한다. Ⅲ에서는 Ⅱ에서의 논의를 바탕으로 지적재산권이 이러한 표준화의 과정에서 개입되는 경우에 이러한 지적재산권과 경쟁법의 역할의 관계에 대하여 살펴본다. Ⅳ에서는 앞서 Ⅱ의 논의를 통신산업에 대입하여 검토하되, 최근 서울고등법원의 DRM 사건을 간략히 보면서, IT 산업에서의 표준화와 관련된 특성을 살펴보고, 이를 중심으로 표준화 논의의 통신산업에서의 경쟁법적 관점에서의 함의를 살펴보도록 한다.

Ⅱ. 표준화의 양상과 경쟁당국의 역할

1. 표준화의 의의

도량형의 표준과 기술의 표준은 서로 구별하여야 할 개념이다. 물론 이들은 동일한 용어를 사용하고 있고, 이들이 공유하는 개념소가 있다. 하지만 법학적인 관점에서 표준화와 경쟁법의 관계를 논하려면 기술표준이라는 개념과 도량형의 표준은 서로 구별하는 것이 논의의 명징성을 높여 준다.[5] 이 둘의 차이는 여러 가지를 들 수 있을 것이나, 기술표준의 가장 큰 도량형 표준과의 차이는 도량형 표준의 경우에 만일 이를 표준화한다면, 단일화하는 것이 복수의 도량형을 사용하는 것에 비하여, 거래비용(transaction cost)의 절감이라는 관점에서 거의 항상 우위에 있는 선택안[6]인 데 반하여, 기술표준의 경우에는 블루레이(Blue－ray)진영[7]과 HD DVD 진영[8] 간의 차

---

5) 이 양자의 구별에 대한 상세한 것은 최승재, "지적재산권법과 경쟁법 간의 조화와 균형에 대한 연구―상호 운용성, 표준 및 라이선스 전략의 예를 중심으로", 경쟁법연구(제16권), 경쟁법학회 편, 2007. 11. 참조.

6) 예를 들어 우리나라의 경우 아파트를 평으로 표현하였지만, 이러한 평이라는 표시와 동시에 미터법이 병행하여 사용되는 과정에서 소위 변환손실(conversion loss) 내지 의도적인 표기로 인하여 사용자들에게 혼동을 일으키고, 거래에 별도의 환산을 위한 추가적인 거래비용을 유발하였다. 단기에 있어서는 경우에 따라 기존의 거래 관행을 바꾸어야 하는 문제로 인한 문제가 발생할 수 있으나, 장기에 있어서는 도량형 표준의 경우, 항상 단일화하는 것이 경제적으로 효율성의 관점에서 우위에 있는 선택안이라고 할 것이다.

7) 삼성전자, 소니, 마쓰시다 등이 이 진영에 속해 있다.

8) 도시바, 마이크로소프트, NEC, 인텔 등이 이 진영에 속해 있다. 그런데 도시바는 그 생산을 포기한다고 선언하였고, 마이크로소프트도 이를 기반으로 한 X－Box의 생산을 중단한다고 발표하였다

세대 저장장치 표준경쟁에서 볼 수 있는 것처럼 복수의 표준을 유지하는 것이 표준경쟁을 통하여 상호의 장점을 배워서 기술혁신을 도모할 수 있고, 소비자의 관점에서는 서로 다른 수요를 만족시킬 수 있다는 점에서 소비자 후생을 증대시킬 수 있는 선택지를 제공하여 주는 장점이 있다.[9] 이러한 의미에서 경쟁법적 관점에서 의미가 있는 논의는 기술적 표준과 그 과정으로서의 표준화라고 할 것이다.

2. 표준화의 양상

가. 제품의 속성과 표준화

일단 새로운 제품이나 새로운 기술이 등장하게 되면, 새롭게 등장하는 시기에 있어서는 표준화에 대한 별도의 시장 내부에서의 요구는 없거나 미약하다. 어떤 제품의 경우에는 표준화의 필요성이 제품 자체의 속성에 의하여 없을 수도 있다. 예를 들어 스프링을 사용하여 쥐가 들어가면 바로 닫게 하는 쥐틀을 누군가가 발명하였다고 하자. 이와 같은 경우에는 서로 다른 회사가 다른 규격의 쥐틀을 만들거나 너비나 높이가 다른 쥐틀을 개발한다고 하더라도 문제가 될 것이 없다. 하지만 이와 같은 경우에도 사실상의 표준은 정하여질 수 있다. 왜냐하면, 가장 효율적인 쥐틀의 규격이 쥐는 잡는다는 목적에 부합하도록 할 수 있기 때문이다. 소비자의 선택에 의한 시장의 힘이 가장 효율적인 규격을 발견하는 기능을 하게 되는 것이 것이다.

나. 제품 간의 연결성과 표준화

반면, 제품들 간의 연결성이라는 관점도 표준을 이해함에 있어 중요한 요소이다. 독립적인 형태(stand alone)의 제품을 우선 상정하여 보자. 방 하나를

(http://www.dt.co.kr/contents.html?article_no =2008022502010832740002 2008. 2. 25. 최종접속).

9) 블루레이는 새로운 생산시설의 필요성 등으로 인하여 고가인 데 비하여 높은 성능과 저장용량에서 장점을 가지고 있는 반면, HD DVD의 경우에는 기존의 DVD 생산시설을 그대로 사용할 수 있기 때문에 저가의 생산이 가능한 대신, 성능과 저장용량 면에서 열위에 있다. 결국 소비자는 복수 표준의 존재와 이들 간의 경쟁으로 인하여, 이러한 양자의 장단점을 적절히 고려하여 선택할 수 있는 선택지가 늘어나게 되는 것이다.

가득 차지하는 컴퓨터가 있다고 하자. 세계 최초의 컴퓨터인 애니악과 같은 경우를 염두에 두면 이 기기는 독자적으로 연산하고 그 결과를 보여 주는 것을 목적으로 하는 기기이다. 타 기기(device)와 연동하지 않고, 독자적으로만 작업을 수행하는 경우에 표준은 의미가 그리 많지 않다. 이런 경우 독립적인 형태로 업무를 처리하는 기기라면 표준에 대한 욕구는 거의 없다.

하지만 서로 다른 제품이나 동일한 종류의 제품 간에 동일한 회사에서 생산된 내지 서로 다른 회사에서 생산된 제품이 서로 연동하여야 할 필요성이 생기게 되면, 표준의 효용이 발생하게 된다. 우선 동일한 회사에서 생산하는 제품의 경우, 표준화는 부품 표준화와 같은 경우를 상정하면 쉽게 이해된다. 포드의 모델 T가 성공할 수 있었던 건 당시로서는 혁신적인 생산방식이었던 컨베이어 벨트의 이용과 같은 것도 하나의 이유가 될 수 있었을 것이나, 가장 중요한 이유는 부품의 표준화와 이를 통한 대량생산, 그리고 이러한 대량생산을 통한 규모 경제의 달성과 생산원가 인하로 인한 대중적인 자동차 소비의 가능이라는 일련의 인과관계 고리에서 발견할 수 있다고 생각한다.

서로 다른 회사의 경우에도 바로 이러한 표준화가 이루어질 수 있다. 이를 가지고 계속 논의를 확장하여 보면, 표준화된 부품 사용으로 부품 생산만을 대량으로 할 수 있는 회사가 등장할 수 있게 되고, 이렇게 되면 부품 자체의 생산원가 인하로 인하여 전체적인 산업의 외형이 성장할 수 있게 된다. 따라서 소비자는 저렴한 가격에 당해 제품을 구매할 수 있게 되고, 부품업체는 여러 완성차 업체에 부품을 조달할 수 있도록 되어 규모의 경제를 달성할 수 있게 되고, 완성차 업체의 관점에서는 낮은 가격에 부품을 조달할 수 있는 상생의 순환고리를 가진 기업생태계가 완성되게 되는 장점을 부품의 표준화가 달성할 수 있게 되는 것이다. 서로 다른 제품 간의 표준화에 대해서는 다음 절에서 설명한다.

다. 서로 다른 제품 간의 표준화

(1) 기능 통합 내지 복잡화와 표준화

문제가 되는 사안 중의 하나가 바로 서로 다른 제품 간의 인터페이스의 표준화와 관련된 문제이다. 제품의 컨버전스(convergence)[10] 또는 통합(integration)이 이루어지면서, 하나의 제품으로서 독자적으로 시장을 형성하고 있던 제품이 다른 제품의 일부 기능으로 흡수되는 경우들이 증가하고 있다.[11] 이러한 하나의 제품 안으로 흡수 통합되는 경우에도 다른 기능 간에 통합에 문제가 발생할 수 있다. 하지만 이런 기능 통합의 경우에도 실제로는 베타 버전에서는 많은 결함이나 문제점을 노정하는 것에서 알 수 있는 것처럼 그리 용이한 것이 아니다.[12]

그런데 서로 다른 기기 간의 인터페이스를 하는 것은 더욱 쉽지 않다. 하지만 이러한 인터페이스는 소비자의 관점에서 분명하게 큰 효용을 준다. 예를 들어 개인용 컴퓨터(personal computer)와 프린터 간의 예를 들어 보자. 컴퓨터는 서로 다른 프린터의 인터페이스 정보를 알지 못하는 상태라면, 사용자가 일일이 컴퓨터와 프린터를 연결시켜 주는 드라이버를 찾아서 이를 설치하여야 사용할 수 있다. 하지만 만일 프린터업체들이 이러한 컴퓨터와의 인터페이스에 대한 하나의 규약(protocol), 달리 말하여 표준을 제정하여 공용으로 사용하게 된다면, 개인용 컴퓨터 제조업체의 경우에는 이러한 규약을 준수하는 것으로 이해하고, 제품을 만들 수 있게 되기 때문에 바로 플러그 앤 플레이(plug and play)[13]를 할 수 있도록 할 수 있다. 다른 하나의

---

10) 역으로 제품의 디버전스(divergence)가 이루어지는 경우가 있다. 대표적인 것이 인터넷 기능이 제거된 위피 비탑재 휴대폰이다.

11) 마이크로소프트의 기능 통합 모델이 유럽공동체에서 위법으로 판단된 것이 끼워팔기 이론에 기초한 것이라는 것은 마이크로소프트사가 시장지배적 사업자라는 점에서 다른 경쟁자들과 달리 취급되어야 한다는 점을 포함시키지 않으면 마치 컨버전스 내지 기능 통합이 끼워팔기이고 당연 위법으로 판단되어야 할 것 같은 오해를 불러일으킬 수 있다. 하지만 유럽공동체에서조차도 명시적으로 당연 위법이니, 합리의 원칙이니 하는 식의 표현을 하지 않았으나 객관적 정당화 사유의 부존재라는 표지를 어느 정도 고려한 것으로 보인다는 점에서 견해 차이는 있을 수 있겠지만 완전한 미국식의 당연 위법과 같은 판단방식을 취한 것보다는 수정된 당연 위법의 원칙 내지 좀 더 합리의 원칙과 근접한 방식을 취한 것으로 이해된다. 이에 대한 상세한 것은 최승재, "마이크로소프트 유럽공동체 판결에 대한 법경제학의 역할과 한계", 2006. 2. 법경제학회 발표자료 참조.

12) 예를 들어 소위 스마트 폰(smart phone) - 삼성전자의 경우라면, SK용의 M450이나 KTF용의 M4500의 경우나 후속모델인 소위 '블랙잭 폰' - 의 경우가 이러한 기능 통합의 어려움을 보여주는 하나의 예라고 할 수 있다고 본다. 스마트 폰이라는 것이 결국 PDA라는 제품과 핸드폰을 서로 결합한 것에서 한 단계 진화한 것이라고 할 수 있는데, 이러한 경우 PDA 플랫폼 위에 핸드폰 모듈을 추가하여 얻게 되면, 서로 간에 인터페이스에서 문제가 생겨서 핸드폰 기능에서 일부 문제가 생기게 되는 등의 문제가 베타 테스트 단계에서 발생한 바 있다.

13) 꽂아서(Plug) 바로 사용(Play)한다는 뜻의 플러그 앤 플레이는 윈도우즈95 운영체제가 발표되면서

방식은 이런 표준이 정하여지기 어렵다면, 소프트웨어적으로 운영체제에 여러 회사의 인터페이스 정보를 포함시켜서, 플러그 앤 플레이가 이루어질 수 있도록 하는 것도 상정할 수 있다. 이러한 인터페이스 표준으로 가장 성공적으로 이루어진 것이 바로 USB(Universal Serial Bus)이다. 기능 통합의 필요성 내지 각종 규격의 난립으로 인한 복잡성의 증가는 소비자 다시 말해 사용자에게 불편함을 증가시키게 되고 이러한 각종 규격을 통일함으로써 상호간의 생산비용 절감을 통한 생산효율성(production efficiency)[14]의 증대, 소비자의 사용 편이성의 증대 등을 도모할 수 있게 되는 것이다.[15]

(2) 컴퓨터 주변장치 표준화의 예: USB

USB는 플로피디스크나 콤팩트디스크를 대신하는 휴대용 저장장치로 성가를 높이고 있지만, 애초에 표준화의 의도는 컴퓨터를 매번 부팅하지 않고도 컴퓨터의 주변기기를 쉽게 플러그 앤 플레이 할 수 있도록 하는 것을 목적으로 한 인터페이스 규격으로서 당시에는 컴퓨터의 주변기기 수만큼이나 많은 수의 인터페이스 규격이 존재하였다.[16] 이 상황에서 컴퓨터 업계를 비롯한 전자업계에서는 이러한 컴퓨터 주변기기의 인터페이스 규격을 통일할 필요성을 느끼게 된다. 결국 당시 업계의 리더였던 애플社(Apple Inc.,), 휴렛팩커드社(Hewlett－Packard), 인텔(Intel), NEC, 마이크로소프트(Microsoft)사 등이 공통 표준을 만들기 위하여 힘을 합쳤다.

부각된 컴퓨터의 중요한 기능으로서 컴퓨터에 사운드 카드, 통신카드, 모뎀 등과 같은 주변장치가 추가되더라도 별도의 물리적인 설정을 하지 않아도 설치만 하면 기기들의 인터럽트 입/출력 주소 등을 자동적으로 조절하여 사용할 수 있게 해 주는 기능을 의미한다. PnP[플러그 앤 플레이 또는 피앤피]는 장치를 컴퓨터에 집어넣고, 컴퓨터는 그 장치가 거기에 있음을 인식할 수 있는 능력을 주는 표준이다. 사용자는 컴퓨터에게 새로운 주변장치가 추가되었음을 말해 줄 필요가 없다. 이러한 새로운 능력이 있기 전에는 전통적으로 운영체제는 추가 장치의 부착내역을 포함하여 사용자에 의해 정의된 기계장치 구성 내역을 가지고 있어야 했다 (http://terms.naver.com/item.nhn?dirId=1&docId=12509 2009. 3. 24. 최종접속).

14) 생산적 효율성의 한 개념으로 배분적 효율성과 함께 규범이 달성하여야 할 중요한 목표 중의 나이다. 이 개념들에 대한 국내문헌으로 윤진수, "법의 해석과 적용에서 경제적 효율의 고려는 가능한가", 2009년 경제학공동학술대회 한국법경제학회 자료집 중에서(2009. 2. 12.) 참조.

15) PC에 접속하는 휴대용 저장장치 방식의 예를 들면, PC에 MD(Mini Disk), SD(Flash memory를 이용한 소형 저장장치), San Disk사의 Flash memory 이용 저장장치 등 제조사별 다양한 크기의 저장장치의 존재로 인하여 PC나 프린터에 여러 개의 접속구가 존재하여야 하였다.

16) 예를 들어 키보드의 경우 USB로 통일되기 전의 PS2 방식이라든지 하는 방식들이 존재하였다.

최초 USB 표준이 나온 것은 USB 1.0이 발표된 1985년으로, 2000년에는 USB 2.0 버전이 출시되었다.[17] 그리고 현재는 가장 보편적으로 사용되는 개인용 컴퓨터를 포함한 휴대폰 등의 장치에 접속하는 인터페이스 규격으로 자리 잡았으며, 표준의 지위에 이르렀다고 할 수 있다. USB는 USB IF(USB Implementers Forum)에 의하여 표준화되었지만, 이 표준은 업계의 주도에 의하여 이루어진 것으로 다른 규격의 장치들도 여전히 사용되고 있으나, 표준 경쟁에서 밀려 점차 사멸하여 가고 있다고 할 것이다. USB의 성공은 가장 중요한 원인이 자생적으로 업계의 리더들에 의하여 만들어진 표준으로 그들에 의하여 설계되고 실행되면서, 필요성을 반영하여 개선되어 갔다는 점이라고 할 것이다.

표준화의 방식은 공식적인 표준(public standard), 사적인 표준(private standard)으로, 법적인 표준(De jure standard)과 사실상의 표준(De facto standard) 등으로 여러 관점에서 분류할 수 있으나, 표준화가 시장 친화적으로 시장의 수요에 의하여 추동될 때 가장 정착될 가능성이 높다는 것을 보여 주는 예라고 할 것이다. 역으로 공적 표준이라고 국가나 국제 표준화기구(ISO)[18]에 의하여 표준이라고 제정되고 선언된 표준이라도 업계에 의하여 널리 사용되지 못하고 사장된 경우도 다수 있다는 점이 이러한 표준의 역동성의 반증이라고 할 것이다.

Ⅲ. 표준관련 지적재산권의 보호와 경쟁법의 역할

1. 표준화기구와 표준화

가. 표준화와 표준화기구

표준화는 어느 한 회사의 일방적인 기술개발과 이러한 기술이 시장에서

---

17) USB 기술에 대한 일반적인 수준에서의 상세에 대해서는 다음의 사이트 참조
   http://en.wikipedia.org/w/index.php?title=Universal_Serial_Bus&printable=yes(2008. 2. 8. 최종접속)
18) International Standard Organization의 약칭.

널리 사용되게 됨에 따라 표준의 지위를 획득하게 되는 일련의 과정을 거
쳐서 사실상의 표준으로 통용되게 되는 경우가 있다. 마이크로소프트의 윈
도우즈가 이러한 경우의 대표적인 예라고 할 수 있다. 초기 개인용 컴퓨터
용 운용체제 시장은 MS DOS나 윈도우즈 외에도 여러 개의 운용체제가 존
재하고 있었다. 하지만 이러한 운용체제 간의 경쟁은 IBM의 범용화 전략을
통하여 IBM 호환 PC(IBM compatible PC 내지 IBM cloned PC)의 세력 확
장과 더불어 마이크로소프트의 운영체제가 개인용 컴퓨터 시장에 있어서는
압도적인 우위를 차지하게 되었고 시장지배적인 지위에 이르게 되어 실제
적으로 많은 소프트웨어들이 윈도우즈라는 운영체제를 기반으로 하여 만들
어짐으로 인하여 사실상의 표준의 지위에 오르게 되었다. 하지만 많은 경우
표준화는 단일 기업의 행동에 의하여 이루어지기 힘들기 때문에 앞서 USB
의 경우와 같이 일련의 산업계 선도적인 업체들의 연합체에 의하여 이루어
지기도 하고, 국내 내의 또는 범국가적인 표준화기구[19]에 의하여 표준화가
되기도 한다. 이러한 국제적인 표준화기구에 의하여 표준화되었다고 하여
더 권위 있거나 기술적인 우위에 있는 기술이라고 할 수는 없고, 역으로 설
사 기술적인 우위에 있거나 이상적인 기술이라고 하더라도 산업계에서 전
반적으로 수용될 것인지에 대해서도 확신할 수 없다. 이러한 표준화와 관련
된 프로세스는 범국가적인 표준화기구의 경우 정치적인 고려까지 같이 포
함되어 상당히 다양한 요소가 고려되는 것도 이러한 표준의 수용이나 확산
을 장담할 수 없는 다른 이유가 될 수 있다.

나. 경쟁당국의 사전 사업검토절차(Business Review Process)[20]

(1) 미국의 경우

표준화기구를 포함한 사업을 영위하고자 하는 자들의 경우 경쟁당국이

---

19) 이를 영문으로는 SSO(Standard Setting Organization) 또는 SDO(Standard Development Organization)
    이라고 부른다. 하지만 실제에 있어서는 명칭의 차이에도 불구하고 차이는 없다고 보아도 무방한
    것으로 보인다.
20) FTC의 경우에는 이를 권고 의견(advisory opinion)이라고 하고, DOJ에서는 사업검토서(Business
    Review Letter)라고 한다.

제시하는 가이드라인[21]은 구체적인 사안에서 명확하지 않을 수 있기 때문에 경우에 따라서는 사전에 특정한 사업모델이나, 표준화기구의 경우라면 라이선스 모델에 대한 경쟁당국의 의향을 확인할 필요성이 있을 수 있다. 이 경우 사업자의 공식적인 요청이 있으면 당해 경쟁당국은 이러한 요청에 대한 의견을 제시한다. 경쟁당국의 관점에서 경쟁법 집행의 목적이 무엇인가를 보면, 사후적으로 많은 과징금을 받고, 많은 카르텔을 조사하여, 이를 처벌하는 것에 있다고 하는 주장이 있을까? 경쟁당국의 역할에 대하여 1914년[22] 미국 연방거래위원회법[23]을 제정하고, 이를 통하여 미국 공국 연방거래위원회 (Federal Trade Commission)를 창설하였던 과정에서 미국에서의 입법자료를 보면, 공정거래위원회를 비롯한 경쟁당국의 역할은 다음과 같이 규정된다.

> "사람들로 하여금 이러한 거부들의 횡포에 대한 두려움을 줄이기 위해서는 공익을 대변하는 기관이 존재하도록 하는 것이 방법이다."[24]

이러한 공익의 대변자로서의 역할은 경우에 따라서는 사전적인 제어를 통하여 좀 더 효과적으로 달성될 수 있다. 미국의 경우 법무성에 의한 사업 검토서는 당해 회사가 공식 서면 요청을 함으로써 시작한다. 요청을 받은 법무성은 조사를 시작하고, 시장 상황에 대한 자료 수집을 하고, 동시에 또는 순차적으로 관련 이해관계자들을 면담한다. 하지만 법무성은 제한적인 자원을 가지고 있고, 사전조사가 가지고 있는 가장 큰 문제 중의 하나인 자원 부족의 문제로 인하여, 기본적으로는 요청자가 제출하는 자료에 기반을

---

21) 미국의 경우, 경우에 따라서 DOJ/FTC의 공동 가이드라인을 예로 들 수 있다.

22) 1914년 당시 셔먼법(Sherman Act)이 제정되었음에도 50명의 갑부가 전 미국 자산의 40% 이상을 보유하는 현상은 의회로 하여금 이들의 전횡에 대한 우려를 가지게 하였다(Robert Lande, Wealth Transfers as the Original and Primary Concerns of Antitrust; The Efficiency Interpretation Challenged, 68 The Hastings Law journal, Vol.34(1982), p.5).

23) 1890년 제정된 셔먼법(Sherman Act)은 당시 트러스트의 위력에 의해서 경쟁에서 도태되던 중소기업을 보호하기 위해 제정된 법이었지만 실제 이러한 목적을 제대로 달성하지 못하자, 1910년대 이후 미국 의회는 연방거래위원회법(Federal Trade Commission Act)과 클레이튼 법(Clayton Act)을 제정하여 이러한 입법목적을 달성하고자 한다.

24) F. C. Stevens의 의회 연설에서 이러한 우려는 표명되었고, 그는 공정위의 창설을 주장하였다 (Landes, 전게논문 참조).

두어 심사를 수행한다.[25)]

　법무성이 당사자가 제출한 자료에 기초하는 이유는 자원 부족에만 국한
되는 것은 아니며, 법무성의 의견은 당사자가 제출한 의견에 기반을 두어서
만 유효하도록 하기 때문에 당사자들의 입장에서도 만일 허위 사실을 적시
하거나, 중요한 사실을 은닉하는 것은 사후 자신들의 받은 사전 검토서의
효력을 상실하도록 하기 때문에 오히려 당사자들이 유인구조의 관점에서
충분히 밝히도록 하는 유인을 가지게 법제화되어 있기 때문이다. 오히려 경
쟁당국인 법무성이 많은 조사를 광범위하게 하는 경우에는 당사자들에게
이러한 당사자들의 행위로 인한 불이익을 부담하도록 하는 것이 어렵기 때
문이라고 이해된다. 이러한 조사 절차를 거치고 난 뒤 법무성은 당해 계획
에 대하여 법무성이 문제 삼을 계획이 없다 또는 있다 내지는 신청자의 신
청 내용 또는 시장 상황에 비추어 보아 결정을 할 수 없다는 취지의 결정
을 하여 통보함으로써 절차는 종료되는 것이다.

(2) 검토: 우리나라의 경우

　우리나라에서도 공정거래위원회가 이와 같은 절차를 사전에 공식적인 서
면 형식으로 하는 것은 표준화기구에 의한 표준화와 같은 여러 이해관계자
가 동시에 진행하여야 하는 경우에는 매우 유용한 절차가 될 수 있다고 본
다. 이미 우리 공정거래위원회는 사전심사청구제도를 공정거래법의 집행과
관련하여, 2004년 12월 1일부터 시행하고 있으므로, 이 제도를 활용하여 미
국과 같은 효과를 거둘 수 있을 것이다. 사후적인 경쟁법의 집행만을 염두
에 두게 될 경우에는 이러한 표준화기구에 의한 표준화라는 형태가 실제로
이루어질 수 없는 유인이 작동한다. 왜냐하면, 표준화기구에 의한 표준화라
는 것은 이해관계의 조절에 대한 협약이라고 할 수 있는 정책서류(policy
document)가 필요하게 되는데, 이 서류가 사후적으로 많은 시간과 비용, 노
력을 들이고 난 뒤에 경쟁법적 관점에서 문제가 발생하게 된다면, 이것은
사전적으로 표준화기구에 참여하려는 기업 내지 이해관계자들에게는 인수

---

25) http://www.usdoj.gov/public/busreview/procedure.htm

하기 어려운 리스크로 작동하게 될 것이기 때문이다.

다만, 문제는 표준화 절차라는 것이 오늘날과 같은 열린 경제, 특히 국제적인 무역을 통하여 국가의 성장을 도모하는 우리나라와 같은 국가에게는 국내에서 이루어지는 것을 상정하기는 어렵다는 것인데, 여전히 다른 국가 내지 국가 간 기구에 의한 표준화의 경우에도 우리나라에 이러한 사전 검토 절차가 존재하는 경우에는 사후적으로 그 결과물이 우리나라에서 매출이 발생하게 되는 등의 영향을 미치게 될 경우에는 사전적으로 우리나라 경쟁당국에 확인하도록 하는 효과가 있을 것이므로 신중하게 도입을 검토하여 볼 실익은 있다고 본다.

2. 표준화기구와 경쟁법의 적용 원칙

경쟁법 및 경쟁법을 집행하는 경쟁당국의 입장에서 사전적(ex-ante)으로 표준화기구의 표준화와 관련된 지적재산권 정책에 대하여 관여할 수 있다. 이러한 표준화기구의 정책들은 라이선스를 허용하고, 지적재산권을 표준화가 이루어지기 전에 공개(disclosure obligation)하도록 의무화하고 있다. 미국의 경우 미국 법무성은 사전에 이러한 표준화기구들의 라이선스 정책에 대하여 리뷰를 하기도 한다.[26] 미국 경쟁당국의 경우 표준화기구들에 대한 경쟁법 사전 심사를 위하여 고려하는 요소들은 네 가지라고 한다. 경쟁(competition), 효율성(efficiency), 효과(effects), 집행(enforcement)이 그것이다.[27]

가. 경쟁의 보호

미국 법원은 브라운 슈(Brown Shoe) 사건[28] 이후 경쟁(competition)의 보호가 경쟁법의 목적이지, 경쟁자(competitor)의 보호가 경쟁법의 목적이 아니라고 천명하고 있다. 전체적인 미국 사법사에서의 브라운 슈 사건은 미국

---

26) 법무성은 검토 후 사업검토서(business review letter)를 발송하게 된다.

27) Hill B, Wellford, Antitrust Issues In Standard Setting, 2nd Annual Seminar on IT Standardization and Intellectual Property China Electronics Standardization Institute, Beijing, China, Mar. 29, 2007.

28) Brown Shoe Co. v. United States, 370 U.S. 290, 344(1962).

경쟁법의 역사에 있어서 경쟁법의 목적이 무엇인가와 관련하여 중요한 시사를 주는 사건으로 이 시기 미국 경쟁법 집행은 시장 구조를 중요시하고, 당연 위법의 원칙에 치중하던 시기였다. 기업 결합 사건인 브라운 슈 사건은 1950년 제정된 기업결합에 대한 경쟁당국의 통제를 강화하기 위한 셀러 커포버 법(Celler – Kefauver Act of 1950)[29]의 집행을 통하여 사법부에 의한 경쟁법 집행을 통과하였던 기업결합에 대한 제동이 경쟁당국에 의하여 걸리기 시작하였고,[30] 사법부도 더 이상 효율성을 강조하는 대신 소기업의 보호와 같은 효율성과 관련 없는 목적에 의하여 경쟁법에 의한 통제를 할 수 있음을 판시하였다. 워렌(Warren) 대법원장하의 경쟁법 집행은 경쟁당국에 의하여 엄격하게 집행될 수 있는 이론적 근거를 제공하였다.[31]

하지만 현재에 있어 경쟁법은 효율성만의 강조는 더 이상 아니라고 보는 것이 타당하고, 특정 경쟁자가 시장점유율을 잃었다는 것만으로는 사실 경쟁법적인 관점에서 의미가 없는 것이, 경쟁은 항상 경쟁에서 패배하여 점유율을 잃거나, 심지어 파산하는 기업이 발생하는 것을 염두에 두고 있기 때문이다. 결국 경쟁당국이 보려는 것은 경쟁, 다시 말해 경쟁의 방식(process of competition)이라고 할 것이다.[32]

나. 효율성의 고려

지적재산권의 표준화와 관련하여 검토되어야 할 또 다른 관점은 바로 효율성이다. 효율성은 사실 여러 가지 의미를 가지고 있다. 생산적 효율성(productive efficiency)이라는 관점과 배분적 효율성(allocative efficiency)이라는

---

29) Celler – Kefauver 반합병법은 합병을 통해 시장 지배력을 강화하여 소비자를 착취하는 것을 방지하는 것을 주된 목표로 하고 있다(상원의원 Kilgore의 연설). 제안자인 Kefauver 상원의원은 소수자의 수중에 경제권이 넘어가게 되면, 부의 이전이 용이하게 이루어져 정치적·사회적인 문제를 야기할 수 있음을 지적한다(Lande, op cit, p.6).

30) 1948년 미국 공정거래위원회는 2차대전 이후의 합병의 가속화에 주목한다. 2,500개의 기업(50억불 이상의 자산가치)이 당시 미국에서는 소멸하였다. 이에 대하여 정부는 집중화를 완화시키기 위하여 개입하여야 한다는 것이 공정위의 태도였다(Lande, op cit, p.7).

31) 이러한 사법부 및 미국 경쟁당국은, 강력한 경쟁법 집행은 1972년 이후 소위 시카고학파의 융성의 원천이 된 면도 있다고 보인다.

32) Hill B, Wellford, *op cit*, pp.2 – 3.

두 가지 관점 중 미국 의회는 이미 셔먼법을 제정할 당시에도 생산의 효율성, 다시 말해 규모 경제를 통하여 생산원가를 절감할 수 있다든가 하는 점에 대해서는 경제력의 집중이 효과가 있을 수 있음을 이해하였다.

이 둘은 산업조직론의 관점에서는 물론 경쟁법적 관점에서도 이론상 구별되어야 할 점인데, 생산 효율성이란 회사가 특정한 자원의 조합에서 기술적으로 가능한 한 최고의 생산량을 낼 수 있도록 하는 것을 말하는 것이나, 특정한 자원의 수준에서 가장 효율적인 투입을 최적화하는 것을 말한다. 반면, 배분적 효율성이란 사회적 후생이 극대화되는 시장 균형을 말한다. 사회적 후생의 관점에서 그 후생의 극대화를 바라보는 경쟁법의 관점에서, 이둘 중 경쟁법이 문제 삼는 것은 배분적 효율성이다. 왜냐하면, 주지하는 바와 같이 배분적 효율성은 자원의 배분과 그 사용을 통하여 최대의 순효익(net benefit)을 얻을 수 있는 시장 상태를 의미한다.[33] 이 상태에서는 어느 누구도 다른 이의 효용을 상실시키지 않고는 자신의 효용을 증가시킬 수 없는, 소위 파레토 개선(pareto improvement)[34]이 불가능한 상황이다. 이러한 배분적 효율성은 실제에 있어서는 시장의 불완전성(imperfection of the market)[35]으로 인하여 완전하게 달성되는 것은 불가능하지만, 경제학의 관여에 의하여 이러한 표준화가 가지고 올 수 있는 효율성의 증가에 대하여 계량화된 실증 분석을 제시하여 친경쟁적 효과로 주장할 수 있는 부분이라고 할 것이다.

다. 실질적 효과 심사를 통한 경쟁제한성의 판단

실질우선의 원칙(substance over form rule)은 경쟁법에서도 여전히 적용된다. 다만, 미국의 경우 경쟁법의 적용에 있어서 형식적인 체크리스트는 활용되는바, 이러한 체크리스트는 최초의 조사 단계에서 일정한 시장점유율

---

33) John Lipczynski et al, Industrial Organization: Competition, Strategy, policy, 2nd edition prentice hall, (2005), p.11.

34) 칼도-힉스 룰(Kaldor-Hicks Rule)과 구별되는 룰이다. 2인 게임을 생각해 보면, 칼도-힉스 룰은 어느 한쪽이 다른 쪽의 희생을 통해서 효용을 증대시키는 것도 개선이라고 보지만, 파레토 개선은 다른 쪽의 희생이 없고 전체적인 사회적 효용이 증가하는 상태를 나타낸다.

35) 불완전한 정보 내지 정보의 비대칭성, 자원의 유동성의 부족, 경제력의 집중, 외부성(externality), 소비자와 생산자 간의 협상력의 차이 등의 요인을 들 수 있다.

이하일 경우에는 안전지대 조항(safe harbor clause)을 적용한다든지 하는 경우에는 이러한 형식적인 심사만으로 정하게 되는 것이다.[36] 예를 들어 특정한 라이선스 관행이 시장에 미치는 효과가 미미할 것으로 보아 소위 최소침해의 원칙(de minimus rule)으로 활용하는 것이다. 하지만 이러한 형식적인 심사를 통과하지 못한다고 하여 바로 당해 표준화기구의 라이선스 정책이 바로 경쟁법 위반이 된다는 것은 아니며, 실제로 경쟁법 위반에 대한 책임을 부담하도록 하기 위해서는 실질적인 효과에 대한 판단하는 순서로 진행된다.[37]

라. 기준에 기초한 집행

경쟁법의 집행에 있어서 유의하여야 할 점은 경쟁법의 집행이 다른 행정법규의 집행과는 달리 경쟁법이나 경쟁당국은 단지 기업들에게 지켜야 할 원칙들만을 제시하고, 경영상의 의사결정들은 시장에서의 생산자와 소비자가 자율적으로 하도록 하는 것이다.[38] 왜냐하면, 시장의 실패에 대하여 경쟁법이 이를 교정하여야 하는 과업을 가지고 있지만, 문제는 이러한 교정작업을 하여야 하는 정부도 완벽하지 않고 정부의 실패를 할 수 있다는 점이다.[39] 자율성의 폭은 카르텔과 같은 경우처럼 형사처벌까지도 필요한 경우에는 가장 적다고 보는 반면, 불공정거래행위의 경우에는 가장 경쟁당국이 집행에 있어 주의하여야 하는 영역이라고 한다.[40]

---

36) Hill B, Wellford, *op cit*, p.4.

37) Continental T.V., Inc. v. GTE Sylvania Inc., 433 U.S. 36, 58 – 59(1977).

38) Hill B, Wellford, *op cit*, pp.5 – 6.

39) "시장은 항상 어떤 상황에서도 완벽하게 작동한다고 할 수는 없다. 하지만 어느 누구도 자신의 가상적인 사례에서의 정부 규제 결과와 현실에서의 시장을 비교하여서는 안 된다(The market may not work perfectly all of the time or in every circumstances, but one should not compare results yielded by the market with some hypothetical 'perfect' world that is the product of government regulation.)."이라는 표현은 이를 잘 설명하고 있다고 생각한다. (Deborah Paltt Majoras, Chairman of USFTC, Address at the Progress and Freedom Foundation Aspen Summit Aug. 21, 2006).

40) Hill B, Wellford, *ibid*, p.6.

3. 표준화와 지적재산권

표준화는 많은 경우 지적재산권과 관련된 사항들이 연결되어 있다. 흔히 표준화와 관련하여, 표준화에 참여하고자 하는 업체들은 자신들이 보유하고 있는 특허 기타 지적재산권에 대하여 이를 다른 회원들에게 공지하도록 하고 있다. 이를 통하여 지적재산권은 특허 풀과 같은 형식으로 풀링이 되어 다른 회원들과의 관계에서 합의에 의하여 라이선스가 이루어지게 되는 형식을 취하기도 한다.

라이선스 조건과 관련하여, 특허 풀을 사용하건 아니건 간에 논의되는 것이 바로 RAND 조건 내지 FRAND 조건이다. RAND 조건이란, 합리적이고, 무차별적인 조건(Reasonable and Non-Discriminatory)을 의미하는 것이며, FRAND 조건이란 RAND 조건에 공정성(Fairness)을 추가한 것으로 좀 더 강화된 조건이라고 할 수 있다. 이러한 라이선스 조건 자체의 준수와 관련된 문제는 어떻게 보면 계약법의 문제라고 할 것이다. 오히려, 경쟁법은 각각의 산업, 같은 산업이라도 서로 다른 기업에 대한 취급이 서로 상이할 수밖에 없다는 특징적인 점을 감안하면, 그 이전 단계에서의 정책문서에 대한 검토가 문제가 되는바, 이러한 정책문서의 검토와 관련하여 특허 풀이라든가, 상호 라이선스, 라이선스 대상의 제한이나 로열티율(royalty rate) 등 라이선스 조건에 대한 검토를 하여야 하는 것이다.

가. 특허의 독점력과 표준의 독점력

우선 지적재산권과 관련된 논점을 개별적으로 들어가기 전에, 특허의 독점력이라는 것과 표준의 독점력에 대한 논의를 선행적으로 하기로 한다. 시장지배력(market power)은 독점력(monopoly power)으로 이해되며, 그 의미는 주지하는 것과 같이 독점기업이 가격을 올림으로써 자신의 이윤을 높일 수 있는 힘이다. 특허권자는 자신의 특허를 이용하여 상업화하는 것과 관련하여 독점력을 가지고 있다. 하지만 우리가 특허권을 인정하는 것은 이러한 특허권자에 대하여 보상[41]을 하는 것이 혁신적인 기술개발을 할 유인을 제공하여 발명을 장려하고, 이를 통하여 시장에서 소비자의 후생을 간접적으로 증가시킬 수 있기 때문이라는 점을 염두에 두어 허용한 것이고, 이러한 점은 우리 공정거래법도 제59조에서 지적재산권에 대한 적용제외규정을 두면서, 인정하는 바라고 할 것이다.

바로 이 점이 오히려 특허권이 그 유인을 통하여 경쟁을 촉진하는 점이라고 할 것이다. 그런데 표준화는 이러한 개별적인 특허권자와는 다른 맥락에서 특허권의 독점력을 무력화시키고, 혁신의 유인을 없애거나 현저하게 떨어뜨릴 수 있다. 왜냐하면, 특정한 표준화의 과정에서 앞서 언급한 것과 같이 기술표준의 경우에는 수개의 표준이 서로 다른 특허권이나 지적재산권의 지지를 받는 상황에서 표준 간의 경쟁이 일어날 수 있지만, 여전히 표준화 과정에서의 표준화기구의 모습은 하나의 구매 카르텔과 같은 모습을 가지고 있다.

따라서 '표준에 참여하지 못함으로 인하여 기술적으로 사장될 우려'라는 점을 이용하여 표준화기구가 반경쟁적인 행태를 보일 가능성이 있다. 그런 면에서 보면, 표준의 독점력에 대해서는 시장에서의 경쟁을 저해할 수 있는 전 단계적인 면이 있어서 경쟁당국의 역할이 요구되는 맥락이라고 할 것이다. 물론 이러한 표준의 독점력은 후에 보는 것과 같이 앞서 설명한 표준의 효용에 기초한 효율성이라는 면에서 반경쟁적인 측면과 형량이 될 수 있으며, 이에 앞서 경쟁당국의 사전 심사 내지 자율적인 표준화기구의 경쟁법적 측면을 고려한 라이선스 정책의 수립을 통하여 해소되거나, 줄일 수 있다. 그리고 특허권의 경우에도 특정한 특허를 거치지 않고는 제품을 상용화할 수 없는 소위 원천특허 내지 개념적인 특허들이 있다. 이러한 특허들은 표준과 마찬가지의 경쟁을 제한하는 효과를 가지고 올 수 있다. 이러한 효과는 소위 특허 차단효과(patent deadlock effect)라고 불리는 결과를 야기하게 된다. 예를 들어, 복수 트랜지스터를 포함하는 집적회로(Integrated circuits containing multiple transistor)에 대한 AT&T의 특허[42]가 있다. 이 특허는 금속산화물의 자기장 효과에 의하지 않는 트랜지스터로서 양극기기를 청구항

---

41) 특허권 본질 중의 필자가 동의하는 소위 보상이론(reward theory)에 의하는 경우를 상정한다.
42) U.S. Patent No.2,569,347(filed June 26, 1948).

으로 하였다. 이 특허를 사용하지 않고는 인텔이건, IBM이건 누구도 이를
회피하여 집적회로를 만들기 어려웠다.

물론 이러한 특허도 시간이 지나면서, 다른 방식으로 회피가 될 수 있다.
결국 문제는 시간인데, 이 점을 경쟁법이 개입할 것인가 하는 점이 바로 문
제상황이라고 할 것이다. 하지만 이 경우에는 특허법이 특허를 부여한 목적
을 감안하여 경쟁법의 개입여부를 판단하여야 할 것인데, 원칙적으로 별도
의 사후적인 라이선스 행위 내지 영업행위와의 연계가 없이는 경쟁당국이
개입하여서는 안 된다고 생각한다.

나. 특허풀(patent pooling arrangement)의 경우

MPEG[43]의 경우에서 볼 수 있는 것과 같이 표준화는 특허와 같은 지적
재산권과 밀접한 연관을 가지는 경우가 대부분이고, 이러한 경우 특허풀은
유용한 표준화를 위한 일련의 지적재산권을 엮어 내는 수단으로 사용될 수
있다. 다만, MPEG의 경우를 포함하여 ISO 규약에 의하여 자신이 직접 특
허권들을 가지고 있는 것이 아니라, 개별 회사나 내지 특허풀에서 앞서의
RAND조건으로 라이선스를 주도록 규정하고 있다.[44]

그런데 특허풀은 정부의 정책과 밀접한 연관을 가지고 있다. 실제로 미국
의 특허풀과 관련된 역사적인 전개를 보면, 전면적으로 금지되었던 시기에
서부터 오히려 정부가 특허풀을 만들도록 하는 중간자적 역할을 하였던 경
우까지의 다양한 경우를 가지고 있다.[45] 하지만 최근에는 이러한 특허풀이
공적으로 만들어지는 경우에는 최소한 미국의 경우에는 찾아볼 수 없고, 사

---

43) MPEG은 Moving Picture Experts Group의 약자로서, 비디오와 오디오 인코딩의 표준 개발을 담당
하는 소규모의 전문가 그룹을 지칭한다. 1988년 첫 모임을 가진 이래 현재는 350여 명의 다양한
산업계와 학계의 전문가들이 참여하고 있다. MPEG의 공식 명칭은 ISO/IEC JTC1/SC29 WG11이
다(http://ko.wikipedia.org/wiki/MPEG 2008. 2. 10. 최종접속).

44) 각주 39)의 MPEG은 스스로 특허라이선스에 관여하지는 않는다. "MPEG does not(can not, under
ISO rules) deal with patents and licensing. It asks of companies that propose technologies that get
adopted into the standard to sign a statement that they will license their patents on Reasonable
and Non－Discriminatory Terms(also called <u>RAND terms</u>)"
(http://www.mpegif.org/patents/ 2008. 2. 10. 최종접속)

45) Robert P. Merges, Contracting into Liability Rules: Intellectual Property Rights and Collective
Rights Organizations, 84 Calif. L. Rev. 1293(1996), pp.21－22.

적인 특허풀조차도 잘 만들어지지 않는다. 이러한 이유의 가장 중요한 부분이 바로 경쟁법의 역할을 통하여 설명될 수 있다. 경쟁법의 존재로 인하여 특허풀을 만드는 경우의 유인이 현저하게 떨어지게 되는데, 특허풀 자체는 길드적인 존재로 인식될 수 있으며, 배타성이 인정될 때 가치가 커진다. 그러나 경쟁법은 특허풀을 허용하는 경우에는 지속적으로 특허풀의 활동을 감시하게 되고, 따라서 로열티 등을 낮추도록 하는 압력으로 작용하게 된다. 더하여 정부에 의한 공적 집행뿐만 아니라 사소제도로 인하여 경쟁법을 청구원인으로 하는 소송들이 경쟁자들에 의하여 제기될 가능성이 항상 상존하기 때문에 그 자체도 비용으로 인식되게 되어 시장 행위자들은 특허풀 형성을 억제하는 역할을 하는 것이다.[46]

다. 표준화와 지적재산권 라이선스의 구조화

(1) 사실상 표준의 경우

표준화는 여러 가지 방식이 있을 수 있고, 사실상의 표준으로 형성되는 과정은 여러 가지 다양한 상황적, 산업적, 개별 기업별 변수가 있어서 이를 이론화하는 것은 어렵다. 오히려 개별적인 사안에 비추어 살펴보아야 하는 것이 옳다. 예를 들어, 마이크로소프트의 윈도우즈는 사실상의 표준이라고 일컬어지는바, 이러한 PC 운영체제 시장에서의 시장지배적인 지위와 이에 부가되는 운영체제관련 기술의 표준화는 마이크로소프트에게 관련 프로토콜을 포함한 일련의 자신들의 지적재산권에 의하여 보호되는 기술에 대한 강제적인 라이선스를 요구할 수 있는가 하는 이슈를 야기하게 되었고, 바로 이 이슈에 대하여 유럽공동체법원은 라이선스를 요구한 유럽공동체 집행위원회의 판단이 타당하다고 손을 들어 줌으로써 결국 마이크로소프트는 선 마이크로시스템에 대하여 자신들의 PC 운영제체와 관련된 기술들에 대한 라이선스를 하여야 하였고, 그 과정에서 그 로열티율이 높다고 하여 다시 한 번 이행강제금을 부담하고, 0.25.%까지 낮추게 되었다.[47]

---

46) United States v. National Lead Co., 63 F. Supp.513, 523(S.D.N.Y. 1945), aff'd, 323 U.S. 319(1947).

47) 이 사건에 대한 상세한 것은 최승재, 마이크로소프트 유럽공동체 사건, 정보법학회, 2008. 1. 참조.

이와 같은 사실상 표준을 형성한 기업에 대한 강제적인 라이선스가 궁극적으로 경쟁법과 지적재산권법이 달성하려고 하는 목표 중의 하나인 혁신의 촉진이라는 관점에서 타당한지에 대해서는 부정적인 영향이 있을 것이라고 생각된다.[48) 다만, 경쟁법이 달성하고자 하는 목표는 오로지 기술혁신의 촉진에만 있는 것은 아니며, 앞서 보았던 것처럼 미국의 경우에도 셔먼법의 입법의도에서 경제력의 집중 방지 또는 소기업의 보호와 같은 목적이 있었고, 유럽공동체의 경우에는 유럽공동체 시장의 통합이라든지 하는 다른 목적적인 통합적으로 고려되는 것이므로 경쟁법이 각국에서 달성하려고 하는 목적의 상이에서 경쟁법적 관점에서 그 집행이 달라질 수 있다고 본다.

(2) 표준화기구에 의한 표준화의 경우

표준화기구에 의한 표준화에 있어서는 앞서의 RAND 내지 FRAND 조건이 결국 표준화를 통하여 시장지배력을 얻게 되는 과정에서 발생하는 경쟁제한적인 효과에 대한 제동을 거는 장치로서 역할을 할 수 있게 되는 것이다. 표준화라는 과정이 상호 대립과정, 표준화 과정에서의 논의가 실제로 있지만, 전반적인 과정론은 협조적인 기업 간 행위의 하나로 이해될 수 있을 것이므로, 본질적으로 관점의 차이가 있을 수 있겠지만 반경쟁적인 효과가 발생할 여지는 항상 상존한다. 하지만 장기적인 관점에서 표준화기구에 의한 표준화가 가지는 장점은 적은 비용으로 좀 더 전체적인 후생을 높일 수 있는 기술을 발견하여 나가는 과정이라는 점에서 효율성을 창조할 수 있고 이를 통하여 사회후생의 증대가 가능하다는 점에서 친경쟁적인 효과를 찾을 수 있는 것이다.[49)

이러한 친경쟁적인 효과는 하나의 표준화기구의 내부에서도 발생할 수 있지만, 경우에 따라서는 표준화기구 간의 경쟁에 의하여 달성되거나 선취될 수 있다. 우리는 장기적인 효율성을 고려하여야 하므로 이러한 표준 간의 경쟁은

---

48) Jorde, Thomas M., Sidak, J. Gregory and Teece, David J., "Innovation, Investment and Unbundling." Yale Journal on Regulation, Vol.17, No.1, pp.1 – 37, Winter 2000.

49) 유의할 점은 그렇다고 표준화기구에 의하여 선택된 기술이 가장 나은 기술이라는 의미는 아닐 수도 있다는 점이다. 표준화기구의 선택은 표준화기구의 의사결정 체제가 상당히 정치적인 과정이라는 점을 감안하여 판단하여야 한다.

단기에서는 오히려 비효율적일 수도 있지만 장기적인 효율성을 달성하고, 더 나은 표준을 창출하여 소비자후생을 증진시킬 수 있게 되는 것이라고 본다.

Ⅳ. 통신산업에서의 표준화와 경쟁법

1. 통신산업의 기술발전과 표준화

가. 통신산업에서의 기술발전의 특성

(1) 소니와 그록스터 사건

앞서 논의한 표준화와 관련된 일련의 논의를 통신산업에 적용하기 위하여 우선 논의하여야 할 점은 바로 통신산업의 특징이라고 할 것이다. IT 산업, 좀 더 제한적으로 통신산업에서의 기술발전은 폭발적인 증가세에 있다. 과학기술의 발달은 언제나 지적재산권의 보호와 관련하여서 새로운 과제를 던져 주었다. VCR을 이용한 녹화기술이 등장하였을 때, 영화업계는 소니社와의 소송을 통하여 새로운 규칙을 정립하였고, 이러한 소니 소송에서의 결론은 상당 기간 동안 제조업체의 마그나카르타로 불리었다.[50] P2P 기술의 경우에도 미국 연방대법원은 그록스터 사건을 통하여, 그 위법성이 인정되었다.[51]

이 판결 영향 중의 하나로 미국의 경우 연방통신위원회(FCC[52])은 그록스터 판결 이후 2005년 7월 1일 방송콘텐츠가 P2P시스템으로 권한 없이 재전송되는 것을 막기 위하여 방송플래그 정보[53]를 디지털 텔레비전 신호를 수신하는 모든 기기에 넣도록 하는 명령을 제정하였고, 이후 2006년 통신법 개정안에서 디지털 TV에 이러한 기술을 강제하는 규정을 포함시키려 하였으나,[54] 아직 성공하지 못했다. 이와 같이 변혁을 이끌어 가는 과학기술은 인

---

50) Sony Corp. v. Universal City Studios, 464 U.S. 417(1984).

51) 최승재, '그록스터 판결의 의미와 P2P 기술의 미래', IT 기술과 법 Ⅰ, 홍익대학교 출판부, 2007, pp.185 – 217.

52) Federal Communications Commission의 약자.

53) Broadcast flag라고 불리는 기술로서, DRM의 하나로서 권한 없는 복제를 막는 장치이다.

54) http://www.etnews.co.kr/news/detail.html?id=200606280110

간의 생활방식을 변화시키고, 이렇게 변화된 생활방식은 사회의 구성원으로 하여금 사회질서에 대한 사고방식을 변화시켜 전체적인 사회의 공감대 형성에 영향을 미치면서, 결국 패러다임 전환(paradigm shift)을 가져오게 한다.

(2) 표준화의 과정

이러한 방송이나 광대역 통신망에서의 기술발전은 지속적으로 새로운 과제들을 제기하며, 이러한 기술은 초기에는 각 회사들이 자신의 독자적인 기술을 개발하여 사용하다가 점차 산업에서의 다양한 기술의 경합을 통하여 그 방향성을 잡아서 압축하여 나가게 되고, 표준화 논의를 거쳐서, 다수의 그룹이 표준화를 위한 경쟁을 하고, 통신산업에서도 마찬가지이다.[55]

최근 소니와 삼성전자의 블루레이 기술에 대한 표준 전쟁에서의 승리는 콘텐츠 업계와 기기 제조업계 연합 진영 간의 경쟁에서 도시바와 마이크로소프트 연합에 대하여 승리한 것으로 이러한 표준이 정해지면, 사실상의 표준으로서 블루레이 기술이 표준적인 기술로서 업계의 일반적인 기술로 정착된 것을 의미한다. 다만, 이러한 사실상 표준(de facto standard)의 확정과 관련하여, IT 산업에서의 특징은 이러한 표준의 기간이 점차 단축되고, 표준의 전이가 급속하게 이루어진다는 것이다.[56]

나. 기술적 저작권 보호수단의 발전과 확산에 대한 전망[57]

(1) 입법적 전개

이러한 산업발전에 따라, 저작권에 대한 침해가 강화됨에 따라 필요하여지는 저작권의 보호조치는 법률의 정비라는 규범적인 접근이 있고, 또 다른 하나는 기술적인 보호조치가 있다. 이러한 기술적 보호조치는 1996년 국제지적재산권기구(World Intellectual Property Organization)[58]의 저작권 조약 및 WIPO 실연 및 음반조약에 포함되었고, 1998년 미국의 디지털 밀레니엄

---

55) 표준화 과정에 대한 설명으로는 최승재, 앞의 논문, pp.208 – 210.

56) 표준전이에 대해서는 최승재, 앞의 법경제학회 발표문 pp.1 – 5(2007. 2).

57) 조정욱, "저작권법상 기술적 보호조치에 대한 침해행위", LAW & TECHNOLOGY(제3권 제2호, 통권 제11호), 2007. 3.

58) 약자로 'WIPO'라고 하며, 이 글에서도 이하 'WIPO'라고 약칭한다.

카피라이트 법(이하 'DMCA'[59])에 도입되어 기술적 보호조치는 본격적으로 저작권법의 영역에 들어오게 되었다. 우리 법은 2000년 1월 28일 컴퓨터프로그램보호법 제4차 개정에서 처음으로 도입된 이후, 2003년 개정된 저작권법에서 제92조 제2항에 신설되어, 2006년 12월 28일 대폭 개정된 저작권법에서도 이 조항은 유지되었다.[60]

(2) 우리 법원의 태도

우리 대법원은 소니 PS2 사건에서 기술적 보호조치를 프로그램에 관한 식별번호, 고유번호 입력, 암호화 및 기타 법에 의한 권리를 보호하는 핵심 기술 또는 장치를 통하여 프로그램저작권자에게 부여된 공표권, 성명표시권, 동일성유지권과 프로그램을 복제, 개작, 번역, 배호, 발행 및 전송할 권리 등 프로그램저작권에 대한 침해를 효과적으로 방지하는 조치를 의미한다고 판시하면서, 게임프로그램 저장매체에 내장된 액세스 코드를 기술적 보호조치로 인정하였다.[61]

(3) 콘텐츠 보유자와 이동통신사업자 내지 통신기기제조업자

콘텐츠 보유자와 이동통신사업자 내지 통신기기제조업자와의 관계에서 단순한 통신기능에 국한되는 일반 휴대전화와 달리 SKT 멜론사건에서의 MP폰이나 애플의 I-튠즈와 같은 MP3의 경우에는 콘텐츠의 확보가 매우 중요한 경쟁의 관건이 되게 되는 것이므로, 이러한 콘텐츠 보유자의 권리를 보호하는 것은 양자 모두의 이해를 위하여 매우 중요한 요소가 된다. 그러므로 DRM 내지 TPM은 필요불가결한 요소가 되는 것으로,[62] DRM을 요구하는 경우에 이를 들어 주는 것은 양자 모두 실익이 있는 것이다.[63]

---

59) 'Digital Millenium Copyright Act'의 약자.

60) 저작권법 제2조 제28호, 제124호 제2항.

61) 대법원 2006. 2. 24. 선고 2004도 2743판결.

62) 물론 DRM이 없는 DRM free 콘텐츠도 존재하고, 이러한 것이 궁극적으로 자신들의 수익에 도움이 된다고 보아, 그렇게 결정한 것이라고 할 것이다.

63) 최근에는 DRM free 콘텐츠도 증가하고 있다고 한다. EMI와 소니 BMG 등 회사가 대표적인 이러한 DRM free 콘텐츠를 제공하는 음반회사들이다.
　(http://www.dt.co.kr/contents.html?article_no=2008022202011157730001(2008. 2. 22. 최종접속).

(4) DRM 표준화의 입법적인 전개와 전망

하지만 여전히 DRM이 요구되는 콘텐츠의 경우에는 다수 존재하며, 이러한 DRM 은 현재 표준화가 되고 있지는 않으며, 표준화의 정도도 매우 초기에 있다. 미국의 경우에도 아직 표준적인 DRM이 만들어지지는 않고 있고, 아이－포드(i－pod)의 성공으로 엄청난 시장 장악력을 가지게 된 애플사는 독자적으로, 반면, 마이크로소프트사는 자사의 범용 DRM기술을 각 시장에 출시하는 상황이다. 유럽의 경우에는 애플의 아이－포드의 성공이 유럽에 전개되면서, 애플사 사건을 계기로 하여 프랑스에서 2006년 3월 21일 저작권법을 개정하여 세계 최초로 온라인 콘텐츠 서비스의 상호운용성을 보장하기 위한 조치를 마련하는 법안을 통과시켰으며 이 법에 의하면 상호운용성의 확보를 위하여 이러한 DRM의 소스코드를 공개하여야 하며, 만일 이러한 소스코드를 공개하지 않기 위해서는 소스코드의 공개가 보안에 심각한 해를 끼칠 수 있다는 점을 입증하여야 하였다.[64]

이 법안은 같은 해 5월 10일 상원에서 수정되어 '호환성 보장을 위한 기술공개의무조항'이 삭제되고, 다만 기술적 보호조치의 호환성 보장을 위한 필수정보 공개를 조정위원회에 신청할 수 있도록 하였으나 그에 대한 반대가 있어 헌법위원회는 2006년 7월 27일 일부 조항을 1789년 프랑스 인권선언에 위반되는 것으로 보아 위헌으로 결정하여[65] 폐쇄적 DRM을 규제하려고 하는 법안은 새롭게 제정되어야 할 상황에 이르게 되었으며, 현재까지 다시 입법되지는 않은 것으로 보인다.[66] 이러한 입법적인 상황 외에도 DRM 자체가 저작권의 보호와 보안이라는 양자의 문제를 같이 가지고 있다는 점에서도 DRM에 대한 표준이 법령에 의하여 달성되는 것은 쉽지 않을 것으로 보인다.

---

64) http://arstechnica.com/news.ars/post/20060326 － 6463.html

65) http://www.afterdawn.com/news/archive/7780.cfm

66) 덴마크 정부는 2006년 3월 26일 2007년까지 DRM 상호운용성에 관한 법률의 제정을 추진할 방침을 밝혔으나 실제로 입법이 되지는 못한 것을 보인다(http://arstechnica.com/news.ars/post/20060326 － 6463.html).

2. 에스케이(SK) 멜론 사건:[67] 폐쇄형 DRM[68]과 사실상의 표준

가. SK 멜론 사건의 개요

(1) 사실관계

이 사건을 매우 압축적으로 요약하면, SK 텔레콤(이하 'SKT'[69]) 주식회사가 자사의 MP3 음악 서비스를 하면서, 애플의 아이튠스와 같은 음원제공서비스 사이트를 운영하였던바, 이 사이트에서 제공하는 음원들에 대하여 그 저작권을 보호하는 기술적 보호장치인 DRM을 자사의 음원제공서비스인 멜론에서 다운로드받은 음원에 대해서는 전유화된 DRM을 사용하여, SKT DRM이 적용된 음원들을 다른 기기에서는 재생할 수 없게 되는 결과에 이르게 되는 소위 '폐쇄형 DRM'정책을 사용하였다. 이러한 SKT에 대하여 주식회사 AD 이천엔터테인먼트가 유료음악사이트 운용사업자로서 자신이 운영하고 있는 음악사이트(MAxMP3)에서 다운로드받은 음악을 SKT의 MP3폰으로 들을 수 있도록 원고에게 DRM을 공개하여 줄 것으로 요청하였으나 원고로부터 거절당하자, 2005년 9월 5일 피고에게 원고의 위와 같은 행위는 법위반행위에 해당한다는 신고를 공정거래위원회에 하여, 이 사건이 시작되었다.

(2) 법원의 판단

법원은 DRM을 TPM보다 넓은 개념으로 보면서, 지적재산권법에 의하여 보호되든 그렇지 않든 모든 종류의 디지털 콘텐츠의 접근을 제한하고 복제 또는 배포를 통제하는 모든 기술수단을 포괄하는 개념[70]으로 정의하면서, 이러한 DRM이 상호 호환이 되지 아니하는 결과 저작물의 선택가능성을

---

67) 서울고등법원 2007. 12. 27. 선고 2007누8623 판결(이하에서는 'SK 사건'이라고 한다).

68) 'Digital Right Management'의 약자로 TPM(Technical Protection Measure)라고 불리는 기술적 보호장치와 서로 혼용하여 사용되고 있지만, 서울고등법원은 디지털콘텐츠의 저작권을 관리하는 기술로서 텍스트, 그래픽, 오디오, 비디오, 소프트웨어나 그 밖의 디지털의 형식으로 된 콘텐츠가 유통되는 과정에서 권리자가 설정하여 높은 제한사항이 지켜지도록 하는 것을 의미한다고 정의하고 있으므로 이 정의를 사용하도록 한다. 다만 개념적으로 DRM은 기술적으로 변화, 진보하고 있는 일련의 기술 등의 묶음을 의미하는 것으로 상위 개념으로서의 성격을 가지고 있다고 할 것이다.

69) 경우에 따라서는 '원고' 또는 '원고 회사'라고 한다.

70) 각주 47)의 서울고등법원 판결문, 41면.

좁히고 경쟁을 제한하여 시장봉쇄의 결과를 발생시키고 있으며, 제대로 명시하지도 않은 불법이용조건을 기술적으로 관철시키는 결과 DRM 이용자들의 저작물에의 접근 비용을 증가시키고 있으며, 저작물이 공적 영역에 편입되는 것을 방해하고 공적 영역에서 공중이 저작물을 활용하는 것을 방해하는 문제 등이 있다고 인정하고 있다.[71]

하지만 디지털 음악 산업에서의 수익모델의 변화에 따른 사업자의 수익 확보와 저작권자의 보호를 위하여, 다른 한편 불법다운로드를 방지하기 위하여 DRM을 MP3폰에 탑재하는 것이 정당한 이유가 있다고 하면서, 원고가 시장지배적 사업자가 아니라고 하더라도 이와 같은 기술을 적용하여 수익과 저작권 보호를 시행하였을 것이라고 보이며, 만일 어느 사업자가 시장지배적 지위에 있지 아니하고 그 시장이 실질적인 경쟁상태하에 있는 때에도 적용할 수 있는 조치가 문제가 되는 경우에는 그 부당성을 인정할 수 없다고 하였고,[72] SKT가 가장 폐쇄적인 DRM 정책을 가지고 있다고 하더라도 표준화가 강제되지 않은 상황에서 이러한 폐쇄적인 DRM 정책을 가지고 있다는 것으로 인하여 발생하는 불편이 현저한 이익의 침해가 되거나 부당하여 불법에 이른다고 보이지는 않는다고 판시하였다.[73]

나아가 원고가 DRM의 채용이 저작권의 보호를 위하여 반드시 필요한 조치로 DRM 탑재기술 외[74]에 사후 저작권자의 인증용으로 사용되는 워터마크(Watermark) 기술,[75] 사후에 불법유통자 추적을 위하여 사용되는 추적

---

71) 앞의 판결문, 42면.

72) 앞의 판결문, 43면(고등법원은 원고 이외에도 시장지배적 지위에 있지 아니한 다른 동종의 이동통신업체나 음악포털사이트업체들도 같은 이유로 거의 대부분 어떤 형태로든 MP3폰 또는 MP3 음악 파일에 독자적인 DRM을 탑재하여 사용하고 있으며, 원칙적으로 이를 타 사업체와 상호 연동하고 있지 않다는 점을 지적하고 있다).

73) 원고들은 불편이 불법이 되는 것은 아니라고 주장한 것에 대한 법원의 답이라고 할 수 있다.

74) 어느 기술까지가 DRM으로 보는 것이 타당한 것인가에 대하여 명확하게 정의된 바는 없는 것으로 보이나, 뒤에서 언급하는 '워터마킹'이나 '핑거프린팅'과의 관계에서 보면, 양자는 전자가 콘텐츠 유통을 위한 보호와 해제의 기술과 절차인 반면, 디지털 워터마킹 기술이나 디지털 핑거프린팅 기술은 원래의 콘텐츠 정보를 그대로 유지하기 때문에 허가되지 않은 사용자로부터 콘텐츠를 보호하는 수단이 아닌 원래의 저작권자 또는 구매자가 누구였는지를 추적하는 기술이라는 의미에서 DRM과 구분된다고 할 것이다(김기중, 앞의 논문, p.64).

75) '디지털 워터마킹(Digital Watermarking)'이라고 하는 것이 좀 더 타당할 것으로 보이는바, 사진 이미지나 음악 파일과 같은 멀티미디어 콘텐츠에 인간의 시작이나 청각으로 식별이 어렵도록 저

용 워터마크(Forensic Watermark) 기술, 콘텐츠 특성에 기반을 둔 콘텐츠 ID 별 식별기술인 핑거프린팅(Fingerprinting)[76] 등 여러 방법이 있으나 그러한 방법도 파일의 불법 공유나 복제 자체를 막기에는 충분하지 아니하다고 하면서,[77] 우리나라의 현재 DRM에 대한 입법상황에서 정보통신부 주관으로 상호 호환이 가능한 기술인 엑심이 개발되어 있을 뿐이고, 원고에게 음악파일의 상호 호환을 강제한 법령상의 의무는 없고, 법원이나 피고가 입법적 근거 없이 엑심과 같은 호환기술의 사용을 의무화하는 것은 그 권한 범위를 넘어서는 것이라고 판단하고 있다.[78]

한편, 법원은 필수설비이론을 가지고 SKT의 DRM이 필수설비에 해당하는 것인지 여부에 대하여 살펴보면서, 법원은 필수적 설비에 해당하기 위한 기준으로 시장지배적 지위남용행위심사기준[79] Ⅳ. 3. 다 (1)항, (4)항상의 기준인 당해 요소를 사용하지 않고서는 상품이나 용역의 생산 공급 또는 판매가 사실상 불가능하여 일정한 거래분야에 참여할 수 없거나, 당해 거래분야에서 피할 수 없는 중대한 경쟁 열위상태가 지속되어야 하고,[80] 특정사업자가 당해 요소를 독점적으로 소유 또는 통제하고 있어야 하며,[81] 당해 요소를 사용하거나 이에 접근하려는 자가 당해 요소를 재생산하거나 다른 요소로 대체하는 것이 사실상 법률상 또는 경제적으로 불가능하여야 하며,[82] 예외적으로 필수요소를 제공하는 사업자에게 정당한 이유가 있는 경우에는

작권 정보를 삽입하여 배포하고 저작권 분쟁이 발생하였을 경우 이를 추적하여 저작권을 보호하는 방법을 말한다(김기중, 앞의 논문, p.64).

76) 보통은 '핑거프린팅'이라고만 하나, 특징점 기반 인식 기술에서도 핑거프린팅이라는 동일한 용어가 사용되어 이를 구별하기 위하여 사용하는 '디지털 핑거프린팅(Digital Fingerprinting)'을 의미하는 것으로 모든 콘텐츠에 동일한 저작권 정보를 삽입하는 워터마킹 기법과 달리 콘텐츠마다 각각 다른 구매자 정보를 삽입함으로써 불법복제 및 유통행위가 발견되었을 때 불법 배포자를 추적하고자 하는 기술을 의미한다(김기중, 앞의 논문, p.64).

77) 법원은 서울고등법원 2007. 10. 10. 2006라1245 결정을 참고결정으로 지적하고 있다(앞의 판결문, 46면).

78) 앞의 판결문 같은 면.

79) 2002. 5. 16. 개정 공정거래위원회 고시 제2002-6호.

80) '필수성' 요소라고 함.

81) '통제성' 요소라고 함.

82) '대체가능성' 요소라고 함.

필수설비에서 제외하는 것이라고 하는 기준으로 SKT DRM이 위 법령상의 필수적 설비에 해당한다고 보기 어려워, 원고의 SKT DRM 공동사용 거절은 거래상 지위를 남용한 행위라고 볼 수 없다고 판시하였다.

나. 법원의 판단에 대한 검토

(1) 저작권법과 경쟁법의 조화와 경쟁법의 관여 정도

디지털 환경으로 전환됨으로 인하여 저작권법의 영역에서는 기존의 저작권법으로 과연 새로운 과학기술의 발달에 따른 저작권 보호에 대한 우회를 충분히 대응할 수 있는 것인지에 대한 심각한 의문이 제기되었다. 이에 따라 앞서 본 바와 같이 미국의 경우에는 DMCA에 의하여 기술적 보호조치의 적용과 그 우회방지조항(anti-circumvention clause)이 제정되어 운용되게 되었다.[83]

이러한 기술적 보호조치는 저작권법의 관점에서는 법규적으로 접근하는 것의 한계가 점차 명확하여지는 현재의 시점에서 매우 긴요한 것으로 이해된다. 그런데 이러한 기술적 보호조치가 경쟁법적 관점에서 문제가 되는 맥락은 우리 공정거래위원회가 본 것과 같이 소위 기술적 끼워팔기(technology tying)로 파악할 수 있는 것으로 보인다. 거칠게 말하면, 이미 이동전화시장이나, 휴대용 음악재생 장치인 MP3P 시장에서 시장지배적인 지위에 있는 사업자가 관련시장에 그 시장지배력을 전이한다는 논리를 전개하려고 한 것이다.[84] 이를 위하여 우선 시장획정을 하여야 할 것인바, 우리 법원은 'MP3폰을 디바이스로 하는 이동통신서비스 시장'으로 획정하였던바, 그 관련 지리적 시장은 국내시장으로 정하여졌다.

이 획정된 시장에서 원고는 시장지배적 사업자로서 원고의 MP3폰에 원고 고유의 DRM을 탑재함으로써 원고의 MP3폰을 소지하고 있는 소비자들로 하여금 원고가 운영하는 멜론사이트에서 구매한 음악파일만 MP3폰으로 재생할 수 있게 하고 다른 유료사이트에서 구매한 음악의 재생을 어렵게 하다.

원고의 이 사건 행위는 관련 시장에서 지배력을 남용하여 별개 상품인

---

83) 최승재, 앞의 논문(주 47) pp.129-132. 참조.

84) 한국에서 마이크로소프트 사건에 대해 공정거래위원회가 사용한 논법이 바로 이것이고, 유럽공동체에서의 논법도 기능 통합(integration) 모형과 관련하여서 이와 크게 다르지 않다.

멜론의 MP3 음악파일을 거래상대방인 소비자에게 구입을 강제하는 결과를
초래하는 부당한 행위일 뿐만 아니라 부가된 상품인 MP3파일에 대한 소비
자의 선택권을 침해하고 소비자가 다른 제품을 접할 기회를 현저히 제약하
며 불필요한 비용을 지출하도록 하는 불이익을 초래하는 행위를 가제하는
것으로서 소비자의 이익을 현저히 해할 우려가 있는 부당한 행위인 동시에
이로써 MP3파일 다운로드서비스 시장에서 쏠림현상을 가중시키는 결과로
인하여 그 시장에서의 품질 및 가격 등에 경쟁을 저해하여 경쟁사업자의
사업활동을 곤란하게 하는 행위로 독점규제및공정거래에관한법률 제3조의2
제1항 제3호, 같은 법 시행령 제5조 제3항 제4호, 앞의 공정거래위원회 고
시 Ⅳ. 3. 라(3) 및 위 법률 제3조의2 제1항 제3호를 위반한 것으로 판단하
였다. 그러나 법원은 앞서 본 것과 같은 이유로 이러한 경쟁당국의 경쟁법
적 관여에 대하여 이를 제지하였다.

이 사건은 상고되어,[85] 대법원에서 최종적인 판단을 할 것이지만, 지적재
산권법의 일부로서 저작권을 보호하는 방법과 관련하여, DRM이 어떻게 설
계되어야 지적재산권의 보호라는 목적을 달성하면서도 경쟁법에 의한 관여
가 목적으로 하는 경쟁을 저해하지 않도록 할 것인가에 대한 질문을 제기
하는바, 이와 관련하여 양자를 조화할 수 있는 방안이 바로 상호운용성 확
보라는 방법이 있을 것이다. 만약 상호운용성을 확보할 수 있는 방안을 제
공하지 않는 폐쇄형 DRM이 문제라고 한다면, 이러한 폐쇄형 DRM은 규범
적인 관점에서 유지될 수 없을 것이기 때문이다. 하지만 이러한 상호운용성
의 관점에서 또다시 같이 고려되어야 할 이슈가 바로 표준화라는 문제이기
때문에 이하에서 각 항을 나누어 (2)항에서 상호운용성과 관련된 이슈를 (3)
항에서는 표준화와 관련된 이슈를 각각 살펴보기로 한다.

(2) 폐쇄형 DRM과 상호운용성, 표준화

상호운용성을 확보하여 폐쇄형 DRM이 가지고 있는 경쟁제한성을 제거
하여야 한다는 주장이 있다.[86] 이 견해는 현재의 DRM 중 폐쇄형 DRM은

---

85) http://www.munhwa.com/news/view.html?no=2008012101031424166002

애플사나 이동통신사들과 같이 단말기 시장 내지 네트워크 시장에서 지배력을 가지고 있는 회사들로 이 시장에서의 시장지배력을 폐쇄적 DRM을 통하여 콘텐츠 시장으로 확장하려고 하는 것[87]으로 이해하고 있으며, 이러한 생각은 공정거래위원회의 주장과 같은 맥락에 있다고 할 것이다. 앞서 DRM의 상호운용성을 확보하는 것을 법으로 강제하여 규율하려고 하는 프랑스의 경우와 같이 이러한 입법을 하는 것은 폐쇄형 DRM 사용의 경우에 경쟁제한적인 측면을 최소화하기 위한 중요한 수단이 되는 것은 사실이다. 하지만 상호운용성을 법적으로 강제하기 위해서는 중요한 전제가 있다.

그것은 기술의 확산과 표준화의 진행 정도이다. DRM기술의 경우에 이러한 기술 전개 방향을 현재 쉽게 생각하기 어려우며, 법원이 적절하게 설시하고 있는 바와 같이 "경쟁법은 독점이나 과점 등의 시장 환경에서 작용하는 법규로서 시장의 힘을 이용하여 시장환경을 왜곡하는 경우에 경쟁법은 왜곡된 환경을 원상회복시키는 법적 효력을 갖는다. 그러나 신규의 진보성이 있는 기술과 같이 아직 시장지배력을 전혀 가지고 있지 아니하거나 고착되지 않은 경우에는 경쟁법을 통한 활용가능성을 기대할 수 없게 되는 것으로, DRM 분야의 기술은 급속도로 발전하고 있으며, 그 기술은 여러 가지 방향으로 전개가 되고 있고, 또한 DRM 분야의 신기술은 아직 시장에서 형성되고 있는 기술"이라고 할 것이다.[88]

이러한 상황에서 법원은 필수설비 논의를 하면서, 필수설비라고 볼 수 없다는 논증을 하고 있으나,[89] 이러한 필수설비와 관련된 논증은 논리적인 순서로 볼 때, 표준으로 확립된 단계가 아니어서 표준 경쟁 중인 상황이므로 경쟁이 제한된 상황이 아니라, 여전히 경쟁이 존재하고 있고, 동태적으로 장기적인 시장 경쟁이 계속 진행되고 있다고 할 것이므로 시장에서의 경쟁이 제한되고 있지 않다고 보는 것으로 논리 전개하는 것이 타당하다고 보

---

86) 백영란, "DRM과 공정경쟁", 경쟁저널 2008. 1. 60면.

87) 백영란, 앞의 논문, 59면.

88) 앞의 판결문, 47면.

89) 앞의 판결문, 48면 참고.

는 것이 필자의 견해에서는 불필요한 논의가 아닌가 싶다.

(3) 표준화와 접근 거절

DRM의 경우에는 마이크로소프트 사건에서의 윈도우즈의 경우와 달리 아직 사실상의 표준이 확립되어 있지 않은 사건이다. 시장점유율은 이러한 시장은 매우 제한적인 미래에 대한 전망력을 가지고 있을 뿐이며, 이러한 점에서 현재의 시장점유율이 경쟁법적인 관점에서 제기하는 바는 매우 제한적이다. 법원은 SKT의 SKT DRM 운용과 그에 대한 다른 업체의 접근거절이 남용에 해당하기 위해서는 정보에의 접근이 시장에 진입할 수 있는 유일한 수단이고 이를 대체할 수 있는 어떠한 실질적 또는 잠재적 수단도 없어야 하는데, 이러한 요건에 충족되어 있지 않아서, 접근거절이라는 논점을 인정할 수 없다는 취지의 판시를 하고 있지만 이 역시도 표준화라는 관점에서 과정 초기의 경우에는 오히려 접근을 허용할 것인가는 표준 간의 경쟁을 통하여 결정되어지도록 하는 것이 우월한 표준이 살아남도록 하는 표준경쟁을 통한 시장에서의 경쟁촉진 및 기술혁신과 이를 통한 사회적인 후생증대라는 효과를 도모할 수 있는 것이어서 이러한 경쟁촉진적인 측면을 같이 고려하였다면 더욱 좋았을 것이라고 생각한다.

Ⅴ. 결 론: 저작권의 보호와 경쟁법의 역할과 한계

이상에서 법학의 관점에서 표준의 의미와 이러한 표준이 어떻게 만들어지는가 하는 점에 대하여 살펴보았고, 이러한 표준화에 대한 경쟁당국의 역할에 대한 논의를 2장에서 보았고, 3장에서는 2장에서의 논의를 바탕으로 지적재산권이 이러한 표준화의 과정에서 개입되는 경우에 이러한 지적재산권과 경쟁법의 역할 관계에 대하여 살펴본 뒤, 4장에서는 앞서의 논의를 통신산업에 대입하여 검토하되, 최근 서울고등법원의 DRM 사건을 간략히 보면서, IT 산업에서의 표준화와 관련된 특성을 살펴보고, 이를 중심으로 표준화 논의의 통신산업에서의 경쟁법적 관점에서의 함의를 보았다. DRM 사건을 통하여 살펴본 것과 같이 표준화는 DRM이라는 맥락에서 경쟁법을 적용하기 위해서는 반드시 고려하여야 할 요소이며, 표준화의 과정 내지 단계를 고려하여, 표준 간의 경쟁을 통한 경쟁촉진이라는 관점을 고려하여야 함을 살펴보았다.[90]

한편, 지적재산권을 보호하면서, 동시에 시장에서의 경쟁을 지적재산권 보호장치라는 미명하에 제약하지 않도록 경쟁당국은 지속적으로 살펴보아야 한다는 점 역시도 간과되어서는 안 되며, 경쟁당국의 역할이 결코 과소평가되어서는 안 되며, 경쟁당국의 시장에 대한 감시는 지속적으로 이루어져야 한다. 또, 소비자가 불편할 뿐 불법이 아니라는 논증법에 대해서도 소비자 불편을 소비자 선택에 의하여 줄이도록 할 것인가 아니면 규범화를 통하여 줄일 것인가 하는 입법론적 요구에 대해서도 상호운용성과 관련된 논의와 연결되어 사법부의 판단사항은 아닐지라도 해결되어야 할 과제라고 할 것이다.

이러한 관점에서 독일의 경우에는 저작권법의 개정[91]으로 공정이용(fair use doctrine)[92]에 해당하는 경우에는 기술적 보호조치를 한 자에게 그 조치의 해제의무를 부과하는 내용의 개정[93]을 하는 것은 저작권법의 내부적인 조정장치인 공정이용을 활용하여 소비자의 불편함을 덜어 주면서도, 표준화의 진행과정을 인위적인 정부 개입을 통하여 왜곡시키지 않을 수 있는 방법이 될 수 있다고 보인다. 향후 독일법제에 대해서는 추가적인 연구를 통하여 우리의 입법과 관련하여 시사점을 찾을 수 있을 것으로 본다.

---

90) 최승재, 앞의 논문, 218면 참조.

91) 개정 이전의 DRM 표준화와 관련된 논의로는 DRM – Standardisierung und DRM – Regulierung, Jan. 29, 2002, Digital Right Management Conference 2002, Berlin, Germany.

92) 공정이용항변에 대해서는 최승재, "미국에서의 디지털 콘텐츠 공정이용항변의 적용과 한계 ─ 유튜브를 둘러싼 일련의 소송을 중심으로", 계간저작권 겨울호 84호(2008) 참조.

93) 2006년 독일 저작권법의 개정을 통하여, 이러한 조항이 입법되었다는 것은 웹 서핑을 통하여 확인할 수 있었지만 이 주제에 대해서는 향후 다른 논문을 통하여 상설하기로 한다.

요약

표준은 도량형 표준과 기술표준으로 구별되며, 이 둘은 변환손실이나 장기적인 소비자효용의 관점에서 구별된다. 기술표준은 표준 간의 경쟁을 통하여, 혁신의 도모와 소비자후생을 극대화한다. 그리고 이러한 기술표준은 소비자에게 효용을 제공한다. 하지만 표준은 한편에서는 사실상의 표준이든, 표준화기구에 의한 표준이든 모두 경쟁제한적인 효과가 발생할 수 있다. 사실상 표준의 경우에는 이미 표준이 이루어진 경우에 표준의 소비자에 대한 효용을 유지하면서도, 시장에 대한 경쟁제한적인 효과를 어떻게 유지할 것인가 하는 점이 쟁점이 되는바, 상호운용성의 확보가 중요한 수단이 될 수 있다. 표준화기구에 의한 표준의 경우에는 이러한 표준화기구가 특허풀을 사용하는 경우에는 특허풀이 가지는 경쟁제한성으로 인하여 경쟁당국의 의심을 받을 수 있기 때문에 이러한 특허풀의 사용은 최근 제한적으로 이루어지고 있다. 표준화기구에 의한 표준은 그 표준화 과정에서 지적재산권의 라이선스 등의 조건과 로열티율을 어떻게 경쟁당국이 규제할 것인가 하는 점에 대하여, 기존의 계약적 기초인 RAND 조건이나 FRAND 조건 외에 경쟁법적인 관여가 필요한데, 이 과정에서 사전심사청구제도가 유용하게 활용될 수 있다. SK 멜론 사건은 DRM 표준화와 관련하여, 서울고등법원 판결에서 중요한 언급을 하고 있는바, 표준화 초기에서 폐쇄형 DRM이라고 하더라도 경쟁제한성을 인정하는 것은 표준화에 대한 경쟁당국의 개입이 전체적인 표준경쟁을 통한 혁신 프로세스를 저해할 수 있어 신중하여야 한다는 점에서도 서울고등법원의 판결은 의의를 가진다고 보인다.

Ⅰ. 도 입

유명한 근대 건축가인 루이스 설리번(Louis Sullivan)[94]은 '형태는 기능을 따른다(Form follows function.)'라고 말했다. 공정거래법의 설계 내지 이론적인 전개에 있어서도 시장 형태의 판단은 실질적인 기능을 포착하여 판단하여야 한다. 이런 관점에서 공정거래법은 기능을 포착하여 이를 기초로 시장의 형태를 재구성하여 판단할 수 있는 도구를 가져야 한다. 이러한 역할을 할 수 있는 이론의 모색과 관련하여 공정거래위원회가 포털에 대한 시장지배적 지위남용행위에 대한 조사를 하면서 네이버가 시장지배적 지위에 있는지를 판단함에 있어 관련시장을 획정하기 위하여 사용하였다는 양면시장이론(two-sided markets theory)이 이러한 역할을 할 수 있는 이론이다.

필자가 이 이론에 대하여 본격적으로 연구하게 된 것은 이후 구글의 더블클릭 인수와 관련된 논의를 검토하면서였다.[95] 우리나라에서 이 이론에 대한 법학 관점에서의 선행연구가 거의 없는 것으로 알고 있다. 그런데 이 이론이 2008년에 공정거래위원회에 의하여 적용된다고 한다.[96] 우리 공정거래위원회의 이 사건에서의 양면시장이론의 적용은 이론전파의 속도와 거

---

[*] 이 글의 원본은 "양면시장이론과 한국 경쟁법상 역할에 대한 연구 – 구글의 더블클릭 인수사건을 포함하여, 경쟁법연구 제17권(2008.5.)"이다.

94) 1856년에 미국에서 태어나서, 1924년 사망한 인물로 현대 건축의 아버지로 불리며, 건축에서의 시카고학파 태두가 되는 인물이다. 1871년 시카고 대화재 이후 시카고 재건 과정에서 그의 탁월한 건축적 미감을 통해 보수적인 전통건축계를 뒤흔든 인물이다.

95) 필자는 2007년 구글이 더블클릭을 인수할 당시 한국 마이크로소프트 유한회사에 근무하고 있었다.

96) 「인터넷 포탈사업자의 공정거래법 위반행위 시정조치」, 공정거래위원회 2008. 5. 8. 보도자료.

의 동시가 되었다고 말해도 과언이 아닐 정도의 시기에 살고 있음을 알게 한다. 우리 공정거래위원회의 적극적인 새로운 이론을 흡수하려는 노력에 경의를 표하면서도 일견 아직 덜 확립된 이론적인 틀을 사용하는 것이 아닌가 하는 우려도 동시에 가지게 된다.

하지만 우리나라가 IT 강국으로 각종 비즈니스 모델을 선도하는 국가라는 점을 생각하여 본다면 IT 법 영역에서도 우리나라에서 개발되고 적용한 모델이 ICN과 같은 경쟁당국 간의 모임을 통하여서나 국제적인 학술지에 소개될 날이 조만간 올 것이라고 생각한다. 그리고 우리 로펌들이 해외의 로펌과 같이 일을 하는 과정에서 우리가 개발한 이론적인 틀로 다른 국가들이 자국의 경쟁법 집행을 포함한 IT 법의 체계화에 기여하게 될 날이 그리 멀지 않을 것이라는 기대도 하여 본다.

양면시장이론의 존재 의의는 개별적으로 하나하나의 시장을 분리하여 관찰하는 경우에는 합리적인 것처럼 보이지 않는 의사결정들을 설명할 수 있는 설명력이 생긴다는 점이 있고, 또 하나는 경쟁당국으로 하여금 수직적인 시장 구조를 바라보는 것이 아니라 상호성을 가지고 있는 플랫폼을 중심으로 하는 시장에서의 시장 참여자의 행동을 관통하여 살펴볼 수 있는 관점을 제공한다는 면이 있다는 것이다. 본고는 독점규제및공정거래에관한법률[97]의 해석과 관련하여 이러한 양면시장이론을 어떻게 위치 지을 수 있는가 하는 문제에 대하여 살펴보고자 한다. 이론에 대한 선행연구가 국내에서 찾기 어려웠다는 점에서 이 글을 기초로 하여 많은 후행 연구들이 나와서 이 글의 오류가 수정되고, 추가적인 발전된 논의가 있을 수 있으면 한다.

이 글에서는 우선 양면시장이론의 의의를 살펴본다. 이 이론을 소개하는 법학 문헌이 찾아볼 수 없었기에 개념에서부터 논의를 출발할 필요가 있어 이를 소개하는 것으로 논의를 시작하고자 한다. 이어서 경쟁법의 관점에서 양면시장이론이 어떤 의미를 가질 수 있는가 하는 것을 살펴본다(Ⅱ). 세부 논점으로 들어가 시장지배적 사업자의 남용행위와 관련하여 양면시장이론

---

97) 이하 줄여서 '공정거래법'이라고 한다.

을 시장획정단계에서 적용하는 것에 대하여 살펴보고(Ⅲ), 나아가 기업결합 심사에 있어서 양면시장이론이 어떻게 적용될 수 있을 것인가와 관련하여 기존 이론과 어떤 차별점을 발견할 수 있을지에 대하여 살펴본다(Ⅳ).

Ⅱ. 양면시장이론의 의의와 경쟁법에의 적용

1. 양면시장이론의 의의

양면시장(Two－sided markets theory) 내지 다면시장(Multi－sided markets theory)이라고 함은 하나 또는 복수의 플랫폼이 사용자와의 관계에서 상호관계를 가지면 상호작용을 하고 있는 시장을 의미한다고 할 것이다. 뒤에서 자세히 보겠지만 상호관계를 가지는 사용자들 간에 內部化가 되지 않는 外部性(externalities)을 가지고 있다는 점을 특징으로 한다.

[그림 1]

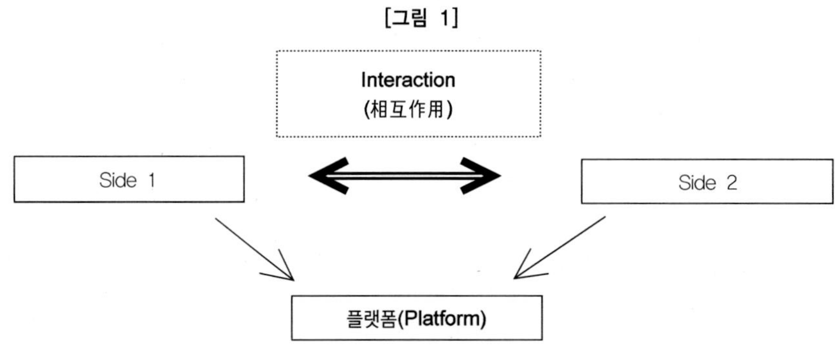

이를 좀 더 직관적인 예를 들어 설명하고자 한다. 콘솔(console)98) 게임시장을 보자. 게임시장은 각국마다 특색을 가지고 있다. 우리나라는 리니지와 같은 MMORPG99)류의 온라인 게임시장이 강세를 보인다. 반면 미국과 일

---

98) 콘솔의 일반적인 의미는 각종 시스템에서 주요 본체가 되는 기기를 말한다. 게임용 콘솔은 컴퓨터와 같이 입력장치, 출력장치, 중앙처리장치 등으로 구성된다.

99) ‘Massively Multi－player Online Role Playing Game’의 약자로 우리나라의 엔씨 소프트 등이 강세를 보이고 있는 게임 분야.

본의 경우에는 광대역 인터넷 망 등의 인프라적인 관점과 사회문화적인 관점에서 가정용 콘솔 게임이나 휴대용 콘솔 게임[100]이 주류를 이룬다. 콘솔게임 시장에는 선두주자였던 소니의 플레이스테이션(Playstation)과 닌텐도의 위(Wii), 그리고 마이크로소프트의 엑스 박스(X-box) 등의 플레이어가 있다.[101]

이 콘솔 게임 시장에서 플랫폼은 콘솔기기이다. 이때 각 회사가 판매하는 게임콘솔의 역할을 보면 이 게임 콘솔을 통하여 게임도 하고, 콘솔이 디브이디(DVD) 플레이어 역할을 하면서 이를 통하여 영화도 보고, 인터넷을 통하여 게임을 다운로드받는 인터넷을 연결하는 장치로도 기능한다. 이러한 게임 콘솔과 같이 이러한 하나의 기기 내지 소프트웨어에 기반을 두어 다종다양한 일을 할 수 있게 하는 바탕적인 장치를 우리는 플랫폼(platform)이라고 정의한다.

이러한 플랫폼의 사용자는 하나의 플랫폼으로 영화감상, 게임, 인터넷 접속 등 다양한 방식과 여러 가지 목적으로 사용할 수 있다. 이러한 플랫폼 제공자는 플랫폼 기기 자체의 시장과 게임용 타이틀 시장과 같은 두 개의 시장을 직면하고 있고, 이 두 개의 시장에서 價格 政策 등을 이용하여 자신의 시장 지배력을 확장할 수 있다. 반면 사용자는 하나의 게임 콘솔이라는 플랫폼을 사용하면서 다양한 서비스를 제공받는다.

2. 구별개념

가. 일반적 밸류 체인과의 구별

개념적으로 이와 같인 양면시장이론은 네트워크 외부성의 문제와 복수의 가격 설정과 관련되어 있다.[102] 이 점이 양면시장이론 또는 양면시장 개념을 설정하는 실익이라고 할 수 있다. 만일 이와 같이 보지 않으면 거의 대부분의 제품은 이익을 내기 위하여 판매자가 있고, 구매자가 있는 일련의 가치사슬

---

100) ‘PlayStation Portable’ 같은 게임 기기가 휴대용 콘솔 게임기기다.

101) 그 외 일본의 세가 등 플레이어가 있지만 2008년 현재 거의 게임시장은 삼분된 것으로 보인다.

102) Jean-Charles Rochet, "Two sided Markets: Overview", at.3.
   http://faculty.haas.berkeley.edu/hermalin/rochet_tirole.pdf

(Value Chain)[103]로 구성되어 있으므로 이러한 가치사슬하에 있는 이런 거의 대부분의 제품들이 양면시장이 된다. 만일 양면시장을 이와 같이 생각하게 되면 양면시장이론이라는 것이 가지는 이론으로서의 가치가 거의 없어지게 된다.

통상의 소매상은 도매상과 최종소비자를 양쪽에 두고 있는 양면시장에 있나? 그런 것은 아니라는 것은 [그림 1]과 비교하여 보면 알 수 있을 것이다. 우선 (i) 플랫폼이 존재하지 않고, (ii) 도매상과 최종소비자라는 것이 상호작용을 하고 있지 않다면 소매상에 대한 양면시장을 운운하는 것은 전혀 타당하지 않다.

나. 내부화의 문제

또 하나 구별하여야 할 점은 양면시장이론이 가치를 가지려면 구매자가 두 개의 제품을 모두 구입하면서 이를 내부화(internalize)하는 것이 불가능하여야 한다는 것이다. 예를 들어 면도날과 면도기의 경우에 면도날을 팔기 위해서 면도기를 낮은 가격에 판매하는 것은 내부화가 가능한 예이다.[104] 왜냐하면 이런 경우에는 면도기를 구입하는 소비자가 면도날의 가격까지 같이 포함하여 구매의사결정을 함으로써 이러한 판매자의 가격정책에 대응할 수 있기 때문이다. 이를 앞서의 구글의 경우와 비교하여 보면 양면시장에서 광고주와 구글 서치를 하는 사람은 상호 연관성이 있지만 어느 쪽이건 상대방과 관련된 구글의 가격정책을 내부화할 수는 없다. 위의 [그림 1]로 일반화하여 보면 위의 각 Side 1과 Side 2의 사용자들은 서로 영향을 주고 있다는 것을 알지만 서로의 존재에 대하여 어떤 방식으로 외부성을 내부화하여 의사결정을 할 수 없다. 구글의 애드센스를 통하여 광고를 하는 광고주들은 구글의 방문자 수나 페이지뷰의 수에 따라 광고비를 달리 책정할 것이지만 그렇다면 스스로 구글의 방문자 수에 어떤 영향을 미칠 수 없다.

---

103) 가치사슬은 <u>생산자 - 유통사업자 - 소비자</u>로 이어지는 일련의 사슬을 말하는 것으로 쉽게 이해할 수 있다.

104) Jean - Charles Rochet, Jean Tirole, *Ibid* at.3.

다. 양면시장과 코즈 정리

지금까지 논한 바와 같이 양면시장을 이해하려고 하면 플랫폼이라는 개념을 이해하여야 하며, 특정 시장에서 플랫폼의 역할을 하는 부분을 발견하여야 한다.[105] 그런데 이러한 양면시장에서의 플랫폼 소유자의 가격정책을 포함한 행위에 대하여 직접 양면시장에 있는 당사자들 간의 협상을 통하여 좀 더 효율적인 상태로 변화시킬 여지는 없을까? 이와 관련된 논의가 코즈 정리(Coase Theorem)일 것이다. 주지하는 것과 같이 코즈 정리란 만일 재화가 서로 거래가능하고, 재화의 거래에 있어 거래비용이 존재하지 않으며, 정보의 비대칭성(information asymmetry)이 존재하지 않으면 초기 조건과 무관하게 양 당사자 간의 협상에 의하여 파레토 효율성이 달성될 수 있다는 정리이다.

이러한 코즈 정리는 양면시장에서는 달성되지 않는다고 한다.[106] 그 가장 큰 이유는 정보의 비대칭성 때문이다. 양 당사자는 다른 일방이 무엇을 원하는지를 파악하는 것이 매우 어렵다. 그 이유는 여러 가지가 있을 것이나, 인터넷 광고의 경우에 플랫폼 제공자는 정보의 흐름을 쥐고 있지만 나머지 광고주나 포털 사용자는 이를 제대로 알고 있지 못하다. 따라서 만일 광고주와 소비자인 포털 사용자가 직접 만나서 협상을 하는 것보다 양면시장에서의 플랫폼의 존재가 더 비효율적이지만 의미를 가지게 되는 것이다.

3. 양면시장, 플랫폼 지배와 경쟁법

가. 플랫폼의 의의

플랫폼은 비유적으로 실제의 기차역의 정류장이라고 말할 수 있다. 정류장은 그대로 있고, 기차만 새마을호 기차가 들어와서 정차하였다가 출발하고는 KTX가 들어와서 정차하고 가는 것과 같다고 이해할 수 있다. 닌텐도 위라는 플랫폼 위에 게임만이 아니라 다양한 소프트웨어를 얻을 수도 있고 다양한 기능을 구현할 수 있도록 하여 다양한 서비스를 제공하는 것이다.

---

105) Jean-Charles Rochet, Jean Tirole, *Ibid* at.2.

106) Jean-Charles Rochet, Jean Tirole, *Ibid* at.14.

하나의 기기나 소프트웨어 위에 기반을 두어 다양한 기능들을 사용하도록 하는 기반이 되는 이 플랫폼으로 가장 대표적인 것이 마이크로소프트의 윈도우즈(Windows)라는 운영체제(operating system)이다. 운영체제는 운영체제 위에 다양한 미들웨어(middle ware)와 애플리케이션 소프트웨어(application software)가 올라가게 된다. 이와 같은 다층구조를 가지고 있는 PC의 소프트웨어의 구조에서 최하부는 커널(Kernel)[107]이라는 부분이 있고, 이러한 커널을 위시한 일련의 층계 구조의 하부에서 다른 소프트웨어들이 운용되기 위한 기본적인 기능을 제공하는 역할, 바로 플랫폼의 역할을 수행하는 것이 윈도우즈이다.

[그림 2]

| 애플리케이션 소프트웨어(Application Software) |
| 미들웨어(Middle Ware) |
| 운영체제(Operation System) |

[그림 2]에서와 같이 소프트웨어는 계층(layer)을 가지고 있고, 운영체제는 상위에 위치하는 다른 소프트웨어들의 기초가 되는 기능을 제공하는 플랫폼의 역할을 한다. 비유적으로 말하자면 운영체제는 우주정거장과 같은 기능을 하는 것이므로 이 우주정거장이 정하여 둔 규격에 맞는 우주선만이 정차할 수 있게 된다. 우주정거장 운영자는 이 우주정거장을 도킹 스테이션으로 사용할 수 있는 규격, 달리 말해 우주선의 표준을 장악함으로써 우주정거장 시장이 아닌 우주선 시장에서의 경쟁을 선도할 수 있게 되는 것이

---

107) 커널은 CPU. Memory 등의 하드웨어 부분과 애플리케이션 소프트웨어를 서로 연결하는 역할을 하는 부분이다. 커널은 운영체제의 핵심적인 부분으로 하드웨어의 자원을 관리하는 것을 기본적인 역할을 한다, [http://en.wikipedia.org/wiki/Kernel_(computer_science)] 커널에는 종료된 입출력 연산 등, 커널의 서비스를 경쟁적으로 요구하는 모든 요청들을 처리하는 인터럽트 처리기와, 어떤 프로그램들이 어떤 순서로 커널의 처리시간을 공유할 것인지를 결정하는 스케줄러, 그리고 스케줄이 끝나면 실제로 각 프로세스들에게 컴퓨터의 사용권을 부여하는 슈퍼바이저 등이 포함되어 있다. 커널은 또한, 메모리나 저장장치 내에서 운영체계의 주소공간을 관리하고, 이들을 모든 주변장치들과 커널의 서비스들을 사용하는 다른 사용자들에게 고루 나누어 주는 메모리 관리자를 가지고 있다. 커널의 서비스는 운영체계의 다른 부분이나, 흔히 시스템 호출이라고 알려진 일련의 프로그램 인터페이스들을 통해 요청된다. 커널을 유지하기 위한 코드는 지속적으로 사용되기 때문에, 보통 커널은 자주 사용되지 않는 운영체계의 나머지 부분에 의해 덮어씌워져 훼손되지 않도록, 보호된 메모리 영역에 적재된다(http://www.terms.co.kr/kernel.htm).

다. 플랫폼의 경쟁이 이루어지기 때문에 마이크로소프트는 이러한 플랫폼 경쟁에서 승자가 되기 위하여 소위 공개 API[108] 정책(Open API Policy)을 취한다.[109] 이러한 정책을 통하여 자신들의 플랫폼이 더욱 널리 사용되도록 하는 것이 바로 플랫폼 경쟁에서 마이크로소프트가 승리할 수 있었던 이유였다.[110] 마치 철로의 궤도를 협궤로 정하여 버리면 광궤 열차는 아무리 우수한 점이 많아도 시장에서 주도적인 역할을 할 수는 없게 되는 것과 같다.[111] 이와 같이 표준을 장악한 사업자는 시장을 어떻게 형성할 것인가를 정할 수 있게 되는 것이다.

바로 이러한 문제와 마이크로소프트 사건은 연결되어 있다. 마이크로소프트는 윈도우즈라는 운영체제 프로그램을 사실상 표준으로 만들어서 플랫폼을 장악하였고, 플랫폼을 장악한 마이크로소프트는 그 지배영역을 플랫폼 밖으로 확장하려고 하였다.[112] 그런데 넷스케이프사가 인터넷 브라우저(web browser)[113]를 플랫폼으로 사용할 수 있다는 사실을 보여 주면서 마이크로소프트에 위협적인 존재로 등장하였다. 그래서 마이크로소프트와 넷스케이프 간의 유명한 브라우저 전쟁(browser war)이 발생하게 되었다. 그리고 마이크로소프트가 넷스케이프를 시장에서 몰아내기 위하여 사용한 수단이 바로 끼워팔기(tying)[114]와 배타적 거래행위(exclusive dealing)[115]라는 유형이라

---

108) 'Application Program Interface'의 약자로서 계층별로 상호 신호를 교환하기 위하여 정하여 놓은 인터페이스의 약속이라고 정의할 수 있다.

109) 이러한 공개 API 정책은 마이크로소프트만 취하는 것이 아니고, 예를 들어 NAVER의 경우에도 자신들의 포털사이트를 플랫폼으로 사용하기 위한 API를 공개하고 있는 것으로 알고 있다.

110) GUI(Graphic User Interface) 기능 등 앞선 기능으로 마이크로소프트와 경쟁하던 당시의 맥킨토시의 운영체제가 폐쇄적인 API 정책을 사용하는 체제의 예로 제시될 수 있을 것이다.

111) 표준궤가 있는데도 여전히 협궤나 광궤와 같은 비표준궤는 존재한다. 하지만 이러한 비표준궤의 존재가 표준궤가 가지는 선도적 기능을 부인하는 예로 사용될 수는 없다(최승재, "통신산업에서의 표준화와 지적재산권과 경쟁법의 조화", 법조(2008. 6.) 96 – 98면).

112) 이 표현이 정확한지 생각할 필요가 있기는 하다. 왜냐하면 당시의 마이크로소프트는 PC라는 체제에 집중하였고, 인터넷이 가지고 올 파괴력에 대해서는 다소 둔감한 상황이었기 때문에 브라우저라는 기능의 역할을 그리 높게 본 것 같지는 않다.

113) 브라우저는 사용자가 인터넷 웹페이지에 있는 텍스트, 동영상 기타 정보에 접근하기 위하여 사용되는 소프트웨어 애플리케이션을 말한다(http://en.wikipedia.org/wiki/Web_browser).

114) 인터넷 익스플로러라는 자신의 브라우저를 운영체제에 기술적으로 통합하여 끼워 판 행위.

115) PC 제조업체들에게 익스플로러를 사전 인스톨(preinstall)하지 않으면 윈도우즈를 판매하지 않겠다고 한 행위.

는 것이 바로 마이크로소프트 사건의 실질적인 의미인 것이다. 브라우저 전쟁은 사실 플랫폼 전쟁이었던 것이다.[116] 그래서 그들 간의 전쟁은 격렬하였다. 플랫폼을 장악하는 사업자는 시장을 장악할 수 있고, 장악된 플랫폼을 레버리징함으로써 인접시장에 그 장악력을 확장할 수 있다. 그 자리에 경쟁법이 위치하고 있다. 플랫폼을 지배하고 있는 사업자, 즉 표준을 장악하고 있는 사업자와 경쟁법의 관계는 바로 이 지점에서 만나게 되는 것이다.

4. 양면시장이론의 경쟁법에의 적용

가. 양면시장이론과 네트워크 외부성, 그리고 멀티 호밍

양면시장이론은 네트워크 외부성(network externality) 논의와 관련되어 있다.[117] 예를 들어 우리나라에서의 마이크로소프트 사건에서 문제가 되었던 윈도우즈 미디어 플레이어(windows media player)의 경우에 윈도우즈라는 운용체제 업체인 마이크로소프트가 윈도우즈 미디어 플레이어를 끼워팔게 되면, 윈도우즈 미디어 플레이어의 존재로 인하여 사람들은 디폴트(default)로 최종 사용자가 PC를 박스 상태로 구입할 때 이미 인스톨되어 있는 운영체제인 윈도우즈에 설치되어 있는 플레이 백 미디어 플레이어(play back media player)인 윈도우즈 미디어 플레이어를 많이 사용하게 되고, 이러한 사용행태는 콘텐츠 제공자로 하여금 안전한 선택으로 콘텐츠의 포맷을 wmv(windows media video)[118]나 wma(windows media audio)[119] 포맷을 채택하여 공급하게 되고, 결국 이러한 간접적인 네트워크 외부성의 존재로 인하여 시장에서 더 우수한 성능의 플레이 백 미디어 플레이어가 존재하더라도 퇴출당하게 되는 결론에 이르게 된다는 것이 공정거래위원회의 주장이었다. 양면시장의 경우에 플랫폼을 장악하고 있는 마이크로소프트와 같은 회사는

---

116) United States v. Microsoft, 87 F. Supp.2d 30(D.D.C. 2000).

117) Mark Armstrong and Julian Wright, "Two-Sided Markets, Competitive Bottlenecks and Exclusive Contracts", Review of Network Economics, Nov. 2004. 15면 참조.

118) 마이크로소프트에서 제작한 비디오 압축포맷이다.

119) 마이크로소프트에서 제작한 오디오 압축포맷이다.

문제가 된 끼워파는 형식이 아니라 개별적으로라도 운영체제를 장악하고 있으므로 플레이 백 미디어 플레이어를 무상으로 배포하여 이러한 네트워크 외부성을 확보한 다음 콘텐츠를 판매함으로써 수익을 내는 방식을 취할 수 있게 되는 것이다.

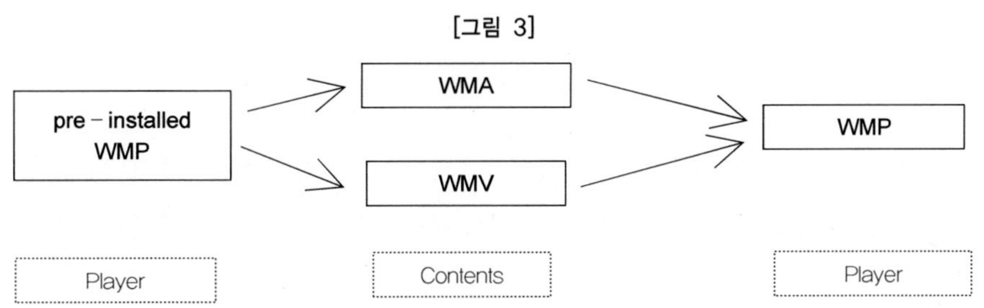

양면시장에서는 양시장에서의 상호 의존성에 기초하여 어느 한 시장에서의 가격정책을 만일 無償으로 하더라도 이를 통하여 외부성을 최대화하여 다른 시장에서 수익을 극대화할 수 있게 되는 시장이라는 것이 개념정의상의 본질적인 내용이다. 마치 위의 [그림 4]의 예에서 플레이 백 미디어 플레이어를 무상으로 배포하더라도 이를 통하여 발생하게 되는 외부성을 통하여 다른 시장에서 수익을 높이거나 시장지배력을 극대화할 수 있게 된다는 점이 양면시장에서의 사업자의 전략적인 시장행동의 유인이 되는 것이다.

하지만 위와 같은 논의는 멀티 호밍(multi homing)[120]이 가능하게 되면 유지되기 어렵다. 윈도우즈를 장악하고 있다고 하더라도 무상으로 배포된 플레이 백 플레이어가 별도로 다른 역시 무상으로 제공되는 플레이 백 미디어 플레이어와 복수로 사용할 수 있게 되면 이와 같은 경우에는 네트워크 외부성을 확보할 수 있는 순환고리의 일부가 끊어지게 되기 때문이다.[121]

---

120) '멀티 호밍'이란 '복수의 플랫폼'을 동시에 사용하는 것으로 이해하면 된다.

121) 멀티호밍이 된다고 하여 반드시 플랫폼의 복수성이 외부효과를 '항상' 단절시키는 것은 아니다. 일정한 경우에는 외부효과가 여전히 존속하는 경우를 상정할 수 있다.

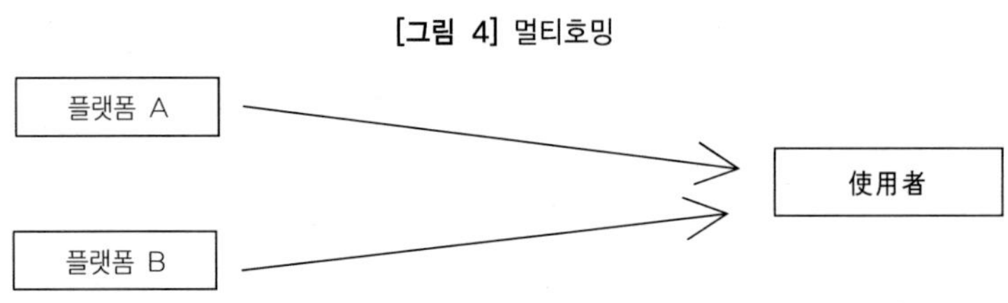

[그림 4] 멀티호밍

나. 양면시장에서의 가격 설정

(1) 가격 설정 전략

양면시장에서의 가격 설정은 양쪽의 시장이 상호작용을 하기 때문에 각자의 독립된 가격설정이 아닌 상호 의존적인 형태의 가격 설정을 하게 된다. 제품의 경우는 이미 콘솔형 게임기 시장을 통하여 보았으므로 용역(서비스)의 경우를 보기 위하여 플랫폼역할을 하는 서비스를 예를 들어 양면시장에서의 가격설정을 검토하여 보자. 양면시장에서의 가격설정은 복수 제품 가격 설정(multi-product pricing)이 되는 경우다. 단순히 복수 상품의 라인업(line-up)을 가지고 있다는 의미가 아니라 복수의 제품 라인업이 서로 상호 연관성 내지 의존성을 가지고 있다는 점이 이 경우의 가격설정전략(pricing strategy)의 핵심이다. 이러한 가격 설정은 양 시장에서의 수요 가격 탄력성에 의하여 결정된다. 보조를 하는 측의 경우에는 수요의 가격탄력성이 낮다. 반면 보조를 받는 측은 수요의 가격탄력성이 높다.

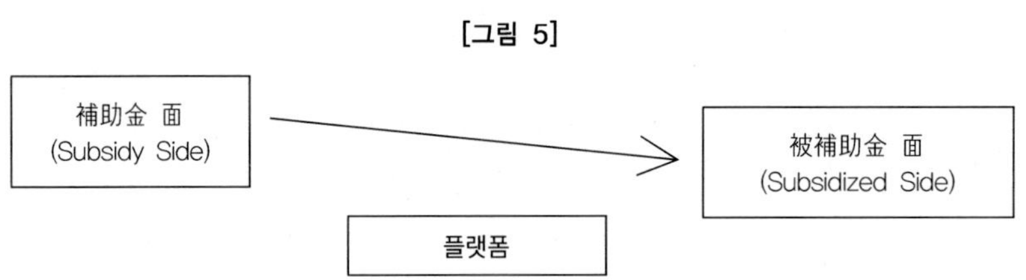

[그림 5]

(2) 신문시장의 경우

위의 [그림 5]에서 보는 바와 같이 양면시장에서의 가격 설정 시에는 보조적인 성격을 띠는 면과 보조를 받는 면이 발생하게 되는 경우가 많다.[122]

신문시장에서 무가지의 경우가 이러한 양면시장에서의 가격 정책의 하나의 예가 된다. 신문시장의 경우 무가지는 신문시장이라는 시장에서 배포가 이루어진다. 무가지와 관련된 시장획정의 문제는 따라서 양면시장이론의 관점에서는 무가지시장이라는 별개의 시장을 따로 볼 것인가 아니면 전체 신문시장을 단일한 하나의 시장으로 볼 것인가와 같은 논란을 내포하고 있다.

무가지들의 경우에 그 무가지들이 담아내는 정보는 일간신문사들이 일정한 신문판매료를 받고 제공하는 기사로서 신문이 정상재[123]라는 점은 직관적으로 분명하다. 하지만 신문은 지하철 등의 장소에서 무상으로 제공된다. 대신 광고를 유치하여 광고를 통하여 수익을 창출하고 신문의 운영비에 충당한다.

[그림 6]

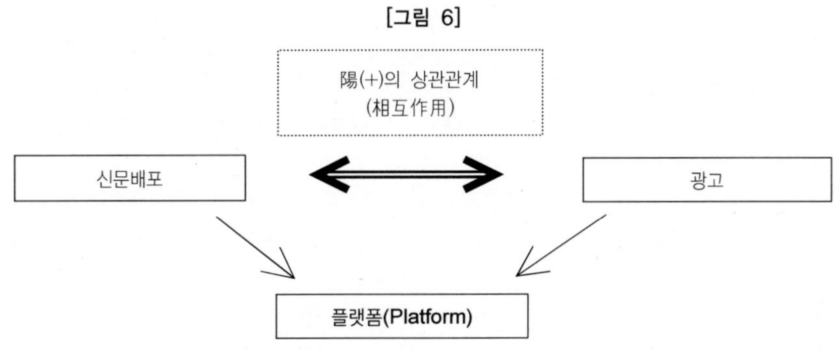

---

122) Argentesi, E and M. Ivaldi, "Market Definition in Printed Media Industry: Theory and Practices", CEPR Discussion Paper No.5096(2005) 참조.

123) 정상재(正常財, normal good)는 다른 조건이 불변일 때, 소득이 증가(감소)함에 따라 수요가 증가(감소)하는 재화이다. 즉 수요의 소득탄력성이 양(+)인 재화를 말한다. 아래의 그래프에서 소득의 증가로 인해 예산선이 BC1에서 BC2로 이동하였을 때 Y재와 같이 소비가 Y1에서 Y2로 증가하는 재화를 정상재라 하고, X재와 같이 소비가 X1에서 X2로 감소하는 재화를 열등재라고 한다. (http://ko.wikipedia.org/wiki/%EC%A0%95%EC%83%81%EC%9E%AC 2009. 3. 30. 최종접속)

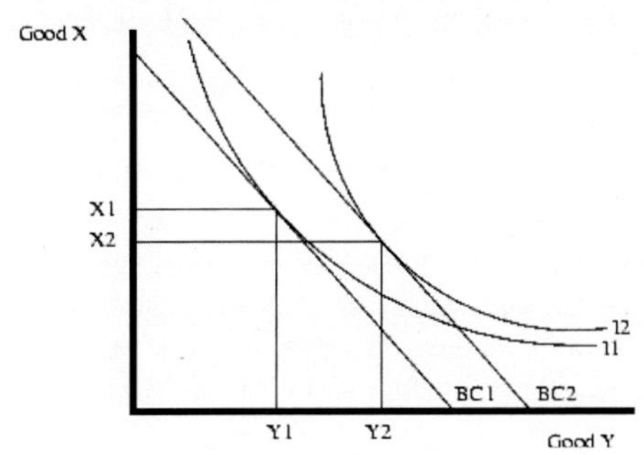

이 경우 광고와 신문의 배포부수는 서로 연관성을 가지고 상호작용을 한다. 따라서 무가지를 발행하는 신문사는 광고를 위하여 배포부수를 올려야 하므로 무가지라는 형태를 취하고 광고를 유치하기로 하는 전략을 취하게 되는 것이다. 이러한 가격 설정은 양 시장에서의 수요의 가격탄력성에 의하여 결정된다. 보조를 하는 측의 경우에는 수요의 가격탄력성이 낮다. 반면 보조를 받는 측은 수요의 가격탄력성이 높다. 따라서 만일 이 시장에서 가격을 올리게 되면 수요는 급격하게 감소하게 된다. 반면 보조를 하지 않게 되면, 보조를 받는 측에서 가격을 받고 유가지와 경쟁을 하여야 하는데 이 경우에는 유가지와의 경쟁에서 밀려서 광고를 유치할 수 없게 된다. 따라서 실제로 광고주가 신문독자의 신문 값을 대신 지불하고 있는 모델이 되는 것이다. 광고주의 입장에서는 그냥 광고전단지를 만들어서 유가지에 끼어서 배포하는 것에 비하여 저렴한 가격에 전단지 형식이 아니라 인쇄매체에 기사와 함께 광고로 제공될 수 있으므로 이러한 무가지에의 광고게재를 하게 되는 유인이 있다.

다. 멤버십의 경우

신용카드 회사는 멤버십과 관련된 양면시장의 대표적인 예이다.[124] 신용카드회사는 소비자와 가맹점 양쪽을 통하여 수익을 얻게 된다. 소비자의 수가 늘어나야 가맹점으로부터 받을 수 있는 수수료가 증가한다. 그러므로 소비자로부터 받을 수 있는 신용카드 개설 시의 멤버십 비용이 있지만 많은 경우 신용카드 회사들은 우리나라의 경우에도 회원비를 여러 가지 명목의 연회비 면제 조건을 달라 면제시켜 주면서 회원 수 증대에 최선을 다하고 있다. 이러한 행태는 양면시장의 가장 대표적인 모습이다.

백화점 멤버십 카드도 마찬가지이다. 이 멤버십 카드 자체는 백화점이 제공하는 일련의 복수 서비스들의 플랫폼 역할을 한다. 이 멤버십 카드를 사

---

124) Evans, D and R. Schmalense, "The Economics of Interchange Fees and Their Regulation: An Overview", Proceedings – Payment Systems Research Conferences, Federal Reserve Bank of Kansas City, May 2005. pp.73 – 120; Rysman M., "An Empirical Analysis of Payment Card Usage", journal of industrial Economics, 55, (2007) pp.1 – 36. 등 신용카드와 관련하여서는 다수의 분석 문헌이 있다.

용하여 수영장이나 헬스클럽 할인도 받고, 객실 할인이나 무료 제공을 받을 수도 있다. 레스토랑에서 할인 혜택을 받을 수 있는 기초도 멤버십에서 제공된다. 바로 백화점의 멤버십을 가지게 된다는 것이 백화점의 서비스 플랫폼이 되는 것이다.[125] 이 경우 멤버십의 가격 설정과 각 플랫폼 위에 얹어져 있는 서비스나 재화의 가격 설정은 어떻게 하여야 할까? 바로 이 부분이 양면시장에서의 가격설정과 관련된 문제이다. 플랫폼 사용에 대한 고객 충성도가 높아져야 다른 시장에서의 매출을 높일 수 있게 되므로, 양면시장인 경우에는 플랫폼의 가격을 떨어뜨리고 플랫폼에의 소비자 고착을 유도하여야 한다. 그런데 무상 플랫폼의 제공을 하는 것이 항상 최적의 전략인가 하면 그것은 그렇지 않다. 제공하려는 재화의 성격이나 소비자의 가격탄력성을 중심으로 한 소비자의 구매 특성, 시장에서의 다른 경쟁자의 반응에 민감하게 대응하여야 하는 상호 의존성이 큰 시장인지 여부와 같은 시장의 특성까지 여러 가지 요소들이 종합적으로 고려되어 결정되어야 하는 것이다.[126]

유사한 예가 결혼중개업이 있다. 결혼중개업체는 남자 고객과 여자 고객들에 대하여 각각 회원가입비를 받게 된다. 그리고 결혼에 성공하게 되면 성공보수를 받을 수 있다. 성공보수를 받는 것은 훨씬 매력적인 수익을 가지고 온다. 이 경우 결혼중개업자가 당면하고 있는 시장은 양면시장이라고 할 수 있다. 왜냐하면 남자 고객만 가입하여서는 여자 고객이 없으면 결혼중매라는 제안을 할 수 없게 되고, 따라서 결혼중개업자로서 시장에 살아남으려면 양쪽 성의 고객을 모두 유치하여야 하며, 그래야 성공보수를 받아서 수익을 높일 수 있다. 이 경우 결혼중매업자가 가격전략을 남자 고객에 대해서는 매우 기존의 회원비를 받고, 여자 고객에 대해서는 무료로 회원가입을 시키는 방식을 취하기로 하였다고 하자. 왜냐하면 여자 고객들은 회원비에 매우 탄력적으로 반응하였기 때문이라고 하자. 여자 고객들의 경우에는 조그만 가격의 상승에도 회원 가입률이 떨어진다. 여성 회원 가입률이 떨어

---

125) 많은 '양면시장'은 사실은 이와 같은 '다면시장(Multi-sided Market)'이다. 다만 이론전개의 편의를 위하여 '양면시장'으로 단순화시키는 것이다.

126) Jean-Charles Rochet · Jaen Tirole, "Two-Sided Markets: An Overview", Mar. 12. 2004 at.34-36.

지게 되면, 남성 회원들은 가격에는 둔감하다고 하더라도 매칭이 될 가능성이 떨어지게 되므로 남성 회원의 가입률도 떨어져서 결국 사업이 실패할 가능성이 높아지게 되므로 이와 같은 경우 가격전략을 서로 차별화하는 방식으로 취하게 될 것이다.

양면시장이론이 보여 주는 것은 플랫폼으로 제공되는 시장에서의 가격 설정이 독립적으로 이루어지는 것이 아니라 타깃으로 설정한 다른 시장에서의 수익성을 염두에 두고 결정된다는 것이다. 더구나 이러한 가격 결정에는 소비자들은 고려하지 않는 외부성의 문제도 있다. 양면시장에서의 호텔 멤버십이나 PC의 운영체제, 인터넷 사이트와 같은 플랫폼을 통한 간접적인 외부 효과의 존재는 위에서 본 것과 같은 플랫폼 가격 설정에 영향을 주고 있다. 하지만 플랫폼의 가격 설정은 플랫폼 자체의 판매에서 매출을 올리는 방식을 취하는 마이크로소프트의 윈도우즈와 같은 경우가 있는 반면, 구글과 같이 구글의 서치에서는 아무런 수익을 발생시키지 않고 무상으로 서치를 제공하면서 인터넷 광고주들을 대상으로 한 광고수익을 통하여 현금흐름을 창출하는 모델이 있고, 고급 호텔의 멤버십과 같이 일정한 고정적인 비용을 청구하면서, 다른 한편에서 플랫폼 위에 제공되는 레스토랑과 같은 다른 시설의 이용이나 서비스의 이용을 통하여 수익을 발생시키는 등의 다양한 비즈니스 모델이 있다.

어디서 이런 차이가 발생하는가를 보자. 우선 양면시장이라는 것이 하나의 단일한 형태를 가지고 있는 것이 아니라는 점을 말할 수 있다. 어떤 사업자가 자신이 제공하는 재화나 용역의 대상 소비자가 동일하다고 하더라도 그리고 자신이 양면시장을 직면하고 있다고 하더라도 이러한 양면시장의 특성을 감안하고, 자신이 제공하고 있는 플랫폼의 강도를 고려하여 가장 최적의 수익 극대화 전략을 발견하게 되는 것이다. 이러한 가격 설정행위에 있어서 가격이나 다른 경쟁자의 존재, 경쟁의 정도 등이 감안될 것이다.

5. 소 결

이상에서 양면시장의 의미와 양면시장이론에 대하여 살펴보았다. 양면시장이론을 적용하기 위해서는 무엇이 양면시장이라는 특징적인 시장의 개념소로 기능하는가를 이해하는 것이 필요한바, 양 시장의 존재와 플랫폼의 존재, 그리고 양면시장의 상호작용과 이러한 양시장에서의 서로 다른 가격전략 등에 대응하는 소비자가 이를 내부화하는 것이 어렵다는 것을 특징점이라는 것을 알 수 있었다. 그리고 이러한 특징점을 가지는 시장을 기존의 외국 문헌들을 통하여 논의되었던 예를 중심으로 살펴보았다.

이하에서는 이러한 양면시장이론을 인정하는 경우 경쟁법에 어떻게 양면시장이론을 적용할 수 있을 것인가 하는 점을 검토하기로 한다. 일단 Ⅲ에서는 관련시장획정과 시장지배적 사업자의 발견과 관련된 논의를 할 것이다. 그리고 Ⅳ에서는 양면시장에서의 기업결합과 관련된 논의를 진행하여 보기로 한다.

Ⅲ. 양면시장이론과 관련시장획정

1. 도 입

시장지배적 지위남용의 사안이든, 기업결합 사안이든 경쟁법의 적용을 위하여 선행적으로 이루어져야 하는 것이 바로 관련시장의 획정이다. 왜냐하면 경쟁법을 시장을 규율의 대상으로 하고 있기 때문이다. 일단 시장이 획정되어야 시장 내의 경쟁상황을 파악할 수 있게 되기 때문이다. 따라서 경쟁법적 분석을 위하여 관련시장획정(relevant market definition)이 필요하다. 관련시장획정은 기업들 간의 경쟁의 외연을 정하기 위한 수단이다.[127]

관련시장의 획정은 시장지배력의 판단에 있어서, 특히 지배력에 대한 검

---

127) Commission Notice on the definition of the relevant market for the purpose of Community competition law. OJC(372 on 9/12//1997).

토가 본질적으로 요구되는 독점 또는 시장지배적 지위의 남용이나 기업결합에서 보다 직접적으로 문제가 된다.[128] 관련시장획정은 시장점유율 계산에 있어서 분모를 확정하는 의미를 갖는다. 따라서 관련시장획정은 기술적으로 가장 선행하는 위치에 있다. 그러나 시장점유율의 계산에만 연관이 되는 것이 아니라 개별시장에서의 경쟁제한성을 다루는 모든 경우에 관련된다.[129]

2. 전통적 관련 시장획정 이론

관련시장이란 일정한 거래의 집합을 말하는바, 그 거래들이 만일 하나의 가상 독점자에 의해 모두 이루어질 경우 수요와 공급의 탄력성이 모두 낮아서 한계비용 이상으로 가격을 인상하면서도 그 이윤을 증가시킬 수 있는 거래의 집합으로서 가장 규모가 작은 것을 말한다.

우리 공정거래법 제2조 제8호는 관련시장[130]을 '일정한 거래분야'라고 표현하고 있으며, 제8호는 "거래의 객체별·단계별 또는 지역별로 경쟁관계에 있거나 경쟁관계가 성립될 수 있는 분야"라고 정의하고 있다. 또 실무지침인 공정거래위원회의 시장지배적지위남용행위심사기준에서는 거래대상별로 구분되는 시장을 일반적으로 관련제품시장이라고 하며, 거래지역별로 구분되는 시장은 이를 관련지역시장이라고 한다고 정하고 있다. 이를 거개단계별로 제조, 도매, 소매 등으로 구분하고, 거래상대방을 기준으로 구매자의 특성 또는 상품이나 용역의 특수성에 의하여 특정한 구매자군이 존재하는 경우에는 이러한 구매자군별로 시장이 획정될 수 있다고 한다.

가. 관련제품시장

(1) 판단기준

관련제품시장(relevant product market)은 수요의 탄력성과 공급의 탄력성

---

128) 홍명수, "관련시장 획정과 통방융합", 경쟁법연구 13권(2006) 56면.
129) 홍명수, 위의 논문, 56면.
130) 이 용어는 강학상의 용어이나 실무상 '일정한 거래분야'라는 표현 대신 관련시장이라는 표현을 사용한다(홍명수, 위의 논문, 55-56면).

이 충분히 낮아 그 시장을 100% 지배하는 사업자가 있다면[131] 경쟁가격수준을 상당히 초과하는 수준의 가격을 부과하면서도 이윤을 증가시킬 수 있는 가장 좁은 범위의 제품들로 구성된 시장을 말한다. 따라서 이 이론에 의할 때 관련제품시장을 획정하기 위해서는 수요의 탄력성과 공급의 탄력성을 검토하여야 한다. 특정 사업자의 가격인상에 대해서 소비자들이 다른 제품으로 구매전환을 하거나, 다른 공급자들이 관련제품의 생산을 늘리게 된다면 당해 사업자는 초과이윤을 거둘 수 없게 되는 점을 수요의 탄력성과 공급의 탄력성의 변화를 통하여 발견하여야 할 것이기 때문이다.

수요대체성과 관련하여 시장획정에서 널리 사용되고 있는 방법 중의 하나가 SSNIP[132] 심사이다. 이 방법론에 의하면 가상적 공급 독점기업이 당해 제품의 적지만 실질적이고 지속적인 가격인상을 통해 그 이윤을 증가시킬 수 있는지를 확인하여 만일 그렇다면 당해 제품으로 관련시장이 획정되며, 만일 그렇지 않다면 당해제품을 보다 넓게 획정되는 관련시장의 일부로 보는 것을 말한다. 가상적 독점기업이 가격을 인상하여 이윤을 증대시킬 수 있는 제품 또는 지역을 상정할 경우, 이 기준을 충족하는 최소시장이 관련시장이 되는 것이다. 이러한 SSNIP 심사에 의하면 관련제품시장은 거래되는 특정 상품의 가격이나 용역의 대가가 상당 기간 어느 정도 의미 있는 수준으로 인상될 경우 동 상품이나 용역의 대표적 구매자가 이에 대응하여 구매를 전환할 수 있는 상품이나 용역의 집합을 의미한다.

유럽공동체의 경우 관련시장은 소비자들에 의하여 재화의 특성, 재화의 가격, 그 용도 등의 관점에서 대체가능한 것으로 판단되는 모든 재화와 용역을 포함하는 것[133]으로 이해된다. 유럽공동체의 관점은 수요자의 관점에

---

131) '가상적 독점자 이론(Hypothetical Monopolist Theory)'이라고 한다. 이에 대하여 '이기종, "공정거래법상 시장지배적사업자 여부의 판단을 위한 관련시장의 획정 및 시장지배력의 평가에 관한 연구" 기업법연구 제20집 제4호(통권 제27호)(2005)' 참조.

132) 'Small but Significant and Non-transitory Increase in Price'의 약자이다.

133) A relevant product market comprises all those product and/or services which ar regarded as interchangeable or substitutable by the consumer, by reason of the products' characteristics, their prices and their intended use.(Commission Notice on the definition of the relevant market for the purpose of Community competition law. OJC 372 on 9/12//1997)

서 이를 판단하고 있다.

이처럼 관련시장은 대표적 수요자의 관점과 독점적 공급자의 관점이라는 두 가지의 기초적인 관점이 있다. 일본 공정취인위원회는 2004년 기업결합심사지침에서는 시장획정의 원칙을 대표적 소비자 관점에서 가상의 독점기업의 관점으로 전환하였다. 이 지침에서는 "일정한 거래분야의 상품범위는 수요자입장에서 거래대상 상품과 기능 및 효용이 유사한 상품으로 획정한다." 라고 규정하면서, "만약 당해 상품의 가격인상 등이 발생한 경우 수요자가 당해 상품 대신에 다른 상품을 구매할 수 있기 때문에 당해 타 상품이 당해 상품의 가격, 수량 등의 자유로운 움직임을 제한하는 용인되는지를 기준으로 판단한다."고 규정하여 우리 공정거래위원회의 시장획정원칙과 유사한 규정[134] 을 가지고 있었으나 2007년 지침을 개정하면서 미국의 가상적 독점기업의 이윤제고가능성 기준으로 전환하였다.[135] 우리의 경우에도 관련시장 획정의 기준을 실무례와 같이 SSNIP 심사의 방식과 부합할 수 있도록 가격효과와 대체효과를 모두 반영할 수 있도록 기존의 미국이나 변경된 일본의 지침과 같이 독점적 공급자 관점으로 개정하는 것이 타당하다는 견해가 있다.[136]

나. 관련지역시장

(1) 판단기준

관련지역시장은 수요의 탄력성이 낮아서 당해 제품의 가격이 상승해도 많은 소비자들이 즉시 다른 지역에서 공급되는 제품으로 이를 대체하지 않으며 동시에 공급의 탄력성이 낮아서 그 지역 밖의 생산자들이 이를 대체할 제품을 가지고 그 지역 내로 신속히 유입될 수 없는 지역으로 이루어진다. 우선 가장 중요한 판단 요소가 가격의 상호관련성이라고 생각된다. 문제가 된 사업자가 활동하는 지역과 그 인접 지역의 제품가격이 동일 또는

---

134) 일본 공정취인위원회, "기업결합심사에 관한 독점규제법의 운영지침"(2004).

135) 일본 공정취인위원회, "기업결합심사에 관한 독점규제법의 운영지침"(2007).

136) 박익수, "공정거래법상 관련시장의 지역적 범위에 관한 연구 - 임계매출감소분석에 의한 시장획정을 중심으로", 연세대학교 법무대학원 석사학위논문, (2006) 89 - 90면; 전성훈, "컨버전스 시대의 경쟁정책적 시사점", 산업조직학회 세미나 자료(2007) 13면.

유사한 지역에서의 가격변동이 곧바로 다른 지역에서의 유사한 가격변동으로 연결될 경우 양 지역은 하나의 관련시장이 될 가능성이 커진다. 물론 양 지역의 유사한 가격변동이 별개의 원인으로 일어날 것일 수도 있으므로 가격지표만으로 확정적인 결론을 내릴 수는 없으나 장기간에 거친 데이터를 가지고 있다면 이러한 데이터는 관련지역시장의 획정에 있어서 중요한 기준으로 사용될 수 있을 것이다.

그 외 판매패턴, 구매자편의 및 선호도, 운송비용의 다과 등도 관련지역시장을 결정하는 기준으로 고려될 수 있을 것이다. 예를 들어 포스코 사건[137])에서처럼 일본을 관련시장에 포함시킬 것인가라는 질문을 지리적 시장획정과 관련하여 가지게 된다면 일본에서의 운송비가 높을 경우 일본은 관련시장에서 제외될 가능성이 높아지게 되는 것이고, 운송비가 낮을 경우 포함될 가능성이 높아진다고 할 것이다. 왜냐하면 운송비가 낮을 경우 구매자들은 상대적으로 용이하게 구매대체를 할 수 있을 것이기 때문이다.

이러한 판단을 위해서 제시되는 기준으로는 SSNIP 심사 외에도 임계매출감소분석에 의한 지역시장의 획정방법이 SSNIP 심사의 실천적 방법으로 제시되고 있으며, 이에 대해서는 임계교차탄력성(Critical Cross Elasticity)과 임계전환비율(Cross Diversion Ratio)에 의한 관련 지역시장 획정방법과 EH 테스트(Elzinga – Hogarty Test)[138])에 의한 관련 지역시장 획정방법도 제시된다. 다만 법관의 판단에 있어 어떤 판단기준이 단일하고 우월적인 기준이 될 수는 없고, 법관은 규범적으로 가장 당해 사안에 있어서 합리적으로 학계에

---

137) 대법원 2007. 11. 22. 선고 2002두8626 판결.

138) 일명 LIFO – LOFI 분석방법이라 한다. EH Test란 지역 간 출하량(currnet shipment flows) 상황을 기준으로 관련 지역시장의 범위를 획정하는 방법으로서, 구체적으로 LIFO(Little in From outside)와 LOFI(Little out from inside) 비율의 고저에 따라 관련지역시장을 획정하는 방법이다. LIFO라 함은 어느 지역 내에서 특정 상품에 대한 소비자들의 총소비지출액 중 그 지역 내 생산자들의 매출액이 차지하는 비율을 말하는 것이고, LOFI라 함은 어느 지역 내 기업들의 총생산액 중 그 지역 내 소비자들에 대한 판매비율을 말하는 것이다. 이때 LOFI 비율이 높다는 것은 소비자들이 그 지역 내 생산자의 제품을 주로 사용하고 타 지역 생산자들의 제품을 별로 사용하지 않기 때문에 타 지역으로부터 그 지역으로의 제품 유익이 별로 없다는 것을 의미한다. EH Test는 직접적으로 SSNIP Test를 하는 것은 아니지만 지역시장의 서립 여부를 결정하는 수요 및 공급 전환상의 여러 종류의 장벽의 정도를 가늠하는 데 유용한 대리변수로 활용되고 있다. LIFO와 LOFI 비율이 모두 75~90% 수준에 속한다면 수요 및 공급 전환상의 장벽이 큰 것으로 보아 일응 그 지역만으로 지역시장이 성립한다고 보게 된다(박익수, 전게논문, 40 – 41면).

서 일반적으로 받아들여지는 기준 중에서라면 가장 사안 해결력이 높고 적합한 기준을 적용하면 될 것이다.

(2) 기업의 시장의 글로벌화와 관련시장의 획정

이러한 지리적 관련시장획정의 문제는 우리가 포스코 사건에서 보는 것과 같이 비즈니스 환경이 점차 글로벌하여 짐에 따라 경쟁의 양상이 국제화되고 있고, 따라서 지역적으로 한국을 넘어서 아시아시장이나 전 세계시장으로의 획정이 필요할 경우가 증가할 것이라고 생각된다. 예를 들어 소프트웨어의 경우를 보자. 소프트웨어의 경우는 점차 구매수단이 일정하게 정하여진 서버에서 다운로드를 받아서 구매하게 되므로 만일 한국에서의 구매와 유럽에서의 구매 간에 다운로드를 받는 방식으로 가격 차이를 두게 되면 소비자들은 재정거래를 통하여 가격이 낮은 지역으로 즉각적으로 이동하여 구매할 수 있게 되는 것이다. 가격의 상호관련성이라는 요소를 포함하여 판매패턴, 구매자 편의 및 선호도, 운송비용의 다과 등의 여러 가지 요소를 고려하면 보면 소프트웨어 시장은 지리적으로 다운로드 방식을 취하는 경우에 획정될 수 있는 시장의 범위가 전 세계가 될 가능성이 상당하다고 보게 되는 것이다.[139]

다. 혁신시장과 관련시장의 획정

혁신시장이란 신규 또는 개량상품이나 공정의 개발을 목적으로 하는 R&D와 그러한 R&D의 밀접한 대체재로 구성되는 시장을 말하며, 여기서 밀접한 대체재란 예컨대 가상의 독점자가 R&D의 속도를 늦출 수 있는 능력과 동기를 제한함으로써 그 R&D에 관한 시장지배력의 행사를 상당한 정도로 억제할 수 있는 다른 기업의 R&D 노력, 기술 및 상품을 말한다. 혁신시장에서의 관련시장 획정은 정태적인 관점이 아니라 동태적인 관점에서 판단되어야 한다는 주장이 흔히 이루어진다.[140] 디지털 컨버전스라는 관점

---

139) 실제에 있어서 시장획정을 전 세계로 하는 것에는 여러 가지 제약요소들이 있을 것이다. 다만 다운로드로 구매하는 구매 패턴과 패키지 형태로 구매하는 구매 패턴은 구매의 행위자 태양이 상이하다는 점에서 구별되어야 하는 점 등이 있을 것이므로, 예를 들어 다운로드를 하는 것이 광대역망의 설치 미비 등으로 인하여 실제적으로 불가능한 경우가 있을 것이므로 이러한 경우에는 포함된다고 하더라도 다운로드 시장을 별도의 시장으로 획정하는 경우 문제가 되지는 않을 것이다.

140) 이인호, 김종민, "디지털 컨버전스 시대의 기업합병 심사", 산업조직학회 세미나 자료(2007) 66

에서 이 주장은 관련 시장의 양상이 이전보다 좀 더 복잡하게 전개될 것이라고 한다. 상품의 대체성, 구매의 전환가능성, 그리고 판매자들의 대체가능성이라는 모든 측면 세어 디지털 컨버전스는 시장의 범위를 확대시키는 결과를 낳은 가능성이 크기 때문이라고 보는 것이다. 이 견해에서는 상품의 대체성이라는 측면에서 상품이나 서비스가 기술의 발전으로 인하여 경쟁관계를 지니게 되는 경우 빈번하게 발생하는 것을 예로 든다.[141]

혁신시장을 필자는 신경제 산업의 시장을 의미한다고 이해한다. 신경제 산업은 포스너(R. Posner)에 의하면 인터넷이나 소프트웨어 산업이 대표적인 예로 주장되어진다. 하지만 인터넷 시장과 같은 신경제 산업에서의 시장획정과 관련하여 기존의 전통적 이론이 적용되어야 할 산업과 어떤 차이가 있어야 하는가에 대하여 명확한 가이드라인이 존재하지는 않는 것으로 보인다. 인터넷이나 소프트웨어 산업이라고 하여 최소한 관련시장의 획정에서 달리 취급할 이유는 없다고 보는 견해와 달리 취급하여야 한다고 보는 견해에 대하여 좀 더 시장 특성을 감안한 심도 깊은 논의가 이루어져야 한다고 보지만 본고에서는 절을 나누어 양면시장에서의 시장획정 문제에 국한하여 이 문제를 검토하여 보기로 한다.

3. 양면시장에서의 시장획정과 시장지배적 사업자의 결정

가. 양면시장의 특성과 시장획정

양면시장은 플랫폼을 중심으로 하여 서로 다른 특성을 가지는 두 가지 그룹을 분류할 수 있는 경우의 시장을 지칭한다고 정의하였다. 이러한 양면시장에서 플랫폼을 중심으로 한두 개의 서로 다른 군을 묶어서 하나의 시장으로 볼 것인가 아니면 별개의 시장으로 볼 것인가 하는 것이 양면시장에서의 시장획정과 관련된 논의의 핵심적인 논점이라고 할 것이다. 이 문제

  - 68면.

141) 디지털 카메라 시장에서의 기존의 경쟁자가 아니었던 휴대폰이 디지털 카메라의 기능을 컨버전스로 융합시킴으로써 서로 경쟁이 이루어지게 됨을 예로 들 수 있다고 한다(위 이인호, 김종민의 논문 67면 참조).

가 발생하는 이유는 양면시장에서는 양 시장이 서로 밀접한 관련성을 가지고 있기 때문에 만일 두 개의 별개 시장으로 보게 되면 시장을 지나치게 작게 획정하게 되는 것이 아닌가 하는 의문이 있을 수 있기 때문이다. 시장 획정의 관점에서 밀접한 관련성이라 함은 상호간의 수요 및 공급의 대체탄력성이 영향을 주고 있다는 것을 의미한다고 할 수 있을 것이다.

나. 네이버 사건142)의 경우

아래 그림143)에서 보는 것과 같이 네이버는 양면시장이론에서 보는 상호작용이라는 특징점이 발견되는 예이고, 이러한 상호작용은 뒤에서 보는 구글의 더블클릭 인수 건에서 보았던 구도와 유사하다.144) 따라서 양면시장이론 자체를 적용하는 것은 가능하다.145) 문제는 그 적용이 적절하게 이루어졌는가에 있다고 본다.

---

142) 공정거래위원회 전원회의 의결 제2008 - 251호 2008. 8. 28. 사건번호 2007서이3007.

143) 아래의 그림은 공정거래위원회가 2008. 5. 7. 인터넷 포털인 네이버의 시장지배적 사업자로서의 지위남용행위를 인정하면서 5. 8. 보도자료에서 사용한 것이다(www.ftc.go.kr에서 참조).

144) 무료로 제공되는 서비스에는 검색 서비스, 이메일·메신저 등 커뮤니케이션 서비스, 온라인 카페·블로그, 홈페이지 등 커뮤니티 서비스, 뉴스·부동산 정보 등 콘텐츠 서비스 등이 있다. 인터넷 포털이 이러한 서비스들을 이용자에게 무료로 제공하는 이유 중 하나는 많은 이용자를 끌어들여 광고주들에게 인터넷 포털이 매력적인 광고 매체로 인식될 수 있도록 하기 위한 목적이다. 실제로 인터넷 포털사들의 매출액 중 상당 부분이 광고에서 발생하고 있다(사건번호 2007서이3007 의결서 5면).

145) 양면시장(two - sided markets 또는 two - sided platforms)이란 네트워크를 통하여 두 개(이상)의 구분되는 집단(end - user)을 상호 연결될 수 있도록 하는 시장을 의미한다. 플랫폼은 정의상 다수의 집단이 모여드는 곳으로 다면(multi - sidedness)이 본질적인 특성이나, 일반적으로 양면 플랫폼(two - sided platform, 이하 '2SP'라 한다)이라 부르기도 하는데, 2SP 사업자의 역할은 서로를 필요로 하는 고객 집단에게 거래가 성사되도록 기회를 제공하는 것이며, 2SP 사업자가 수익 모델을 가지고 활동하는 공간이 양면시장(two - sided markets)이라고 할 수 있다.
일반적으로 양면시장이 성립하기 위해서는 다음과 같은 요건들이 충족되어야 한다.1) 첫째, 양면성으로, 상호 연결을 필요로 하는 둘 이상의 구분되는 고객군(two distinct groups)이 존재해야 한다. 둘째, 적어도 한 면(side)의 고객군은 다른 면(the other side)의 고객군 규모가 클수록 더욱 높은 효용을 얻을 수 있어야 한다. 이를 '교차 네트워크 효과(cross network effect)' 또는 '간접 네트워크 효과(indirect network effect)'라고 한다. 하지만 자신이 속해 있는 면의 네트워크의 크기에 의해 효용이 증가되는, 즉 '직접 네트워크 효과(direct network effect)' 또는 '동일면 네트워크 효과(same - side effect)'가 반드시 존재할 필요는 없다. 셋째, 높은 거래비용 등으로 서로 다른 고객군들이 자체적인 노력(직접 거래)으로 교차 네트워크 외부성을 내면화하기 어렵고 이를 용이하게 하기 위해 플랫폼을 이용하여야 한다. 이와 같은 특성을 감안할 때, 인터넷 포털은 최종 소비자인 이용자와 광고주, 이용자와 CP 또는 이용자와 e - 쇼핑몰 등을 연결해주는 전형적인 양면시장에 해당된다(사건번호 2007서이3007 의결서 6 - 7면).

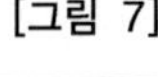

[그림 7]

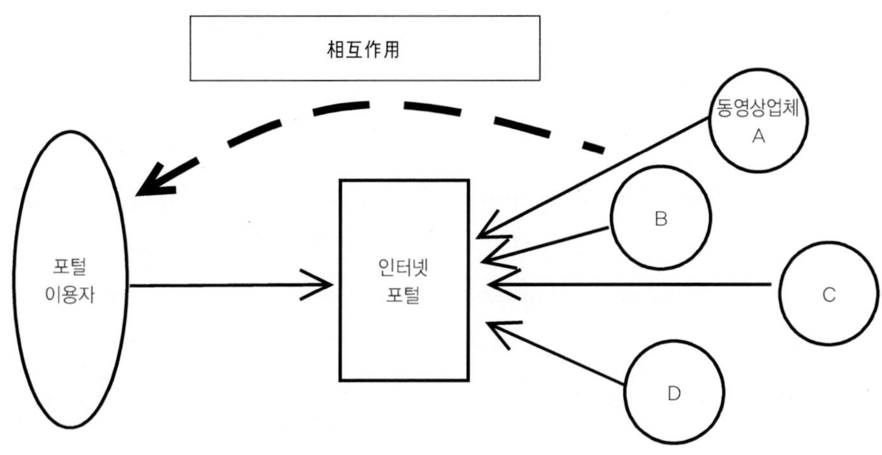

다. 양면시장에서의 시장획정

(1) 포괄적인 시장획정

그런데 양면시장에서의 시장획정이라는 문제는 애초 양면시장이론이 앞의 [그림 7]에서 보았던 무가지의 경우를 보자. 양면시장이론의 관점에서는 무가지의 경우 독자적인 시장이 있다고 판단하기보다는 무가지 역시도 신문시장의 일부라고 보아야 할 것이라고 생각된다. 다른 신문사들과 구별되는 것은 신문판매로 인한 수익과 광고수익 중에서 신문판매로 인한 수익을 올릴 수 없는 상황에서 오히려 신문판매로 인한 수익을 포기하고 대신 대중에게 노출(exposure)을 높이는 것을 선택함으로써 광고비에 초점을 맞춘 것뿐이라는 점이 위 [그림 7]의 양면시장관점에서의 도해를 보면 분명해지기 때문이다.

이와 같이 양면시장으로 인정하는 경우 시장획정은 양면시장에서의 상호작용을 고려하여 판단하여야 한다. 만일 양면시장을 인정하지 않으면 전통적인 이론으로 판단되면 족할 것이나, 양면시장을 인정하는 이상 양면시장이 가지고 있는 양면에서 동시적으로 각자 비용과 수익을 발생시키면서 어느 한 면에서 희생을 하면서도 다른 면에서의 이익을 통하여 이를 보전하고 오히려 수익을 극대화할 수 있다는 점으로 인하여 시장에서의 전략적인 행동을 하는 것이므로 시장획정은 포괄적으로 이루어지는 것이 옳다.146)

(2) 시장지배적 사업자인지의 판단: 시장점유율 계산

시장점유율의 계산은 이와 같이 선행적으로 시장획정이 이루어지고 나면 이어서 판단될 문제이다. 우리 공정거래법 제2조 제1항 제8호는 '市場支配的事業者'라 함은 "일정한 去來分野의 공급자나 수요자로서 單獨으로 또는 다른 事業者와 함께 商品이나 用役의 가격·수량·품질 기타의 去來條件을 決定·유지 또는 변경할 수 있는 市場地位를 가진 事業者를 말한다."고 하면서, 시장지배적 사업자의 추정을 시장점유율로 하고 있다.147) 이러한 우리 법의 태도로 인하여 시장점유율이 매우 중요한 판단요소로 작용하고 있으며, 따라서 관련시장의 획정이 시장지배적 사업자의 남용행위에 있어서 실무상 매우 중요한 단계가 되고 있다.

양면시장의 경우 위와 같이 양면시장을 포괄적으로 보아 시장획정을 한다는 것은 컨버전스의 경우 서울대학교 이인호 교수 등이 주장한 견해148)와 같이 시장획정의 범위가 넓게 판단될 가능성이 있다고 본다.149) 따라서 양면시

---

146) 양면시장에서는 특정 서비스의 가격이 인상될 경우 해당면 수요의 자체 가격탄력성뿐만 아니라 자신이 제공하는 서비스의 다른 면 반응을 동시에 고려하여야 하고, 이와 함께 다른 경쟁 2SP 사업자와 그 사업자의 개별면의 단면 사업자 반응도 고려하여야 한다.

　인터넷 포털이 제공하는 서비스의 상당 부분이 무료인 것은 이러한 양면시장의 특성을 고려하여 가격전략을 택하기 때문인데, 예를 들면, 인터넷 포털이 제공하는 검색, 이메일, 메신저, 미니홈피, 블로그, 무료 콘텐츠 등 무료서비스에 이용요금을 부과한다면, 방문자 및 검색 수가 크게 줄어들게 되고, 결국 인터넷 포털의 주요 수입원인 광고시장의 매력을 떨어뜨려 광고수입 감소로 나타날 것이다. 한편, 광고수입의 급감은 양질의 콘텐츠를 확보할 수 있는 자금 부족으로 콘텐츠의 양이 줄어들고 질도 떨어지게 되며, 방문자 수가 줄어들게 되고 이에 따라 광고수입도 감소하게 되는 등 악순환이 되풀이될 수 있다.

　이러한 이유 때문에 단면시장에 적용되는 SSNIP 테스트를 기계적으로 양면시장에 적용할 경우 시장상황을 제대로 반영하지 못하는 문제가 발생하게 되는데, 일반적으로 양면시장에서 양면성을 고려하지 않고 시장분석을 할 경우 관련시장이 좁게 획정될 가능성이 높다(사건번호 2007서이3007 의결서 8－9면).

147) 법 第4條(市場支配的事業者의 推定) 일정한 去來分野에서 市場占有率이 다음 각 호의 어느 하나에 해당하는 사업자(일정한 거래분야에서 연간 매출액 또는 구매액이 40억 원 미만인 사업자는 제외한다)는 第2條(定義)第7號의 市場支配的 事業者로 推定한다. <개정 2007. 8. 3.>
　1. 1事業者의 市場占有率이 100分의 50 이상.
　2. 3 이하의 事業者의 市場占有率의 合計가 100分의 75 이상. 다만, 이 경우에 市場占有率이 100分의 10 미만인 者를 제외한다. [전문개정 1999. 2. 5.]

148) 이인호·김종민, "디지털 컨버전스 시대의 기업합병 심사", 산업조직학회 세미나 자료(2007) 참조.

149) 앞서의 결혼중개업의 사례에서 시장획정을 전체 결혼하려고 결혼중개업체에 가입한 회원에 대한 각 성별 시장점유율로 하여야 할 것인가 아니면 전체 남성과 여성을 합쳐서 시장점유율을 정하여 결정할 것인가 하는 문제가 바로 양면시장에서의 관련시장 획정과 이에 기초한 시장점유율의 산정 및 시장지배적 사업자인지 여부의 결정 문제라고 할 수 있다. 이러한 결혼중개업의

장이론을 인정하게 되면 시장획정이 넓게 되어 시장지배적 사업자의 인정에 있어 시장의 범위가 넓어지게 되므로 시장점유율을 중심으로 하여 시장지배적 사업자를 판단하는 우리 법제에서는 상당한 영향을 주게 된다고 본다.

Ⅳ. 양면시장이론과 기업결합 사안에의 적용

1. 도 입

양면시장이론을 이용하여 합병 기타 기업결합이 반경쟁적인지 여부를 판단함에 있어서도 마찬가지로 관련시장의 획정 문제가 발생한다. 시장지배력이라는 개념에서 과연 시장지배적 사업자의 남용행위의 경우와 기업결합의 경우가 동일한 기준이 적용되어야 하는가 하는 기본적인 질문이 있다. 우리 법의 법문상으로는 동일하게 취급하여야 하는 것이 아닌가 하지만 이미 시장지배적 지위에 있는 사업자인지 여부의 판단과 기업결합을 통하여 시장지배력이 강화되는 것과 관련된 미래지향적 판단을 하여야 하는 기업결합 상황에서의 지배력(dominance; monopoly power)이라는 것이 과연 동일한 개념으로 파악하는 것이 타당할 것인가 하는 질문이다.

기업결합에 있어 결합하려고 하는 대상 시장이 양면시장인 경우는 시장지배력에 대한 오류를 범할 수 있기 때문에 이러한 양면적 속성을 고려하여야 한다는 주장이 양면시장이론의 기업결합과 관련된 논점이다. 전통적인 기업결합심사에 어떻게 양면시장이론에서의 논점들을 반영할 것인가에 대

예에서 우선 지리적 획정은 해외 결혼중개업의 경우에는 결혼을 주선하기 위한 제반 비용이나 서비스를 이용하는 고객층의 차이 등으로 인하여 국내시장에서 한정할 수 있다고 할 것이다. 상품 내지 용역시장의 확정에 있어서 결혼중개서비스라는 서비스를 국내적으로 규정하여 내는 것은 상대적으로 그리 어려운 일이 아니라고 판단된다. 소주와 맥주가 상호 수요대체적인가 하는 질문과 같은 유형의 결혼중개업과 다른 대체적인 서비스를 쉽게 떠올릴 수 없다고 보인다. 여전히 문제는 그러므로 남성과 여성을 개별적으로 분리할 것인가 아니면 같이 합쳐서 시장점유율을 볼 것인가 하는 문제만이 남는 것이다. 그런데 남성과 여성은 서로 결합이 되어야 결혼이 성사되는 관계에 있으므로 시장획정에 있어서 양자를 합쳐서 하나의 시장으로 획정하여야 한다고 판단할 수 있을 것이다. (남성회원 수+여성회원의 수)를 모수로 하여 이 시장에서의 시장점유율의 순위를 정할 수 있을 것이다.

하여 아래에서 살펴보기로 한다.

2. 양면시장에서의 지배력 판단 등

가. 양면시장에서의 지배력

양면시장이론은 시장지배력의 판단에 있어서도 중요한 논점을 제공한다. 전통적인 이론에서는 양면시장이론을 고려하지 않으면 시장에서의 독점력은 가격을 올리는 경우에 당해 시장에서의 독점력에 기초한 독점이윤의 증가가 일어나게 될 것이다. 하지만 양면시장에서는 가격에 대한 영향력을 미치는 면과 수익을 발생시키는 면이 다르므로 독점력이 없는 것으로 오해를 일으키게 된다는 것이다. 그러므로 시장은 전체적으로 양면을 모두 고려함으로써 만일 피보조 측의 가격을 올리게 되면 이러한 가격인상은 보조면의 소비자를 감소시키게 될 것이고, 이렇게 보조면의 소비자가 감소하게 되면 보조를 받는 면의 수익이 감소하게 된다.[150]

[그림 8] 양면시장에서 한 면[1)]에서의 가격인상

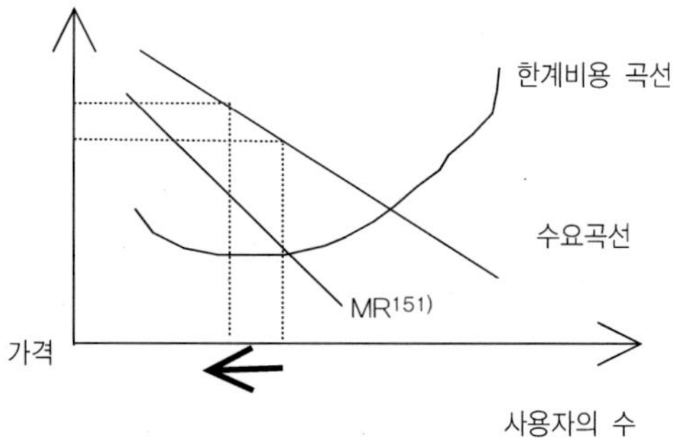

보조면의 사용자 수 감소는 피보조면의 수익 감소로 이어지게 되는 것인 반면, 피보조면에서의 가격 인하는 보조면에서의 사용자 수 증가로 이어지

---

150) 용어례에 있어 향후 논의의 전개에서 정립될 필요가 있다. 일단 본고에서는 보조면을 [그림 6]의 예에 따라 사용하였다. 필자는 양면시장에서는 보조면이 자신의 희생을 통하여 피보조면에서의 수익의 증대를 이끌어 내는 구조라고 이해한다.

151) 한계수익곡선(Marginal Revenue Curve)임.

게 된다. 이러한 상호작용은 시장획정을 함에 있어 가격효과의 면이든, 소득효과의 면이든, 가격효과를 통하여 시장에서의 가격탄력성의 측정에 영향을 미치게 된다.[152]

양면시장에서의 가격은 한계비용곡선에 의하여 결정된다는 통상적인 경제학 이론이 타당하지 않게 된다. 왜냐하면 양면시장에서의 상호작용으로 인한 유인 구조와 이에 따른 한 면에서의 이익의 희생이 다른 면에서 보충(recoup)이 될 것이기 때문이다.

나. 추가적인 문제: 약탈적 가격설정의 문제

가격설정과 관련하여 양면시장에서는 약탈적 가격설정을 어떻게 판단하여야 할까? 양면시장에서는 한쪽 면의 시장에서는 전혀 사용료 기타 유상으로 재화나 용역을 제공하지 않는 경우가 많이 발견되고, 특히 구글의 경우와 같은 인터넷 시장에서는 무상으로 제공되는 경우가 다수 발견된다. 그렇다면 이런 경우는 어떻게 보아야 할까? 양면시장에서 이와 같이 흔히 발견되는 한계비용 이하 내지 평균가변비용 이하의 가격설정은 어느 기준에 의하더라도 零(0)인 경우도 많아 약탈적 가격 설정행위로 판단될 것이기 때문이다. 그런데 과연 이러한 전통적인 약탈적 가격 설정이론에서의 약탈적인지 여부의 판단기준이 양면시장에 그대로 적용될 수 있는가에 대해서는 의문이 있고, 아마도 부정적으로 답하는 것이 타당할 것이다. 최소한 양면시장에서는 한계비용 이하 내지 평균가변비용 이하의 가격설정을 하였다고 하여 약탈적이라고 추정할 수는 없다고 보는 것이 옳다.[153] 만일 이와 달리 전통적 이론에 의하여 판단한다면 약탈적 가격 설정행위를 판단함에 있어 오류를 범하는 것이라고 생각된다.

---

152) 통상의 방향성은 가격탄력성이 적어지는 방향으로 이어지게 될 것이라고 생각한다.

153) 같은 취지의 견해로 Mark Armstrong and Julian Wright, "Two-Sided Markets, Competitive Bottlenectks and Exclusive Contracts", Review of Network Economics, Nov. 2004 24-25면 참조.

3. 인터넷 포털시장 기업결합과 양면시장이론

가. 도입

인터넷 포털(Internet Portal)들은 인터넷의 관문으로 여러 가지 복수의 서비스를 하나의 플랫폼에서 수행하고 있어 이러한 양면시장 내지 다면시장이론을 적용하기에 적절한 예가 된다. 그런데 인터넷 포털의 경우를 통하여 양면시장이론의 적용가능성을 본다.

다만 인터넷 포털의 개념과 관련하여 커뮤니티(Community),[154] 커뮤니케이션(Communication), 정보 검색(Search) 등 어느 정도까지의 기능이 들어가야 포털이라고 부를 수 있는가와 관련하여 논란이 있는 것 같다. 그러므로 우선 인터넷 포털의 의의에 대하여 살펴본다.

나. 인터넷 포털의 의의

우선 인터넷 포털(Portal)의 개념을 규정하는 것과 관련하여 인터넷 포털의 의미는 예를 들어 네이버(Naver), 다음(Daum) 이런 식으로 회사의 명칭을 열거하여 이런 것들이 포털이라고 현상을 통하여 정의를 하는 것은 용이하나, 어떤 요소를 갖추어야 포털이 되는가 하는 것에 대해서는 일치된 하나의 견해가 있지는 않다.[155] 좀 더 공정거래위원회는 인터넷 포털은 인터넷 접속 시 최초로 접하는 사이트로서 다른 사이트로의 연결기능만 하는 관문(portal)역할뿐만 아니라 검색 서비스, 이메일, 메신저 등 커뮤니케이션(communication) 서비스, 홈페이지, 온라인 카페 등 커뮤니티(community) 서비스, 스포츠, 금융, 뉴스, 게임 등 각종 콘텐츠(contents) 서비스, 온라인 쇼핑 등 전자상거래(commerce) 서비스 등을 제공하는 최종사이트로서의 역할을 하고 있다. 따라서 인터넷 포털로 불리어지기 위해서는 최소한 다음과

---

154) 다음의 '아고라(Agora)'와 같은 기능.

155) 인터넷 공개백과사전 사이트인 Wikipedia에서는 웹 포털을 하나 이상의 기능을 웹으로 제공하는 사이트를 의미한다고 정의한다. 그러면서 수직적 포털과 수평적 포털로 구별하는데, 수직적 포털이란 Sports Portal이나 Travel Portal과 같은 특정한 영역에 국한하여 정보를 제공하는 포털을 의미하고, 수평적 포털은 야후(Yahoo)와 같이 여러 다양한 기능을 묶어서 제공하는 포털이라고 정의하고 있다http://en.wikipeida.org/wiki/web_portal(2008. 6. 15. 최종접속).

같은 세 가지 특성을 가지고 있어야 한다.[156]

첫째, 사이트가 이용자(end-user)를 유인할 수 있는 서비스를 제공하여 많은 트래픽(이용자 수 또는 이용횟수를 의미한다)을 보유하여야 한다. 둘째, 확보된 많은 이용자를 바탕으로 광고, 유료게임, 전자상거래 등 수익을 위한 비즈니스 모델을 실현하고 있어야 한다. 셋째, 다양한 서비스 중 최소한 검색 서비스, 콘텐츠 서비스, 커뮤니케이션 서비스, 커뮤니티 서비스 및 전자상거래 서비스 등 1S-4C[157]가 제공되어야 한다.[158]

이러한 정의에 의하면 커뮤니티 서비스를 제공하면서, 검색 서비스, 이메일 서비스 등을 동시에 제공하는 업체는 인터넷 포털이 될 수 있을 것이다. 그러나 반드시 이러한 기능을 갖추어야 인터넷 포털이라고 정의하는 것이 타당한지는 의문이다.

다. 발 전

90년대 말에서 2000년대 초에 걸치는 인터넷 버블기에 많은 인터넷을 기반으로 하는 수익모델(Business model)[159]이 다양하게 제시되었고, 그중 대부분은 사멸하였고, 소수가 생존하였다. 아마존 닷컴과 같은 회사는 인터넷으로 책을 주문받아 판매하는 회사였고, 이 회사의 인터넷을 기반으로 하는 수익모델이 전제가 되기 위해서는 제3자 운송업체(3rd party logistics company)[160]의 존재가 전제가 되었다. 소위 '브릭과 모르타르(Brick & Mortar)'[161]라는 구조를 취함으로써 아마존은 생존하였다. 이베이(eBay)와 같은 회사는 경

---

156) 공정거래위원회 용역보고서(2007년 11월) 및 한국신용평가정보 인터넷 포털 산업보고서(2007년 2월) 참조.

157) 1S-4C는 Search, Contents, Communication, Community 및 Commerce를 의미한다.

158) 사건번호 2007서이3007 의결서 3-4면.

159) 실무상 거래계에서 사용되는 용례는 '收益創出構造'를 의미하는 것으로 이해된다. 따라서 어디서 수익을 발생시켜서 이익을 남길 것인가 하는 것에 대한 설계가 바로 비즈니스 모델이라고 할 것이다. 따라서 이 글에서는 '收益모델'이라는 표현을 사용한다.

160) 아웃소싱을 받아서 운송을 대행하는 업체로서 공급사슬(Supply Chain)에서의 운송의 일부 내지 전부를 담당하는 업체이다. 이러한 제3자 운송업체의 발달이 인터넷 업체인 아마존과 같은 회사의 영업이 가능하게 된 이유 중의 하나이다.

161) 전자상거래 거래를 하는 회사 중에서 완전히 전자상거래만 하는 것이 아니라, 오프라인 거래업체와의 연계를 사업모델로 하는 회사를 지칭하는 용어례이다.

매162)라는 방식을 인터넷에 도입함으로써 전통적인 경매를 인터넷에서 활성화하는 방식으로 경매수수료를 통한 수익 구조를 발생시켰다. 야후와 같은 회사는 가장 오프라인과 거리가 있는 수익모델을 가지게 되었는데 야후는 인터넷상에 지금의 포털이 제공하는 여러 가지 복수의 서비스를 묶어서 제공함으로써 인터넷의 편의성을 높여서 폭발적인 성장을 할 수 있었다.

라. 구글의 등장 이후

구글의 사업모델과 그들이 마이크로소프트와 펼치고 있는 인터넷 플랫폼 경쟁은 2008년 현재 가장 흥미로운 IT법에서의 플랫폼 경쟁의 예이다. 구글은 주지하는 것과 같이 인터넷 서치 비즈니스에서 최강자의 지위에 있는 사업자이다. 구글의 서치 엔진을 사용한 서치 비즈니스는 구글을 유명하게 만든 사업이기는 하지만 서치에서 그들이 수익을 발생시키지는 못한다. 아니 정확하게 말하면 서치에서 수익을 발생시키지 않는다. 서치의 경우에도 서치 결과물은 유용한 금전적으로 환가할 수 있는 가치를 사용자에게 제공하므로 만일 구글이 서치에 대한 대가를 받으려고 한다면 다소 과금체계의 구축 등에 인하여 시간이 걸릴 수는 있지만 불가능한 것은 아니다. 하지만 구글은 서치에 대한 대가를 받지 않고, 대신 이를 통하여 구글의 플랫폼의 사용도를 높인다. 이를 통하여 네트워크 효과를 확대시키는 것이다. 사용자들은 구글의 플랫폼 서치를 위하여 사용하는 것과 관련된 고착을 경험하게 된다.

[그림 9]

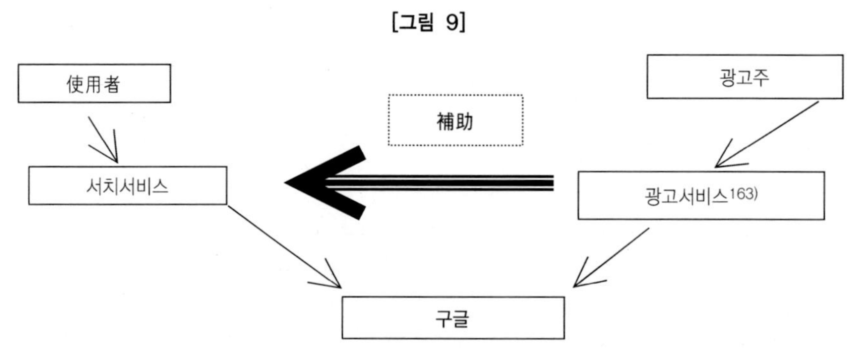

---

162) eBay의 '바이잇나우(buy－it－now)' 기술이 특허소송이 문제가 되기도 하였다[eBay Inc v. MercExchange, L.L.C., 547 U.S. 388(2006)].

위 [그림 9]에서 보는 바와 같이 구글이 마주하고 있는 시장이 양면시장의 전형적인 모습이다. 인터넷 검색 서비스는 구글이 가장 좋은 연관성이 높은 서치 결과를 제공한다. 하지만 이러한 검색 서비스의 경우에 이를 유료화하는 경우 수요자들의 가격탄력성은 매우 높다고 판단된다. 여전히 유료화하고서라도 구글의 검색 서비스를 사용하려고 하는 사용자들이 있을 것이나 급속한 기술 발달의 속도를 감안하면 자칫 플랫폼을 찾아오는 사용자들을 끌어들일 동인을 상실할 수 있다. 그러므로 이러한 검색 서비스의 유료화는 매우 어려운 결정이다. 반면 광고주의 경우에는 광고를 유료로 제공하는 것은 전혀 문제가 되지 않는다. 왜냐하면 이러한 인터넷 광고 시장은 인터넷 이전 시대에는 거의 버려졌던 시장이다. 이 시장을 소위 '롱테일 시장(long tale market)'이라고 한다.

롱테일현상이 발견되기 전에 광고업계에서는 상위 20%의 광고주가 80%의 광고물량을 가지고 있다는 20 대 80 법칙[164]이 일반적으로 지배적인 관념이었다. 파레토법칙이라고도 불리는 이 관념하에서 광고업자들은 수적으로 80%를 차지하는 하위 광고주들에게 신경을 쓸 이유가 없었고, 상위 광고주에 대해서는 치열한 경쟁이 존재하였다.

한편 80%를 차지하는 하위 광고주들의 경우에는 이들의 광고 수요를 제대로 이를 전달할 수 있는 수단이 없었다. 이 시장은 버려진 시장이었다. 그런데 인터넷이 등장하면서 구글의 애드센스와 같은 저렴한 광고수단이 도입되었고, 하위 80%의 광고수요에 대한 인식은 달라졌다.

---

163) 구글은 '애드센스(Adsense)'라는 광고서비스를 제공하고 있다. 구글 애드센스는 자신의 홈페이지나 블로그에 구글광고를 붙임으로써 광고주로부터 클릭한 수만큼 광고비를 받는 소위 CPC(Cost Per Click) 방식으로 광고를 통한 수익을 올리는 방식을 취함으로써 롱테일 경제의 속성을 정확히 이해한 광고 방식으로 이해된다. 구글은 이외에도 애드워즈(AdWords)라는 광고방식도 취하고 있는데, 소위 말하는 키워드 검색 방식의 광고이다. 이 방식은 우리 포털들의 경우에도 많이 사용한다. 구글의 애드센스는 소위 웹2.0 시대의 특성을 정확히 반영한 자동화 플랫폼으로 불리며 자바스크립트를 이용하고 있다.

164) 이를 '파레토법칙(Pareto principle)'이라고도 한다. 이탈리아의 경제학자였던 파레토는 20%의 부자가 이탈리아 전체 부의 80%를 소유하고 있다고 하여 유명하여졌으며, 이 법칙은 다양한 영역에서 응용되었다. 예를 들어, 20%의 고객이 백화점 전체 매출의 80%에 해당하는 만큼 쇼핑하는 현상을 설명할 때 이 용어를 사용한다.

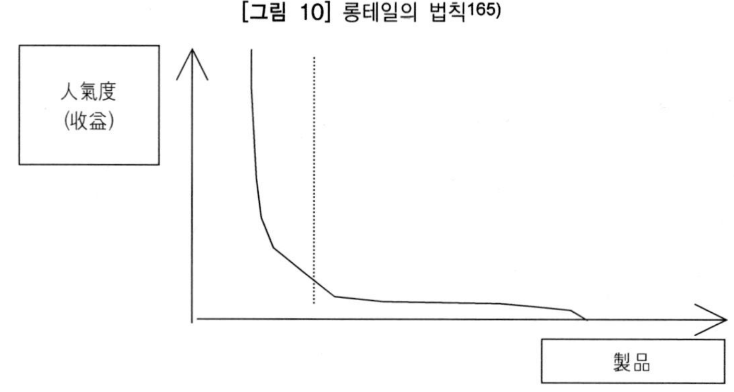

[그림 10] 롱테일의 법칙165)

위의 [그림 10]은 각 제품별의 수익성을 연결하여 그래프로 그린 것이다. 개념을 그린 것이며 각 위치의 정확한 수치는 의미가 없다. 위의 그림에서 많은 제품들을 수익성이 낮지만 대신 그 수가 많다. 그래서 기존에는 주목받지 못하던 多數(trivial many)는 수익성이 떨어지는 점에서 일간지 광고나 방송광고를 사용할 수 없었다. 신문이나 방송 광고를 할 정도의 수익성이 있는 광고주들이 아니었던 것이다. 하지만 인터넷이 광고 목적으로 플랫폼

---

165) '롱테일 법칙'은 '역(逆)파레토법칙'이라고도 불린다. 그러나 엄밀하게는 파레토 법칙을 뒤집었다는 의미가 아니라 마케팅의 대상으로 삼지 않았던 20%를 주목하였다는 점에서 그리고 그들에 대한 마케팅이 인터넷의 등장으로 기술적으로 가능하졌다는 점에서 의미를 가지는 현상을 그래프의 형상에 빗대어 설명한 것이다.

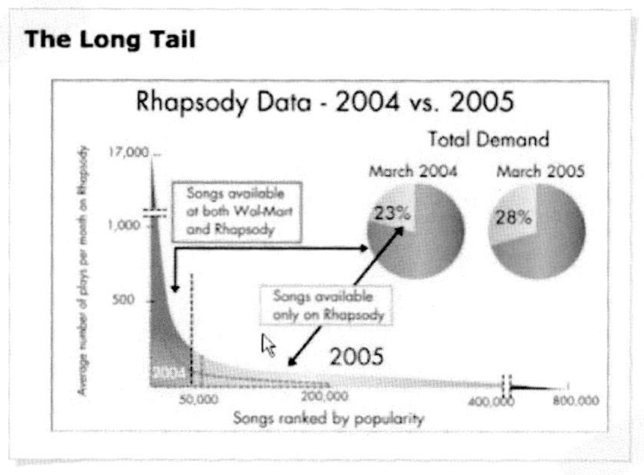

(위 그림은 http://www.letsmakegame.net/data_dic/18505에서 인용하였음. 2009. 3. 30. 최종접속하였음.)

으로서 기능을 하게 되자 이 다수의 광고주들이 이론적으로만 존재하던 광고주에서 실제의 광고주가 되었다.[166]

구글은 애드센스라는 광고서비스를 통하여 롱테일을 집중적으로 타깃으로 하는 마케팅을 하였다. 현재 구글의 수익모델은 인터넷 광고 비즈니스에 있다. 인터넷 광고 비즈니스는 가장 성장성이 높은 사업분야이면서, 2008년 현재 잠재적인 수익성이라는 면에서도 PC 시장의 10배 규모라고 이해되고 있다. 이를 거칠게 말하면 마이크로소프트가 PC 시장을 100% 장악한다고 하더라도 인터넷 광고시장의 10%만을 장악한 업체의 수익과 동일한 규모가 된다는 의미가 될 것이다. 인터넷 광고 시장에서 구글은 더블클릭(DoubleClick)사를,[167] 그리고 마이크로소프트사는 어퀘인티브(aQuantive)사를 각각 인수[168]하여 경쟁에서 승자가 되기 위한 준비를 하고 있다. 마이크로소프트사는 더블클릭을 인수하고 싶어 하였으나 실패하였고, 대신 어퀘인티브를 인수하였다. 그리고 한편으로는 더블클릭인수를 저지하려고 하였다. 그리고 2008년에 이르러 야후를 인수함으로써 인터넷 플랫폼 장악을 위한 경쟁에 전력을 증강하려고 하였다.[169] 비록 아직까지는 성공하지 못했지만 야후를

---

166) 우리나라의 경우에도 네이버의 '스폰서드 링크(Sponsored link)'를 가장 많이 사용하는 것은 꽃집 업체라고 한다. 꽃집과 같은 곳은 이전에는 광고를 생각하기 어려웠지만 이제는 네이버를 통하여 광고하고 있다. 네이버는 역으로 가장 높은 경매가격을 써 내는 업체를 '스폰서드 링크'의 가장 상단에 위치하도록 하고 있다고 한다(이석우, 2008. 4. L&E 포럼 발표 중에서).

167) 2007. 4. 13. 구글은 더블클릭사를 인수하는 계약(Definitive agreement)을 체결하였다고 프레스 릴리스를 하여 인수를 공식화하였다.
 (http://www.google.com/intl/en/press/pressrel/doubleclick.html)

168) 2007년 5월 18일 마이크로소프트가 어퀘인티브(aQuantive, Inc.)사를 인수하였다. "MS가 온라인 광고 시장에 뛰어들기 위해서 aQuantive Inc를 60억 달러에 인수했다고 합니다. 또 하나의 구글 따라잡기가 아닌가 합니다. 하지만 aQuantive Inc를 인수한 것만으로는 구글의 상대가 되지 않는 다는 것은 MS도 잘 알고 있을 듯합니다. 그렇다면 이번 인수건은 다시 야후 인수의 관련성과 논할 수 있을 듯합니다. 골드만 삭스도 이번 인수를 계기로 MS가 야후의 인수가능성이 더 높아졌다고 합니다. 마이크로소프트가 야후를 인수하려는 의도는 검색시장에서의 입지를 굳히고 야후가 베타 서비스로 진행 중인 Yahoo Publisher Network와 함께 온라인 광고 시장도 도모해 볼 수 있지 않을까 하는 의도가 아닐까 합니다. MS가 광고시장을 넘보고 있다는 것은 매우 잘 알려진 사실입니다. 이번 aQuantive Inc를 계기로 온라인 광고 시장에 대한 넘보기 작업을 한 발짝 더 나아간 듯합니다."라는 기사가 나왔고, 이는 마이크로소프트가 구글의 더블클릭 인수에 대한 대항마적인 성격이 강했다
 (http://www.microsoft.com/presspass/press/2007/may07/05－18Advertising.mspx 참조).

169) 마이크로소프트는 야후를 인수하여 지금 MSN이 위치하고 있는 3등에서 강한 2등이 되고 싶어 했고, 2008년 2월 야후에 베어 허그(Bear Hug) 레터를 보내서 인수 제의를 하였지만 야후는 마

인수하게 되면 마이크로소프트와 구글의 생사를 건 전쟁에서 마이크로소프트는 구글을 쓰러뜨리고 시장에서 우위를 점할 수 있다고 보는 것 같다.[170]

따라서 광고시장에서의 수익을 위하여 검색 시장에서의 가격 설정은 零이 되어도 무방한 것이다. 양면시장에서의 아이러니는 광고시장에서의 수익을 높이고 싶으면 더욱더 플랫폼의 기능을 향상시켜야 한다. 인터넷 시장의 경우 플랫폼은 웹사이트일 것이다. 구글의 사이트를 방문하면 구글 사이트를 기반으로 하여 PC를 그대로 구현하여 가고 있음을 알 수 있다. 이를 통하여 더 많은 구글러들이 구글의 사이트에 방문하도록 유도하여야 한다. 구글 사이트에서 오피스 프로그램의 스윗(suite)을 공개 소프트웨어 형식으로 대부분 구현할 수 있고, 이메일을 보내고, 텍스트나 동영상 기타 자료나 지도를 검색할 수 있다. 구글이 유튜브(Youtube)를 인수[171]한 것도 이러한 동영상을 공유할 수 있는 사이트가 가지는 플랫폼적인 기능을 이해하였기 때문이라고 할 것이다.

구글은 인터넷 환경하에서 마이크로소프트의 지위를 닮아 가고 있다는 것이 마이크로소프트의 주장이다. 구글의 플랫폼 한쪽에서 이와 같은 무료 서비스를 하는 것의 다른 면에서는 지도에 부가정보를 통하여, 서치엔진의 검색결과 배열을 통한 공개 소프트웨어의 사용을 위하여 다양한 방식으로 광고와 연계시킬 수 있고, 이러한 광고를 통하여 실제의 현금 흐름을 창출한다. 인터넷 회사라고 가상의 돈으로 직원들의 급여를 줄 수 있는 것은 아니므로 현금 흐름의 창출은 반드시 필요한데, 다른 한편의 시장에서의 무상

이크로소프트의 제안을 거절하였다. 2008년 5월 3일 마이크로소프트는 야후에 대한 인수 제안을 철회하였다고 선언하였지만 그 이후로도 지속적으로 야후와의 관계에 대한 여러 가지 기사들이 나오고 있다(서울경제 2008. 5. 18. http://kr.blog.yahoo.com/ab17828cd/1098 참조).

170) 2008년 6월 14일 야후와 구글은 인터넷 광고 분야에서 전략적 제휴를 하기로 합의하였다. 다만 이들의 제휴는 기업결합과 관련하여 공정거래법 이슈를 가지고 있다는 마이크로소프트의 지속적인 공격에 시달리게 될 것으로 보인다(한국일보 2008. 6. 14. 참조).
http://news.hankooki.com/lpage/world/200806/h2008061402320922470.htm) 한편 구글은 미국 시간으로 2006년 8월 28일 또 다른 인터넷 강자인 이베이와도 전략적인 제휴를 하기로 한 바가 있다(전자신문 2006. 8. 28. 참조).

171) 2006년 10월 10일 (미국시간으로 10월 9일) 구글은 유투브를 주식교환의 형태로 인수하기로 하였다고 발표하였다. 총 인수가격은 16억 5,000만 달러 정도인 것으로 알려졌다(아이타임즈 2006. 10. 10. 참조. http://blog.naver.com/bob0724/30009606316).

서비스 제공은 현금 흐름을 창출하는 시장에서의 수익성을 제고하기 위한 수단으로 기능한다. 무상으로 제공되는 서비스라고 하더라도 이러한 서비스가 아무런 경제적인 가치를 제공하지 않는 것은 아니므로 서비스 제공자의 입장에서는 플랫폼 다면적인 부분 중의 어느 특정한 부분에서 보조를 하고 있음을 이미 앞에서 본 것과 같다.

[그림 11]

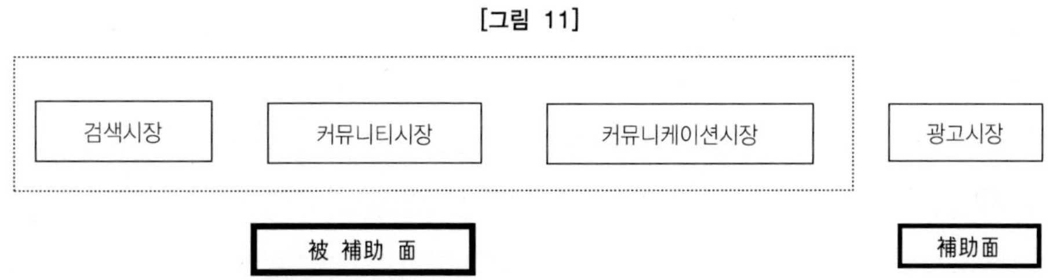

마. 구글의 더블클릭 인수와 양면시장이론의 적용

(1) 개요

앞서 본 구글의 더블클릭 인수는 이러한 양면시장의 특징을 가지고 있으면서 동시에 플랫폼을 장악하고 있다고 마이크로소프트에 의하여 주장된 구글이라는 회사가 더블클릭사를 인수하는 것과 관련되어 양면시장이론과 관련된 가장 최근의 사건에서 미국에서 주목받은 사건이다. 마이크로소프트와 AT&T와 같은 회사들은 구글이 더블클릭을 인수하게 되면 온라인 광고시장에서 독점이 강화될 것이라는 것이 구글의 인수에 대한 반대 회사들의 주장이었다. 이와 관련하여 양면시장이론이 중요한 핵심 논쟁의 하나였다.

이 논의는 결국 2007년 말 미국 연방거래위원회의 승인과 2008년 3월 13일 유럽공동체 집행위원회의 합병 승인으로 인하여 이 문제는 일단락되었으나172) 양면시장이론이 이론에서 실무로 부상한 주요 사건이었다.

(2) 적용

양면시장의 관점에서 바라봐야 한다는 견해에 의하면 전통적인 합병심사

---

172) 전자신문 2008. 3. 13. http://blog.naver.com/only_jk0917?Redirect=Log&logNo=60048974411

는 단면시장기업(single-sided market firm)에 초점을 맞추어서 심사를 하는 것을 전제로 하여 만들어진 이론이기 때문에 구글 사건과 같은 양면시장을 접하고 있는 회사의 관련 기업인수의 경우에는 오류를 범할 수 있다고 주장한다. 양면시장에서는 전통적인 견해를 따르게 되면 시장이 지나치게 협소하게 획정될 우려가 있으며, 이렇게 되면 시장에서의 경쟁제한성이 높게 평가될 우려가 있다는 것이 그들의 주장이다.

결국 구글의 더블클릭 인수가 승인되었다는 이러한 양면시장의 논거가 받아들여진 것이라고 이해될 수 있다고 본다. 왜냐하면 구글은 인터넷 광고시장에서만 두고 보면 정확한 숫자는 다소 차이가 있지만 60% 이상의 검색 시장점유율을 가지고 있다고 한다.[173) 그럼에도 미국과 유럽공동체에서 구글의 더블클릭 인수가 승인된 것은 전통적인 기업결합심사에서 양면시장이론이 고려될 여지가 상당하다는 점을 보여 주는 예라고 생각한다.

V. 결 론

이상에서 검토한 본고에서의 양면시장이론에 대한 논의는 완결적이지 않다. 외국에서의 문헌도 양면시장이론의 경쟁법 적용에 대해서는 문제제기 수준의 논의가 대부분이라고 보인다. 양면시장의 존재를 인정하고, 이 양면시장을 기반으로 하는 플랫폼 경제에서의 시장 특성을 반영하여 경쟁법을 적용하여야 할 필요성에 대한 검토는 경쟁법의 법제화와 적용에 있어 여러 가지 문제를 제기하고 있지만 그 출발점에서의 논의가 관련시장획정의 문제라고 보아서 이 글에서는 관련시장획정의 문제를 주로 검토하였다.

양면시장을 인정하는 경우 양면시장이론은 관련시장의 범위를 넓게 하는 방향으로 작용될 가능성이 많다고 판단하였고, 관련시장의 범위가 넓어지게

---

173) 2008년 3월 기준으로 63.1%에서 62.8%로 시장점유율이 감소하였다고 하지만 여전히 시장에서의 지배력(dominance)은 Yahoo나 MSN에 비하여 압도적이다.
http://www.e-consultancy.com/news-blog/365304/is-google-s-market-share-really-dropping.html

되면 시장지배적 사업자의 인정은 우리 법제와 같이 시장점유율을 기준으로 추정규정을 운용하는 법제에서는 시장지배적 사업자가 인정되기 어려운 쪽으로 판단되게 된다고 이해하였다. 기업결합의 경우에도 양면시장이론은 플랫폼 기업 간의 기업결합을 구글의 더블클릭 인수의 예에서 보는 것과 같이 용이하게 이루어지게 될 가능성이 높다고 판단하였다.

향후 양면시장이론에 대한 연구가 추가적으로 본고 이후 다수 이루어짐으로써 양면시장에 대한 연구의 폭과 깊이가 확대되었으면 한다.

티브로드 사건과 양면시장이론의 적용가능성[*]
대상판결: 대법원 2008. 12. 11. 선고 2007두25183 판결

I. 서 론

양면시장에 대한 논문[174]을 2008년 발표한 후 한국에서의 구체적인 적용
례에 대하여 살펴보고 있었다. 이 연구는 기존에 필자가 연구하고 있던 양
면시장이론에 대한 논의를 정리한 것이었다. 2008년 공정거래위원회가 엔
에이치앤의 시장지배적 지위남용사건에서 이 양면시장이론을 적용하였다.
양면시장이론은 이미 미국 학계에서는 지난 2006년 이후 상당한 논의가 있
었고, 구글의 더블클릭 인수사건과 관련하여 실무적으로도 서로 진영을 나
누어 다투어졌다.

이러한 양면시장이론이 국내에 적용된 것은 ICN(International Competition
Network) 등의 존재와 국내에서의 논의가 미국 등에서의 논의와 거의 실시간
으로 도입되고 있기 때문에 가능해진 것으로 평가할 만한 일이다. 그러나 한
편으로는 확립되어 있지 않은 부분들이 다수 존재하고 있는 개발도상의 이론
을 경쟁법 사건에서 적용함으로써 법원에서의 논의과정을 통하여 구체적인
적용을 정립하여야 한다는 점에서는 많은 과제를 가지고 있다고 볼 수 있다.

티브로드 사건과 관련된 논의에서 양면시장이론을 적용할 수 있을까 하
는 점에 대하여 평석을 작성하는 단계에서 질문을 받은 바 있다. 과연 이

---

*) 본고의 원문은 경쟁저널 2009년 3월호 참조.

174) 최승재, "양면시장이론과 한국 경쟁법상 역할에 대한 연구 - 구글의 더블클릭 인수 사건을 포함
하여", 경쟁법연구 17권(2008).

사건에 양면시장이론이 적용될 수 있는가 하는 점에 대해서 판결이 선고되기 전에 사건을 볼 수 있었다면 하는 관점에서 이에 대한 논의를 아래에서 정리하고자 한다.

II. 사실관계의 정리

1. 계쟁사업자

이 사건의 원고 주식회사 티브로드 강서방송[175]은 방송법 제9조 제3항에 의거, 방송위원회의 추천을 거쳐 정보통신부장관으로부터 허가를 받아 종합유선방송사업[176]을 영위하는 자로서 독점규제및공정거래에관한법률[177] 제2조 제1호에 규정되어 있는 사업자이다. 종합유선방송사업은 방송법 제2조 제2호의 나.에서 정의되어 있는 바에 따라 다채널방송을 행하기 위한 유선방송국설비와 그 종사자의 총체로서의 종합유선방송국을 관리·운영하며 전송·선로설비를 이용하여 방송을 행하는 사업자이다.

2. 종합유선방송시장의 특성

유료방송시장은 유선 및 위성방송 프로그램을 방송채널에 공급하거나 시청자에게 송출하는 산업으로 채널을 공급하는 사업자인 종합유선방송사업자 및 위성방송사업자와 이들이 공급하는 채널을 이용하여 콘텐츠를 제공하는 방송채널사용사업자[178]로 구성되어 있다. 우리나라의 경우 종합유선방송사업자들은 각기 자신의 방송권역이 정해져 있다. 종합유선방송사업자는 현재 전국 77개 방송구역에서 119개 사업자가 영업 중이며 방송구역별로 독과점적 지위를 행사하고 있으며, 위성방송사업자는 방송구역에 제한 없이

---

175) 이하 '티브로드 강서'라고 함.
176) 종합유선방송사업자를 'System Operator'의 약자로 실무상 흔히 줄여서 'SO'라고 한다.
177) 이하 '공정거래법'이라 함.
178) 방송채널사용사업자는 영문으로 Program Provider로서 실무상 'PP'라고 약칭한다.

방송하는 사업자로서 현재 주식회사 한국디지털위성방송이 유일하다. 티브로드 강서는 서울특별시 강서구를 방송권역으로 하고 있다. 따라서 만일 강서구민의 경우에는 종합유선방송을 시청하려고 하는 경우에는 티브로드 강서 외에는 다른 대안이 없으며, 전환 가능한 다른 유료방송은 위성방송을 시청하는 방법 외에는 없는 것이다. 따라서 종합유선방송시장은 법적인 진입장벽이 존재한다는 특성을 가지고 있다.

이러한 종합유선방송사업자를 복수로 소유하고 있는 복수종합유선방송사업자를 MSO(Multiple System Operator)라고 부른다. 주식회사 티브로드는 복수종합유선방송사업자로서 태광산업이 대주주로서 소유하고 있으며, 자회사로 주식회사 티브로드 전주방송, 주식회사 티브로드 남동방송 등 여러 종합유선방송사업자 중의 하나이다. 태광산업은 2005년 12월 현재 19개의 종합유선방송사업자를 소유하고 있는 최대 규모의 MSO이다. 2009년 2월 3일 또 다른 복수종합유선방송사업자인 큐릭스 홀딩스가 보유한 지분의 70%를 매입함으로써 7개의 종합유선방송사업자를 소유하고 있던 큐릭스 홀딩스가 보유하고 있던 종합유선방송사업자들도 계열회사화함으로써 IPTV(Internet Protocol Television)와의 일전을 준비하고 있다.[179)]

3. 종합유선방송사업자와 TV홈쇼핑사업자와의 관계

과거에는 홈쇼핑사업자들도 일반 PP와 같이 종합유선방송사업자로부터 사용료를 받고 프로그램을 송출해 왔으나, 종합유선방송에서 상품판매에 따른 수익의 일부를 요구하기 시작하면서 홈쇼핑사업자들 역시 채널 확보를 위해 종합유선방송사업자에게 송출수수료를 지급하며 시청가구 수를 늘리기 시작하였다.

2007년 현재 5개 홈쇼핑사업자들은 전국의 종합유선방송사업자의 시청가구에 모두 송출되고 있으며 종합유선방송사업자의 채널편성에 따라 매출액

---

179) 머니투데이 2009년 2월 3일자(2009. 2. 12. 최종접속).
　　　http://www.moneytoday.co.kr/view/mtview.php?type＝1&no＝2009020310391506931&outlink＝1

이 상당히 차이 나고 있다. 특히 2000년부터 종합유선방송사업자가 채널편성권을 가지면서 지상파 사이의 채널(S급 채널) 또는 지상파 인접 채널(A급 채널)에 송출하기 위해 5개 홈쇼핑사업자가 경쟁을 하고 있는 상황이다.

홈쇼핑은 콘텐츠 제공사업자로서 한 번 콘텐츠를 판매하고 나면 이후의 콘텐츠 시청 여부가 당해 콘텐츠 제공사업자의 관점에서는 아무런 수익에 영향을 미치지 못하는 다른 콘텐츠 제공사업자와는 달리 홈쇼핑의 경우에는 실제 잠재적인 소비자인 시청자들이 시청을 얼마나 하는가가 당해 홈쇼핑 업체의 매출에 직접적인 관련성을 가지고 있다는 점에서 다른 콘텐츠 제공사업자와 구별된다. 통념적으로 홈쇼핑 업체의 매출과 시청자에 대한 홈쇼핑 채널의 노출가능성 내지 노출 정도가 홈쇼핑 업체의 매출에 상당한 연관성을 가지고 있다고 생각된다. 그런 관점에서 지상파 사이에 존재하는 S급 채널이나 또는 지상파 인접 채널인 A급 채널의 경우에는 노출의 가능성이 높은 채널로서 상당한 경제적 가치를 가진다. 이에 따라 다른 콘텐츠 제공사업자의 경우에는 콘텐츠 사용에 따른 대가를 사용료로 종합유선방송사업자로부터 수취하게 되는 데 반하여, 홈쇼핑 사업자의 경우에는 역으로 채널 확보를 위해 종합유선방송사업자에게 송출수수료를 지급하게 된 것이다.

4. 문제가 된 행위

티브로드 강서는 우리홈쇼핑과 프로그램 송출계약(2005. 1. 1.～2006. 12. 31.)을 체결하고 거래하던 중 2006년 2월부터 같은 해 3월까지 인근지역의 종합유선방송사업자로서 계열관계에 있던 주식회사 티브로드 지에스디방송[180]과 설비의 중복투자, 운영비용 및 인력의 효율적 운영을 위하여 방송 시설과 그 부속된 토지, 건물 등을 공동사용하기로 하는 소위 '해드엔드(Head End)' 통합을 하였다. 방송사업자별로 각각 다르게 송출하여 오던 TV 홈쇼핑사업자의 채널을 해드엔드 통합을 실시한 종합유선방송사업자 간에 동일하게 조정하여야 하는 상황이 발생하였고 피심인은 2006년 3월

---

180) 이하 '(주)티브로드 지에스디방송'이라 한다.

중 채널 변경을 위한 협상과정에서 우리홈쇼핑에게 송출수수료 인상을 요구하였으나, 우리홈쇼핑이 이에 응하지 아니하자 아래의 표와 같이 채널을 변경하여 배정하는 행위를 하였다.

[표 1]

<통합 전>		<통합 후>	
지에스디방송	강서방송	채널	지에스디방송/강서방송
SBS	SBS	5	SBS
CJ홈쇼핑	지역방송	6	CJ홈쇼핑
KBS2	KBS2	7	KBS2
우리홈쇼핑	현대홈쇼핑	8	현대홈쇼핑
KBS1	KBS1	9	KBS1
GS홈쇼핑	CJ홈쇼핑	10	GS홈쇼핑
MBC	MBC	11	MBC
농수산홈쇼핑	GS홈쇼핑	12	농수산홈쇼핑
EBS	EBS	13	EBS
현대홈쇼핑	농수산홈쇼핑	14	FOX KOREA
지역방송	우리홈쇼핑	15	온스타일
CMC TV	–	16	–
CNTV	CEM TV	17	DTN
DCS	중화TV	18	우리홈쇼핑

이러한 채널 조정의 결과 우리 홈쇼핑의 경우 기존의 15번에서 18번으로 번호변경이 일어났다.

Ⅲ. 티브로드 사건의 개요 및 판결의 내용

1. 도 입

이 사건에서는 관련시장의 획정과 위법성의 판단에서의 시장지배력의 전이라는 두 개의 쟁점이 주된 쟁점이라고 보인다. 아래에서는 공정거래위원회와 서울고등법원, 대법원으로 이어지는 이 쟁점에 대한 판단을 살펴보고 이들을 비교하여 정리하기로 한다. 이러한 비교를 바탕으로 상호간의 차이점을 검토하여 개인적인 견해를 밝히려고 한다.

2. 사건의 전개

가. 공정거래위원회의 결정[181]

공정거래위원회는 상품시장을 프로그램 송출시장으로 보고, 지리적 시장은 각 종합유선방송사업자들에게 정해진 방송구역으로 보았다. 이러한 관련시장에서 티브로드 강서의 일방적인 채널 변경에 의해서 우리홈쇼핑의 매출액이 급격히 감소하였다는 점에 기초하여 티브로드 강서의 채널변경행위를 부당한 거래상대방에 대한 불이익한 거래 강요행위라고 판단하였다.

이러한 판단에 기초하여 공정거래위원회는 티브로드 강서의 채널변경행위가 공정거래법 제3조의2 제1항 제3호, 같은 법 시행령 제5조 제3항 제4호 및 시장지배적 지위남용행위의 심사기준 Ⅳ. 3. 라(3)에서 규정한 시장지배적 사업자의 다른 사업자의 사업활동을 부당하게 방해하는 행위 금지 규정에 해당하는 것으로 판단하여 시정명령과 과징금을 부과하였다.

나. 서울고등법원의 판결[182]

서울고등법원은 공정거래위원회의 종합유선방송사업자의 프로그램 송출시장에 대한 관련시장 획정 및 시장지배적 사업자 지위의 인정을 적법하다고 보았다. 동시에 관련 상품시장획정에서 홈쇼핑사업자와 일반프로그램 공급자인 방송채널사용사업자와 복수종합유선방송사업자 간의 프로그램 송출서비스 시장을 추가하여 프로그램 송출서비스 시장은 전국시장으로 관련시장을 획정하였다.

두 개의 시장을 개념화한 뒤 서울고등법원은 프로그램 송출시장에서의 독점적 사업자인 종합유선방송사업자인 티브로드 강서가 프로그램 송출시장에서의 시장지배력을 지렛대 삼아 그 지배력을 인접시장인 프로그램 공

---

181) 공정거래위원회 의결 제2007－153호, 2007. 3. 28. 결정.
182) 서울고등법원 2007. 11. 8. 선고 2007누10451판결.

급시장에 전이시켰다고 보았다. 서울고등법원은 시장지배력전이이론에 기초하여 원고 티브로드 강서가 우리홈쇼핑에게 비선호채널을 배정함으로써 불이익 제공행위를 하였고, 이는 원고가 우리홈쇼핑의 사업활동을 부당하게 방해한 것이라고 판단함으로써 원고 티브로드 강서의 청구를 기각하였다.

다. 대법원의 판결[183]

(1) 판결의 내용

대법원은 관련 상품시장의 구별에 있어서는 서울고등법원의 판단을 유지하였다. 따라서 프로그램송출서비스시장과 프로그램자체의 구매시장과 구별하였다. 그러면서 프로그램 자체의 구매시장은 전국시장이라고 보면서 시장지배력의 전이도 인정하지 않았다. 대법원은 시장에서의 자유로운 경쟁을 제한함으로써 인위적으로 시장질서에 영향을 가하려고 하는 의도나 목적을 갖고 객관적으로도 그러한 경쟁제한의 효과가 생길 우려가 있는 경우에만 불이익 강제행위로 부당성이 인정될 수 있다고 하여 특정사업자에 대한 불이익제공행위로 인해 특정사업자가 사업활동에 곤란을 겪게 되었다거나 또는 그렇게 될 우려의 존재만으로는 부당성을 인정할 수 없다고 판단하였다.

(2) 판결의 의의

(가) 포스코 판결[184]의 적용범위

이 판결은 포스코 판결 선고 이후 포스코 사건의 법리[185]가 시장지배적 지위남용행위 사건에 어떻게 적용될 것인가 하는 포스코 사건의 적용범위에 대하여 판단하였다는 점에서 의의가 있다. 포스코 사건에서 서울고등법원은 소위 레버리지 효과에 기초한 부당한 거래거절에 해당하는 것으로 보았으나,[186] 대법원은 이런 고등법원의 판결을 파기하였다. 이 포스코 판결에 대해 시장지배적 지위남용과 관련하여 포스코 판결의 적용범위와 관련된 논

---

183) 대법원 2008. 11. 8. 선고 2007두25183 판결.

184) 대법원 2007. 11. 22. 선고 2002두8626 판결.

185) 포스코 판결의 내용 및 이 판결에 대한 필자의 견해는 최승재, "시장지배적 사업자의 거래거절행위의 부당성 판단 기준", 판례연구 22집 제1권(2008) 58면 이하 참조.

186) 서울고등법원 2002. 8. 27. 선고 2001두5370 판결.

란이 있었기 때문에 대법원은 포스코 사건의 적용범위에 대하여 하급심 법원들에 대한 판례의 방향에 대한 지도적 설시를 하여야 할 필요가 있었다.

대법원은 티브로드 판결을 통해서 포스코 판결이 거래거절에 관한 사안이며 그 사안에만 존재하는 특수한 사정이 있어 포스코 판결의 법리를 다른 유형의 시장지배적 지위남용행위 사건에서 일반화하는 것은 신중한 필요가 있다는 점을 설시함으로써 포스코 사건에서의 대법원의 판결을 하급심이 무비판적으로 적용하는 것에 제동을 걸었다.[187]

(나) 시장지배력 전이이론

아울러 이 판결은 시장지배력 전이이론에 대하여 대법원이 판단하였다는 점도 특기할 점이다. 대법원은 프로그램 송출시장에서 시장지배적 사업자인 원고의 시장지배력이 프로그램 송출서비스시장으로 전이된다고 볼 만한 근거가 없다고 판시함으로써 이 사건에서의 관련시장 획정과 관련하여 이 사건에서 시장지배력 전이이론이 적용되지 않는다고 판시하였다.[188] 이에 대해서는 관련시장 획정과 관련하여 이 사건에서 시장지배력 전이이론이 적용되지 않는다는 판단일 뿐, 대법원이 일반적으로 시장지배력 전이이론을 배척한다는 취지는 아니라고 하는 평석이 있다.[189]

Ⅳ. 양면시장이론의 적용가능성

1. 의의와 구별개념

가. 의의

양면시장(two-sided markets)[190] 또는 다면시장이라 함으로 하나 또는 복

---

187) 윤인성, "2008년 독점규제및공정거래에관한법률 관련판례의 개관", 2009 한국경쟁법학회 동계 학술대회 자료집(2009) 6면.

188) 대법원 2008. 12. 11. 선고 2007두25183판결.

189) 윤인성, 전게논문, 같은 면.

190) 공정거래위원회는 'two-sided platforms'이라는 표현도 사용하고 있다(공정거래위원회 전원회의 의결 2007서이3007, 의결 제2008-251호 2008. 8. 28. 결정. 6면).

수의 플랫폼이 사용자와의 관계에서 상호관계를 가지면서 상호작용하는 시
장을 의미한다.[191] 양면시장이란 네트워크를 통하여 두 개(이상)의 구분되는
집단(end - user)을 상호 연결될 수 있도록 하는 시장을 의미한다.[192] 플랫폼
은 비유적으로 정류장과 같다. 플랫폼은 정의상 다수의 집단이 모여드는 곳
으로 다면(multi - sidedness)이 본질적인 특성이다.[193]

　공정거래위원회는 양면시장이 성립하기 위한 요건으로 세 가지를 들고
있다. 첫째, 兩面性 요건이다. 상호 연결을 필요로 하는 둘 이상의 구분되
는 고객군(two distinct groups)이 존재해야 한다. 둘째, 적어도 한 면(side)의
고객군은 다른 면(the other side)의 고객군 규모가 클수록 더욱 높은 효용을
얻을 수 있어야 한다. 이를 '교차 네트워크 효과(cross network effect)' 또는
'간접 네트워크 효과(indirect network effect)'라고 한다. 하지만 자신이 속해
있는 면의 네트워크의 크기에 의해 효용이 증가되는, 즉 '직접 네트워크 효
과(direct network effect)' 또는 '동일면 네트워크 효과(same - side effect)'가
반드시 존재할 필요는 없다. 셋째, 높은 거래비용 등으로 서로 다른 고객군
들이 자체적인 노력(직접 거래)으로 교차 네트워크 외부성을 내면화하기 어
렵고 이를 용이하게 하기 위해 플랫폼을 이용하여야 한다.[194]

나. 구별개념

　이와 구별되어야 하는 것이 일반적인 가치사슬(value chain)[195]이다. 양면

---

191) 최승재, "양면시장이론과 한국 경쟁법상 역할에 대한 연구 - 구글의 더블클릭 인수 사건을 포함
　　하여", 경쟁법연구 17권(2008) 227면.

192) 양면시장이론은 2001년 Jean - Charles Rochet와 Jean Tirole 교수에 의하여 처음 발표된 이후 현
　　재 산업조직론에서 논의되었고, 경쟁법 분야에서도 다수의 논의가 이루어지고 있다. 양면시장이
　　론에 대한 개관으로 Jean - Charles Rochet & Jean Tirole, "Two Sided Markets; An Overview",
　　IDE Working paper(2004) 참조.

193) 최승재, 전게논문 231면. 공정거래위원회는 의결서에서 "일반적으로 양면 플랫폼(two - sided platform,
　　이하 '2SP'라 한다)이라 부르기도 하는데, 2SP 사업자의 역할은 서로를 필요로 하는 고객 집단
　　에게 거래가 성사되도록 기회를 제공하는 것이며, 2SP 사업자가 수익모델을 가지고 활동하는 공간
　　이 양면시장(two - sided markets)이라고 할 수 있다."고 하여 플랫폼적인 측면에서 설명하고 있다.

194) 공정거래위원회는 이러한 세 가지 특성을 구비하여야 한다고 하면서 인터넷 포털은 최종 소비
　　자인 이용자와 광고주, 이용자와 CP 또는 이용자와 e - 쇼핑몰 등을 연결해 주는 전형적인 양면
　　시장에 해당된다고 결론 내리고 있다(위의 공정거래위원회 전원회의 의결서 7면).

195) 기업활동에서 부가가치가 생성되는 과정을 의미한다. 1985년 미국 하버드대학교의 마이클 포터
　　(M. Porter)가 모델로 정립한 이후 광범위하게 활용되고 있는 이론틀로, 부가가치 창출에 직접

시장이라는 것은 한 면에서는 구매자이고, 한 면에서는 판매자인 이런 경우를 말하는 것이 아니고, 플랫폼이 존재하여야 하며, 양면시장을 구성하는 양면의 시장 참가자들의 행위가 상호 의존성(interdependency)을 가지고 있어야 한다.[196] 앞서 요건에서 본 것과 같이 2개의 면이 존재한다는 것만으로 바로 양면시장이 되는 것이 아니고 교차네트워크 효과가 존재하고 이러한 네트워크 효과의 내재화가 어려워야 하는데, 이러한 점이 일반적인 밸류체인에서 발견되는 것은 아니기 때문이다.

2. 사건에의 적용

가. 양면시장이론의 적용가능성

양면시장이론을 케이블 텔레비전 시장에 적용하는 것에 대해서 검토하여 보면 프로그램을 판매하고 구매하는 콘텐츠와 관련된 시장이 하나 존재하고(전방시장),[197] 이 시장에서 콘텐츠를 구매한 종합유선방송사업자는 구매한 콘텐츠를 방송하여 시청자들에게 방송서비스를 제공하는 시장(후방시장)이 존재한다. 이러한 전방시장에서 후방시장으로 흘러가는 밸류체인은 전형적인 시장의 통상적인 모습으로 양면시장의 의의에서 말하는 양면시장과 구별되어야 하는 전형적인 통상의 밸류체인이다. 따라서 이 부분에 대해서는 양면시장이론이 적용될 여지는 없다.[198]

반면 홈쇼핑의 경우에는 상황이 다소 상이하다. 다른 콘텐츠 판매업자들의 경우에는 자신들이 제작한 콘텐츠를 판매하고, 종합유선방송사업자는 구매한 콘텐츠를 방송하는 통상의 밸류 체인을 따르고 있는 반면, 홈쇼핑사업자들의

또는 간접적으로 관련된 일련의 활동·기능·프로세스의 연계를 의미한다(http://100.naver.com/100.nhn?docid=791908 2009. 2. 11. 최종접속). 이 글에서의 의미는 구매와 판매로 이어지는 일련의 프로세스를 의미하는 것으로 사용한다. 번역은 통상 '가치사슬'로 이루어진다.

196) 상게논문, 228－229면.

197) 공정거래위원회와 법원이 서로 다른 명칭으로 시장을 부르고 있는바, 이 글에서는 전방시장(콘텐츠 시장)과 후방시장(방송 시장)으로 표현하기로 한다.

198) 일반 프로그램 프로바이더(PP)들과 홈쇼핑 사업자의 차이점을 구별하지 않은 것이 서울고등법원과 대법원의 잘못한 점이라는 지적이 있다(조성국, "시장지배적 지위 남용행위에 대한 위법성 판단기준에 관한 연구", 경쟁법학회 발표문(2009. 2) 48면).

경우에는 자신들이 채널사용료[199]를 내고, 채널을 사용하고 있으며, 채널사용료는 채널이 시청자에게 노출될 수 있는 노출빈도의 다과[200]에 따라 결정될 것이다. 실제로 앞서 사실관계에서 보았던 것처럼 채널사용료의 산정은 S 등급 채널과 같이 시청자가 주로 시청하는 공중파 방송의 채널 사이에 낀 채널이었고, A 등급 채널은 공중파 방송 채널의 인접 채널(adjacent channel)이었다는 사실이 바로 이러한 가치 산정 방식을 따르고 있음을 알 수 있다. 그리고 종합유선방송사업자는 홈쇼핑채널을 시청자들에게 서비스한다.

결국 이러한 홈쇼핑 채널의 경우 종합유선방송사업자는 케이블 텔레비전 스테이션이라는 플랫폼을 보유하면서 양면에서 수익을 발생시키고 있으며, 이때 수익의 크기는 상호 의존성을 가지고 있다. 같은 S 등급 채널이나 A 등급 채널이라고 하더라도 가입시청자의 수에 따라 당해 홈쇼핑의 당해 지역에서의 예상 매출은 서로 상이하여질 것이므로 이러한 매출의 상이성은 당해 채널에 대한 채널 사용료를 달리하게 된다. 따라서 케이블 텔레비전 스테이션이라는 플랫폼이 존재하고, 이 플랫폼을 사이에 두고 있는 두 개의 시장은 서로 상호 의존성을 가지고 있기 때문에 이러한 모습은 전형적인 양면시장의 모습을 띤다. 이때의 상호 의존성은 서로 양면시장이 양의 상관관계를 가지고 있는 경우로서 플랫폼 보유자는 적절한 가격정책을 사용하면 수익극대화 가격을 양면시장상황을 활용하여 발견할 수 있다.[201] 이때 가격설정은 양 시장에서의 수요의 가격탄력성에 의해서 정해지게 된다.[202]

나. 시장획정의 문제

통상의 일반적인 밸류 체인에서는 두 개의 개별적으로 존재하는 시장에서 시장지배력의 존재 여부가 문제가 되는 시장을 구별하여 획정하고, 시장

---

199) 명목을 무어라고 부르든지 그 본질은 유체물이라면 방을 빌리는 경우의 임대료와 같은 취지의 방송 채널 사용료이다.

200) 정확히는 노출빈도(frequency of exposure)의 다과가 아니고, 노출가능성의 다과(possibility of frequency of exposure)가 될 것이다. 실제로 저작권의 경우에 저작권료의 계산을 함에 있어 주요한 방법 중의 하나가 노출가능성이다. 실무상 PPL 광고의 경우에도 당해 제품이 드라마나 영화에서 노출되는 빈도에 따라 광고료가 달라진다.

201) 최승재 전게논문. 237면.

202) 전게논문, 같은 면.

에서의 시장지배력이 존재하는지를 여부를 판단하는 식으로 논리적인 판단을 하여야 할 것이다. 그러므로 이런 경우에는 두 개의 별개의 상품시장을 획정하여야 한다.

(1) 지리적 시장의 획정

지리적 시장의 획정도 개별 상품시장에 지리적 시장획정을 위한 판단기준인 SSNIP 심사[203]나 EH 심사[204] 등을 적용하여 할 수 있다. 포스코 사건에서도 일본을 관련시장에 포함시킬 것인가 하는 문제가 있었다. 일본과의 운송비가 높은 경우에는 일본을 관련시장 범위에서 제외하여야 할 가능성이 높아질 것이고, 그 반대의 경우에는 구매자들은 상대적으로 용이하게 구매대체를 할 수 있을 것이기 때문에 관련시장에 포함시킬 수 있을 것이다. 지리적 시장획정과 관련하여 한국 국경 이외의 지역으로 지리적 시장이 확장되는 것이 불가능한 것은 아니며, 이러한 점에서 포스코 사건에서 대법원이 이런 국제시장의 포함가능성을 열어 두었다는 것은 분명히 의미를 가진다.[205]

그런데 이 사건의 경우에는 프로그램송출시장의 경우 법률적으로 지리적인 획정을 하고 있기 때문에 상품이 송출될 수 있는 유일한 채널이 지리적으로 분할되어 있고, 강서방송의 전파가 월경하여 다른 지역에서 방송될 수 없다.

---

203) Small but Significant and Non‑transitory Increase in Price의 약자.

204) E‑H 테스트에 대해서는 최승재 전게논문 245면 및 상세한 것은 박익수, "공정거래법상 관련 시장의 지역적 범위에 관한 연구‑임계매출분석에 의한 시장획정을 중심으로", 연세대학교 법무대학원 석사학위논문(2006) 40‑41면 참조.

205) '관련 지역에 따른 시장'은 일반적으로 서로 경쟁관계에 있는 사업자들이 위치한 지리적 범위를 말하는 것으로서, 구체적으로는 다른 모든 지역에서의 가격은 일정하나 특정 지역에서만 상당 기간 어느 정도 의미 있는 가격인상 또는 가격인하가 이루어질 경우 당해 지역의 대표적 구매 자 또는 판매자가 이에 대응하여 구매 또는 판매를 전환할 수 있는 지역 전체를 의미하고, 그 시장의 범위는 거래에 관련된 상품의 가격과 특성 및 판매자의 생산량, 사업능력, 운송비용, 구매 자의 구매지역 전환가능성에 대한 인식 및 그와 관련한 구매자들의 구매지역 전환행태, 판매자의 구매지역 전환가능성에 대한 인식 및 그와 관련한 경영의사 결정 행태, 시간적·경제적·법적 측면에서의 구매지역 전환의 용이성 등을 종합적으로 고려하여 판단하여야 하며, 그 외에 기술발 전의 속도, 관련 상품의 생산을 위하여 필요한 다른 상품 및 관련 상품을 기초로 생산되는 다른 상품에 관한 시장의 상황 등도 함께 고려하여야 한다. 그리고 <u>무역자유화 및 세계화 추세 등에 따라 자유로운 수출입이 이루어지고 있어 국내 시장에서 유통되는 관련 상품에는 국내 생산품 외에 외국 수입품도 포함되어 있을 뿐 아니라 또한 외국으로부터의 관련 상품 수입이 그다지 큰 어려움 없이 이루어질 수 있는 경우에는 관련 상품의 수입가능성도 고려하여 사업자의 시장지배 가능성을 판단하여야 한다</u>(대법원 2007. 11. 22. 선고 2002두8626 전원합의체 판결).

기술적으로도 케이블 텔레비전이라는 속성상 월경이 불가능하다. 그러므로 포스코 사건에서의 지리적 획정에서의 확장가능성을 열어 둔 판례에도 불구하고 법률적·기술적 특성으로 인하여 지리적 범위는 티브르드 강서의 채널 범위에 국한되는 것으로 보는 것이 옳다고 본다. SSNIP 심사나 EH 심사 등을 적용하는 이유는 통상의 경우 지리적인 시장의 획정의 경계가 모호하기 때문에 그 모호함에 객관적인 근거를 제공하기 위한 것이다. 그런데 이 사건의 경우에는 법률적·기술적 특성으로 인하여 이러한 모호함이 제거되고 있다고 보인다. 만일 법률적인 장애에도 불구하고 강서가 아닌 전국지역이 될 수 있다는 주장을 하기 위해서는 기술적인 방법으로 법률적인 장애를 극복할 수 있다는 점을 소송대리인이 입증하였어야 할 것이라고 생각한다.[206)

(2) 상품시장의 획정

앞서의 공정거래위원회와 서울고등법원 및 대법원의 판단을 정리하는 방법이 여러 가지로 나뉠 수 있겠지만 조성국 교수의 분류가 가장 효과적이라고 본다.[207)] 조성국 교수는 일반 PP와 MSO와의 관계는 MSO와 TV 홈쇼핑사업자와의 관계를 구별하면서 MSO들은 일반 PP들에게 대가를 지급하고 프로그램을 구매하여 특정채널을 통해 방송을 송출하지만 TV홈쇼핑사업자는 MSO에게 수수료를 지급하고 특정 채널에 대한 사용권을 취득하므로 시장을 세 개로 구별하여야 한다고 한다. 1시장은 일반PP가 MSO에게 프로그램을 공급하는 시장, 2시장은 TV 홈쇼핑사업자가 MSO에게 프로그램을 공급하는 시장, 3시장은 MSO가 시청자에게 프로그램을 서비스하는 시장으로 구별하면서 이 중에서 관련시장은 2시장으로 보아야 한다고 한다.[208)]

---

206) 지역시장을 강서지역에 한정하여야 한다는 같은 취지의 견해로 조성국, 전게논문, 48 – 49면. 조성국 교수는 그 이유로 MSO가 지역별로 허가를 받고 있는 이상 TV홈쇼핑사업자는 홈쇼핑사업을 하기 위해서는 특정 지역의 MSO의 채널사용권을 구매할 수밖에 없다. 5개 TV 홈쇼핑 사업자는 전국을 대상으로 점유율 경쟁을 벌이고 있고 전국 SO들을 통하여 이미 채널사용권을 확보하고 있는 상태이다. 만약 MSO가 기존의 수수료를 인상하는 경우 TV 홈쇼핑사업잔는 등급이 더 낮은 채널의 사용권을 구매하든지 아니면 당해 지역에서 홈쇼핑사업을 포기하는 것이지 다른 지역의 MSO로 가는 구조가 아니며 이러한 불이익을 줄 수 있는 이유는 자신의 지역에서 티브로드 강서가 TV홈쇼핑 채널사용권에 있어 시장지배력이 있었기 때문이라고 설명하고 있다.

207) 공정거래위원회, 서울고등법원, 대법원의 판결에서의 시장획정의 구별에 대해서 잘 정리한 것으로 신영수 전게논문 참조.

양면시장이론을 적용하여 앞의 견해와 공정거래위원회, 서울고등법원, 대법원의 태도를 살펴보고자 한다. 문제가 되는 시장지배적 사업자의 반경쟁적 행위의 위법성을 판단함에 있어 시장획정은 시장지배적 사업자가 시장경쟁과 소비자후생에 주는 영향을 판단하기 위한 기본적인 틀을 제공한다. 양면시장이론은 원래 전통적인 SSNIP 심사 등의 시장획정이론이 양면시장의 경우에는 지나치게 좁은 시장획정을 하도록 하는 문제점을 해결하기 위하여 산업조직론에서 고안된 이론을 경쟁법에 끌어 온 것이다.[209] 시장이 양면시장으로 판단되는 경우 이러한 양면시장에서의 시장획정은 시장의 양면을 모두 고려하여 이루어져야 한다. 왜냐하면 양면시장에서의 공급자는 시장의 양면에 존재하는 구매자들에게 모두 상품을 공급하기 때문이다.

앞에서 본 것과 같이 홈쇼핑의 경우 이외의 다른 프로그램 제공사업자(PP)들의 경우에는 양면시장이론을 적용하기에 적당하지 않다. 그러므로 조성국 교수의 지적과 같은 홈쇼핑과 다른 프로그램 제공사업자(PP)를 구별하여야 한다.[210] 양면시장에서는 어느 범위까지 상품시장을 확대할 것인가에 대한 판단기준은 여전히 논란이 되고 있으며 발전 중인 부분이다. 이 중 설득력을 가지고 고려할 수 있는 기준이 가격심사(price test)이다.

---

208) 조성국, 전게논문, 48면. 조성국 교수는 아래의 표와 같이 시장획정을 정리하고 있다.

	상품시장	지역시장	비고
공정위	3시장	강서지역	
서울고법	3시장 대 1+2시장	3은 강서지역, 1+2시장은 전국	3에서 1+2로 시장지배력 전이
대법원	상동	상동	시장지배력 전이 인정하지 않음
조성국 교수의 견해	2시장	강서지역	

209) 실제 사안인 엔에치엔 사건에서도 공정거래위원회는 묶음 시장이라는 표현을 사용하면서 인터넷 포털이라는 플랫폼에서 제공되는 서비스들을 묶어서 하나의 시장으로 보았다. "인터넷 포털은 초창기에는 많은 수의 이용자를 확보한 서비스의 기반에 따라 크게 검색포털, 커뮤니티/커뮤니케이션포털 및 접속포털로 구분되었으나, 현재는 대부분 1S－4C를 기반으로 하여 유사한 서비스를 제공하고 있다. 그리고 다음과 같은 사정들을 고려할 때, 이용자는 일반적으로 각 서비스를 개별적으로 이용하기보다는 필요한 서비스를 한 개의 포털사이트에서 이용하고자 하는 행태를 보이는 것으로 이해할 수 있다. 따라서 관련 상품 시장획정은 포털에서 제공되는 다양한 서비스들의 묶음을 관련시장으로 획정하는 것이 타당하며, 인터넷 포털서비스와 관련된 상품시장은 '인터넷 포털서비스 이용자시장'으로 본다."(전게 공정거래위원회 전원회의 의결서 12면)

210) 다만 조성국 교수가 양면시장을 염두에 두고 홈쇼핑프로그램 공급자와 여타의 PP를 구별한 것은 아닌 것으로 보인다.

가격심사란 양면시장의 특성을 감안한 것이다.[211] 양면시장에서의 사업자
는 무가지 시장에서 볼 수 있는 것처럼 광고수입을 극대화하기 위해서 경
제적 가치를 가지고 있는 뉴스를 무상으로 독자들에게 제공한다. 그 이유는
명확하다. 광고를 팔려고 하면 광고주들에게 자신의 신문의 독자가 많아서
만일 광고를 게재하게 되는 경우 광고가 많이 노출될 것이라는 점에 대해
서 설득을 할 수 있어야 한다. 그러므로 극단적으로 뉴스제공을 통한 수입
을 포기하고 광고를 통한 수입을 극대화하려고 하는 것이다. 무가지를 공급
하는 신문사가 이러한 전략을 사용할 수 있는 이유는 자신의 신문이 플랫
폼으로 뉴스 제공과 광고공간의 제공이라는 두 가지 면에서의 상품을 팔고
있기 때문이다.[212] 이러한 예에서 볼 수 있는 것과 같이 플랫폼을 장악하고
있는 양면시장에서의 공급자는 자신의 가격정책을 통해서 수익을 극대화할
수 있는 점을 발견할 수 있고 가격을 조정할 수 있다. 플랫폼 사업자는 가
격을 수용하는 입장이 아닌 가격을 설정할 수 있는 사업자이며, 이러한 가
격을 설정할 수 있는 사업자인 경우에 이러한 범위 내의 시장들을 하나의
시장으로 판단할 수 있다고 보는 것이 가격심사이다.

티브로드 강서는 홈쇼핑업자에게 채널을 팔고, 동시에 시청자들에게 홈쇼
핑 프로그램을 제공하는 서비스를 판다. 티브로드 강서는 플랫폼으로 기능
하면서 이 둘 간의 가격전략을 사용할 수 있다. 홈쇼핑에서의 채널의 위치
는 분명 매출에 직접적으로 영향을 줄 수 있는 것이므로 이를 차별화하여
가격전략을 사용하는 것은 시청자들의 행태에 기초한 차별화가 이루어질
수 있기 때문이다. 이 두 개 양면시장에서의 면은 상호 의존성을 가지고 다

---

211) 공정거래위원회도 서비스 전체를 하나로 인식하여 이익 극대화 전략을 구사하는 것이 플랫폼
사업자의 시장지배력을 이용한 적절한 사업전략임을 적시하고 있다.
　"둘째, 인터넷 포털사 입장에서도 하나하나의 서비스를 별개로 간주하기보다는 자신들이 제공
하는 서비스 전체를 하나로 인식하여 이익 극대화 전략을 구사한다고 볼 수 있다. 이는 인터넷
포털은 직접적 또는 간접적 네트워크 효과가 존재하는 특성을 보유하고 있어 가급적 많은 이용
자를 확보하는 것이 수입의 상당한 부분을 차지하는 광고수입과 직결되어 사업의 성패를 좌우
하게 되기 때문이다. 결국, 인터넷 포털시장은 다양한 서비스를 원하는 이용자와 이윤극대화 전
략으로 다양한 서비스를 제공하는 인터넷 포털의 이해관계가 일치하여 형성된 것으로 볼 수 있
다."[(각주 18) 공정거래위원회 전원회의 의결서 13면].
212) 양면시장이 문제되는 다양한 시장에 대해서는 최승재 각주 19) 전게논문 참조.

른 면에서의 가격에 영향을 미친다. 그러므로 가격심사에 의할 때 하나의 시장으로 볼 수 있는 경우이다.

결국 이 사건에서 상품의 관련시장은 2시장과 3시장이 합쳐진 시장이다. 그리고 1시장은 관련시장이 아니다. 문제는 티브로드 강서가 2시장과 3시장이 합쳐진 시장에서 시장지배력을 가진 시장지배적 사업자인가에 있을 뿐이다. 그리고 만일 이 관련시장에서 티브로드 강서가 시장지배적 사업자임을 기화로 하여 시장지배적 지위를 남용하여 우리홈쇼핑에 불이익을 강제하였다면 이는 공정거래법 위반으로 판단될 것이다.

다. 시장지배적 사업자인지 여부의 판단

공정거래법 제2조 제7호에 의하면, '시장지배적 사업자'란 일정한 거래분야의 공급자나 수요자로서 단독으로 또는 다른 사업자와 함께 상품이나 용역의 가격·수량·품질 기타의 거래조건을 결정·유지 또는 변경할 수 있는 시장지위를 가진 사업자를 말하며, 이에 해당하는지 여부는 시장점유율, 진입장벽의 존재 및 정도, 경쟁사업자의 상대적 규모, 경쟁사업자 간의 공동행위의 가능성, 유사품 및 인접시장의 존재, 시장봉쇄력, 자금력 등을 종합적으로 고려하여 판단한다.

양면시장의 경우에는 플랫폼 사업자가 이러한 시장지배적 지위에 있는지 여부를 판단함에 있어서 시장의 양면을 모두 고려하여야 한다. 특히 문제가 되는 것은 전통적으로 상당한 정도로 한계비용 이상의 가격설정을 할 수 있는가 하는 시장지배력판단에 있어서 사용되는 기준이 양면시장의 경우에는 적용될 수 없다는 것이다. 왜냐하면 이러한 판단이 적용될 수 없기 때문이다. 양면시장에서는 플랫폼 사업자가 어느 한 시장에서의 수익극대화를 목표로 하는 것이 아니기 때문에 한계비용 이하의 가격설정이 어느 시장에서 이루어지기도 한다. 그렇다고 시장지배력이 없다고 판단하면 이는 양면시장에서의 사업자의 특성을 잘못 파악함으로써 시장지배력 판단을 잘못한 것이다. 전체적인 시장에서의 시장지배력을 판단하여야 한다.

그런데 티브로드 강서의 경우에는 시장지배력을 인정하거나, 시장지배적 지위에 있는 사업자로 인정하는 것이 용이한 사안이다. 왜냐하면 티브로드 강서가 시장지배적 사업자로 법령에 의하여 이미 결정되어 있고, 신규 진입자의 존재가 법률에 의하여 봉쇄되어 있는 경우이기 때문이다. 따라서 티브로드 강서가 사업을 하고 있는 시장에서는 현실적인 경쟁도 존재하지 않고, 잠재적인 경쟁도 존재하지 않는 시장이다. 티브로드 강서는 독점적인 지위의 사업자로 법률의 규정에 의하여 그 독점적인 지위가 보장되고 있는 것이다.[213] 법률적인 진입장벽이 있는 이 시장의 경우에는 시장점유율, 진입장벽의 존재 및 정도, 경쟁사업자의 상대적 규모, 경쟁사업자 간의 공동행위의 가능성, 유사품 및 인접시장의 존재, 시장봉쇄력, 자금력 등을 종합적으로 고려한 결과가 '시장지배적사업자'로 인정되는 것이다.

V. 결 론: 대법원 판결에 대한 검토

대법원의 판결에 대해서 앞서의 논의를 전제로 하여 검토하자면 상품시장의 획정은 양면시장의 특성을 고려하지 않아서 잘못 설정한 것이 아닌가 한다. 상품시장은 홈쇼핑 채널 판매시장과 프로그램 서비스 시장을 묶음으로 하나의 시장으로 보는 것이 타당하다. 지리적으로는 강서지역으로 한정하는 것이 타당하다.

그리고 이렇게 확정된 시장에서 티브로드 강서는 시장지배적 지위에 있는 사업자로서 시장지배력을 가지고 있다. 다만 결론적으로 우리홈쇼핑의 채널을 변경한 행위가 부당한 행위로 공정거래법 위반인가에 대해서는 대법원의 결론이 구체적 타당성에는 부합한다고 보인다. 그러나 이 점에 대해서는 본고에서는 상론을 하지 않는다.

한편 대법원은 지배력전이이론의 적용에 대해서 지배력전이가 없다고 보았다. 그러나 위와 같이 시장획정을 하고 부당한 시장지배적 지위의 행사인

---

213) 현재의 상황에서 과연 이러한 법률에 의한 독점이 유지되는 것이 바람직한 것인지 고려할 필요가 있다는 점이 입법정책적으로 이 사건이 주는 시사점이다.

지 티브로드 강서가 우리 홈쇼핑에 부당하게 불이익을 강제하였는지 여부의 판단에 있어서 하나의 시장이므로 지배력 전이의 판단이 필요 없는 사안이 아니었나 하는 생각이다.

이 사건에 대해서는 향후 여러 가지 추가적인 논의가 있을 것으로 보인다. 본고는 양면시장이론이라는 기존과 다른 관점에서 이 사건 대법원의 판결을 볼 수 있음을 보여 주는 것에서 가장 중요한 의의를 갖고자 한다. 추가적인 논의가 계속되기를 기대한다.

 브로드밴드 망에서의 네트워크중립성[*]

I. 서 론

미국에서 치열하게 논쟁[215]이 이루어지고 있는 네트워크[216] 중립성에 대하여 우리나라에서도 관심을 가지고 살펴보기 시작하는 것 같다. 이 글은 2008년 3월 현재 시점에서 미국에서의 네트워크 중립성과 관련된 논의의 전개와 입법적인 전개를 포괄하여 살피면서, 이와 관련된 논의가 우리나라에서 기존 법제에서의 규범 틀에 추가하여 네트워크 중립성 개념을 받아들여야 하는가, 또 만일 받아들인다면 어떤 범위로 받아들여서, 어떻게 적용될 수 있는가 하는 점에 대하여 논구하고자 한다.

비교법적인 논의를 하는 경우에는 미국에서의 논의가 미국에서 발생하는 독특한 사회·경제적인 현상에 기초하여 논의가 이루어지는 것으로 우리나라에 이러한 논의를 소개하는 것에 대한 실익이 없는 경우도 있다. 필자는 미국에서의 논의를 한국에 소개할 때에는 우리나라의 법제에 시사점을 줄 수 있는 부분이 있어야 소개의 실익이 있다고 믿는다. 그러한 점에서 이러

---

[*] 본고의 원문은 서울대학교 법학 2008년 6월호 참조. 본고의 기본적인 아이디어는 2008년 3월 있었던 '공정경쟁포럼'에서 발표되었다. 본고가 조금이라도 긍정적인 부분이 있다면, 이는 2008년 3월 19일 공정경쟁포럼에서 권오승 교수님, 정호열 교수님을 비롯한 여러 참여자들의 활발한 비판과 토론에 기인하였음을 함께 밝힌다. 물론 본고의 오류는 모두 필자의 몫이다.

215) 이러한 논의의 대척점에 옹호론자로는 스탠포드 대학의 Laurence Lessig 교수와 컬럼비아 대학의 Tim Wu 교수가, 반대론자로는 Christopher Yoo 교수가 있다. (Wu, T. and L. Lessig, "Re Ex Parte Submission in CS Docket No.02 − 52. Letter to : Federal Comunication Commission."(Washington, D.C.). August 22 2003; Mark A. Lamley & Lawrence Lessig, "The End of End − to − End: Preserving the Architecture of the Internet in the Broadband Era", 48 UCLA L. Rev. 925(2001); Christopher S. Yoo, "Beyond Network Neutrality", 19 Harvard J. L. Tech. 1(2005)).

216) 이 글에서는 주로 '네트워크' 내지 '네트워크 중립성'이라는 용어를 사용할 것이지만, 필요에 따라서는 '망' 내지 '망 중립성'이라는 용어를 혼용하여 사용한다.

한 네트워크 중립성과 관련된 논의를 살펴보면, 이러한 논의는 네트워크의 소유자가 가지는 사회적인 기간망에 대한 재산권에 대한 제약을 어떻게까지 부여할 것인가 하는 문제에 대한 기본적인 철학적 논쟁으로 이해한다. 그렇기 때문에 네트워크 중립성 논의는 그 출발이 미국에서 시작된 논의라고 하더라도 단순히 미국에서의 논쟁으로 그치는 것이 아니라, 우리사회의 경우에 네트워크 중립성이라는 관점에서 기존 법제도를 바라보고, 이를 향후 법제도의 설계에 반영하여 기존의 법체계를 가다듬거나 수정할 부분이 없는지를 살펴보는 규범자로서의 역할을 할 수 있다고 생각한다. 이러한 점에서 논의의 소개 및 이를 바탕으로 한 우리나라에서의 시사점에 대한 논의는 디지털 컨버전스(digital convergence)의 가속화로 인한 네트워크의 융합화와 통신과 방송의 융합, 기기 융합 등의 일련의 융합화(convergence)가 이루어지는 우리의 시대적 상황에 비추어 시의적이며, 또 이러한 시기의 법제도의 정비와 관련하여 충분한 논의의 실익을 가지는 것이라고 생각한다.

이 글에서는 이러한 생각을 바탕에 두고, Ⅱ에서는 미국에서 현재 논의되는 네트워크 중립성에 대한 개념을 검토한다. 서로 다른 개념에 기초하여 논의되고 있는 것처럼 보이는 점에 대하여 개념의 스펙트럼에 대하여 살펴본다. Ⅲ에서는 미국에서의 논의를 중립으로 하여, 네트워크 중립성에 대한 논쟁을 정리하여 보기로 한다. 이를 위하여 네트워크 중립성에 대한 옹호론과 반대론을 살펴보고, 규제기관의 聯邦通信委員會(FCC)의 태도를 살펴보고, 나아가 마지막으로 입법적인 전개에 대하여 살펴보기로 한다. Ⅳ에서는 이러한 Ⅱ 및 Ⅲ에서의 논의를 바탕으로 하여, 우리나라에서의 시사점에 대하여 살펴보아, 우리가 취할 점과 이를 반영하여 개선하거나 재고하여야 할 법률적 관점에서의 논의를 검토하여 보기로 한다.

II. 광대역 네트워크와 네트워크 중립성의 정의

1. 도 입

가. 논의의 양상

지난 몇 년 동안 법적으로 광대역 네트워크[217]에서 네트워크 중립성을 법적으로 강제할 것인지에 대한 논의는 미국 통신법 영역에서 가장 뜨거운 주제였다. 이러한 네트워크 중립성 개념에 터 잡아 규제당국이 망운영자로 하여금 제3자의 콘텐츠의 내용이나 양 등에 따라 망 이용에 대하여 차별을 하지 말 것, 망에 부가되는 장비를 구별 없이 사용할 수 있도록 할 것을 규제할 수 있는지 등에 대한 논의가 이루어졌다. 네트워크 중립성논의는 이 논의에 기초하여 하부적인 규제의 틀이 짜이게 되는 논의인데다, 네트워크 사업자[218]들의 관점에서는 자신들의 재산권과 관련된 논의이다 보니 그 대응은 상당히 격렬하였다.

[그림 12]

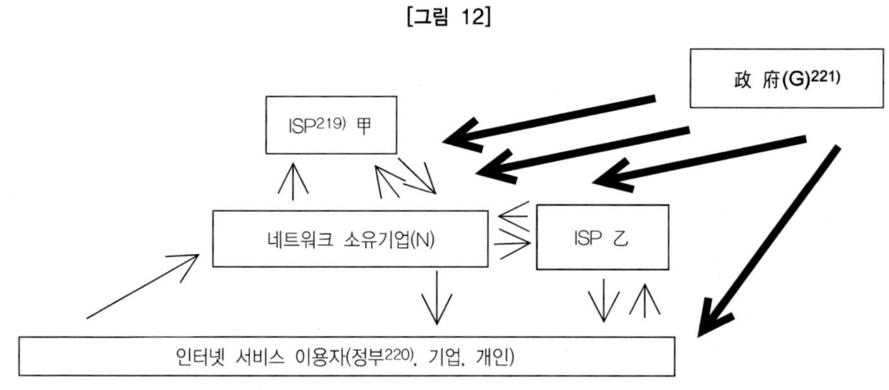

---

217) '브로드 밴드 망(broad band network)'을 가리키는 용어로 '내로우 밴드(narrow band)'의 반대말로 광대역 망이라고 번역할 수 있다. '브로드밴드 네트워크'에서는 동시에 비디오, 음성 데이터를 다중의 전송채널을 통하여 보낼 수 있다. 바로 통신과 방송의 유합 기초가 된다고 할 수 있으며, 오늘날 대부분의 인터넷망은 이러한 '브로드밴드 네트워크' 환경으로 진화되고 있다.

218) AT&T, Comcast, Verizon 등 회사가 바로 이러한 네트워크를 소유하고 있는 회사들이다.

219) 인터넷을 기반으로 하여 서비스를 제공하는 사업자로서 'Internet Service Provider'의 약자. '구글'이나, '마이크로소프트'의 'MSN', 인터넷 전화 업체인 'Skype' 등이 바로 이러한 ISP라고 할 수 있다. 경우에 따라서는 OSP(Online Service Provider)라고 불리는데 같은 개념으로 보아도 무방하다.

220) '이용자'로서의 정부(Government as a User or Comsumer).

221) '규제자'로서의 정부(Government as a Regulator).

위 그림에서 보는 것과 같이 네트워크 소유기업은 브로드밴드 망의 흐름에 있어서 문지기(gatekeeper) 역할을 하고 있으며, 네트워크 소유기업의 경우에는 이러한 문지기 역할을 하는 것에 나아가서 이러한 병목을 쥐고 있는 상황을 이용하여 현재보다 수익을 극대화할 수 있는 방안에 대하여 생각하게 되었다. 예를 들어 위의 [그림 12]를 만일 [그림 13]과 같이 만들 수 있게 되면, 네트워크 소유기업의 경우에는 현재의 구조보다 훨씬 많은 수익을 만들 수 있게 된다.

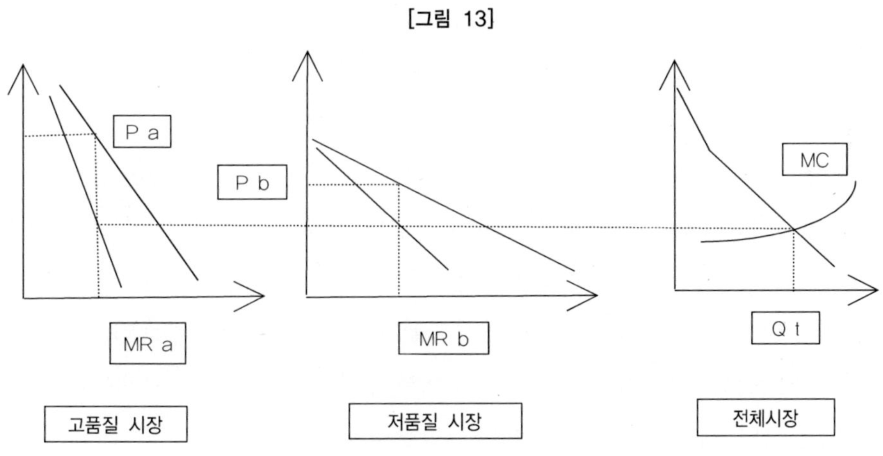

[그림 13]

위의 그림에서 선의 굵기는 통신망의 품질을 나타내고자 하였다. ISP 乙과 전속적인 계약을 맺어서 乙에게는 고속의 고품질의 망을 제공하고, 甲에게는 저속의 저품질의 망을 제공하는 생각을 하게 되면, 기존의 경우에 비하여 높은 수익222)을 올릴 수 있다. 이러한 가격 차별화 정책을 통하여, 서로 다른 지불의사(willingness – to – pay)를 가지고 있는 두 개 이상의 군의 소비자에게 가격을 다르게 책정함으로써 수익극대화가 가능하게 될 수 있는 것이다. 각주 9)에서의 비유에서와 같이 느리고 우회하는 국도를 이용하고자 하는 사람들은 여전히 이러한 네트워크를 이용하는 ISP들을 사용할 것이지만, 이러한

---

222) 이를 비유적으로 말하자면, 고속도로와 국도를 비유할 수 있을 것인데, 신설한 고속도로의 경우에는 건설비가 있기 때문에 톨게이트 비용을 높게 받는다고 하더라도 반드시 회계적인 수익이 바로 기존 국도에 비하여 높아지지는 않을 것이다.

속도나 품질에 불만을 가지는 사람들은 다른 ISP로 이동하게 될 것이다.

[그림 14]

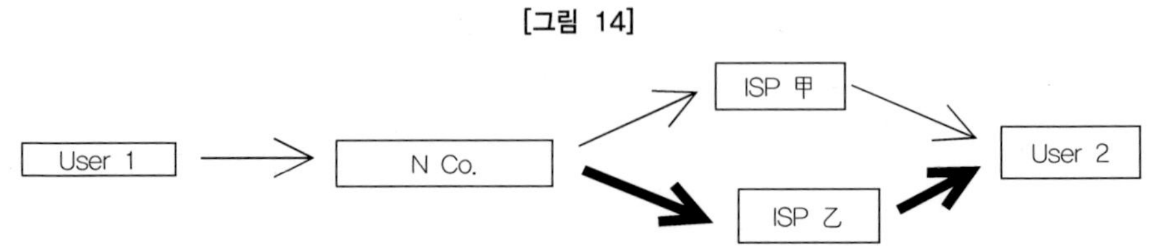

결국 위의 그림에서 보는 것과 같이 높은 수요의 가격탄력성을 가지고 있는 시장에서는 낮은 가격에, 낮은 수요의 가격탄력성을 가지고 있는 시장에서는 가격보다 품질이 중요하다고 생각할 것이기 때문에 더 높은 가격을 정할 수 있게 되는 것이다. 이렇게 가격을 정할 수 있는 것은 이 네트워크 시장이 과점시장이거나, 자연독점적인 성격을 가지고 있는 시장이라는 점에 기인한다.

그런데 네트워크 사업자가 이와 같은 행위를 하여 자신의 이익을 극대화하는 행위를 하는 것이 가능한가? 네트워크에서 이러한 차별을 허용할 것인가에서 네트워크 중립성 논의는 시작된다. 이 논쟁에서 네트워크 중립성 옹호론자와 비판론자 간에 서로 치열하게 공방이 진행되는 과정에서 네트워크 중립성의 개념은 개념 자체에서 일련의 스펙트럼을 가지게 되었다. 그러므로 본 장에서는 일단 Ⅲ 이하의 논의의 일관된 전개를 위하여 네트워크 중립성의 개념에 대하여 살펴보고, 소결에서 본고에서 사용할 네트워크 중립성 개념을 정의하기로 한다.

나. 논의의 연혁

이 논의는 전통적인 '기간통신 사업자(common carrier)'[223]에 대한 규제의 근거가 되었던 비차별 원리를 인터넷에서도 적용하려고 하는 것이라고 할

---

223) Common Carrier라는 용어는 미국에서도 다의적인 용도로 사용된다. 원래 교통에서 사용되던 용어로서 통신 등 영역에서도 사용된다. [Although common carriers generally transport people or goods, in the United States the term may also refer to telecommunications providers and public utilities. In certain U.S. states, amusement park that operate roller coasters and comparable rides have been found to be common carriers; a famous example is Disneyland (http://en.wikipedia.org/wiki/Common_carrier 2009. 2. 13. 최종접속)].

수 있다.224) 그러므로 네트워크 중립성 논의는 오래된 쟁점의 새로운 결론이라고 할 수 있는 것으로, 전화 시대 이전에도 미국에서는 헌법상의 주간 통상 규정(interstate commerce clause)상의 비차별원리가 적용되었던 철도에 있어서의 화물 운송업자들이 전체 화물 표준양에 대하여 할인된 요금으로 접근이 가능하도록 하는 것에 허용된 것으로 이러한 경쟁은 공익 산업이 비용을 충당할 수 있도록 규제기관에 명시적으로 승인된 요금 구조를 손상할 수 있었다. 이러한 '기간통신사업자'에 대한 규제를 그대로 인터넷망에 대해서도 적용하는 것과 관련하여 찬반 논쟁이 이 네트워크 중립성 논쟁의 연혁적인 원천이라고 할 수 있다.

미국의 경우 연혁에 비추어 보면, '기간통신사업자'의 정의는 재화나 정보를 전달하는 매체로서 공중에 제공되어 있는 것으로 그 자체는 실제적인 재화나 정보를 가지고 있는 것이 아닌 사업자를 의미하는 것이라고 할 것이며, 이러한 사업자들은 사기업이면서도 특별한 공공재적인 역무의 성격상 공공성을 가진다고 한다.225)

미국 통신법의 역사에 있어서 최초의 기간통신망의 사용과 관련된 문제는 '웨스트 유니온'의 전보망(electric telegraph)과 관련된 문제였다. 이 전보망은 인터넷 망이 그러하였던 것처럼 초기 국가에 의하여 자금지원이 이루어지면서 망이 깔리기 시작하다가 1866년에 사기업인 '웨스트 유니온'에 의하여 인수되어 결국 '웨스트 유니언'이 거의 독점적인 지위에 이르게 되었다.226) 이와 같이 독점적인 지위에 이르게 된 웨스트 유니언은 통신사인 AP227)와의 관계에서 자신의 전보망을 AP가 독점적으로 사용할 수 있도록

---

224) James B. Speta, "Common Carrier Approach to Internet Interconnection", 54 Federal Communication L. J. (2002) pp.251 – 261.

225) Tim Wu, "Why Have a Telecommunications Law? Anti – Discrimination Norms in Communications", J. On Telecomm. & High Tech. L. (2006) p.30.

226) 역사적인 고찰에 대하여, Glen O. Robinson, "The Federal Communications Act: An Essay on Origins and Regulatory Purpose, in A Legislative History of the Communications Act of 1934(Max D. Paglin ed., 1989)", 위의 시기와 관련된 상세한 문헌으로는 Robert L. Thomson, "Wiring a Continent: The History of the Telegraph Industry in the United States 1832 – 1866"(1947) 참조.

227) 'Associated Press'의 약자로 우리의 연합통신과 같은 역할을 하는 회사이다. 오늘날에도 AFP 등과 함께 이 분야에서 세계 메이저 회사이다.

하는 계약을 체결한다. 대신 AP는 경쟁의 대상이 될 수 있는 전보망을 사용하거나, 설치하지 않도록 하는 약정을 하였다. 이를 통하여 다른 경쟁적인 전보망을 만드는 것은 어려워지게 되었다. 전보망 사업자의 차별화가 이루어지게 된다. 이러한 양상은 오늘날의 인터넷에서의 차별화 문제와 유사한 내지 대체적인 통신수단이 지금에 비하여 더 적었던 시절이었으므로 오히려 더 심각한 문제였다고 할 수 있다.[228] 이 상황을 해결하기 위하여 제시된 해법이 바로 '기간통신사업자' 개념이었다. 1888년 의회는 주간통상조항을 근거로 하여 미국 정부가 전보망에 대하여 보조금을 지급하였음을 개입의 기초로 하여 전보망을 규제하는 입법을 하려고 하였고, 1910년 마침내 전보망을 기간통신망으로 지정하여 이에 따른 의무를 웨스트 유니언에 부담시킨다. 이러한 '기간통신사업자' 개념은 1934년 통신법[229]에 반영되어 여전히 전화망 등에 있어서 기초적인 개념으로 이해되고 있다.[230]

2. 네트워크 중립성에 대한 개념의 분기화와 스펙트럼

가. 견해의 대립

(1) 가장 엄격한 네트워크 중립성

가장 강력한 의미에서의 네트워크 중립성이란, 광대역망사업자(broadband service providers)[231]들이 망에서의 정보 흐름에 대하여 간섭도, 방해도, 차별도 하지 말 것을 그 내용으로 하는 개념이다. 비유적으로 이는 비행기를 타는 승객들이 있을 경우에 비행기라는 운송수단에 아무런 제약이 없이 선착순으로 먼저 오는 승객을 태우도록 하는 것으로 설명할 수 있다. 이는 실제 인터넷상에서 패킷(packet)[232]의 흐름도 같이 설명할 수 있는데, 주지하

---

228) 대신 통신 수요는 지금보다 오히려 적었다고 할 수 있으므로, 이러한 면에서 문제의 심각성을 반드시 지금과 일대일로 비교하는 것은 어렵다.

229) Telecommunication Act of 1934.

230) Menahem Blondheim, "News over the Wires: The Telegraph and the Flow of Public Information in America, 1844－1897", The Journal of American History, Vol.82, No.1(Jun. 1995).

231) 미국 논문들에서는 이를 약칭하여 'BSP'라는 용어를 사용하고 있다.

232) 본래는 소포를 뜻하는 용어로, 소화물을 뜻하는 패키지(package)와 덩어리를 뜻하는 버킷(bucket)

는 것과 같이 인터넷에서의 정보는 '패킷'이라는 단위로 분절되어 이동하는 것이 그 특성으로 하고 있는바, 이러한 '패킷'들의 이동에 대하여 광대역망사업자는 비차별적이고, 파이프라인으로서의 역할만을 수행하고, 기술적인 문제가 발생하거나 하는 경우에 인터넷 망의 수리와 같은 망의 유지, 보수, 개선 업무만을 담당하도록 하는 것을 그 내용으로 하는 개념이다.[233]

(2) 부정론

그 반대편에 있는 개념은 네트워크 중립성을 부정하는 경우일 것인데, 이 경우에는 광대역망사업자들은 자신이 소유하고 있는 망에 대하여 아무런 규제 없이 재산권적인 관점에서 망을 사용, 수익, 처분할 수 있다고 할 것이고, 따라서 어떤 내용을 담을 것인지, 누구 망을 사용하도록 할 것이고, 누구의 사용을 금지할 것인지, 어떻게 과금을 할 것인지, 고속도로와 같은 고가의 프리미엄 망과 저가의 망을 별도로 운영할 것인지 대한 의사결정을 전적으로 할 수 있다고 할 것이다.

(3) 중간적인 개념

가항과 나항의 사이에 존재하는 여러 가지 견해들이 실제로 존재하는 것으로 보인다. 예를 들어 가격정책(pricing policy)을 통하여 광대역망의 혼잡(congestion)문제를 해결할 수 있다고 주장하는 견해는 차별적인 가격의 책정을 양에 기초하여 하는 방법으로 문제를 해결할 수 있다고 주장하는데 이 견해는 완전한 네트워크 중립성을 주장하는 가항의 견해를 수정한 견해이지만 여전히 자신은 네트워크 중립성을 옹호하는 견해의 변형이라고 할

의 합성어이다. 우체국에서는 화물을 적당한 덩어리로 나눠 행선지를 표시하는 꼬리표를 붙이는데, 이러한 방식을 데이터통신에 접목한 것이다. 즉 데이터통신에서 송신 측과 수신 측에 의하여 하나의 단위로 취급되어 전송되는 집합체를 의미한다. 파일을 분할해서 전송하지만 수신하는 곳에서는 원래의 파일로 다시 재조립된다. 헤더와 데이터·테일러로 이루어져 있는데, 헤더에는 데이터가 전달될 주소와 순서 등이 기록되고, 테일러에는 에러 정보가 기록된다. 보통 2계층으로 내려가기 전까지 3·4계층의 데이터 단위는 패킷이라고 하고, 1·2계층의 데이터 단위는 프레임이라고 한다. 일반적으로 128바이트가 표준이지만 32·64·256바이트와 옥텟 등 편의에 따라 크기를 바꿀 수 있다(http://100.naver.com/100.nhn?docid=770207).

233) 이러한 관점에서 이러한 주장에 기초한 패킷 비차별성 원칙(packet non‒discrimination)이라는 용어도 나오는 것으로 보인다.

것이다. 이 견해에 의하면, 이미 통신법에 있어서 무선통신시장의 경우에는 이러한 광대역망과 같이 유한한 자원인 무선통신 시장에서의 혼잡 문제와 관련하여, 사용하는 시간, 즉 사용량에 따라 서로 달리 요금을 부과하는 방식으로 가격정책을 취함으로써 이러한 문제를 해소하는 방법이 사용되고 있다고 주장하면서, 이러한 가격정책에 의하게 되면, 혼잡의 문제를 해소할 수 있다고 하고 있다.[234]

나. 검토

한편, 네트워크 중립성의 강제화를 반대하는 견해라고 하여, 나항에서 정리한 것과 같은 정도의 규제완화를 요구하는 견해를 찾아볼 수도 없다. 그러므로 이러한 논의의 기본적인 형태를 가항과 나항의 형태에 두고, 논의의 필요에 따라 각자의 형태를 허물어서 현실적인 규제 최적화를 달성하려고 하는 것으로 이해하는 것이 타당하다고 생각한다. 따라서 이 글에서 네트워크 중립성을 논의하는 것은 가항의 형태를 염두에 두기로 하고, 이를 수정하여 나가는 방향으로 검토하겠다.

3. 비교개념

가. 망개방성(Open Access)

위의 2. 가항에서 논의한 수준의 네트워크 중립성 논의를 염두에 두는 경우 기존의 망 개방성 논의와 네트워크 중립성 논의는 서로 구별되는 개념인지에 대하여 생각하여 본다.

2. 가항에서 논의한 수준의 네트워크 중립성을 염두에 둔다면 망 개방성 논의가 개념적으로 망에 대한 접근권의 보장이라는 그 내용으로 하는 논의라고 할 것이므로 네트워크 중립성 논의는 망 개방성 논의를 포함한다고 본다. 따라서 망개방성과 관련된 논의도 네트워크 중립성 논의의 일부로 논

---

234) 이와 같이 무선통신망을 사용함에 있어 사용량에 따른 요금차등화를 할 수 있음에도 실제 기업들은 미국 시장의 경우 정액제 요금을 받는 경우가 다수 있다는 점에서 보면, 이를 허용한다고 하여 반드시 기업들이 종량제 요금체제로 전환할 것인가 하는 것은 단정할 수 없다고 본다.

의할 수 있다고 본다. 그러므로 본고에서 망개방성은 네트워크 중립성 논의의 부분집합 내지 하위 서브셋(subset)으로 이해한다.

나. 인텔리전트 망

망에 인텔리전스를 부여한다는 것이 망이 스스로 스크린을 한다는, 좀 더 정확히 말하면, 망소유자 내지 망운영자가 망에 흘러 다니는 정보를 통제한다는 것을 의미한다. 망에 있는 정보의 내용을 통제하는 방식은 망소유자 내지 운영자가 하기보다는 현재 주로 인터넷 서비스 제공자들이 이러한 역할을 하고 있다.235) 인텔리전트 망 논의는 망에 이러한 필터링 내지 스크린하는 기능을 부과하는 것을 의미한다.

이러한 인텔리전트 망 논의는 기술적인 실현의 문제가 아니라, 법적인 관점에서 미국의 경우 수정헌법 제1조와 관련된 문제가 있다는 비판을 받고 있으며, 이러한 일텔리전트 망은 결국 검열(censorship)을 통한 언론의 자유를 억압하는 수단으로 사용될 것이라는 비판이 있다.236)

4. 재산권과 경쟁법

재산권의 보장과 경쟁법은 경쟁법의 초기 단계에서부터 긴장관계에 있었다. 자유로운 경쟁(free competition)이라는 개념은 자유권의 보호가 최선의 가치로 평가되는 시기에 있어서 재산권의 보장이라는 개념과 같이 묶여서 경쟁법이 경쟁을 제한하는 법인 것처럼 비난하는 근거가 되었다. 실제로 미국의 경우 초기 법원은 시장에서의 가격 고정을 위하여 담합을 행한 회사들에 대하여 그들의 행위가 시장에서의 독점력을 유지하기 위한 것이었음에도 이러한 행위가 약탈적 가격 설정을 통한 경쟁제한행위라고 판단하지

---

235) 우리나라의 경우에 네이버나 MSN, 야후와 같은 포털사이트 등의 음란물에 대한 필터링 내지 스크린 문제나 소리바다와 같은 P2P 사이트 운영자의 방조책임을 인정하는 문제와 같은 것이 모두 이러한 인터넷 서비스 제공자의 책임과 관련되어 있다(최근 자료로 사업자 측 미공간 자료로 이석우, "포털의 UCC 유통과 법적 이슈", (2008. 4.)에서 이러한 책임에 대한 논란을 언급하고 있으며, 소리바다에 대하여, 오승종, "P2P 사업자의 필터링과 OSP의 책임제한 — 소리바다 5 사건을 중심으로", 홍익대학교 창작과 법 센터 세미나(2008. 4.) 참조).

236) Lawrence Lessig, 2008. 4. 17. FCC 연설내용 참조.

않고, 기업들의 자유로운 경영활동의 일부라고 이해하기도 하였다.[237]

하지만 분명한 것은 이 문제는 사기업에게 맡겨서 자율적으로 둔다고 한다면, 이미 역사적으로 웨스트 유니언 사건이나, 벨 사건에서 보는 것과 마찬가지로 자율적으로 해소될 수 있는 사건이 아니다. 미국의 경우에도 이미 미국민의 95% 이상은 그렇게 많은 광대역 통신망 사업들에 대한 선택지를 가지고 있지 않으며, 앞서 본 기간사업자 개념에서 보았던 것처럼 공공재적 성격을 가지고 있는 광대역 통신망에서 재산권에 대한 제한은 기업들의 재산권 보장 내지 계약자유의 원칙이라는 이름으로 무한정 방치될 수 있는 영역은 아니다.[238]

5. 소 결

네트워크 중립성에 대한 논의가 가장 활발한 미국의 경우, 그 논의 전개에서 각자가 전제하는 네트워크 중립성의 정의는 상당한 차이가 있다고 보인다. 그러므로 이 글에서는 앞서 본 일련의 개념 스펙트럼에 기초하여, Ⅲ에서는 미국에서 이 네트워크 중립성에 대한 옹호론과 찬성론을 살펴보기로 한다. 또한 Ⅳ에서의 한국에서 논의 적용과 관련하여서도 이 장에서의 견해들을 Ⅲ에서의 논의와 함께 결합하여 대안을 검토하기 위한 목적으로 사용할 것이다.

현재의 상황에서 논의를 위하여 적합하다고 생각하는 네트워크 중립성의 개념으로는 가격에 대해서는 서로 구별되는 가격정책을 펼 수 있도록 하는 것이 타당하다고 생각하며, 완전한 의미에서의 전혀 차별성을 두지 않는 네트워크 중립성과 완전한 네트워크 소유자의 자유를 의미하는 부정론 모두 지나치게 극단적인 견해로 따를 수 없다고 본다. 다만 이러한 모든 논의는 현재의 법에서 이미 도입되어 있는 부분들을 제외하고, 추가적인 도입할 부

---

237) Mogul Steamship Co. v. McGregor, Gow & Co., 23 Q.B.D. 598, 614,615(1889), aff'd, 1892 A.C. 25, 58-60.

238) Tim Wu, "Testimony of Tim Wu, Professor, Columbia Law School, House Committee on the Judiciary Telecom & Antitrust Task Force, Hearing on Network Neutrality: Competition, innovation and Nondiscriminatory Access"(2008. 2.)에서 같은 견해. 그는 의회를 향해 만일 의회가 이 문제에 대하여 개입하지 않으면 인터넷에서의 차별은 민주주의 근간을 뒤흔들게 될 것이라는 취지로 발언하였다.

분이 있는가 내지 현재법을 개정하여야 할 부분이 있는가 하는 논의와 연결되어야 할 것인데, 이에 대한 상세한 논의는 Ⅳ에서 이루어질 것이다.

Ⅲ. 미국에서의 네트워크 중립성 논쟁의 전개

1. 미국의 경우

가. 도입: 통신규제의 특성과 기술혁신

동태적인 기술의 발전은 매우 강력한 시장에서의 경쟁압력이 될 수 있지만, 이러한 망을 매개로 한 시장의 경우에는 그 속성상 망운용자는 기술발전을 제어할 수 있다. 아울러 이러한 망제공자는 망시장에서의 지배적인 지위가 있을 경우에 이러한 지위를 전이하여 다른 부상품시장에서의 우위를 누릴 수 있는 가능성이 항상 내포되어 있다. 이러한 점에 대한 고려를 하는 부분은 네트워크 중립성과도 연결되어 있다. 미국에서 Verizon 사건[239]에서의 필수설비에 대한 부정적인 태도는 망사업자와 관련하여서도 시사점을 주고 있다. 다만 Verizon 사건의 경우에 유의하여야 할 것은 미국 연방대법원이 통신시장의 경우에는 이미 필수설비를 가지고 있는 사업자의 경우에는 통신법의 특성상 다수의 규제가 존재하고 있음을 지적하였다는 점이다. 어떤 방향이건, 자유롭고 차별이 존재하지 않는 광대역 통신망을 이용한 인터넷 존재야말로 미국에서 혁신의 상징이라고 보는 입장에서는 이러한 네트워크 중립성이라는 화두는 헌법적인 정신 내지 미국 민주주의의 상징이라고 이해되는 것이므로 향후 미국에서의 통신법 개정 논의와 맞물려서 많은 추가적인 논쟁의 가능성을 예고하고 있다.

이러한 규제산업법적 관점, 경쟁법적 관점, 언론법적 관점이 서로 혼재되어 각각 반대론과 옹호론으로 나뉘어 주장되고 있는 상황이 그러한 관점에서 보면 충분히 이해될 수 있다고 본다.

---

239) Verizon Communications Inc. v. Law Offices of Curtis V. Trinko, LLP, 540 US 298(2004).

나. 견해의 대립

(1) 반대론

이러한 네트워크 중립성 주장에 대한 반론도 만만치 한다. 이러한 반대론자들은 망운용자는 자신이 운용하는 망에 대한 소유권에 기초하여 망을 사용하는 자들에 대하여 개별적인 운용에 대하여 차별적으로 취급할 유인이 있는데, 만일 이러한 차별을 허용하지 않게 되면, 네트워크의 운용자들이 이러한 망의 품질을 개선하기 위한 유인을 상실하게 되어 추가적인 혁신활동이 멈추게 된다는 주장을 한다. 이러한 주장은 네트워크 산업의 특성에 기인하는 것으로 네트워크를 구축하기 위하여 초기에 많은 비용을 투자하여야 하는데 네트워크에 투자한 자에게 자율권을 주어서 투자를 회수할 수 있는 기회를 주지 않으면 결국 전체적인 투자가 감소하게 될 것이라는 것이다.

또 한편으로는 네트워크에서의 차별화가 오히려 네트워크의 발전에 기여하여 전체적인 투자를 늘릴 것이고 이를 통하여 개선의 유인이 커질 것이라고 한다. 또한 소비자후생을 위해서도 차별화된 망의 제공이 긍정적일 수 있는바, 왜냐하면 상호접속의 거절을 통하여 신규 진입자에 있어서 기조사업자 설비 기반의 경제적 장벽을 극복할 수 있도록 함으로써 차별적이고 다양한 서비스를 제공할 수 있도록 한다는 것이다.[240] 만일 이와 같이 하지 않는다면, 이는 네트워크 사업자의 투자의욕을 떨어뜨려 혁신을 저해할 뿐만 아니라, ISP들의 무임승차를 방조하는 일이 된다고 한다.

(2) 옹호론

(가) '오픈 액세스'의 보장

이러한 네트워크 중립성 입법 주장의 이론적인 근거는 이러한 네트워크 중립성 규제로 인하여 망운용자가 망이용자의 콘텐츠 등에 따라서 차별적인 취급을 하게 되면, 이러한 행위는 망친화적인 내용이나 장비만이 선호되어 잔존하게 되며, 기술적으로 우위인 경우에도 이러한 기술이나 장비가 사용되지 않게 되어 혁신동기가 감소되게 된다는 점을 강조한다.[241]

---

240) Christopher S. Yoo, "Beyond Network Neutrality", 19 Harvard J. L. Tech. 1(2005).

앞서 개념에서 보았던 바와 같이 강력한 네트워크 중립성 논의는 어떤 형식의 제한도 허용하지 않아야 한다는 주장이므로, 망에 대한 '오픈 액세스(open access)'도 그 내용의 일부로 파악된다. '오픈 액세스'와 관련하여, '케이블 모뎀 제공자(cable modem provider)'가 고속 인터넷 서비스를 제공함에 있어 문제가 된 사안들이 있다. 이 논의가 첫 번째 촉발된 것은 AT&T와 TCI의 합병과 이에 연이은 미디어 원(MediaOne)과 AOL/Time Warner와의 합병으로 인하여 경쟁서비스였던 DSL 서비스에 대하여 지속적으로 케이블 모뎀 서비스를 확장한 것이 계기가 되었다. 이들은 케이블 모뎀 서비스를 Excite@Home과 로드러너(Roadrunner)를 통하여서만 서비스가 제공되었고, 다른 인터넷 망사업자(ISP)에 의해서는 제공이 되지 않음으로 인하여 소비자들의 선택은 제약되었다. 또한 이런 AT&T와 특정 망사업자와의 전속적인 약정으로 인하여 케이블 사업자들이 이러한 전속적인 약정을 체결하지 않은 망사업자들에게는 고액의 이용료를 받는다든지, 특정한 콘텐츠의 사용을 제한한다든지 하는 등 방법으로 차별적인 취급을 받지 않을까 하는 우려를 나았다.[242] 이에 따라 결국 이러한 현상이 인터넷이 가지고 있는 특징이었던 개방성을 붕괴시키게 될 것이라는 비판까지 이루어지게 되었다.[243] AOL/Time Warner 합병 사건에서 미국 공정거래위원회(FTC)는 다른 망사업자들에게도 '오픈 액세스'를 허용하도록 하는 것을 합병의 조건으로 부가하였다. 그리고 연방통신위원회는 이 건에 대하여 소송을 제기하였고 이 소송은 AT&T가 2002년 '오픈 액세스'를 제공하겠다고 약속함에 종료되었다.[244]

이 사건 외에도 매디슨 리버(Madison River) 사건에서 시내통신사업장인 매디슨 리버社는 DSL 사업자가 VoIP(Voice over the Internet Protocol) 사업을 위한 접근을 차단하였다. 그런데 사실 그 규모는 매우 소규모였다. 이

---

241) Wu, T. and L. Lessig, "Re Ex Parte Submission in CS Docket No.02－52. Letter to: Federal Comunication Commission"(Washington, D.C.). August 22 2003.

242) Speta, *Supra*, pp.234－235.

243) Mark A. Lamley & Lawrence Lessig, "The End of End－to－End: Preserving the Architecture of the Internet in the Broadband Era", 48 UCLA L.Rev. 925(2001).

244) Inquiry Concerning High－Speed Access to the Internet over Cable and Other Facil, Notice of Inquiry, 15 F.C.C.R 19287(2000).

사건에서 연방 통신위원회는 매디슨 리버社에 15,000불의 매우 적은 과징금을 부과하면서 동의명령을 내림으로써 사안을 해결하였다.[245]

결국 이러한 네트워크 중립성 옹호론은, 인터넷 망 제공자들은 콘텐츠와 응용프로그램 사용자들을 차별적으로 취급할 유인을 가지고 있으므로 앞서 케이블의 경우에서 보듯이 소규모 사업자들의 신규 진입을 보장하기 위하여 그리고 이를 통한 혁신 보장을 위해 네트워크 중립성의 보장이 필요하다는 주장으로 이해할 수 있을 것이다.

(나) 차별의 금지

1) 개요

과학기술법의 대가인 Laurence Lessig와 그의 영향을 받은 신진학자인 Tim Wu는 네트워크 중립성의 강력한 옹호론자이다. 그들은 전보 시장에서의 '웨스트 유니언'과 유선전화 시장에서의 AT&T의 예를 들면서, 결국 역사적인 앞서의 사건들과 인터넷은 사실 같은 문제의 맥락에 있다고 주장한다. 그들은 통신규제의 관점, 경쟁법의 관점, 그리고 미국 연방 헌법 수정 1조에 기초한 언론의 자유와 미디어의 다양성(media diversity) 확보라는 다양한 관점에서 왜 네트워크 중립성이 확보되어야 하며, 이러한 내용이 법으로 네트워크 소유자에게 강제되어야 하는가에 대하여 논증한다.[246]

[표 2] 네트워크 중립성 옹호론의 정리

通信規制	競爭法	言論法
(i) 기간통신사업자 개념 이용 (ii) 1996년 통신법은 실패라고 생각 (iii) 기존의 통신법적 규율이 아닌 네트워크 중립성이라는 강한 비차별 개념 도입	(i) 통신시장 자체의 속성이 과점시장으로서의 성격을 가지고 있음 (ii) 네트워크 중립성 개념의 도입을 통하여, 전보시장이나 유선전화 시장에서와 같은 역사적인 심각한 국가기간망(national infrastructure)의 독점이 생기는 문제 해소해야 함 (iii) 네트워크에 대한 어떤 차별 내지 제한도 기술혁신을 저해하게 될 것임.	(i) 미국 수정헌법 제1조의 '표현의 자유'를 침해할 소지가 있음(네트워크 내용에 의한 통제를 할 수 있게 되는 경우) (ii) 네트워크에 대한 내용 통제는 검열이 되는 것이며, 이러한 검열은 민주주의의 근간을 흔드는 것으로 받아들일 수 없음.

---

245) In the Matter of Madison River Communications, LLC, 20 F.C.C. Rcd.4295(2005).

246) 앞서 각주 2)의 각 논문들과 본고의 각 두 교수 논문 참조.

2) 차별의 유형

네트워크 중립성과 관련하여, 차별이라는 관점에서 발생할 수 있는 차별의 유형을 앞서 [그림 12]을 염두에 두고 정리하여 보면, (ⅰ) 기간통신망 사업자 간의 차별의 문제가 있을 수 있고, (ⅱ) 기간통신망 사업자와 ISP들 간의 차별의 문제가 있을 수 있으며, (ⅲ) ISP들 간의 차별의 문제가 있을 수 있다.

이와 같은 세 가지 정도의 유형을 생각하여 볼 수 있다. 최종사용자를 생각하여 볼 수 있는데, 이러한 최종사용자의 문제는 이미 ISP들을 염두에 둔다면 별도로 고려하지 않더라도 ISP와 관련된 논의에서 해소된다고 생각된다.

가) 기간통신망 사업자 간의 차별의 문제

통신사업을 하기 위해서는 국민의 수가 N명이라면, $(N/2)^2$개[247]의 연결점을 연결할 수 있어야 한다. 그런데 이러한 모든 회선을 보유하는 것은 지나치게 과도한 비용이 든다. 바로 이러한 점으로 인하여 유선전화시절부터 통신망은 자연독점망으로 이해되었다. 1996년 통신법이 미국 통신시장의 경쟁활성화와 규제완화에 새로운 전기를 제공하였다고 평가받을 수 있는 점의 이면에는, 신규진입한 다양한 통신서비스 사업자들을 위한 다양한 통신망을 효율적으로 통합하기 위한 수단이 필요하게 되었고, 이를 위한 상호접속(interconnection)의 문제가 중요하게 되었다.[248] 그런데 이전 시내전화사업자의 예에서 볼 수 있는 것과 같이 이러한 망사업자들은 독점적 지위로 인하여 다른 통신망과 상호접속하려고 하는 유인은 적은 반면, 과도한 상호접속료를 부담시키려고 할 우려는 농후하다. 따라서 이러한 메커니즘하에서 정부는 상호접속료를 규제할 수밖에 없는 개입의 정당성을 가지게 되는 것이다.[249]

바로 기간통신망 사업자 간의 차별의 문제는 기본적으로 상호접속의 문제

---

247) 만일 모든 사람들이 일시에 망에 접속하려고 하는 경우를 염두에 두고 망을 설계하여야 결함 없는 디자인(seamless design)이 될 수 있을 것인데, 이를 위해서 필요한 회선 수의 총합은 다음과 같다.

$$\sum_{i=1}^{n/2}(2i-1)=2\sum_{i=1}^{n/2}(i-n/2)=(n/2)^2$$

248) 구자춘, "미국의 통신사업자간 상호정산제도 개혁 동향", 정보통신정책 제13권 9호(통권 278호)(2001. 5.) 2－3면.

249) 이러한 전제하에 기간통신사업자는 언제 어디서나 누구든지 적정한 요금을 내고 전기통신서비스를 제공받을 수 있는 보편적 역무(Universal Service)를 제공하여야 할 의무를 부과하고 있다.

이다. 전통적인 상호접속제도는 규제목적으로 지나치게 복잡하게 설계되어 있어 시장경쟁의 활성화, 특히 시장에서의 서비스와 제품의 융합 및 상품의 융합이라는 현상을 적절하게 대응하고 있지 못할 우려를 가지고 있다.[250]

나) 기간통신망사업자와 ISP 간의 차별

상호접속의 문제로는 이 문제를 해소하는 것에 어려움이 있다. 이 나)항의 문제는 앞서의 가)항의 기간통신사업자의 문제와 전통적으로 구별되지 않았는데, 그 이유는 기간통신사업자들이 스스로 시내전화사업자이면서 동시에 시외전화사업자인 이러한 상황이 많아서 이러한 역할의 중복으로 상호접속의 문제로 귀착되는 것으로 이해가되었다.[251]

하지만 이러한 상호접속의 문제로 이해되는 문제가 인터넷에 이르게 되면 분리되어 망사업자가 물론 스스로 사업을 하는 것 외에 수많은 소위 인터넷 벤처 회사들이 등장하게 되었고, 이러한 인터넷 벤처 회사들의 등장으로 인하여, 수많은 혁신이 이루어졌다. 이러한 망사업자와 ISP의 분리는 적은 자본으로 신규 사업을 개시할 수 있도록 하는 유인으로 작동하였다는 점을 부인할 수 없다.

인터넷 혁명의 시작이 이 둘의 분리에서 이루어졌고, 이 둘의 분리와 관련하여 이러한 분리의 유지가 혁신 동력을 유지하는 기저가 될 수 있다는 점에서 네트워크 중립성과 관련된 논의의 핵심이 이 부분에 있다.

다) ISP 간의 차별

ISP 간에 서로 차별적인 서비스를 내고 이러한 차별화를 통하여 경쟁하는 것은 실제로 문제가 되지 않을 뿐만 아니라 많은 경우 친경쟁적이라고 할 것이다. 이 영역은 전통적인 경쟁법의 영역에 의하여 통제될 수 있을 것이다.

---

250) 미국의 경우에 주간접속료 면제를 받고 있는 인터넷전화가 폭발적으로 증가함에 따라 장거리전화서비스를 대체함으로써 접속료제도의 문제점이 노출되고 있다. 다이얼업인터넷접속통화량이 급속히 증가하여 LEC들 간에 통화량의 불균형이 심화되고 있다고 한다(구자춘, 전게논문, 1 - 2면).

251) KT는 국내 대부분의 유선전화망을 가지고 있고, 동시에 유선전화서비스를 하고, SKT는 무선전화에서 KT와 같은 위치에 있다. 그 외 사업자들도 초기에는 대부분 스스로 일부라도 망을 가지고 있으면서, 부가적으로 다른 서비스사업을 하였다.

(3) 검토

(가) 비판론의 무임승차주장에 대하여

앞서의 네트워크 중립성 비판론에서 자세히 언급하지는 않았지만, 네트워크 소유자들은 자신들이 투자한 네트워크에 ISP들이 도대체 무슨 기여를 하였는가 하는 비판을 하면서, ISP들을 '무임승차자(free rider)'라는 비판도 한다. 하지만 무임승차논의는 기존에 투자한 네트워크 사업자의 투자비에 대비하여 이러한 망을 사용하는 사업자들이나 콘텐츠 제공자들이 초기의 엄청난 투자비 대비 거의 미미한 수준이라는 점에서 주장하는 것으로 보이나, 이러한 현상은 광대역 통신망에서만 발생하는 것이 아니라 유체물인 도로를 확장하거나, 기타 사회간접자본에 대한 투자의 경우에도 같이 발생하는 문제이다. 따라서 네트워크의 사용에 대하여 적정한 사용료를 내고 이를 사용하고 있다면 이러한 망을 사용하는 사업자들이나 콘텐츠 제공자들을 무임승차자라고 하는 것은 비판하는 것은 적절하지 않다.

(나) 비판론의 망에 대한 투자비의 문제

망에 대한 투자비가 많이 소요되는데, 실제로는 공공재적인 성격을 가지는 이러한 재화의 공급이 수요에 비하여 적게 이루어질 가능성을 내타낸다. 하지만 많은 투자비의 소요의 문제가 바로 이러한 망 소유자의 무제한적인 재산권 행사를 허용하여야 하는 이유가 될 수는 없다. 이 문제는 오히려 정부의 재정적인 지원이라든가 보조금정책, 조세정책 등의 다른 문제에 의하여 해소되는 것이 타당하다.

(다) 차별의 제 관점과 옹호론의 검토

차별의 관점에는 (i) 접속, (ii) 사용료, (iii) 내용이라는 세 가지 점이 있다고 본다. 이 중에서 사용료와 관련된 문제를 제외하고, 우선 내용의 관점에서 망소유자가 서로 차별적으로 대우하는 것은 타당하지 않다고 본다. 인터넷 망은 망사용자가 법령에 의하여 공무수탁사인과 같은 지위에서 정하여진 영역 및 관련된 유사 영역에서 의무를 가지게 된 경우[252]를 제외하

---

252) 예를 들어 인터넷에 떠돌아다니는 '포르노그라피'를 ISP 차원이 아닌 망 사업자에게 차단하도록 하는 요구를 한다거나, 저작권을 침해하는 ISP의 사이트 접속을 제한한다거나, 국가의 안전보장

고는 내용 통제를 하는 것이 허용되어서는 안 된다고 본다. 이 문제는 헌법적으로 언론의 자유나 출판의 자유를 제한하는 것으로 이해가 될 수 있으므로 좀 더 엄격한 심사가 이루어져야 할 영역이라는 점도 같이 고려되어야 할 것이다(내용의 기초한 차별의 문제).

반면, 내용에 기초하지 않은 접속에 대한 차별의 문제는 매우 엄격하게 볼 필요가 있다. 이러한 문제는 앞서 본 '오픈 액세스'의 보장이라는 문제와 연결되어 있으며, 이러한 '오픈 액세스'의 보장은 인터넷 상의 자유를 보장하고, 이러한 기초로 한 창의를 유발하기 위한 기본적인 바탕이 된다. 그러므로 이러한 차별은 제한이 되어야 한다.

다. FCC와 사법부의 태도

미국의 경우 FCC의 네트워크 중립성 개념에 대한 지지는 수회에 걸쳐서 확인되었으며,[253] FCC는 폭넓은 지지를 받지는 못했지만, 앞서 본 바와 같이 2005년 이러한 네트워크 중립성에 기초하여 '매디슨 리버 커뮤니케이션스社'에 대하여 동의명령을 내린 바 있다.[254] 현재 FCC는 콜로라도 로스쿨 연설에서 FCC 전임의장이었던 마이클 파월(Michael Powell)의 '인터넷상의 자유(Internet Freedom)' 개념[255]에서 지금은 상당히 이동하여 왔다.[256] 여전히 FCC는 네트워크 중립성을 옹호하는 것으로 보이지만, 광대역 망사업자들에 대한 규제완화에 대해서도 적극적으로 반대하는 것은 아닌 것으로 보인다.[257]

을 위한 특정한 IP에서의 접속을 제한하는 것과 같은 내용을 법령으로 규정하여 망 소유자 내지 운용자가 이러한 의무를 담당하도록 하는 경우.

253) Appropriate Framework for Broadband Access to the Internet over Wireline Facilities, FCC 05 - 151, CC. Docket No.02 - 33(2005).

254) Consent Decree, In re matter of Madison River Communications, LLC and affiliated companies, FCC file No.EB - 05 - IH - 0110 FRN: 0004334082.

255) 마이클 파월은 2004년 2월 콜로라도 대학에서의 강연에서 네 가지의 원칙을 제시한 바 있다.
   - 정보 접근의 자유(Freedom to Access Content)
   - 응용 프로그램 사용의 자유(Freedom to Use Application)
   - 기기 부착의 자유(Freedom to Attach Personal Devices)
   - 서비스 계획에 대한 정보 획득의 자유(Freedom to Obtain Service Plan Information)

256) 파월의 견해에 대한 상세한 것은 'Powell, Michael "Preserving Internet Freedom: Guiding Principles for the Industry"(2004. 2. 8.)' 참조, FCC의 태도에 대해서는 Federal Communications Commission, "New Principles Preserve and Promote the open and Interconnected nature of Public Internet"(2005. 8. 5.) 참조(두 문서 모두 FCC 사이트에서 검색할 수 있음).

FCC는 최근의 대규모 통신회사들의 합병과 관련하여, 최소한 2년간은 네트워크 중립성을 유지할 것을 합병의 조건으로 내세우는 등 네트워크 중립성 개념을 중요하게 생각하고 있다.[258] 2005년 9월 23일자 FCC 정책 문서에 적시된 원칙에 따라, AT&T와 벨 사우스(BellSouth)의 기업결합 사건에서 연방통신위원회의 요구에 의하여 이 두 회사는 합병 이후에도 네트워크 중립성을 유지할 것이며, 인터넷 망에 있어서 중립적인 라우팅을 할 것이라고 약속하였다. 이러한 약속을 통하여 합병 후 회사는 자신들의 네트워크를 통하여 전송되는 어떤 패킷도 우선권을 가지지 않게 될 것이며, 이들의 망을 통하여 전송되는 ISP들의 정보는 누가 전송자인지, 누구의 소유인지, 전송의 상대방이 누군지에 기초한 어떤 차별도 받지 않도록 할 의무를 부담한 것이다. 이러한 약속은 합병 종료일(Merger Closing Date)로부터 2년이 경과하거나, 의회가 네트워크 중립성에 대한 입법을 하는 것 중 어느 하나의 사건이 발생한 때에 일몰된다.[259]

미국 연방대법원 사건으로는 인터넷이 통신서비스인지, 정보서비스인지에 대하여 정보서비스로 분류하는 것이 타당하다고 FCC의 결정을 지지하는 정도의 판결이 있는 것으로 보인다.[260] 다만 앞서 본 바와 같이 네트워크 중립성의 문제는 상호접속의 문제와 같은 '오픈 액세스' 문제와 경쟁법적인 쟁점, 언론법적인 쟁점들이 같이 있는 것으로 광의로 이해하는 경우에는 연방대법원의 판단을 다소 더 확보할 수 있을 것이다.

---

257) Commission Policy Statement FCC 05 - 151(2005. 9. 23.) 등.

258) 2004년 미국에서는 Verizon이 MCI를 85억 불에, SBC Communication이 AT&T를 160억 불에 매수하는 등 대규모의 통신회사 합병이 이루어졌다.

259) Stuart M. Benjamin, "Telecommunications Law and Policy"(2nd ed.) 2007 Supp. Carolina Academic Press(2007).

260) 미국 연방대법원은 Brand X 결정에서 연방통신위원회가 2002년 3월 14일 케이블 기타 시설을 통한 초고속 인터넷 접속에 대하여 이를 통신서비스가 아니라 정보서비스로 판단한 것에 대하여 이를 타당하다고 판시한 바 있다(National Cable & Telecommunications Association et al v. Brand X Internet Service et al., No.04 - 277, June 27. 2005 545 U.S.).

라. 입법의 전개

(1) 2006년 통신법 개정논의와 네트워크 중립성

(가) 미국에서의 입법적 논의

2006년 미국 캐피털 힐(Capitol Hill)에서는 1996년 통신법(Telecommunication Act of 1996)의 개정과 관련하여, 이러한 개정 논의에 네트워크 중립성을 포함시킬 것인지를 두고 앞서 옹호론과 반대론에서 본 것과 같이 치열한 논쟁이 벌어졌다. 이러한 논쟁은 네트워크 소유자이자 운영자인 케이블 회사들이나 AT&T와 같은 광대역 인터넷 전송망을 보유하고 있는 회사들과 구글이나 마이크로소프트와 같은 인터넷 서비스를 제공하는 회사들의 치열한 이해관계의 대립에 더하여 하원에서부터 열띤 논쟁의 대상이 되었고, 결국 2006년의 통신법 개정 논의에서 네트워크 중립성은 법안에 포함되어 입법화되지 못했다.

당시 제안한 하원의원의 이름을 딴 '바튼법안(Barton Bill)'[261] 외에도 여러 개의 네트워크 중립성 개념을 도입하여 네트워크 소유자나 운영자의 네트워크에 대한 자유로운 재산권의 행사를 제한하는 법안들이 제안되었다.[262] 현재 의회에 상정된 여러 개의 1996년 통신법 개정 법안 중 네트워크 중립성에 대한 규정을 담고 있 법 중 '통신에서의기회증진및효율에관한법(Communications Opportunity, Promotion, and Efficiency Act of 2006)'[263] 은 Splint나 AT&T와 같은 망사업자의 권한을 강화하는 법안인 반면, '인터넷상의 차별금지법(Internet Non - Discrimination Act of 2006)'[264]은 네트워크 중립성을 확보하기 위한 법이라고 할 것이다.[265]

(나) 네트워크 소유자 내지 운영자 진영의 입장

개정의 기반은 기술의 발전에 따라 방송, 통신, 인터넷이 서로 융합되어

---

261) HR 5252: The Communications Opportunity, Promotion, and Enhancement Act.

262) 예를 들어 HR 5273: The Network Neutrality Act of 2006(이 법안은 강력한 네트워크 중립성을 요구하는 내용을 포함하고 있었으며, 예를 들어 고품위의 망에 대하여 더 높은 가격을 책정하는 것도 제한하고 있다).

263) HR 5273(2006. 4. 3. 발의), 민주당의 Ed Markey 하원의원이 발의.

264) http://wyden.senate.gov/media/2006/03022006_net_bill.html

265) Wallace Koehler, "Network Neutrality Under Challenge", Infotoday.com(2006. 5. 8. 최종접속).

가는 현상에 있다. AT&T와 같은 통신회사들은 구글이나 야후와 같은 회사들은 무임승차(free-rider)이라고 비판하면서, 통신법의 개정과 더불어 중립적인 서비스 운영자(neutral carrier)로서의 지위를 더 이상 유지하지 않을 것이라고 공언하고 있는바, 이는 앞서 본 것과 같이 이러한 사업자들의 입장에서는 중립성을 유지하지 않음으로써 다양한 수익모델을 기획하고, 이를 통하여 수익을 증진시킬 수 있다는 점을 염두에 둔 것이다. 이들은 또 만일 무임승차가 아니라고 하더라도 예를 들어 야후가 많은 대역을 소모하고 있으면서도, 그들이 사용하는 것에 비하여 매우 작은 수수료(fee)만을 내고 있다는 점도 비판의 내용으로 한다.

(다) 네트워크 중립성 개념을 입법화하려는 진영의 입장

이에 대하여 네트워크 중립성을 입법화하려고 하는 측에서는 의회에 대하여 현재까지와 달리 통신업체들은 탈중립화 시도를 할 가능성이 있음을 이유로 하여 입법화를 요구하고 있는 상황이다.[266] 앞서의 옹호론자들의 주장이 기초가 됨은 물론이다.

[그림 15]

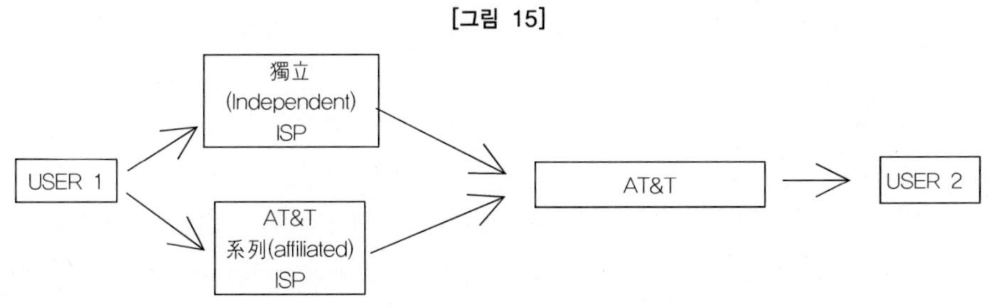

인터넷사업자(ISP)들은 만일 망운용자가 소비자들이 망에서 어떤 행위를 할 것인가에 대하여 망사업자가 영향을 미치거나 통제를 할 수 있게 된다면, 이러한 결과를 기존에 인터넷의 폭발적인 성공이 가능했던 사업모델의 기저를 흔들게 될 것이라고 한다. 위의 [그림 15]에서 만일 AT&T가 자신의 계열회사

---

266) 실제 AT&T의 경우에는 핵심사업인 전환사업에서 VoIP의 경우 직접적으로 이 사업을 하는 본 야주(Vonage)와 경쟁을 하고 있는 상황이다.

와의 거래만을 하기로 하고, 접속을 거절한다면, 자신의 계열회사에 대해서는 고품위 망을 제공한다면, 가격정책이라는 이름으로 서로 다른 가격 정책을 펼친다면 하는 유의 다양한 질문들을 하면서, 이를 경우를 대비하여 기존의 '오픈 액세스' 개념 외에 무차별성 및 기기부착의 자유 등의 자유로운 인터넷 망 사용에 대한 사항을 법적으로 보장하여야 한다는 주장을 하는 것이다.

미국에서 이러한 논의의 또 하나의 면은 이러한 망에 대한 중립성의 문제는 단순한 통신법 차원에서의 문제뿐만 아니라, 수정 헌법 제1조의 문제가 같이 결부되어 논의되고 있음도 이미 본 바와 같다.

(2) 네트워크 중립성과 인터넷 비차별법 2006(Internet Non-Discrimination Act of 2006)[267]

2006년 3월 2일 민주당의 론 웨이든(Ron Wyden) 상원의원이 제출한 '인터넷 비차별법 2006'은 광대역 네트워크에 있어서 어떤 전송되는 데이터의 변형이나 차단을 금지하는 것을 주된 입법 목적으로 한다.[268] 이 법에 의하면 인터넷 망의 운용자는 인터넷 망으로 전송되는 어떤 비트, 내용물, 응용이나 서비스를 제한하거나, 품질을 떨어뜨리거나, 수정하거나, 손상하거나 변경할 수 없다.[269]

(3) 2008년 인터넷 자유 보호법(Internet Freedom Presevation Act of 2008)[270]

이 법안은 민주당의 에드워드 마키(Edward Markey) 하원의원 등에 의하여 발의된 법안으로 FCC로 하여금 광대역 브로드밴드 망에 대하여 일체의 정책기능과 소비자보호기능 등을 부여하는 것을 골자로 하는 법안으로 가장 최근에 네트워크 중립성과 관련하여 제안된 법안이다. 이 법안은 1934년 통신법을 개정[271]하여 FCC의 권한을 확장하도록 하는 법안으로 소비자

---

267) S.2360.

268) www.freepress.net/congress/bills/s2360.pdf

269) http://wyden.senate.gov/media/2006/03022006_net_neutrality_bill.html.pdf(이 법에서도 물론 스팸메일(spam-mail)나 맬웨어(malware)의 필터링이라든가, 기간통신사업자로서 다른 법령에 의하여 강제된 의무를 이행하기 위한 경우 등은 예외로 허용하고 있다.)

270) H.R. 5353.

보호정책이라는 관점에서 접근하고 있는 것으로 보인다.

2. 검 토

네트워크 중립성 논의와 같이 실질적인 경제적 이해관계가 시장에서 직접적으로 부딪히는 논의의 경우에는 그 논의가 격렬하게 진행될 수밖에 없다. AT&T와 같은 망 사업자들의 입장에서는 많은 돈을 들여 놓은 설비를 무임승차하는 것이라고 야후와 MSN 같은 업체들을 비판하고 있지만, 실제 이면에는 인터넷상에서의 자신들의 새로운 수익성을 가지는 모델을 발견하기 위해서는 현재와 같은 수동적인 입장으로는 수익성을 확보할 수 없다는 문제인식을 가지고 있는 반면, 네트워크 중립성 옹호론자들은 망 사업자가 네트워크에 관여하는 것에 대하여 일종의 검열(censorship)과 같이 바라보며, 격렬하게 비판하면서, 망을 보유하고 있는 네트워크 사업자들이 만일 자신들의 망을 차별적으로 운용하는 경우 불이익을 받을 수 있다는 우려를 헌법과 연계하여 미국 민주주의에 도전으로까지 이해하지만, 한편 네트워크 운영자와의 관계에서 네트워크를 사용하는 서비스 기업들 소위 ISP의 이해와 의견을 같이하고 있는 상황이다.

이와 관련하여서는 미국에서의 Digital Age Communication Act('DACA')[272] 법안은 주목할 만하다. 이 법안에 의하면 완전한 네트워크 중립성을 강제하는 규제를 도입하는 것이 아니라, 경쟁법에서 '불공정 경쟁(unfair competition)'이라는 개념을 차용한다. 이를 통하여 인터넷 망에서의 접속을 거절함으로 인하여 발생하는 경쟁제한적 효과와 신규 설비에 대한 투자 유인을 절충하려고 한다. 결국 이 법안에서는 네트워크 중립성을 강제하는 대신 사후적(ex

---

271) 위 각주 56)의 법안 Sec.3 Broadband Policy에서는 1934년 통신법(47 U.S.151)을 개정하여, 미국 통신정책의 목적은 인터넷 망을 포함한 '네트워크'상의 자유권을 보장하기 위하여 네트워크 운영자가 네트워크 운영자에 의한 어떤 형태의 간섭(interference)이나 차별(discrimination)을 금지하고, 인터넷이 미국 경제발전의 견인차로서의 역할을 다하도록 함으로써 온라인상에서의 전자상거래와 기술혁신의 선도적인 지위를 유지하도록 하는 것 등이라고 규정한다.

272) 상세한 법안의 내용은 Proposal of the Regulatory Framework Working Group, Digital Age Communication Act(Rel. 1.0, June 2005).

post)으로 개별적인 사안에서 이 두 가지 면을 형량함으로써 사후적인 구제책을 통하여 조화를 이루고자 하는 것이다. 도구개념으로서의 '불공정 경쟁'을 사용함에 있어 기본적으로 기술중립적인 태도(technology neutrality)를 전제함으로써 연방통신위원회는 여전히 형량 원리를 통하여 통신산업의 특성을 반영한 규제를 할 수 있도록 하는 것이다.

이러한 미국에서의 논의를 전제로 하여 우리나라에서의 이러한 미국에서의 논의가 주는 시사점을 장을 나누어 살펴보기로 한다.

Ⅳ. 네트워크 중립성 논의의 한국에서의 적용

1. 도 입

우리의 경우는 미국의 경우보다 더 앞서 광대역 인터넷 망이 구축되고, 각 가정에 보급되어 그 보급 속도와 혁신의 속도가 전 세계적으로도 최고 수준에 있다. 그리고 바로 이러한 산업적 기초에서 통신과 방송의 융합은 이제 IPTV[273] 논의를 중심으로 하여, MVNO,[274] VoIP[275] 등 일련의 논의들이 진행되고 있어, 이제 통신과 방송, 통신채널간의 융합이 기술의 발달로 인하여 가속화되고 있다.

이러한 상황에서 인터넷망은 이러한 모든 새로운 기술과 기기가 실험되는 장이 되고 있으며, 통신기술이라는 관점에서의 역할도 우리나라의 경우 이전의 전화가 가지고 있던 지위를 이메일을 포함한 인터넷 망을 이용한 의사교환으로 전환되고 있는 상황이다.

미국에서의 논의는 결국 '오픈 액세스'나 '상호접속'과 같은 개념으로는

---

273) 'Internet Protocol TV'의 약자로 인터넷 망을 통하여 동영상 신호를 전달함으로써 기존에 통신과 방송이라는 2분법적 구별을 융합시키는 기능을 하는 기술로 이해되고 있다.

274) 'Mobile Virtual Network Operator'의 약자로 우리말로는 '가상이동통신망사업자'로 불린다. 네트워크 소유자 내지 운영자의 주파수와 네트워크를 빌려서 이동통신서비스를 제공하는 사업자이다.

275) 'Voice over the Internet Protocol'의 약자로 인터넷 망을 통하여 음성신호를 전달하는 기술로 기존의 전화를 대체하는 기술로 이해되고 있다.

이러한 상황에서 요구되는 기술혁신과 의사표현의 보장 등의 여러 가지 문제들을 완전히 해결하지 못하고 있다는 점에서 출발한다. 인터넷이 초기 개념화되고, 정부의 지원에서 의하여 시작되었다가 소위 '닷컴기업'이라는 불리는 일련의 혁신가들에 의하여 폭발적인 기술혁신의 원천으로 작용하였던 원천은 거리에 제한 없이 동일한 요금으로 언제 어디서나 접속할 수 있는 '오픈 아키텍처(Open Architecture)'를 취하고 있었다는 점이 가장 큰 원인의 하나였다는 점은 부인할 수 없는 사실이다. 그런데 NGN(Next Generation Network)의 시대가 오게 된다는 점은 이제 모든 기기가 독립적으로 존재하는 기기276)들이 서로 의사소통을 하는 그리고 이를 위하여 모두 고유의 IP 주소를 가지게 되는 상황으로 진행될 것이며, 이러한 상황에서 더 많은 부하가 망에 걸리는 상황이 생길 것이라는 점은 우리가 미국과 결코 다르지 않다.

그러므로 우리나라에서의 이러한 네트워크 중립성과 관련된 논의는 미국보다 시급성에서 결코 덜하지 않다고 본다.

2. 한국에서의 네트워크 관련 주변 환경

가. 인터넷 망에 대한 수요의 증가

과학기술의 발달과 네트워크 중립성 논의는 밀접한 연관이 있다. 이전에 인터넷 망의 역할이 제한적인 상황에서는 관련되는 이해관계자의 수가 적었다. 그렇지만 점차 광대역 망을 사용하고자 하는 수요가 새로운 기술적인 혁신을 통하여 증가하게 되었고, 이러한 수요의 증가에 따라 네트워크의 증설의 필요성과 구리선에서 광섬유277)으로의 일련 진화가 이루어지도록 하는 시장에서의 압력으로 작용하고 있다.

---

276) 'stand – alone product'의 경우에는 서로 기기 간에 교신을 하거나 하는 일이 없는 현재의 가전 제품과 같은 것들을 의미한다.

277) 최근 'FTTH' 망이라는 용어를 사용하는데, 이는 'Fiber to the Home'이라는 용어의 약자로 기간 축을 광섬유로 하고, 가정 등에는 동축케이블이나 랜선 등을 사용하는 것과 구별하기 위하여 사용하는 용어이다.

나. 망 기술의 발달과 새로운 망의 출현

아직 본격적으로 현실화되지는 못하고 있는 것으로 보이나, PLC(Power Line Communication)도 새로운 망으로 사용될 수 있는 중요한 대안으로 제시되고 있다. 전력선을 음성, 데이터, 동영상, 인터넷 등을 위한 망으로 사용할 수 있게 되는 경우에는 정보격차 문제를 해소할 수 있다는 장점과 망 설치가 이미 다 이루어져 있으므로 추가적인 설비비용이 저렴하다는 점이 장점으로 제시될 수 있을 것이다. 기술적으로 간섭협상과 같은 점이 문제가 될 수 있을 것이나 조만간 극복할 수 있을 것이라고 생각한다. 한국전력과 같은 전력회사의 차세대 성장 동력으로 시장의 플랫폼을 바꿀 수 있는 새로운 망의 출현이라고 생각한다.

[그림 16]

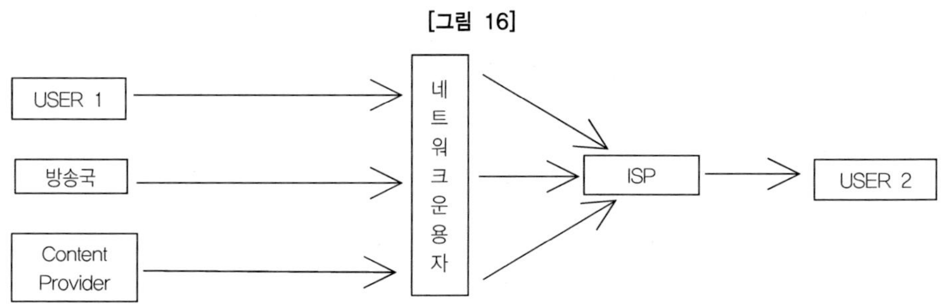

다. 새로운 디바이스의 출현

통신망과 방송망의 융합에 의하여 통신망을 통하여 방송과 통신이 모두 이루어지고, 두 가지 서비스가 모두 양방향성의 서비스로 진행되면서, 새로운 디바이스278)의 출현으로 인하여 위 [그림 16]에는 위와 같은 새로운 디바이스들을 표시하여야 할 필요성도 증가하고, 새로운 광대역 망을 이용하는 사업자의 유형도 다양화하는 것이다.

---

278) ‘애플 카’ 개념과 같이 자동차의 ‘내비게이션’을 서로 통신망을 통하여 연결함으로써 실시간으로 각종 음성 및 영상 데이터를 주고받을 수 있는 플랫폼으로 기능하도록 하는 경우에 이러한 내비게이션이 통신망에 부착되는 것과 같은 현상.

3. 강제적 네트워크 중립성 입법에 대한 검토

가. 도입

네트워크 중립성 논의의 실익은 법적인 관점에서 '강제적' 네트워크 중립성(mandated network neutrality)을 요구하는 입법을 할 것인가 하는 점에 있다. 네트워크 중립성은 그 자체로 임의적으로 기업들에게 맡겨 둔다면 그것은 법적인 관점에서는 각 기업들의 비즈니스 모델에 따른 선택사항일 뿐이고, 이에 대하여 법이 관여할 바는 그렇게 많지 않다. 물론 이와 같은 임의적인 형태를 취한다고 하더라도 여전히 「독점규제및공정거래에관한법률」[279]에 의하여 불공정거래행위로 규제하는 것은 가능할 것이다.

이 차원에서의 논의에 더하여 미국에서 치열하게 다투어지는 것과 같이 네트워크 소유자 및 운영자들에 대하여 강제적으로 어떤 종류의 차별도 금지하는 내용으로부터 다양한 수준의 네트워크 중립성을 확보하는 것을 강제하는 법안을 입법하여 이들을 강제할 것인가 하는 논의가 논쟁의 대상이 될 것이다.

결국 우리나라 법제에 네트워크 사업자들에게 네트워크 중립성을 의무화하여 강제적으로 이를 준수하도록 할 것인가 하는 논의는 (ⅰ) 앞서 미국에서 논의되는 네트워크 중립성의 수준 중에서 어떤 수준에서의 네트워크 중립성을 강제할 것인지, (ⅱ) 강제한다면 그 내부에서는 다시 추가적인 고려를 통하여 세분화하거나 할 점은 없는지 하는 두 가지 문제로 귀결된다고 본다.

나. 강제적 네트워크 중립성 입법의 당부

앞의 논의를 하기 위하여 우선 우리 법제와의 정합성에 대한 검토와 우리 네트워크 산업, 특히 기간통신망에 대한 산업적인 특성에 대한 고려에 대한 산업정책적인 검토라는 두 가지 관점에서의 검토가 병행적으로 이루어져야 한다고 본다. 이 중 후자와 관련된 산업정책적인 논의는 본고에서는 상세하게 다루지 않는다.

이러한 관점에서 아래에서는 네트워크 사업자들에 대하여 중립의무를 부

---

279) 이하 '공정거래법'이라 한다.

과하는 입법을 함으로써 네트워크 중립성을 법적으로 강제할 것인가에 대한 논의를 전개하기 위하여 법제적인 정합성 관점에서는 헌법과의 정합성 문제를 살펴보기로 한다.[280]

(1) 헌법상 정합성의 관점

기본적으로 네트워크 중립성의 강제는 헌법상의 재산권 보장에 대한 제23조와의 관계에서 논의가 전개되어야 한다. 우리 헌법상의 재산권 보장 규정에 대하여 재산권을 형성권적 기본권으로 보아서 생명권이나 여타의 천부인권적인 권리들에 비하여 상대적으로 그 제한의 범위는 많을 수 있다고 할 수 있으나, 그렇지만 그 권리의 제한은 제37조의 제한을 받아야 하며, 그 제한이 정당한 사유가 있는 경우에도 제한은 과잉금지의 원칙 내지 비례의 원칙과 같은 헌법적 원리를 침해하지 않는 범위에서의 제약이 이루어져야 할 것이다.

살피건대, 모든 국민에게 재산권을 보장한다는 것은 단순히 사유재산에 대한 임의적인 처분권과 그 침해에 대한 방어권을 보장하고 있다는 주관적인 공권의 차원을 넘어서서, 생활의 물질적인 기초를 확보하는 기능을 한다든가, 자본주의경제질서의 기초로서의 기능 및 사회국가실현의 수단으로서의 기능 등을 수행한다.[281] 이러한 의미에서 재산권의 제한은 매우 신중하게 이루어져야 하지만, 한편에서 우리 헌법에 의하여 보장되는 재산권은 그 내용과 한계가 헌법 제23조 제1항에서 규정하고 있는 것과 같이 법률로 정해지기 때문에 우리 헌법상의 재산권보장은 기본권 형성적 법률유보로서 이러한 재산권형성은 재산권의 행사가 공공복리에 적합하도록 하여야 할 의무를 부담하므로[282] 헌법상의 재산권은 강한 사회기속성이라는 제약을 받도록 규범화될 수밖에 없다. 이때 재산권의 사회기속성은 단순한 윤리적인 의무가 아닌 재산권행사의 헌법적 한계이다.[283] 바로 이러한 점을 고려

---

280) 기존 통신법과의 정합성 문제는 이 문제가 기존 통신법 재편의 문제라고 이해하고 있으므로, 논의의 집중을 위하여 본고가 도입적인 논의의 성격을 가지고 있음을 감안하여, 본고에서는 상설하지 않고 다른 논문에서 논하기로 한다.

281) 허영, "한국헌법론(전정3판)", 박영사(2007) 469 – 471면.

282) 헌법 제23조 제2항.

283) 허영, 앞의 책, 474 – 475면.

하여 우리 헌법은 공공필요에 의한 재산권의 제한과 보상의 관계를 분명하게 하기 위하여 재산권 보장적 법률유보와 재산권행사 절차적 법률유보를 헌법 제23조 제3항에서 함께 규정하는 규범체계를 가지고 있다.[284]

네트워크는 그 속성상 자유로운 의사의 표현이라는 표현의 자유를 확보하고, 창의에 바탕을 둔 기술혁신의 원천이라는 점에서 공공재적 성격을 가지고 있는 재화라고 할 것이므로 공익상의 필요가 있을 경우에는 이를 제한하는 입법을 하는 것은 가능하고, 현재의 우리 통신법 체제도 바로 이러한 점에 기초하여 통신산업은 금융산업과 함께 고도로 많은 정부의 규제가 이루어지고 있다고 이해된다.

다만, 이와 같은 공익적 필요에 의한 제한이 이루어지는 경우에도 재산권의 본질적인 내용을 침해하여서는 안 되므로, 다른 법령에 의하여 허용되지 않는 한 어떤 형태의 제한, 간섭, 차별을 금지하는 형태의 네트워크 중립성의 경우에는 과연 이러한 중립성이 우리 헌법에서 허용되는 제한인지 살펴볼 필요가 있다고 생각한다.

왜냐하면, 가격 통제를 하면서, 자신의 비용에 의하여 설치한 네트워크를 오로지 정부가 제시한 가격에 의하여 제공하도록 하면서, 이를 전혀 자신의 의사대로 사용, 수익하지 못하고, 오로지 공공에 제공하도록 하고, 이러한 망을 유지하기 위하여 필요한 행위만을 자신의 비용으로 하도록 하는 것은 실질적으로 정당한 보상이 없는 재산권의 수용으로 이해될 수 있다고 보이기 때문이다. 물론 이 문제는 만일 망을 제공하는 대가가 적절하다면 형량의 문제에서 보상의 정당성이라는 관점에서 다소 자유로울 수 있을 것으로 보인다.

(2) 망 형성 연혁에 따른 검토

엄격한 네트워크 중립성을 전제로 하여 이러한 개념을 우리나라에 도입하도록 하기 위해서는 망 형성 과정을 연혁적으로 살펴 구별하여 취급할

---

284) 허영 교수는 이러한 구조를 相反構造的 規範構造라고 부르고 있는바, 이 개념에 의하면 재산권보장에 관한 일반규정은 재산권형성적 법률유보와 재산권의 사회기속성을 명시하는 규범구조를 통해서 재산권보장의 한계를 밝히면서도 재산권의 침해를 최소한으로 줄이기 위해서 재산권보장적 법률유보와 재산권행사절차적 법률유보를 함께 마련하는 구조를 동시에 가지고 있다고 보고 있다(허영, 위의 책, 475면).

필요성이 있다고 생각한다. 미국의 경우에도 정부에서 보조를 받은 경우에 유선전화망의 경우 정부의 간섭을 허용하는 기초로 이해하여 의회가 관련 규제입법을 하였다.

우리의 경우에도 엄격한 네트워크 중립성을 도입하기 위해서는 그 망의 설치가 정부에 의하여 이루어졌고, 이후 민영화된 경우나 공기업의 경우에는 상대적으로 정부의 개입이 더 많이 이루어질 수 있고, 반면 완전히 사기업이 설치한 망의 경우에는 공익적인 필요에 대한 형량을 할 때 국회의 입법에 의한 재산권에 대한 제한이 상대적으로 적게 이루어질 수밖에 없다는 입론이 가능하다고 생각한다.

KT나 SKT와 같은 회사가 우리나라의 경우에는 이미 기간통신사업자이고, 이 회사들은 위의 기준에 의할 때 정부가 설치한 망에 기초하여, 민영화된 회사들이어서 위와 같은 입론에 의하여 상대적으로 좀 더 엄격한 네트워크 중립성을 법적으로 강제할 수 있는 기초로 이와 같은 입론이 제공될 수 있다.

따라서 이러한 입론에 의하면, 우리가 넓게 네트워크 일반에 대하여 중립성을 강제하는 입법으로 예를 들어 보면, 관련되는 유선전화망, 무선전화망, 광대역 통신망, 케이블방송망 등 망 중에서 케이블 방송망의 경우에는 그 역할이 다른 앞의 세 가지 망에 비하여, 보조적이면서 제한적인 것으로 보여 미국에서의 터너 사건[285]에서 논의되었던 것과 같은 공공적인 성격의 방송이나 지역방송의 전송을 의무화시킨다든지 하는 것과 같은 의무전송 규제를 하는 것은 별론으로 하고, 케이블방송망에 대한 네트워크 중립의무를 부과하는 것은 이러한 네트워크 중립성 논의가 기간통신망으로 볼 수 있어 실질적으로 공공재적 성격을 가지고 있는 경우에 이러한 공공성에 기초하여 논의가 전개되는 것으로 이해가 되므로, 이러한 관점에서 케이블 방송망의 경우에는 비록 이러한 케이블 방송망이 초고속 통신망과 직접적으로 경쟁을 하고 있고, IP TV 사업에 있어서는 IP TV 사업자들과의 경쟁관계에 있게 되는 등 시장에서의 경쟁상황에 상당한 영향력을 가지고 있는

---

285) Broadcasting System Inc., v. FCC, 512 U.S. 622(1994) 등[이 사건에 대해서는 최승재, "네트웍 중립성과 의무전송의 법리에 대한 소고", 경제법판례연구 제4권, 경제법판례연구회(2008) 참조].

주요한 플레이어이기는 하지만 망의 성격상 적절하지 않다고 보여 중립성의 법적 강제가 제한되어야 한다는 주장이 가능하다고 본다.

(3) 사업자의 유형에 따른 검토

(가) 유형의 다기화

앞서 차별의 구조화에서 보았던 것처럼, 차별은 '상호접속(interconnection)'이라는 관점에서 종래 전통적인 견해에 의할 때 네트워크 운영자 간의 문제가 주된 문제로 이해되었다. 따라서 이러한 시기에는 상호접속 개념에 의한 통신규제당국의 규제는 완전히 이 문제를 해소하였다고는 할 수 없으나 상당 부분 이 문제에 대한 해결책을 제시하여 왔다. 하지만 통신과 방송의 융합에 따라 종래 방송망에 의하여 전송되었던 콘텐츠 제작자들의 콘텐츠가 통신망을 통하여 전송이 이루어질 수 있게 되었고, 콘텐츠 유통업자들과의 관계에서의 문제가 중요하여지고 있다. 또한 ISP들의 종류도 '인터넷 포털'[286]이라고 불리는 업체들의 분기화만큼이나 다양화되고 있다.

(나) 차별 금지의 필요성

1) 내용에 기초한 제한의 원칙적 금지

인터넷의 언론의 기능을 하고 있다. 언론기관을 통하여 수용자에게 전달되는 기존의 경로에서 인터넷은 쌍방향의 의견 전달 매체로서, 동시에 커뮤니티 등을 통하여 상향적 의사결집 기능을 하고 있는 등, 풀뿌리 민주주의의 기반으로서 기능하고 있다. 이러한 언론 출판 매체로서 기능을 함으로써 표현의 자유의 근간을 이루고 있다는 점을 감안할 때 내용에 기초한 통신 규제는 헌법적인 관점에서 엄격한 심사를 받아야 하며, 입법의 과정에서도 가능한 한 회피하여야 한다.

이러한 관점의 연장선상에서 내용에 기초한 차별은 원칙적으로 금지되어야 하며, 사업자가 이런 내용에 기초한 제한을 규정하는 것은 위법한다. 따라서 다른 매우 중요한 공익성의 필요가 있을 경우 통제가능성이라는 관점

---

286) 우리의 경우 Naver나 Daum과 같은 이메일과 같은 통신기능(Communication), 커뮤니티(Community) 기능 등 여러 기능을 하나의 웹사이트에서 일체적으로 제공하는 온라인 서비스 제공자(OSP)를 말한다.

에서 매우 제한적으로 인정되어야 한다.

2) 내용에 기초하지 않은 차별의 경우

인터넷을 통하여 다양한 서비스가 새롭게 개발 제공되고 있다. 역사적으로 보면, 이메일의 경우에도 FTP[287] 시대에 매우 제한적으로 사용되던 것이 현재는 우편이나 전화와 같은 통신수단을 능가하고 있다. 인터넷 전화의 경우 초기 다이얼 패드와 같은 인터넷 기반의 혁신적인 서비스가 제공되고, 아마존과 같은 인터넷 서점이 등장하면서, 전통의 강자인 '반스&노블(Barnes&Noble)'을 위협할 수 있었던 이유는 바로 인터넷의 오픈 아키텍처를 가지고 있으면서, 낮은 진입장벽을 가지고 저렴한 비용으로 시장 진입을 할 수 있도록 하였기 때문이었다. 최근에서는 인터넷 전화의 경우 소비자들의 인식을 뛰어넘기 위하여 기존의 유선전화와 같은 전화기를 제공함으로써 새로운 기기의 등장을 유도하기도 하였다. 이와 같이 인터넷을 기반으로 하는 혁신이 이루어지고 있고, 이러한 혁신을 뒷받침하는 기기들이 개발되면서 사회적으로 새로운 부를 창출하는 기능을 하고 있다. 이러한 혁신 기반으로서 인터넷 '오픈 아키텍처'로서의 특성을 유지하는 것은 우리나라의 경우에도 지속적인 성장을 위한 중요한 혁신의 '인프라스트럭처(infrastructure)'임은 미국과 다름 아니다. 따라서 원칙적으로 네트워크 소유자나 운영자는 자신의 네트워크를 기반으로 하는 ISP나 CP(Contents Provider)들에 대하여 차별적인 취급을 하는 것을 허용하지 않아야 한다.

3) 프리미엄 망의 운영과 이에 기초한 가격차별

다만 프리미엄 망의 지정을 통한 가격차별화가 하나의 문제가 되는데, 이러한 문제가 다른 문제와 차별화되는 점은 이러한 프리미엄 망의 운영을 통하여 새로운 신규 투자의 유인이 될 수 있고, 이를 통하여 비용을 상대적으로 빨리 회수할 수 있도록 할 수 있기 때문이다.

---

287) 'file transfer protocol'의 약자임. 인터넷을 통하여 어떤 한 컴퓨터에서 다른 컴퓨터로 파일을 송수신할 수 있도록 지원하는 방법과 그런 프로그램을 통칭하기도 한다. FTP를 이용하면 자신이 원하는 프로그램이나 각종 데이터를 무료나 저렴한 가격에 살 수 있다. 또 용량이 큰 파일도 빠르게 송수신할 수 있다. 파일을 송수신할 때에는 정당한 자격, 즉 원격 '호스트 컴퓨터'를 이용할 수 있는 사용자 ID와 패스워드(password)가 있어야 원하는 원격 호스트 컴퓨터에 접속할 수 있다(http://100.naver.com/100.nhn?docid=717527).

이에 대해서는 미국의 경우에도 '바톤법안'[288]은 이러한 프리미엄 망의 운용을 허용하고 있는 반면, 마키법안[289]은 이를 부정하고 있다. 이러한 구별을 '계층화(tiering)'라고 한다.[290] 이러한 계층화는 문제가 계층화를 허용할 경우에 결국 중소기업이나 개인사업을 하는 기업[291]의 경우에는 자본력의 부족으로 프리미엄 망에의 접근이 곤란하여짐으로 인하여 기존에 인터넷 기업의 경우 '구글(Google)'이라도 '마이크로소프트'에 도전하여 짧은 기간에 강력한 경쟁력을 갖춘 기업이 될 수 있는 그런 기회를 박탈할 수 있게 되어 혁신의 활력을 떨어뜨린다는 비판이 가장 강력한 비판이 된다고 본다.

V. 결 론: 인터넷의 역동성 보장과 재산권의 균형

인터넷의 속성이 가지는 분산형 시스템(distributed system)이라는 특성과 오픈 아키텍처(open architecture)에 기초한 '열린界'[292]라는 속성이 가지는 활력을 유지하기 위하여 기존의 대규모 네트워크 소유자나 운영자들을 규제하는 것을 중점에 두었던 통신법의 체계가 가지는 한계를 극복하기 위한 대안적인 개념은 분명히 요청된다고 할 것이다.

통신법의 체계는 경쟁법이 가지고 있던 불공정거래행위에 대한 규범체계를 복제하여 방송통신위원회가 공정거래위원회와 같은 역할을 할 수 있는 기관으로 역량을 강화함으로써 문제의 초점이 ISP 내지 CP와 네트워크 소

---

288) 'Barton Bill Approach'라고 함.

289) 'Markey Bill Approach'라고 함.

290) Stuart M. Benjamin *et al, op cit*, at 1017.

291) 미국식으로 표현하면, 'start-up company or small & medium sized company'라고 한다.

292) 이에 대립되는 개념이 '닫힌 계'이다. 사회 안에서 두터운 되먹임 고리(feedback loop)를 거치는 것이 열린계의 속성이며, 이는 선형적인 입력과 출력과정을 거치는 '닫힌 계'와 구별된다. Ilya Prigogine의 저작들을 보는 것은 복잡계와 열린계에서의 각종 작용과 시스템을 이해하기 위한 시사를 준다. 그의 저술로는 ≪Self-Organization in Non Equilibrium System≫(1977), ≪새로운 연합 La Nouvelle Alliance≫(1979), ≪있음에서 됨으로 From Being to Becoming≫(1980), ≪복잡성의 탐구 Exploring Complexity≫(1989), ≪시간과 영원 사이 Entre le Temps et Eternite≫(1992), ≪시간의 패러독스≫(1993), ≪카오스의 법칙≫(1993), ≪필연의 종말 The End of Certainty: Time, Chaos, and New Laws of Nature≫(1996) 등이 있다.

유자 내지 운영자 간의 구도로 되어 가는 현재의 상황에서 경쟁이 유지되면서, 인터넷의 혁신 플랫폼으로서의 기능을 유지할 수 있도록 하는 것이 필요하다. 그런 점에서 네트워크 중립성이 차별금지(non-discriminatory nature)는 혁신의 유지를 위한 매우 중요한 기본 개념으로 사용될 수 있다.

하지만 한편에서 재산권의 보장은 신규 투자에 대한 인센티브가 되는 것은 명확하므로, 정부가 투자에 관여하지 않는 사적인 투자에 의한 네트워크의 경우에는 가격차별화를 허용하여 프리미엄 망을 운용할 수 있도록 하되, 방송통신위원회가 가격의 공정성에 대한 통제를 공정거래법의 가격 통제에 대한 규범적인 툴(tool)을 원용하여 개발함으로써 적정한 운용을 담보할 수 있도록 하는 것은 향후 과제가 될 것이다.

방송 통신 융합 논의와 전체적인 망의 중심으로 이동하고 있는 '브로드밴드 네트워크'에 대한 취급이 우리 산업 내지 경제에 주는 영향을 고려할 때 네트워크 중립성과 관련된 논의는 국가 경제 성장 축의 규범적인 틀에 영향을 줄 수 있는 논의이다. 앞서 2006년 통신법 개정 관련과 관련된 여러 입법안 중에서 DACA가 제공하는 경쟁법적인 개념 도구를 이용한 사후적이면서 개별적인 사안에서 형량적인 통신위원회를 통한 규율은 네트워크 중립성 개념을 그대로 우리나라에 도입하지 않더라도 방송통신위원회의 운용상의 능력 향상을 위해서도 반드시 고려되어야 한다. 망제공자 내지 망운용자는 차별적인 망운용을 통하여 경제적인 이익을 도모할 유인이 있다. 그리고 이러한 유인은 사회적인 효율을 달성하는 점과 일치하지 않도록 자원배분이 이루어지도록 하는 행위를 함으로써 손실을 야기할 수 있다. 정부의 규제가 통신규제에서 입법화함에 있어 네트워크 중립성 개념은 우리나라의 경우에도 향후 추가적인 논의를 통하여 개별 입법 단계에서 고려되어야 한다.

나아가 공정거래위원회의 기업결합심사에 있어서도 기업결합의 허부를 판단함에 있어, 판단요소로 기능할 수 있으며, 시정명령의 내용으로나 부가적 조건으로도 고려될 수 있다.

요약

네트워크 중립성은 매우 논쟁적인 개념이다. 우선 개념에서 다수의 입장이 존재한다. 오픈 액세스를 포함하여, 어떤 차별도 허용하지 않는 엄격한 네트워크 중립성 논의에서부터, 가격차별을 허용하는 중간적인 개념을 거쳐, 재산권의 행사에 대한 것으로 이를 제한하는 투자유인을 저해하게 되어 오히려 사회적인 후생을 감소시키는 것으로 타당하지 않다는 극단적인 부정론까지 일련의 견해들이 존재한다.

네트워크 중립성 논의의 실익은 '오픈 아키텍처'에 기초하여 지금까지 IT 혁명의 '인프라스트럭처'로서 기능한 광대역 네트워크에 대한 차별을 허용할 것인가 하는 점에서 실익이 있다. 이미 기간통신망에 대한 상호접속의 문제로 해결하고 있던 분야도 사실은 완전한 해결은 하지 못하고 있었지만, 기존의 논의의 틀을 가지고 있으므로 이 분야의 경우에 더하여 법적으로 강제하여 어떤 차별도 허용하지 않도록 강제할 것인가 하는 점에서 미국에서 2006년 통신법 개정을 두고 여러 법안이 제기되었던 것이다.

통신법의 체계는 경쟁법이 가지고 있던 불공정거래행위에 대한 규범체계를 복제하여 방송통신위원회가 공정거래위원회와 같은 역할을 할 수 있는 기관으로 역량을 강화함으로써 문제의 초점이 ISP 또는 CP와 네트워크 소유자 내지 운영자 간의 구도로 되어 가는 현재의 상황에서 경쟁이 유지되면서, 인터넷의 혁신 플랫폼으로서의 기능을 유지할 수 있도록 하는 것이 필요하다. 그런 점에서 네트워크 중립성이 차별금지(non-discriminatory nature)는 혁신의 유지를 위한 매우 중요한 기본 개념으로 사용될 수 있다. 다만 우리의 경우 네트워크 형성이 정부에 의하여 이루어진 것과 그렇지 않은 것에 따라 네트워크 중립성 강제의 정도를 달리할 필요는 있다고 본다. 나아가 공정거래위원회의 기업결합심사에 있어서도 기업결합의 허부를 판단함에 있어, 판단요소로 기능할 수 있으며, 시정명령의 내용으로나 부가적 조건으로도 고려될 수 있다.

제2장

일반적 경쟁전략과 법

 시장지배적 사업자의 거래거절행위의 부당성 판단기준

(市場支配的 事業者의 去來拒絶 行爲의 不當性 判斷 基準)
대상판결: 대법원 2007. 11. 22. 선고 2002두8626 전원합의체 판결
(포스코 열연코일 공급거절 사건)

Ⅰ. 사건의 의의

이 사건은 시장지배적 사업자의 거래거절에 대한 사건이지만 단순히 이에 그치지 않고 여러 가지 논점이 결합되어 있는 사건이다. 특히 공정거래법의 집행에 있어서 소위 효과중심접근법(effect based approach)과 형식 중심 접근법(form based approach)이라는 대립점을 논함에 있어서 이 사건은 대법원이 효과중심접근법을 취한 사건으로 인식되면서 하이라이트를 받게 되었다.

이 사건에 대해서는 당시 대법원 재판연구관을 하였던 고려대 이황 교수의 "공정거래법상 단독의 위반행위 규제의 체계: 시장지배적 지위남용행위로서의 거래거절행위의 위법성, 그 본질과 판단기준", 사법, 사법발전재단(2008)이 있으며, 2009년 경쟁법학회에서 대법원재판연구관 윤인성 판사는 이 사건의 적용범위는 거래거절 사안에만 국한되는 것으로 이해하는 것이 타당하다는 주장을 한 바 있다.293)

---

293) 윤인성, "2008년 독점규제및공정거래에관한법률 관련판례의 개관", 2009년 한국 경쟁법학회 동계학술대회자료집(2009).

Ⅱ. 사실관계와 사건의 경과[294]

1. 사실관계

이 사건 원고 주식회사 포스코(이하 '원고 회사'라 한다.)는 제철 및 제강 사업을 하는 국내 유일의 일관제철사업자[295]이다. 현대 하이스코 주식회사는 현대 자동차 계열 회사로서 냉연강판을 제조하는 회사로서, 냉연강판을 제조하기 위하여 필요한 열연코일은 국내에서는 원고 회사만이 생산 공급하고 있다.[296] 2000년 심결 당시를 기준으로 하여, 냉연강판 시장은 원고 회사가 58.4%, 동부제강(주)이 13.7%, 현대하이스코(주)가 11.1%, 연합철강공업(주)이 7.9%의 시장점유율을 가지고 나뉘어 있었다.

현대하이스코(주)는 1997년 8월 이후 이 사건 냉연강판 시장에 진입하고자 하였고, 시장 진입을 위한 생산라인의 시험가동 및 제품 생산 등을 위하여 원고 회사에 열연코일의 공급을 요청하였으나, 원고 회사는 이러한 현대하이스코(주)의 공급요청을 거절하였다.

결국 현대하이스코(주)는 일본회사로부터 열연코일을 수입하여 냉연강판의 생산을 진행할 수밖에 없었다.

---

294) 이하 평석의 원문은 "시장지배적 사업자의 거래거절 행위의 부당성 판단기준, 판례연구, 서울지방변호사회 제22권 제1호(2008. 8.)", 참조.

295) 철강을 만드는 공정은 크게 제선·제강·압연 세 공정으로 나누어진다. 제선이란 원료인 철광석과 유연탄 등을 커다란 가마(고로라고 부름)에 넣어 액체 상태의 쇳물을 뽑아내는 공정을 말한다. 제강은 이렇게 만들어진 쇳물에서 각종 불순물을 제거하는 작업이며 압연이란 쇳물을 슬라브(커다란 쇠판)형태로 뽑아낸 후 여기에 높은 압력을 가하는 과정이다. 압연에는 열강압연과 냉간압연이 있는데 열간압연을 통해 만들어진 철강 반제품을 핫코일이라 부른다. 일관제철소란 이와 같은 일관된 제철과정을 모두 갖추고 있는 제철소를 말한다.
(http://terms.naver.com/item.nhn?dirId=108&docId=9240)

296) 스스로 고로나 전기로를 가지고 있지 않은 이러한 현대하이스코(주)와 같은 업체를 '단압업체'라고 한다.

2. 사건의 경과

가. 공정거래위원회

공정거래위원회는 원고 회사의 현대하이스코(주)에 대한 열연코일 공급거절행위는 독점규제및공정거래에관한법률 제3조의2 제1항 제3호, 같은 법 시행령 제5조 제3항 제3호 및 위원회의 '시장지배적지위남용행위심사기준'[297] IV. 3. 다. (1)에서 규정하고 있는 부당하게 특정사업자에 대하여 거래를 거절하는 행위에 해당한다고 의결하였 다.[298]

원고 회사는 피심인으로 (i) 자동차 냉연강판용 열연코일은 자동차용 냉연강판 생산을 위한 중간재로서 제품이 아니라는 주장, (ii) 열연코일 공급능력의 부족으로 인하여 추가로 냉연용 열연코일을 공급하는 것이 어려웠다는 주장, (iii) 현대하이스코(주)의 경우는 현대자동차 그룹의 계열사로서 원고 회사가 현대하이스코(주)에서 요청하는 자동차용 냉연강판용 열연코일에 대한 물량을 공급하는 경우 현대자동차 그룹 내부가 수직계열화되어 수요 독점적 폐해가 발생할 수 있다는 주장 등을 하였다.

이 중 (i)의 점에 대해서는 제품으로 포스코가 동부제강(주)이나 연합철강공업(주)에 판매하고 있던 상황이었고, 일본의 고로업체들이 현대하이스코(주)에 열연코일을 공급하고 있었던 점에 비추어 제품이 아니라는 주장은 받아들이지 않았고, (ii)의 경우에는 사실확정의 문제인바, 공급능력이 부족하다는 주장은 생산설비가동률의 여력, IMF 이후의 수요감소, 현대하이스코(주)가 요구하였던 물량이 소량에 그치고 있었던 점 등을 고려하여 역시 주장을 받아들이지 않았다. 결국 실제적인 이유라고 할 수 있는 (iii)의 점에 대하여 수직계열화로 인한 수요 독점적 폐해에 대한 우려가 원고 회사의 공급거절을 정당화시켜 주는 사유가 될 수 없다고 하여 역시 원고 회사의 주장을 배척하였다.

---

297) 공정거래위원회 고시 제2000 – 6호.
298) 공정거래위원회 의결 제2001 – 068호.

나. 서울고등법원

원고 회사는 위 (ⅰ)의 주장에 대하여 시장의 존재를 긍정한다고 하더라도 관련시장이 지리적으로 국내시장이 아닌 아시아시장으로 획정되어야 한다는 주장을 예비적으로 추가하였고, 이와 같이 볼 경우에는 원고 회사가 열연코일 시장에서 시장지배적 사업자가 아니라고 주장하였다. 또 (ⅱ)의 주장과 관련하여, 추가생산여력의 부재 등의 일련의 거래거절을 정당화할 사유가 있었다고 주장하였다. 원고 회사는 위 (ⅰ) 내지 (ⅲ)의 주장 외에 새로운 주장을 하였던바, 이 사건의 경우 원고 회사의 행위는 기존의 공급관계에서 거절을 한 것이 아니라, 거래를 개시한 일이 없고, 이와 같이 계속 중인 거래의 거절이 아닌 경우에는 시장지배적 사업자라도 '특정사업자에 대하여 거래를 거절하는 행위'에 포섭되지 않는다고 주장하였다. 이에 대하여 예비적으로 만일 특정사업자에 대한 거래거절이 존재한다고 하더라도, 이러한 거래거절행위는 자유경쟁의 원칙상 용인되어야 할 범위 내의 행위로서 부당하지 않다고 주장하였다.

이에 대하여 서울고등법원은 원고의 청구를 기각하면서,[299] 원고의 위 각 주장에 대하여 원고 회사의 현대하이스코(주)에 대한 거래거절은 원고 회사의 열연코일 시장에서의 시장지배력을 이용하여 후방시장인 냉연강판 시장에 새로 진입한 경쟁사업자인 현대하이스코(주)에 대하여 냉연강판 생산에 필수적인 열연코일의 공급을 거절함으로써, 열연코일 시장에서의 시장지배적 지위를 남용하여, 냉연강판 시장에서 경쟁사업자인 현대하이스코(주)의 사업 활동을 방해하고, 자신의 시장지배적 지위를 계속 유지하려는 의도로 행하여진 행위로 판단하였다. 따라서 원고 회사의 이러한 행위는 열연코일 시장에서의 시장지배적 지위를 남용하여 냉연강판시장에서 경쟁사업자인 피고보조참가인[300]의 사업활동을 방해하고, 자신의 시장지배적 지위[301]를 계속 유지하려는 의도하에 행한 행위로서, 이는 독점규제법의 취지에 어긋

---

299) 서울고등법원 2002. 8. 27. 선고 2001누5370 판결(2001. 4. 19. 접수되어, 2002. 8. 27. 선고되었음).
300) 이 사건에서 '현대하이스코(주)'를 말함.
301) 2000년 기준 시장점유율 58.4%.

나는 행위라고 보았다. 서울고등법원은 이러한 소위 레버리지 효과에 기초한 부당한 거래거절에 해당하는 행위로 보았다. 한편, 원고 회사의 정당한 경영상의 이유에 의한 거래거절 주장을 받아들이지 않았고, 이러한 원고 회사의 행위로 인한 피고보조참가인이 겪은 피해는 단순한 불편이나 경제적 손실의 정도를 넘어 경쟁자로서 충분히 기능할 수 없을 정도의 장애를 초래하여 경쟁을 저해하는 결과를 가져온 것이라고 본 것이다.

관련규정

第3條의2 (市場支配的地位의 濫用禁止)
① 市場支配的事業者는 다음 各號의 1에 해당하는 행위(이하 '濫用行爲'라 한다)를 하여서는 아니 된다.〈개정 1999. 2. 5.〉
1. 商品의 價格이나 用役의 代價(이하 '價格'이라 한다)를 부당하게 決定·유지 또는 變更하는 행위
2. 商品의 販賣 또는 用役의 제공을 부당하게 調節하는 행위
3. 다른 事業者의 事業活動을 부당하게 방해하는 행위
4. 새로운 競爭事業者의 참가를 부당하게 방해하는 행위
5. 부당하게 競爭事業者를 배제하기 위하여 거래하거나 消費者의 이익을 현저히 저해할 우려가 있는 행위

第23條 (不公正去來行爲의 금지)
① 事業者는 다음 각 호의 어느 하나에 해당하는 행위로서 공정한 去來를 저해할 우려가 있는 행위(이하 '不公正去來行爲'라 한다)를 하거나, 系列會社 또는 다른 事業者로 하여금 이를 행하도록 하여서는 아니 된다. 〈개정 1996. 12. 30, 1999. 2. 5, 2007. 4. 13.〉
1. 부당하게 去來를 거절하거나 去來의 相對方을 차별하여 취급하는 행위
2. 부당하게 競爭者를 排除하는 행위
3. 부당하게 競爭者의 顧客을 자기와 去來하도록 誘引하거나 强制하는 행위
4. 자기의 去來上의 地位를 부당하게 이용하여 相對方과 去來하는 행위
5. 去來의 相對方의 事業活動을 부당하게 拘束하는 조건으로 去來하거나 다른 事業者의 事業活動을 방해하는 행위
6. 삭제〈1999. 2. 5.〉
7. 부당하게 特殊關係人 또는 다른 會社에 대하여 假支給金·貸與金·人力·不動産·유가증권·상품·용역·無體財産權 등을 제공하거나 현저히 유리한 조건으로 去來하여 特殊關係人 또는 다른 會社를 지원하는 행위
8. 第1號 내지 第7號 이외의 행위로서 공정한 去來를 저해할 우려가 있는 행위

제5조 (남용행위의 유형 또는 기준)
① 법 제3조의2(시장지배적 지위의 남용 금지) 제1항 제1호의 규정에 의한 가격의 부당한 결정·유지 또는 변경은 정당한 이유 없이 상품의 가격이나 용역의 대가를 수급의 변동이나 공급에 필요한 비용(동종 또는 유사업종의 통상적인 수준의 것에 한한다)의 변동에 비하여 현저하게 상승시키거나 근소하게 하락시키는 경우로 한다.
② 법 제3조의2(시장지배적 지위의 남용금지) 제1항 제2호의 규정에 의한 상품판매 또는 용역제공의 부당한 조절은 다음 각 호의 1에 해당하는 경우로 한다.
1. 정당한 이유 없이 최근의 추세에 비추어 상품 또는 용역의 공급량을 현저히 감소시키는 경우
2. 정당한 이유 없이 유통단계에서 공급부족이 있음에도 불구하고 상품 또는 용역의 공급량을 감소시키는 경우
③ 법 제3조의2(시장지배적 지위의 남용금지) 제1항 제3호의 규정에 의한 다른 사업자의 사업활동에 대한 부당한 방해는 직접 또는 간접으로 다음 각 호의 1에 해당하는 행위를 함으로써 다른 사업자의 사업활동을 어렵게 하는 경우로 한다. 〈개정 2001. 3. 27.〉

1. 정당한 이유 없이 다른 사업자의 생산활동에 필요한 원재료 구매를 방해하는 행위
2. 정상적인 관행에 비추어 과도한 경제상의 이익을 제공하거나 제공할 것을 약속하면서 다른 사업자의 사업활 동에 필수적인 인력을 채용하는 행위
3. 정당한 이유 없이 다른 사업자의 상품 또는 용역의 생산·공급·판매에 필수적인 요소의 사용 또는 접근을 거절·중단하거나 제한하는 행위
4. 제1호 내지 제3호 외의 부당한 방법으로 다른 사업자의 사업활동을 어렵게 하는 행위로서 공정거래위원회가고시하는 행위
④ 법 제3조의2(시장지배적 지위의 남용 금지) 제1항 제4호의 규정에 의한 새로운 경쟁사업자의 참가에 대한 부당한 방해는 직접 또는 간접으로 다음 각 호의 1에 해당하는 행위를 함으로써 새로운 경쟁사업자의 신규진입을 어렵게 하는 경우로 한다. 〈개정 2001. 3. 27.〉
1. 정당한 이유 없이 거래하는 유통사업자와 배타적 거래계약을 체결하는 행위
2. 정당한 이유 없이 기존사업자의 계속적인 사업활동에 필요한 권리 등을 매입하는 행위
3. 정당한 이유 없이 새로운 경쟁사업자의 상품 또는 용역의 생산·공급·판매에 필수적인 요소의 사용 또는 접근을 거절하거나 제한하는 행위
4. 제1호 내지 제3호 외의 부당한 방법으로 새로운 경쟁사업자의 신규진입을 어렵게 하는 행위로서 공정거래위원회가 고시하는 행위
⑤ 법 제3조의2(시장지배적 지위의 남용 금지) 제1항 제5호의 규정에 의한 경쟁사업자를 배제하기 위한 부당한 거래는 다음 각 호의 1에 해당하는 경우로 한다.
1. 부당하게 상품 또는 용역을 통상거래가격에 비하여 낮은 대가로 공급하거나 높은 대가로 구입하여 경쟁사업자를 배제시킬 우려가 있는 경우
2. 부당하게 거래상대방이 경쟁사업자와 거래하지 아니할 것을 조건으로 그 거래상대방과 거래하는 경우
⑥ 제1항 내지 제5항의 규정에 의한 남용행위의 세부적인 유형 및 기준은 공정거래위원회가 정하여 고시할 수 있다.
   [전문개정 1999. 3. 31.]

제36조 (불공정거래행위의 지정)
① 법 제23조(불공정거래행위의 금지) 제2항의 규정에 의한 불공정거래행위의 유형 또는 기준은 [별표 1]과 같다.
② 공정거래위원회는 필요하다고 인정하는 경우에는 제1항의 규정에 의한 불공정거래행위의 유형 또는 기준을 특정분야 또는 특정행위에 적용하기 위하여 세부기준을 정하여 고시할 수 있다. 이 경우 공정거래위원회는 미리 관계행정기관의 장의 의견을 들어야 한다.
   [전문개정 1997. 3. 31.]

[별표 1] 〈개정 2007. 7. 13.〉
불공정거래행위의 유형 및 기준(제36조 제1항 관련)

1. 거래거절
법 제23조 (불공정거래행위의 금지) 제1항 제1호 전단에서 '부당하게 거래를 거절하는 행위'라 함은 다음 각 목의 1에 해당하는 행위를 말한다.
가. 공동의 거래거절
정당한 이유 없이 자기와 경쟁관계에 있는 다른 사업자와 공동으로 특정사업자에 대하여 거래의 개시를 거절하거나 계속적인 거래관계에 있는 특정사업자에 대하여 거래를 중단하거나 거래하는 상품 또는 용역의 수량이나 내용을 현저히 제한하는 행위
나. 기타의 거래거절
부당하게 특정사업자에 대하여 거래의 개시를 거절하거나 계속적인 거래관계에 있는 특정사업자에 대하여 거래를 중단하거나 거래하는 상품 또는 용역의 수량이나 내용을 현저히 제한하는 행위

市場支配的地位濫用行爲審査基準

Ⅳ. 市場支配的地位 濫用行爲의 細部 類型 및 基準
3. 다른 事業者의 事業活動에 대한 不當한 妨害行爲(법 제3조의2 제1항 제3호)
다. 정당한 이유 없이 다른 사업자의 商品 또는 用役의 생산·공급·판매에 필수적인 요소의 사용 또는 접근을 拒絶·中斷하거나 制限하는 행위(영 제5조 제3항 제3호)

(1) "必須的인 要素(이하 '必須要素'라 한다)"라 함은 네트워크, 기간설비 등 有·無形의 要素를 포함하며, 다음 각 호의 요건을 충족하여야 한다.

(가) 당해 要素를 사용하지 않고서는 상품이나 용역의 생산·공급 또는 판매가 사실상 불가능하여 일정한 去來分野에 참여할 수 없거나, 당해 거래분야에서 피할 수 없는 중대한 競爭劣位狀態가 지속될 것

(나) 특정 사업자가 당해요소를 獨占的으로 所有 또는 統制하고 있을 것

(다) 당해 요소를 사용하거나 이에 접근하려는 자가 당해 요소를 再生産하거나 다른 요소로 對替하는 것이 事實上·法律上 또는 經濟的으로 불가능할 것

(2) 이 목에서 '다른 사업자'라 함은 必須要素 保有者 또는 그 系列會社가 참여하고 있거나 가까운 장래에 참여할 것으로 예상되는 거래분야에 참여하고 있는 사업자를 말한다.

(3) '拒絕·中斷·制限하는 행위'라 함은 다음과 같은 경우를 포함하여 실질적으로 거절·중단·제한하거나 이와 동일한 결과를 발생시키는 행위를 말한다.

(가) 필수요소에의 接近이 사실상 또는 경제적으로 불가능할 정도의 不當한 價格이나 條件을 제시하는 경우

(나) 필수요소를 사용하고 있는 기존 사용자에 비해 현저하게 差別的인 價格이나 排他條件, 끼워팔기 등 不公正한 條件을 제시하는 경우

(4) '正當한 理由'가 있는지를 판단함에 있어서는 다음 경우에 해당하는지 여부 등을 고려한다.

(가) 필수요소를 제공하는 사업자의 投資에 대한 正當한 報償이 현저히 저해되는 경우. 다만, 競爭의 擴大로 인한 利益의 減少는 정당한 보상의 저해로 보지 아니한다.

(나) 기존 사용자에 대한 提供量을 현저히 減少시키지 않고서는 필수요소의 제공이 불가능한 경우

(다) 필수요소를 제공함으로써 기존에 제공되고 있는 서비스의 質이 현저히 低下될 우려가 있는 경우

(라) 技術標準에의 不合致 등으로 인해 필수요소를 제공하는 것이 技術的으로 불가능한 경우

(마) 서비스 이용고객의 生命 또는 身體上의 安全에 위험을 초래할 우려가 있는 경우

Ⅲ. 평 석

1. 서 론

본 판결은 거래거절행위의 위법성을 판단함에 있어, 공정거래위원회가 공정거래법 제23조의 불공정거래행위를 적용하는 대신, 제3조의2의 시장지배적 지위에 있는 사업자의 위법 행위로 판단한 것에 대하여 제3조의2와 제23조의 관계, 제3조의2를 적용하여 거래거절행위의 부당성을 판단함에 있어서의 기준, 그리고 재3조의 2의 적용에 있어서 위법성조각사유[302]로서 사업목적상 정당화 항변의 문제에 대한 판단을 하였다는 점에서 의미 있는 사건이었다. 이하에서 위 각 점에 대하여 검토하여 보기로 한다.

---

[302] 경쟁법상의 위법성 논의와 형법상의 위법성 논의는 서로 구별되는 것이라고 할 것이나, 우리 공정거래법은 형벌규정을 두고 있어서 형사적인 관념을 고려하는 것도 요구되며, 형법은 아울러 행위론이나 죄수론에 있어서 가장 정치화된 체계를 가지고 있어 이를 기반으로 검토하는 것은 공정거래법의 시각을 확장한다는 점에서 의의가 있다고 본다.

2. 공정거래법 제3조의2와 제23조의 관계

가. 도입

거래거절이란 어느 사업자가 특정한 사업자에게 자신의 상품이나 서비스의 제공을 거절하거나 혹은 그로부터 상품이나 서비스 공급을 받는 것을 거절하는 행위이다.303) 이러한 거래거절행위를 위법으로 판단함에 있어 고려되어야 할 것은 계약자유의 원칙이라고 할 것인바, 이러한 점에서 공정거래법이 계약자유 원칙의 한계를 획정하는 기능을 하는 것이 드러나는 맥락의 논의라고 할 것이다. 따라서 우선적으로 출발하여야 할 논점은 사업자간의 거래에 있어서도 원칙적으로 거래의 상대방을 결정하고, 결정된 상대방과의 거래 내용을 형성할 수 있는 자유가 있다. 기업의 관점에서 이를 다시 기술하면, 기업들은 광범위한 경영판단의 자유를 가지고 있다는 것으로 이해될 수 있는 것이다.304) 그러므로 단독의 거래거절이 위법성이 있는 행위로 판단이 되기 위해서는 위법성을 징표할 별도의 표지가 인정될 수 있어야 한다.305) 다만, 이러한 공정거래법 제23조의 기타 거래거절행위의 위법성 판단에 대한 법리가 그대로 공정거래법 제3조의2에도 적용이 되는 것인지 여부 문제와 만일 동일하게 판단된다면, 이 둘의 적용은 병존적으로 적용되는 것인지, 아니면 특수관계에 있어서 제3조의2만이 적용되는 것인지

---

303) 법문상으로는 소비자에 대한 거래거절을 포섭하고 있지는 않다(정호열, "경제법" 제2판, 박영사, 365면).

304) '경영판단'이라는 표현을 사용하는 책으로 '정호열, 위의 책, 367면' 참조.

305) 구독점규제및공정거래에관한법률(1999. 2. 5. 법률 제5813호로 개정되기 전의 것) 제23조 제1항 제1호 및 같은 법 시행령(1999. 3. 31. 대통령령 제16221호로 개정되기 전의 것) 제36조 제1항 [별표] 제1호 (내)목에서 불공정거래행위의 한 유형으로 규정하고 있는 '기타의 거래거절'은 개별 사업자가 그 거래 상대방에 대하여 하는 이른바 개별적 거래거절을 가리키는 것이나, 이러한 개별적 거래거절행위는 그 거래 상대방이 종래 계속적 거래관계에 있은 경우에도, 자유시장경제 체제하에서 일반적으로 인정되는 거래처 선택의 자유라는 원칙에서 볼 때, 또 다른 거래거절의 유형인 '공동의 거래거절'과는 달리, 거래거절이라는 행위 자체로 바로 불공정거래행위에 해당하는 것은 아니고, 그 거래거절이 특정 사업자의 거래기회를 배제하여 그 사업활동을 곤란하게 할 우려가 있거나 오로지 특정사업자의 사업활동을 곤란하게 할 의도를 가진 유력 사업자에 의하여 그 지위남용행위로서 행하여지거나 혹은 같은 법이 금지하고 있는 거래강제 등 목적 달성을 위하여 그 실효성을 확보하기 위한 수단으로 부당하게 행하여진 경우라야 공정한 거래를 저해할 우려가 있는 거래거절행위로서 같은 법이 금지하는 불공정거래행위에 해당한다(대법원 2001. 1. 5. 선고 98두17869 판결).

의 논점에 대하여 살펴보기로 한다.

나. 공정거래법 제23조 제1항 제1호상의 불공정 거래행위와의 관계

(1) 도입

제3조의2의 적용과 제23조의 적용에 있어 양자는 효과의 면에서는 차이가 있지만, 요건 특히 위법성 심사의 기준에 있어 서로 다른 기준이 적용되는 것인가에 대해 논란이 있다.

(2) 제3조의2와 제23조의 관계에 대한 검토

(가) 견해의 대립

1) 특수관계로 이해하는 견해

제3조의2는 시장지배적 지위를 사업자가 가지는 일종의 특수 신분으로 이해하여, 불공정거래행위와의 관계에서 제3조의2와 중복적으로 적용되는 경우에는 일반법과 특별법의 관계로 보아 시장지배적 사업자의 행위에 대해서는 제3조의2가 적용되고, 그렇지 않은 경우에는 제23조가 적용된다고 보는 견해이다.[306] 단독 거래거절[307]의 관점에서도 양자의 관계는 같은 의미로 이해가 되어야 하며, 독점규제의 관점에서 경쟁제한성의 판단이 시장지배적 사업자가 지위남용을 한 사실이 인정되면 필요하지 않다는 결론에 이르게 될 것이다.[308]

2) 서로 별개의 요건으로 이해하는 견해

공정거래법 제3조의2의 규정을 적용하여 거래거절을 인정하기 위해서는 사업활동을 방해한 것으로 인정되기 위해서 입법목적에 맞는 해석이 이루어져야 하며, 따라서 제23조 제1항 제1호에서 규정하고 있는 것과 구별되는 독자적인 해석이 이루어져야 한다는 견해가 있다.[309] 이러한 입장을 지지하는 견해에 의하면, 시장지배력 남용행위와 불공정거래행위가 시장지배적 사

---

306) 권오승, "경제법", 제6판, 법문사 335면, 정호열, 앞의 책, 174면도 같은 견해로 보인다.
307) 이에 대한 일반론으로는 심재한, '단독의 거래거절행위', 상사판례연구 13집(2002) 373 – 400면.
308) 이 사건에서의 박시환 대법관의 소수의견의 견해.
309) 이 사건에서의 다수의견의 견해.

업자인지 여부라는 신분의 차이에 따른 일반법과 특별법의 관계라고 한다면 이러한 견해는 시장지배력 남용 규제의 본질에 반하는 것이라고 본다.[310]

(나) 대법원 다수의견의 태도

거래거절행위가 독점규제및공정거래에관한법률 제3조의2 제1항 제3호의 시장지배적 사업자의 지위남용행위에 해당하려면 그 거래거절행위가 다른 사업자의 사업활동을 부당하게 어렵게 하는 행위로 평가될 수 있어야 하는 바, 여기에서 말하는 '부당성'은 같은 법 제23조 제1항 제1호의 불공정거래 행위로서의 거절행위의 부당성과는 별도로 '독과점적 시장에서의 경쟁촉진' 이라는 입법목적에 맞추어 독자적으로 평가·해석하여야 하므로, 시장지배 적 사업자가 개별 거래의 상대방인 특정 사업자에 대한 부당한 의도나 목 적을 가지고 거래거절을 한 모든 경우 또는 그 거래거절로 인하여 특정 사 업자가 사업활동에 곤란을 겪게 되었다거나 곤란을 겪게 될 우려가 발생하 였다는 것과 같이 특정 사업자가 불이익을 입게 되었다는 사정만으로는 그 부당성을 인정하기에 부족하고, 그중에서도 특히 시장에서의 독점을 유지· 강화할 의도나 목적, 즉 시장에서의 자유로운 경쟁을 제한함으로써 인위적 으로 시장질서에 영향을 가하려는 의도나 목적을 갖고, 객관적으로도 그러 한 경쟁제한의 효과가 생길 만한 우려가 있는 행위로 평가될 수 있는 행위 로서의 성질을 갖는 거래거절행위를 하였을 때에 그 부당성이 인정될 수 있다. 그러므로 시장지배적 사업자의 거래거절행위가 그 지위남용행위에 해 당한다고 주장하려면, 그 거래거절이 상품의 가격상승, 산출량 감소, 혁신 저해, 유력한 경쟁사업자 수의 감소, 다양성 감소 등과 같은 경쟁제한의 효 과가 생길 만한 우려가 있는 행위로서 그에 대한 의도와 목적이 있었다는 점을 입증하여야 하고 거래거절행위로 인하여 현실적으로 위와 같은 효과 가 나타났음이 입증된 경우에는 그 행위 당시에 경쟁제한을 초래할 우려가 있었고 또한 그에 대한 의도나 목적이 있었음을 사실상 추정할 수 있지만, 그렇지 않은 경우에는 거래거절의 경위 및 동기, 거래거절행위의 태양, 관

---

310) 황창식, "공정거래법상 시장지배력 남용 규제의 해석 및 집행상의 문제점 — 불공정거래행위 규 제와의 법적용 관계를 중심으로", 경제법판례연구회 발표자료, 2008. 3. 27.

련시장의 특성, 거래거절로 인하여 그 거래상대방이 입은 불이익의 정도, 관련시장에서의 가격 및 산출량의 변화 여부, 혁신 저해 및 다양성 감소 여부 등 여러 사정을 종합적으로 고려하여 거래거절행위가 위에서 본 경쟁제한의 효과가 생길 만한 우려가 있는 행위로서 그에 대한 의도나 목적이 있었는지를 판단하여야 한다. 그리고 이때 경쟁제한의 효과가 문제되는 관련시장은 시장지배적 사업자 또는 경쟁사업자가 속한 시장뿐만 아니라 그 시장의 상품 생산을 위하여 필요한 원재료나 부품 및 반제품 등을 공급하는 시장 또는 그 시장에서 생산된 상품을 공급받아 새로운 상품을 생산하는 시장도 포함될 수 있다.

다. 검토

서로 별개의 요건으로 이해하는 견해는 이와 같이 이해하는 것이 현대화로 이해한다. EU의 시장지배력 남용규제의 개혁의 핵심이 미국의 독점화 규제와 같이 경제적 분석을 통하여 당해 행위가 시장경쟁에 미치는 효과를 객관적으로 분석하여 실질적인 경쟁제한적 효과가 인정될 경우에만 경쟁당국이 개입하도록 하도록 하는 것에 있다고 하면서, 우리의 경우에도 이와 같은 방향으로 가는 것이 현대화 내지 선진화라는 취지의 주장을 한다.[311] 결국 이 주장은 경제분석을 많이 하는 것이 현대화라는 취지로 요약될 수 있고, 이러한 경제분석을 많이 하기 위해서는 경쟁제한성 판단을 합리의 원칙에 기초하여 하여야 한다는 일련의 주장으로 연결될 것이라고 본다. 하지만 경제분석이 항상 규범적인 접근에 비하여 경쟁촉진이라는 경쟁법의 목적 달성에 있어서 우월적인 지위에 있는 수단이라고 볼 수 없고, 경쟁법의 목적이 효율성의 달성에만 있는 것이 아니고, 시장에서의 지배적 지위에 있는 사업자와 그렇지 않은 사업자 간의 힘의 불균형을 방치하는 것이 시장지배적 사업자의 경우에는 잔여 경쟁마저도 소멸시킬 수 있는 우려가 있다고 보이는 경우에는 이러한 경쟁 봉쇄를 방지하기 위하여 경쟁당국이 그 힘의 불균형을 제어할 수 있도록 하는 것도 중요한 경쟁법의 목적이 되는 것은 미국이라고

---

311) 황창식, 전게논문, 20면 참조.

하여 반드시 이러한 고려가 개입될 수 없다고 할 것은 아니라고 본다.[312]

그러므로 제3조의2의 규정 및 심사지침에 의하여 적용 유형에 대한 좀 더 예측가능한 상설의 필요성이 있다고 하는 주장에는 동의할 수 있을 것이나, 제23조와의 관계에서 제3조의2는 소위 효과 중심 접근법(effect based approach)의 적용을, 제23조는 형식 중심 접근법(form based approach)의 적용을 하여야 한다는 취지의 주장에는 동의하기 어렵다. 제23조와 제3조의2의 관계는 양자가 중첩적으로 적용될 수 있는 영역 내지 경우가 있고, 이와 같은 경우에는 제3조의2가 적용되는 것으로 이해하는 것이 우리 입법의 태도에 부합하는 것으로 보인다. 또한 시장지배적 사업자의 지위남용행위는 경우에 따라 효과가 발생하는 것이 가시화되고 난 뒤에 경쟁당국이 비로소 개입하는 것은 네트워크 경제하에서는 지나치게 늦은 규제가 되어, 이미 시장상황의 교정이 불가능한 상황에서 손해배상 등과 같은 구제수단 이상의 시정조치를 할 수 없는 경우가 다수 생길 수 있다는 점도 고려하여야 할 중요한 요소 중의 하나라는 것을 같이 고려하여야 한다. 그러므로 시장지배적 사업자의 경우에 경쟁제한성은 스스로가 이를 입증하는 경우에 그 위법성을 조각할 수 있는 정당화 사유로 경쟁제한성이 없음을 입증하여 구체적인 사안에 따라서 위법성을 조각할 수 있을 뿐, 그 자체가 위법성을 징표하기 위한 요건이 되는 것은 아니라고 할 것이고, 구성요건에 있어서는 별도의 경쟁제한성이라는 요건이 필요 없다고 생각된다.

다만 실무상 제3조의2 규정상의 '사업활동 방해' 내지 '소비자이익 저해행위'라는 규정이 중첩적으로 포괄하여 적용되는 형태를 취하는 것과 관련하여, 이 중 소비자이익 저해행위와 관련된 제3조의2 제5호 2문은 소비자이익의 보호가 공정거래법이 취하는 목적이고, 이러한 목적을 규정에 다시 둔 일반조항을 처벌 조항과 연계하여 규정하는 것은 위헌이라는 주장도 있고, 이러한 주장은 처벌규정과의 연계라는 관점에서 죄형법정주의상의 제 요건들에 대입하여 보면, 상당한 타당성이 있다고 본다. 하지만 일반조항이

---

312) 경제분석의 효용성에 대하여, '최승재, "경쟁법 사건에서의 전문가 증인의 역할과 한계", 한양법학(2008. 3.)' 참조.

목적을 지시하고 있다고 하여, 바로 위헌이라고 볼 수는 없을 것이고, 시장지배적 사업자가 행사할 수 있는 자신의 지위에 기초한 다양한 유형의 지위남용행위의 형태를 고려할 경우 입법적으로 이러한 일반조항의 필요성이 없다고 할 수 없다고 본다.

3. 일방적 거래거절행위의 부당성 판단 기준

가. 도입

시장지배적 행위자의 지위남용행위란 시장지배적 지위를 가지고 있는 자가 유효경쟁이 이루어지고 있는 시장상황을 이용하여, 자유로운 경쟁을 제한하고, 경쟁사업자 또는 거래상대방에게 손해를 입히거나 자원배분을 왜곡하는 행위를 말한다.[313]

앞서와 같이 3조의2의 위치를 제23조와의 관계에서 살피거나, 제3조의2 자체의 법문상으로 볼 때, 문언에도 존재하지 않고, 체계해석의 관점에서도 반드시 제23조와의 구별을 위하여 별도로 존재하여야 할 필요성이 있는 것도 아닌 '경쟁제한성'이라는 징표를 부당성 판단의 요건으로 포함시키는 것이 옳은지에 대한 논의가 있어야 할 것이다.

나. 견해의 대립

(1) 특수관계로 이해하는 견해

앞서 특수관계로 이해하는 견해에 의하면, 법문의 문언상의 내용이나 체계적인 점에서 제3조의2와 제23조와의 관계를 별도로 구별하기 위한 징표로 경쟁제한성을 요구하는 것은 아니라고 할 것이다. 따라서 부당성의 요건에서 제23조와 달라질 것은 없고, 시장지배적 사업자의 지위가 규정상 인정되는 경우에는 제3조의2의 적용이 있게 되는 것이라고 이해된다. 이러한 견해는 대법원의 박시환 대법관의 소수의견과 같다고 할 것이다.

---

[313] 차성민, "포스코 열연코일 공급 거절 사건에서 부당성의 의미", 경제법판례연구회 발표자료, 2008. 3. 27.

(2) 서로 별개의 요건으로 이해하는 견해

경쟁제한성이 별도의 요건으로 제3조의2를 제23조와의 관계에서 구별하는 것으로 이해하는 견해라고 할 것이다. 이렇게 해석되어야 하는 이유로는 현행 공정거래법상 불공정거래행위는 그 행위의 성질상 우월한 지위남용과 같이 경쟁배제적 효과를 발생하기 어려운 경우뿐만 아니라 단순히 한두 개의 사업자에 대한 불공정거래행위의 경우에도 성립할 수 있는 것이라는 점에서 서로 법적 성질을 달리하는 것이라고 한다.[314] 또 법정책적인 관점에서의 우려를 제기한다. 시장지배력 남용규제의 적용범위를 그 본질에 반하여 지나치게 확대하는 것으로 다른 나라에서는 채택되고 있지 않은 강력한 불공정거래행위 규제를 아울러 채택하고 있는 현행 공정거래법 체계하에서는 법정책적인 측면에서도 타당하지 않다고 본다.[315] 입법 연혁적인 관점에서도 우리나라가 불공정거래행위와 시장지배력 남용규제를 동시에 받아들이면서, 이들 간의 관계가 조화롭게 해석되지 못하였던 면도 같이 고려되어야 한다고 한다.[316]

(3) 경쟁제한성을 요건으로 보되, '추정'에 의하여 해소하려는 견해[317]

이 견해는 공정거래법 제3조의2를 해석할 때에는, "시장지배적 사업자가 다른 사업자에 대하여 거래를 거절함으로써 외형상 그 사업자의 사업활동을 어렵게 하는 행위를 한 경우에 그 행위는 시장지배적 사업자가 자신의 시장지배적 지위를 남용하여 시장에서의 공정하고 자유로운 경쟁을 저해할 우려가 있는 '부당한 행위'를 한 것으로 추정된다고 해석하는 것이 합리적이[라고]" 본다. 따라서 이 견해에 의하면, "시장지배적 사업자가 위 추정에서 벗어나기 위해서는 그 거래거절행위가 실질적으로 다른 사업자의 사업활동을 방해하는 행위가 아니라거나 그와 같은 의도나 목적이 없어 공정하고 자유로운 경쟁을 저해할 우려가 있는 '부당한 행위'가 아니라는 점을 주장·입증하거나, 그와 같은 행위에 해당한다고 하더라도 거래를 거절할 수

---

314) 황창식, 전게논문, 20면.

315) 상계논문, 17면.

316) 상계논문, 13면.

317) 대법관 이홍훈, 안대희의 소수의견.

밖에 없는 정당한 사유가 있다는 점을 주장·입증하여야" [한다]. "이때 [법원]은 시장지배적 사업자의 거래거절행위가 합리적이고 사업상 불가피하였다는 등 정당한 사유가 있는지 여부는 거래를 거절하게 된 목적과 경위, 당사자의 거래상 지위 및 경영상태, 경영상 필요, 거래거절 대상의 특성, 시장상황, 거래거절의 결과 등을 종합적으로 고려하여 판단하여야" 한다.

(4) 검토

일방적 거래거절의 부당성 원천이라는 관점에서 보면, 독일의 체약강제이론(Theorie der Kontrazierungszwang)과 같은 맥락에 있는 것으로, 공익상의 관점에서 계약자치의 한계를 획정하는 기능을 하고 있다고 할 것이다.

미국의 경우에도 셔면법 제2조의 적용과 관련하여, 지역의 유일한 신문에 게재를 거절하는 등의 방법으로[318] 독점자에게 실질적인 위협(real threat)을 가하였는지 하는 것을 기준으로 하여 판단되어야 한다고 하였다.[319] 이러한 관점은 마이크로소프트 사건[320]에서 연방항소법원이 취한 접근과 연장선상에 있다고 보인다. 이 사건에서 연방항소법원은 마이크로소프트의 공급거절을 통한 보복 위협 행위가 마이크로소프트의 독점적인 지위를 공고화하는 것에 위해를 줄 수 있는 행위를 배제하기 위한 것으로 것이므로, 위법한 것으로 판단한 바 있다.

우리 법의 해석상 제3호의 '다른 事業者의 事業活動을 부당하게 방해하는 행위'를 해석함에 있어서 '부당하게 방해하는 행위'라는 것이 독점자의 시장지배적 지위를 공고하게 하는 것에 기여하는 것으로 읽을 수 있는 여지는 있고, 효과의 면에서 경쟁을 제한하는 효과가 발생하였는가 하는 사정은 고려될 여지가 요건에 의하여 바로 발생하는 것은 아니라고 보인다. 다만 피심인이나 피고에 의하여 경쟁제한의 우려가 전혀 없다는 점이 입증된다면 이는 부당한 행위라고 포섭하기 어려운 행위라고 할 것이어서 위법성

---

318) *Lorain Journal Co. v United States*, 342 U.S. 143(1951).

319) *United States v. Display International*, 393 F. 3d 181(3d Cir. 2005) cert denied, 126 S. Ct. 1023(2006).

320) *United States v. Microsoft Corp.*, 253 F.3d 34(D.C. Cir. 2001).

이 조각된다고 할 것이고, 실질적인 경쟁제한의 효과가 없다는 점은 과징금 등의 산정에 있어서 고려요소는 될 수 있을 것이다. 이렇게 해석하는 것이 법문의 규정 문언 및 시장지배적 사업자의 경쟁제한의 속성이 잔여경쟁에 대한 제한 우려에 대하여 적절하게 대응하기 위한 법정책적인 목적에도 부합하는 해석이라고 보인다.

다. 주관적 의도의 고려

(1) 미국의 경우

코닥 사건[321]에서 연방 제9항소법원은 주관적 의도 심사(subjective intent standard)[322]에 기초하여 코닥의 특허받은 부품과 저작권에 의하여 보호받는 매뉴얼의 거래거절의 위법성을 판단하였다. 항소법원은 코닥이 특허받은 부품과 특허받지 않은 부품을 모두 판매하기를 거절하였는데, 이러한 판매 거절의 명문으로 삼은 경영판단요소(business justifications)들은 이를 타당한 것처럼 보이게 하나, 실상은 모두 구실에 불과하다고 하면서, 주관적인 의사를 정황에 의하여 간취하여 판단하여야 한다는 취지의 판시를 하였다.[323] 하지만 이러한 판단은 주관적 요소를 고려하게 될 경우, 이익의 극대화를 위하여 경쟁자를 배제할 목적으로 라이선스를 거절한 것인지 연구 개발을 위한 수익을 확보하기 위하여 라이선스를 거절한 것인지가 명확하지 않게 되어 양자 모두가 위법하게 판단될 수 있게 되어 구별의 실익이 없게 되거나, 오히려 통계학상의 1종의 오류와 2종의 오류를 모두 범하게 할 우려가 있다.[324] 따라서 동기나 주관적인 의사와 같은 요소가 아닌 객관적으로 드

---

321) *Image Technical Services, Inc. v. Eastman Kodak* Co., 125 F.3d 1195(9th Cir. 1997)(이하 '코닥 사건' 이라고 한다).

322) 125 F.3d, at 1219(9th Cir. 1997)(소위 Kodak Ⅱ).

323) 이에 대비하여 제록스 사건의 경우 연방항소법원은 특허권자는 다른 사람을 배제할 수 있는 법상 권리자이며, 이러한 정당한 특허권의 행사의 경우에는 경쟁법상 책임을 부담하지 않는다고 판시하였다.

324) 법원의 관점에서는 오류 발생가능성의 증대라면, 당사자들의 관점에서는 이러한 주관적 요소에 의한 정당화를 널리 인정하여 주게 되면, 시장에서의 당사자들이 얼마나 타당한 변명을 만들어 내는가, 결국 얼마나 유능한 변호사의 조력을 얻는가에 따라서 위법 여부가 판단이 달라질 가능성이 증가하게 된다는 의미일 것이다.

러난 사실에 기초하여 경제적인 분석을 통하여 시장에서의 경쟁저해성을 판단하도록 하는 것이 타당하다고 할 것이다.[325]

(2) 우리 대법원의 경우

우리 대법원도 대상 사건에서 "공정거래법 제3조의2 제1항 제3호의 시장지배적 사업자의 지위남용행위로서의 거래거절의 부당성은 '독과점적 시장에서의 경쟁촉진'이라는 입법목적에 맞추어 해석하여야 할 것이므로, 시장지배적 사업자가 개별 거래의 상대방인 특정 사업자에 대한 부당한 의도나 목적을 가지고 거래거절을 한 모든 경우 또는 그 거래거절로 인하여 특정 사업자가 사업활동에 곤란을 겪게 되었다거나 곤란을 겪게 될 우려가 발생하였다는 것과 같이 특정 사업자가 불이익을 입게 되었다는 사정만으로는 그 부당성을 인정하기에 부족하고, 그중에서도 특히 시장에서의 독점을 유지·강화할 의도나 목적, 즉 시장에서의 자유로운 경쟁을 제한함으로써 인위적으로 시장질서에 영향을 가하려는 의도나 목적을 갖고, 객관적으로도 그러한 경쟁제한의 효과가 생길 만한 우려가 있는 행위로 평가될 수 있는 행위로서의 성질을 갖는 거래거절행위를 하였을 때에 그 부당성이 인정될 수 있다 할 것이다."고 하여 부당성의 판단에서까지 의도나 목적이 요구된다고 하고 있다.

나아가 "시장지배적 사업자의 거래거절행위가 그 지위남용행위에 해당한다고 주장하는 피고로서는 그 거래거절이 상품의 가격상승, 산출량 감소, 혁신 저해, 유력한 경쟁사업자 수의 감소, 다양성 감소 등과 같은 경쟁제한의 효과가 생길 만한 우려가 있는 행위로서 그에 대한 의도와 목적이 있었다는 점을 입증하여야 할 것이고, 거래거절행위로 인하여 현실적으로 위와 같은 효과가 나타났음이 입증된 경우에는 그 행위 당시에 경쟁제한을 초래할 우려가 있었고 또한 그에 대한 의도나 목적이 있었음을 사실상 추정할 수 있다 할 것이지만, 그렇지 않은 경우에는 거래거절의 경위 및 동기, 거래거절행위의 태양, 관련시장의 특성, 거래거절로 인하여 그 거래상대방이

---

325) Douglas Melamed & Ali M Stoppelwerth, "The CSU Case: Facts, Formalism and the Intersection of Antitrust and Intellectual Property Law", 10 Geo. Mason L. Rev. 407, 426, 427(2002).

입은 불이익의 정도, 관련시장에서의 가격 및 산출량의 변화 여부, 혁신 저해 및 다양성 감소 여부 등 여러 사정을 종합적으로 고려하여 거래거절행위가 위에서 본 경쟁제한의 효과가 생길 만한 우려가 있는 행위로서 그에 대한 의도나 목적이 있었는지를 판단하여야 할 것이다."라고 판시하여 마치 시장지배적 사업자의 거래거절행위를 마치 형법상의 목적범과 유사하게 이해하고 해석하고 있는 것으로 보인다.

(3) 검토

앞서 본 우리 대법원의 판결에 대하여, 행위의 부당성이 그 주관적 의사에 의하여 도출되는 것인지 내지 그 목적에 의하여 달라지는 것은 아니라고 할 것인바, 비유적으로 건기에 쥐불놀이와 같은 불이 날 수 있는 행위를 금지하는 규범은 쥐불놀이가 불을 낼 의도로 이루어진 것이 아님에도 불구하고 그 입법의도가 화재 발생의 위험을 방지하기 위한 것이므로 금지규범으로 지켜져야 하고, 만일 불을 낼 의도가 아닌 쥐불놀이의 목적으로 해충 박멸을 위해서 낸 불이 화재를 일으켰다면, 이는 책임의 귀속 단계에서 참작하여 손해배상액을 산정하면서 감경사유가 될 수 있다든지 하는 것으로 갈 것이지 위법성 내지 부당성의 판단을 달리하는 요소가 되지 않는 것과 같다고 본다.

한편, 이러한 우리 대법원의 태도는 앞서 미국의 코닥 사건에 대하여 비판하였던 것과 같은 관점에서 타당한지 의문이 있다. 어떤 목적이나 의도를 가지고 경쟁제한적인 행위를 한 것인가 하는 것은 경쟁적인 시장질서를 유지, 형성하는 것을 입법목적으로 하는 경쟁법의 관점에서는 시정명령의 적절성을 판단함에 있어서 필요한 사항이 아니라고 보이기 때문이다.

하지만 이러한 이론적인 측면에도 불구하고, 우리나라의 경우 법체계상 공정거래법 위반이 형사처벌과 연계되어 있어, 입법적인 개정이 없는 한 우리의 경우에는 어쩔 수 없이 필요한 사항이라고 할 것이다.326)

---

326) 미국의 경우에도 형사처벌을 위해서는 'general intent crime'인지, 'specific intent crime'인지와 같은 의도를 중요하게 생각한다.

라. 전략적 경영판단과 경영상 정당화 사유의 항변[327]

(1) 미국의 경우

경영상 정당화 사유(business justification)를 내세워 일방적 거래거절행위를 정당화할 수 있는가라는 점이 코닥 사건에서 고려되어야 할 또 하나의 요소이다. 이에 대한 비판은 이러한 경영판단이라는 주장을 받아 주게 되는 경우 라이선스를 거절하는 사업자가 실제로 의도하고 있는 착취적인 남용행위(predatory conduct)[328]를 감추기 위한 방편으로 사용될 수 있다는 것이다.

(2) 우리 대법원의 태도

우리 대법원도 전략적 경영 판단이라고 하면서 부당한 거래거절행위와 구별되어야 할 행위로서, 부당성이 없는 예로 인식하고 있다고 판단된다. 우리 대법원은 일반론으로 다음과 같은 논지에 기초하여 시장지배적 지위 남용행위 역할에 대하여 제한적으로 보려고 하고 있다. 유형재인 본건에서는 타당한 논지일 수 있으므로 일반적으로 대법원의 논지가 타당하지 않다고 할 수는 없다고 본다. 하지만 네트워크 산업에서는 다음과 같은 대법원의 논지가 과연 타당한 것인지는 의문이 있을 수 있으므로 대법원의 이 사건에서의 판지를 다른 사건에 확장하는 것에 대해서는 신중하여야 한다.

한편, 우리 대법원은 "과거 개발경제시대의 영향 등으로 독과점의 폐해에 대한 우려가 큰 우리나라 경제현실 등에 비추어 볼 때 시장경제원리가 제대로 작동하기 위한 전제조건으로서의 경쟁 기능의 유지를 위하여 시장지배적 지위남용행위에 대한 규제가 매우 중요하다 할 것이다. 그러나 다른 한편으로 최근의 이른바 경제의 첨단화 및 세계화 등의 추세를 감안하면 위 규제가, 기업이 창의력을 바탕으로 세계적 경쟁력을 키우고 궁극적으로는 소비자후생 증대와 경제발전에 기여할 수 있는 방향으로 운용되도록 배

---

327) 'Business Justification'을 경영판단이라고 번역하는 것에 대하여, 이미 상법상 널리 사용되는 용어인 'Business Judgment Rule'과의 혼동의 우려로 인하여 피하려고 '경영상 정당화 사유'로 번역하였다.

328) 라이선스를 거절하는 행위가 라이선스를 하지 않겠다는 의사인 경우도 있지만 많은 경우 뒤에서 논의하게 되는 것과 같은 고율의 로열티를 받아내기 위한 전략적인 방법으로 사용되는 경우가 많은 것이다.

려할 필요 역시 그에 못지않다 할 것이고, 위 규제가 불합리하거나 과도하여 기업이 자신의 능력을 충분히 발휘하는 데 장애가 되어서는 곤란할 것이다. 즉 오늘날 기업들은 매우 다양한 방법으로 전략적 사업활동을 영위하고 있고, 그 과정에서 다른 사업자들과 계약을 체결하고 거래를 하기도 하지만, 매우 다양한 이유에서 계약의 체결을 거절하거나 계약상대방을 결정하고, 계약조건을 흥정하기도 한다. 그런 과정에서 경쟁을 해치는 거래거절에 대해서는 이를 위법한 것으로 보아 시정조치함으로써 경쟁을 회복시켜야겠지만, 경쟁제한적인 의도나 목적이 전혀 없거나 불분명한 전략적 사업활동에 관하여도 다른 사업자를 다소 불리하게 한다는 이유만으로 경쟁제한을 규제대상으로 삼는 법률에 위반된 것으로 처분한다면 이는 그 규제를 경쟁의 보호가 아닌 경쟁자의 보호를 위한 규제로 만들 우려가 있을 뿐 아니라, 기업의 사업활동을 부당하게 위축시켜 결과적으로는 경쟁력 있는 사업자 위주로 시장이 재편되는 시장경제의 본래적 효율성을 저해하게 될 위험성이 있다.”고 하면서 전략적 사업활동이라는 용어를 사용하고 있는바, 전략적 사업활동이라는 것이 경쟁제한성 판단에 어떤 차이를 주는 것인지 의문이고, 결국 이러한 용어례는 사업상 정당화 사유라는 개념을 사용하려고 하는 것이 아닌가 하는 생각이다.

  (3) 검토

  미국의 경우 코닥 사건에서 법원은 경영판단이라는 주장을 우선 받아들이고 있다. 하지만 기술시장이 문제가 되는 경우에는, 특허권과 같은 지적재산권의 행사가 문제가 되는 상황에서 특히 이러한 경영판단 내지 경영상의 정당화 요소들이 주장되는 경우가 많을 것이고, 이러한 주장들은 특허권의 정당한 행사라는 주장과 함께 계속적으로 사건마다 등장하게 되는데, 라이선스의 거절이라는 문맥에서는 특허권자의 자신의 혁신에 대한 더 많은 수익의 달성이라는 목적과 경쟁의 촉진을 통한 공공의 이익의 확보를 형량하여야 하는 상황이므로, 경영판단이라거나, 경영상의 정당화 사유와 같은 주장은 제한적인 위법성 조각사유로 보는 것이 타당할 것이다. 왜냐하면, 앞서 언급한 것과 같이 심지어 경쟁자를 배제하는 것과 같은 것도 수익극대화를 위한 경영상 판단 내지 경영전략의 일환일 수 있기 때문에 이다. 여기서도 경영전략을 고려할 경우 자칫 1종 및 2종 오류의 발생가능성이 존재한다.

그럼에도 경영상 정당화 사유의 경우, 1종이건, 2종이건 오류 발생의 가능성은 재판에서 항상 존재하는 것이고 이러한 오류발생의 가능성을 최소화하는 것이 규범설계나 재판의 목적이다. 그런데 전자의 주관적 요소의 고려와는 달리 경영상 정당화 사유의 고려는 만일 이것을 고려하지 않았을 경우의 산업에 미치는 폐해가, 달리 말해 1종 오류의 우려인 위법행위를 위법행위로 판단하지 않는 오류가 가져올 폐해에 비하여 2종 오류인 위법행위를 위법행위로 판단하지 않을 경우의 폐해에 비하여 항상 크다고 볼 수 없어 형량이 필요하기 때문이다.

다만 우리 법상 위치 지음에 있어서는 문제가 있다. 사견으로 이러한 사유가 경쟁제한성이 없다는 것의 하나의 사유로서 기능하면서, 항변으로 역할 한다고 보며, 다만 이러한 경영상 정당화 사유의 인정은 매우 제한적이고, 시장의 전체적인 상황을 종합적으로 고려하여 경쟁제한성이 인정되기 어려운 사정이라고 판단될 경우에 한하여 인정하는 것이 타당하다고 본다.

이와 같은 정당화 사유를 인정함에 있어서 종전의 다수적인 견해와 같이 해석하는 경우에 별도의 입법이 필요한 것인가에 대하여, 위법성의 조각은 별도의 조문상의 근거가 필요하지는 않기 때문에 별도의 입법이 필요한 것도 아니라고 본다.

4. 결 론

정리하면, 우리 공정거래법 제3조의2와 제23조의 관계에 있어서, 양자의 관계는 본건과 같은 거래거절 사안에 대하여, 제3조의2에 의하여도 사업방해의 한 양상으로 일방적인 거래거절을 심사지침에서 규정하고 있음으로 인하여, 서로의 관계가 문제가 되고 있다. 이 점에 대하여 대상 사건의 다수의견과 소수의견 간에 견해가 대립하고 있고, 이를 구별하여야 한다는 입

장에서는 제3조의2의 경우에는 경쟁제한성이라는 요건이 추가적으로 필요
한 것이며, 제23조에서는 이것이 필요 없다는 점에서 차이가 난다고 본다.
박시환 대법관의 소수의견이 아닌 다른 소수의견에서는 이 문제를 추정규
정으로 보아 해소하려고 한다.

결론적으로 위 양자의 관계는 전통적으로 이해하고 있는 것과 같이 특수
관계로 보는 것이 타당하다고 보이며, 별개의 경쟁제한성이 부당성의 요건
이 되는 것은 아니라고 본다. 하지만 경영상 정당화 사유의 항변과 같이 위
법성 조각사유로 공정거래위원회의 판단에 대하여 상대방인 피심인 내지
공정거래위원회의 시정명령 등의 취소를 구하는 원고가 이를 경쟁제한성을
인정할 수 없음을 입증한다면, 위법성을 조각하여 줄 수는 있다고 생각한
다. 위법성의 조각은 별도의 조문상의 근거가 필요하지는 않기 때문에 별도
의 입법이 필요한 것도 아니라고 본다.

요약

공정거래법 제3조의2는 시장지배적 사업자의 경우 그 경쟁의 양상이 이미 시장에서 시장지배적 지위에 있는 사
업자의 존재로 인하여 잔여경쟁의 유지가 쟁점이 되는 시장으로서 이러한 시장지배적 사업자에게 보다 높은 수
준의 경쟁에 대한 의무를 부과하는 것으로 입법목적으로 하는 조문이라고 이해하는 것이 옳다고 본다. 그러므로
특수관계로 이해하는 견해가 타당하고, 이러한 견해에 의하더라도 입법목적의 차이 내지 각 조문의 존재의의는
인정될 수 있다고 할 것이다. 그리고 별도의 규정이 없다고 하더라도 위법성을 조각사유 및 항변을 인정하는 것
은 가능하므로 경쟁제한성 내지 위험의 부존재를 항변으로 허용하는 것은 필요하다고 본다. 공정거래법 제3조의
2와 관련하여 시장지배적 사업자에 대하여 제3조의2가 규정하는 것은 통계적인 귀무가설이 시장지배적 사업자
가 일정한 행위를 하는 경우에는 시장에서의 경쟁을 제한하거나 할 우려가 있다는 것을 통계적으로 인정하고 있
다고 이해된다. 하지만 그렇다고 하여 이러한 귀무가설(歸無假說)[329]이 참이 아닌데 귀무가설을 받아들일 우려
(2종 오류)는 여전히 존재하므로 이를 피할 수 있는 방법을 법은 설계하여 행위자에게 제공하여야 한다. 위법성
조각사유로 공정거래위원회의 판단에 대하여 상대방인 피심인 내지 공정거래위원회의 시정명령 등의 취소를 구
하는 원고가 이를 경쟁제한성의 없음을 포함한 정당화 사유를 항변으로 주장하여 입증한다면, 위법성을 인정하는
귀무가설을 기각하는 것이 타당하다. 이를 법적으로 말하면, 경쟁제한성에 국한하여 보자면 이홍훈, 안대희 대법
관의 소수의견과 같이 다른 구성요건을 충족하면 시장지배적 사업자의 경우에는 일단 부당한 행위를 한 것으로
추정하고, 이러한 추정을 당해 사업자로 하여금 복멸하도록 하는 것이 타당하다고 본다.

---

329) 통계학에 나오는 수학용어로 귀무가설(Null hypothesis) H0, 대립가설(Alternative hypothesis)
H1이 있다. 사회과학연구방법론에서 가장 기초적인 연구방법 설계 시 고려하여야 할 요소 중의
하나이다. 귀무가설(歸無假說)이란 가설 검증에서, 표본에 의하여 그 진위가 검증되어야 할 가
설. 두 모수치 사이에 차이가 없다고 하는 가설로, 기각될 것을 상정하고 있으므로 이런 이름이
붙었다. 이 가설이 기각되지 않으면 모수치들 사이에 확률적으로 차이가 없다고 결론 내리며,
기각된다면 차이가 있다고 결론 내린다.

Ⅰ. 경쟁법 및 지적재산권법 사건에서의 전문가 증인의 필요성의 증대

소송에 있어서 전문가증인의 역할은 점차 중요해지고 있다. 특히 경쟁법 관련 사건이나 특허법 관련 사건과 같은 경우에는 법관이 스스로의 경험칙과 전문적인 식견만을 가지고 판단할 수 없으며 변호사도 외부 전문가의 도움을 받지 않고 독자적으로 소송을 수행하기에는 어려운 사실적인 문제들이 발생하고 있다.

이러한 문제가 경쟁법의 영역에서 등장하는 경우와 관련된 전형적인 문제가 바로 마이크로소프트社와 관련된 일련의 미국, 유럽공동체, 한국에서의 소송에 응축되어 있다고 본다. 이러한 일련의 소송 중에 마이크로소프트社가 자사의 사업모델(business model)로 추구하여 온 소위 '統合模型(integration model)'과 관련된 쟁점들과 상호운용성과 관련된 쟁점들은 여전히 해소되지 않은 문제들을 노정하고 있다.

과학기술의 진화라는 것은 뉴턴이 말했던 것처럼 어느 한순간에 어느 천재의 번쩍이는 발상에 의하여 이루어지는 경우도 있지만, 기존 다른 거인들의 어깨에서 이를 기대어 새로운 자신의 아이디어를 발전시킴으로써 혁신적인 발상이 나오고, 이러한 발상들이 현재화되는 과정을 통하여 진화가 이루어지는 경우가 대부분이다.331) 이러한 점을 염두에 둔다면, 제품의 진화라

---

*) 본 절은 최승재, "경쟁법 사건에서의 전문가증인의 역할과 한계에 대한 연구 - IT 산업의 특성에 이에 대한 사법적 고려", 한양법학, 한양대학교 법과대학(2008. 3.)을 중심으로 하여 정리하였음.

331) 뉴턴은 자신의 업적에 대한 질문에 대하여, "만일 내가 다른 사람보다 조금이라도 멀리 내다볼 수 있었다고 한다면 그것은 나에게 거인들의 어깨가 있었기 때문이다."라고 답했다고 한다.

는 것도 마찬가지로 사이클을 가지고 반복되기도 하는 주기성을 가지고 있기도 하며, 그 과정에서 기술의 발전에 따라 이러한 기술과 제품들의 融合(convergence)332)과 分離(divergence)333)가 이루어지면서 발전 변화하게 된다.

이러한 발전과정에서 법규범의 역할에 대하여, 경쟁법의 관점에서 경쟁규범이 과학기술의 혁신에 기여할 수 있도록 하기 위하여 어떤 모습이어야 하는가와 관련하여 이 글에서는 법경제학의 현재의 역할을 보고, 미래의 모습에 대한 요청을 살펴보려고 한다.334) 소송에 있어 법경제학이 이러한 제품들의 융합 내지 통합, 상호운용성을 경쟁법의 관점에서 분석하는 도구로 활용되는 맥락은 우리가 '시장획정'이나'경쟁제한성'이라는 표제하에서 논의하는 위치라고 이해된다. 끼워팔기의 경우를 예를 들면, 법경제학은 융합이건 통합이건 '끼워팔기'라는 이름하에 규제할 수 있는 것인지,335) '끼워팔기'가 경쟁을 제한하는 '끼워팔기'인지 아니면 경쟁을 제한하지 않는 경우인지에 대하여 통계적인 자료의 분석을 통하여 의견을 제시하게 되는 것이다. 물론 이러한 의견은 단순한 경제학이 아니라, 규범적인 판단을 전제하는 법경제학적인 역할이 중요하게 포착되는 지점이다.

이 글에서는 이러한 '시장획정'과 '경쟁제한성'의 판단과 관련하여, IT 시장에서 '시장획정'과 '경쟁제한성'이라는 것을 판단함에 있어 법경제학적인 분석을 하는 것에 마이크로소프트 사건에 중심으로 하여 살펴보고 이를 통하여 시사점을 얻고자 한다. 이를 위하여, 우선 Ⅱ에서는 마이크로소프트사가 속하였던 출발점으로 IT 시장 내지 산업의 특성에 대하여 살펴보고, Ⅲ에서는 전문가 증인의 역할에 대한 이론적인 검토를 하고, 이를 마이크로소프트 사안의 기능 통합과 끼워팔기라는 쟁점을 중심으로 하여 적용하여 검

---

332) 모바일 폰에 카메가 결합되는 것과 같은 것이 기술융합의 예가 될 것이다.

333) 복잡한 모바일폰에서 인터넷 기능을 제거한 '비-위피 폰'이 이러한 분리의 예가 될 것이다.

334) 1897년 미국의 올리버 웬델 홈즈 대법관은 하버드 로 리뷰 기고문에서 "명문의 법(black letter law)에 대한 합리적인 공부를 하는 사람들은 현재의 법률가라고 할 수 있다. 하지만 미래의 법률가는 통계학과 경제학에 능통한 사람이다."라고 썼다고 한다(최승재, "미국대법관이야기", 시민과변호사, 2008년 3월호).

335) 유럽공동체 사건에서의 경제분석 자료와 한국 사건에서의 자료는 서로 쟁점을 같이하여 겹치는 부분에서 공유될 수 있으므로, 한국에서 자료가 있는 경우에는 한국 자료를 원용한다.

토하여 보고, Ⅳ에서는 마이크로소프트 사안의 상호운용성과 관련된 일방적 라이선스의 거절과 이에 대한 구제책으로 지적재산권의 강제적인 라이선스와 관련된 쟁점을 중심으로 하여 법경제학적인 접근 및 이의 역할과 한계에 대해 검토하여 보겠다. 마지막으로 Ⅴ에서 향후의 전개에 대한 몇 가지 전망을 하는 것으로 이 글을 마무리하려고 한다.

Ⅱ. IT 산업 내지 시장의 특성

1. IT 산업의 의미

시장을 살펴보는 것은 경쟁법의 판단을 함에 있어서 가장 우선적으로 하여야 하는 일이다. 하지만 문제는 IT 산업이라고 부르는 이러한 용어가 사실은 법학적인 관점에서는 精緻性이 떨어지는 용어라는 점이다. 도대체 IT 산업이 무엇인가? 전자전기 산업, 소프트웨어 산업, 아니면 정보가전산업 등 어느 영역까지가 정확히 이러한 범주에 들어가는 것인지가 명확하지 않다. 하지만 우리가 IT라고 부르는 산업의 공통적인 특징은 있다고 보인다. 그러므로 모든 산업에 통용되는 공통되는 특징만을 살펴보는 것으로도 이러한 산업이 다른 산업에 비하여 어떤 특징을 가지고 있고 이러한 특징은 시장을 파악하고, 경쟁법을 적용하는 맥락에서 어떻게 고려되어야 하는지에 대한 검토를 하기 위한 선제적인 작업으로서의 의미를 가질 수 있을 것이다. 왜냐하면, 시장마다 발생하는 경쟁의 양상이 상이하고, 이러한 점에서 경쟁당국의 시장에 대한 접근은 각 시장이 가지고 있는 특성을 반영하는 것이기 때문이다.

2. IT 산업의 특징

소위 신경제라는 용어를 사용하여, 이러한 IT 산업의 특성을 표현하려는 시도가 있다. 이러한 용어 선택에 대해서는 논자에 따라 쉽게 동의할 수 없는 것일 수도 있지만[336] 어떤 용어례를 사용한다고 하더라도 소위 신경제라고 불리는 산업들은 디지털화라는 물결과 아울러 이러한 신경제 상품이 시장에 출시되면서, 다음과 같은 특징들을 가지게 되었다.

가. 플랫폼(platform) 전이가능성의 증대

시장의 경쟁 양상이 동태적으로 IT 산업의 경우에는 변화가능성이 높다는 점이 가장 중요한 시장에 주는 메시지이다. 플랫폼이라는 관점에서 보면 기존의 시장과 IT 시장의 차이가 쉽게 다가올 수 있다. 기존의 시장의 예로 자동차 시장을 염두에 둔다면, 자동차 시장에서의 기본적인 모델이 가지고 있는 기본 형식은 여전히 포드의 모델 T에서의 모형과 지금의 자동차의 모형은 동일하다. 물론 자동차 업계는 진보하여 왔고, 타이어도 발전하여 왔고, 전자장치를 통하여 자동차를 제어하는 기술의 발전은 놀라운 속도로 진행되고 있다. 하지만 기본 플랫폼의 변화는 없다. 개선적인 발전은 있지만, 그 개선의 기반 자체가 변하지는 않는다. 이런 상황에서는 후발주자들이 선발주자를 따라잡는 것은 매우 어려운 일이다.

하지만 IT 산업의 경우에는 새로운 플랫폼이 등장하고, 플랫폼 간의 경쟁이 이루어지고, 이러한 경쟁에서 도태되면, 플랫폼이 소멸하게 된다. 저장매체의 경우는 매우 극적인 예인데, 저장표준에 대한 베타와 VHS 간의 유명한 경쟁에서 VHS가 승리하였고, 이러한 승리는 결국 베타 방식을 네트워크 효과에 의하여 시장에서 축출하였다. 그리고 이러한 승리는 상당 기간 지속되었다. 하지만 이러한 지속기간은 점차 단축되고 있고 이러한 현상을 가속화될 것이다. 비디오테이프는 CD(Compact Disk)라는 저장장치에 의하여 축출되었다.[337]

이 CD는 다시 DVD에 의하여, 이 DVD도 다시 블루레이 방식과 HD DVD라는 방식 간의 표준 경쟁이 진행되고 있고, 어느 쪽이 플랫폼의 역할을 하는가에 따라 향후 이들 간의 경쟁에서 생존하는 쪽이 시장을 선도하

---

336) Christian Ahlborn, et al., "Competition Policy in the New Economy: Is European Competition Law Up to the Challenge", 5 Eur. Competition L. Rev. 156(2001).

337) 예를 들어 VHS의 특허를 통하여 보호받을 수 있는 지적재산권에 의한 보호가 기술의 발전에 의하여 경쟁시장하에서 새로운 DVD 포맷의 등장으로 무용지물이 되는 상황이 발생할 수 있게 되고 지적재산권의 보호는, 이러한 플랫폼 경쟁에서는 일방 플랫폼만을 지원하는 지적재산권은 보호되는 지적재산권이라는 것과는 다른 맥락에서 무용한 지적재산권이 된다.

겠지만, 이러한 시장 선도는 다른 플랫폼에 의하여 대체될 것이다. 이러한 가속화된 새로운 플랫폼의 등장은 기존 시장에서 시장지배적인 지위에 있는 회사들조차도 전통적인 영역으로 IT가 아닌 영역과는 달리 플랫폼 경쟁에서의 패배 또는 새로운 플랫폼을 채택하지 않음으로 인하여 기존 시장이 소멸함으로써 시장과 함께 소멸할 수 있게 되는 것이다.

이러한 플랫폼 전이가능성의 증대는 결국 IT 산업의 경우 이들의 속해 있는 시장에서의 현재의 시장점유율이라는 것이 미래의 시장점유율을 예측하는 정보로서 적당하지 않을 수 있는 가능성을 높여 준다는 중요한 시사점을 준다.

나. 한계비용의 영(零)으로의 수렴

또 하나의 특징적인 점을 들자면, 소프트웨어 산업의 경우 연구개발비용은 많이 소요되지만 일단 개발되고 나면 생산을 위한 비용은 거의 없는 수준에 귀결되어 限界費用(maginal cost)이 零으로 수렴하게 된다는 점이다. 이러한 점은 IT 산업에서의 제품에 대한 불법복제 가능성이 매우 높아진다는 것을 의미하고, 이러한 강력한 유인을 감안하면, 이러한 불법복제에 대한 억지력을 확보하지 않으면 산업 발전의 유인을 상실할 수 있게 된다는 점을 의미한다.

경쟁법의 관점에서는 어떤 시사점을 주는가? 연구비만 감모상각(amortization)이 이루어지면, 위와 같은 종류의 제품들의 비용구조는 회계학적인 관점에서 매우 강력하여지게 된다. 역으로 경쟁자의 입장에서는 기존 모듈을 사용하지 않고는 쉽게 기존 시장에 진입하는 것이 용이하지 않다는 것을 의미한다. 결국 네트워크 효과로 인한 소비자의 고착효과(lock in effect)를 고려하지 않더라도 신규진입은 이미 비용구조라는 관점에서 용이하지 않다는 것을 의미한다. 하지만 그렇다고 하여 비용관점에서 신규진입의 용이성을 획일적으로 이야기하는 것은 위험할 수 있다. 왜냐하면, 혁신적인 저비용구조의 연구개발에 의한 제품이 출시되는 가능성은 항상 열려 있기 때문이다. 다만 장기적으로 이러한 새로운 제품이 상업성을 유지할 수 있는가 하는 것은 다른 맥락의 문제이지만, 쉽지 않은 것은 사실이고, 많은 경우 흡수 합병이나 피인수기업이 됨으로써 사업화하는 경우가 많은 것으로 보인다.338)

다. 내구성의 증대에 따른 동일 회사의 제품 라인업 간 경쟁의 증대

IT 산업의 경우에는 내구성(durability)이 구경제 시대보다 훨씬 큰 내구재 (durable goods)의 비중이 크기 때문에 경쟁의 양상이 자신의 제품 라인업 사이에서 일어나게 되어 구버전과 신버전의 제품 간에서도 서로 경쟁이 일어난다.[339] 그러므로 신버전은 항상 구버전이 가지고 있는 익숙함을 뛰어넘기 위해서 신버전을 구매하지 않으면 사용할 수 없는 기능이 포함되어야 하며, 단순히 향상된 기능을 가지고 있다고 하여 새로운 수요가 발생하게 되는 정도는 그리 크지 않다. 더구나, IT에서는 많은 부분이 소프트웨어화 하면서, 하드웨어의 기능향상이 그 자체의 교체가 아닌 펌 웨어(Firmware) 의 교체와 같은 소프트웨어의 교체에 의하여도 이루어질 수 있게 되어, 이러한 IT 기기 내지 제품의 내구성 내지 수명은 더욱 증가하게 되었다. 따라서 이러한 점으로 인하여 기존에 대형 성공을 거둔 제품의 후속작들이 개선된 제품임에도 불구하고 마케팅에서 실패하는 경우는 IT 산업에서는 드물지 않게 볼 수 있는 현상이다. 바로 이러한 점은 디지털화라는 메가트렌드와 연관되어 있는 현상으로 실제 디지털화는 IT 경제 내지 IT 산업 전체를 관통하는 화두이다.

라. 네트워크 효과

또한 IT 산업에서는 긍정적인 외부성의 하나인 네트워크 효과[340]로 인하여, 그 네트워크에 포함되어 있는 사용자의 수 또는 소비자의 수가 증가할

---

338) 다만 이러한 점은 정도의 문제일 뿐, 소프트웨어 산업만이 이런 것은 아니고, 초기에 많은 투자 비용이 소요되는 대규모 장치산업인 반도체나 LCD 산업의 경우에도 초기 시장 선도자가 대규모 투자를 하여, 일정기간 동안 감가상각을 완료한 장비로 생산을 하게 되면, 후발업체들이 이들 선도업체를 따라잡는 것은 매우 어려운 일인 점도 마찬가지이다. 바로 이러한 점이 초기에 난립하였던 반도체나 LCD 업체들이 점차 시간이 지나면서, 정리되어 소수의 업체만으로 잔존하게 되는 이유가 된다.

339) 예를 들어 소프트웨어의 경우 '윈도우즈 비스타'와 '윈도우즈 XP'가 서로 간에 경쟁을 하는 양상이 일어나고 있다는 것을 들 수 있을 것이다. '윈도우즈 XP' 사용자의 경우에도 비스타의 새로운 기능을 사용하는 것 대신 익숙한 기존 윈도우즈 XP를 사용한다고 하더라도 현실적으로 PC를 사용하지 못하게 되는 것이 아니므로, 상호간에 수용에 대한 경쟁이 발생할 수 있게 되는 것이다.

340) Katz, M. L. & Shapiro, C. "Network Externality, Competition, and Compatibility", The American Economic Review, 75(3), 424－440(1985).

수록 소비자들의 효용이 산술급수적인 증가가 아니라, 기하급수적으로 증가하게 되므로 소비자들은 다른 소비자들이 사용하는 제품을 사용하게 되는 강도가 더 커지게 되는 효과가 발생한다고 말해진다. 다만, 이러한 효과가 있다는 것과 이러한 네트워크 효과로 인하여 소비자들이 새로운 제품으로 옮겨 갈 수 없도록 특정한 제품에 대한 쏠림현상(tipping effect)에 노출되게 되는 정도는 각 제품군이나 산업별로 차이가 있을 것이다.[341] 이러한 네트워크 효과는 마켓터(marketer)의 관점에서는 소위 메칼프 법칙[342]이라는 이름으로 불리기도 한다.[343]

물론 앞서 언급한 것과 같이 이러한 네트워크 효과를 통한 기존 시장에서의 경쟁우위 역시도 기술의 급격한 발전을 통하여 우회될 수 있다. 하지만 기존의 많은 제품들이 독자적인 제품(stand－alone product)이었다면, 오늘날의 제품들은 많은 경우 네트워킹(networking)이 중요한 요소가 되고 있으므로 이러한 네트워킹이라는 IT 제품의 화두를 염두에 두면, 네트워크 효과가 작동하는 제품의 군은 점차 증가할 것이다. 예를 들어, 자동차의 경우에도 자동차 간에 교신을 하는 내재된 네트워크망을 가진 자동차가 내비게이션 시스템(navigation system)에 추가되면, 이러한 시스템의 중요성에 따라서는 네트워크 효과가 유의미한 정도가 될지는 알 수 없으나 분명히 발생하게 될 것이라는 것을 예상할 수 있다.

물론 여기서의 네트워크 효과는 네트워킹에서 말하는 실제의 망만을 염

---

341) 예를 들어 '혹시 주변인들 중 인터넷 전화를 사용하지 않는다면, 향후 인터넷 전화가 보급될 것을 감안해 가입자 수가 많은 업체를 선택하는 것이 좋다.'(VoIP(Voice over the internet Protocol)는 인터넷 전화로 불리며, 점차 그 가입자 수가 증가할 것으로 보인다. 이렇게 가입자 수가 증가할 것으로 예상이 되지만, 현황에서 아직 초기 단계이므로 10여 개 업체가 경쟁을 하고 있다. 앞의 표현은 이러한 상황에서 어떤 인터넷 전화를 선택할 것인가에 대한 신문기사로서 네트워크 효과에 대한 인식을 표현한 것이라고 할 것이다
(http://news.naver.com/main/read.nhn?mode＝LS2D&mid＝sec&sid1＝105&sid2＝226&oid＝030&aid＝0000206851&iid＝ 2008. 1. 7. 최종접속).

342) 네트워크의 효용은 네트워크 사용자의 제곱에 비례한다는 경험적 원칙으로 무어의 법칙과 함께 IT네트워크 경제에 중요한 법칙의 하나로 이해된다.

343) 마케터의 관점에서 소비자 네트워크 가치는 거기에 참여하여 지속적인 매출을 일으키는 회원들의 수의 제곱에 비례한다는 것이다. 가령, 회원 수가 100명인 그룹과 1,000명인 그룹은 회원 수로만 따지면 10배의 차이가 나지만, 실제 그룹의 파워 측면에서는 10의 제곱인 100배의 차이가 난다. 네트워크 효과의 다른 표현이라고 생각된다.

두에 두는 것은 아님은 주지하는 바와 같지만, 종래 언급되던 네크워크 효과가 이제는 네트워킹의 강화로 실재하는 연결망으로 표출될 수 있다는 것을 말하는 의미는 있을 것이다.

마. 지적재산권의 중요성의 증대

IT 산업의 특징은 산업에서의 생산이 모듈화됨에 따라 생산 자체에서 발생하는 경쟁우위가 상대적으로 적어지게 되고, 경쟁우위의 원천이 많은 경우 지적재산권에 존재하게 된다는 것이다.[344] 이러한 현상을 극명하게 보여주는 것이 바로 미국에서의 특허 출원 순위를 보면 상위 기업들이 대부분 IT 기업이라는 것에서 알 수 있다. 결국 지적재산권의 보호를 통하여 IT 기업들은 경쟁우위를 실현하게 되고, 이러한 경쟁우위를 통하여 수익을 극대화하려고 하는 것이다.

한편, 이러한 IT 기업들의 특허를 활용한 경쟁우위 전략은 경쟁자들의 입장에서 많은 경우 생산의 모듈화를 통한 생산 원가의 인하 내지 저가 생산을 위하여 로열티의 비중을 낮추어야 하는 것이 시장의 신규진입자 내지 기존 경쟁자 중에서 시장에서 지적재산권을 확보하지 못하였거나 앞서의 표준 전쟁에서 패배한 기업들의 경우에는 경쟁을 위한 매우 중요한 요소가 되기 때문에 이러한 기업들의 관점에서는 시장지배적 지위에 있거나 시장의 플랫폼을 장악하고 있는 기업들이 보유하고 있는 기술을 둘러싸고 있는 지적재산권에 대한 공격을 하기 위한 수단을 강구하여야 할 필요성이 증대하게 되는 것이다.

바. 디지털화로 인한 기능 통합의 용이화

디지털화된다는 것이 가지는 의미는 단순히 0과 1의 바이너리 코드로 모든 현상을 표시할 수 있다는 것을 뛰어넘어서 기존에 서로 별개로 구분되어 존재하고 소비자에게 제공될 수밖에 없던 여러 가지 제품들이 디지털환경에서 쉽게 하나로 융합이 이루어질 수 있다는 것을 의미한다.[345] 시계와

---

344) 소프트웨어 회사의 경우를 예를 들어 보면, 인력자원을 제외하면, 이런 회사의 궁극적인 자산은 지적재산권 외에는 없다는 것을 쉽게 알 수 있다.

전화를 예를 들어 보면, 전화에 물리적으로 시계를 붙여 놓는 것으로 서로 결합을 시켜 놓을 수는 있지만, 하나의 단일한 제어부나 소프트웨어에 의하여 이 둘을 제어할 수 있도록 하는 것은 매우 어려운 일이다. 하지만 디지털환경에서는 이 둘은 하나의 소프트웨어에 의하여 표시되고 제어될 수 있다. 왜냐하면 둘 다 바이너리코드로 표시될 수 있기 때문이다. 디지털환경은 IT 산업의 전반적인 그림에서 가장 중요한 특성 중의 하나인 융합이 용이하게 되는 기초를 제공한다. 위의 예에서 물리적인 인접공간에 시계와 전화가 존재한다는 것과 단일한 제어프로그램에 의하여 두 가지 기능이 구현되고 제어된다는 것의 의미는 기업의 관점에서는 언제든지 내가 현존하는 시장(presented market)에 전혀 경쟁자라고 생각하지 않았던 자가 잠재적인 경쟁자로 들어올 수 있다는 것을 의미하게 된다.

이를 경쟁압력(pressure on competition)346)이라는 관점에서 놓고 보면, 기존의 경우보다 경쟁의 압력이 높아지고 대량화가 용이하여지게 된다는 것을 의미하게 되는 것으로 경쟁압력은 현재적인 경쟁압력 외에 잠재적인 경쟁압력의 증가를 모두 포함하는 의미이다.

3. IT 산업의 특징에 대한 검토: 신경제논의와의 연결

가. Posner의 소위 신경제(New Economy) 논의

앞서 IT 산업의 특징 내지 시장의 특징에 대하여 살펴보았다. 그런데 위에서 언급한 특징들은 IT 산업을 다른 산업과 달리 경쟁법적 관점에서 취급하여야 할 필요성을 제공하는 것인가? 아니면 이런 차이에도 불구하고 달리 취급할 이유는 없는 것인가? 이 논점이 바로 소위 신경제와 관련된 논쟁이라고 할 것이다.347) 신경제는 그 자체로 독자성을 가지는가 하는 것

---

345) 디지털화와 관련된 저작으로 NICHOLAS NEGROPONTE, "BEING DIGITAL", Vintage Books, (1995) 참조.

346) 잠재적 시장진입가능성이 경쟁압력에서 매우 중요한 요소임. 숨겨진 경쟁(hidden competition)의 존재가 시장에서의 경쟁압력의 정도를 결정하는 중요한 기준이 됨. 경쟁압력 내지 신규진입의 가능성은 S-C-P(Structure-Conduct-Performance) 모델을 주장하면서, 이에 기초하여 구조를 중요하게 생각하는 하버드 학파에서 가장 강조하는 요소임.

은 종래의 한계생산체감의 법칙이 적용되는 것이 아니라, 한계생산이 체증하는 현상이 발생한다는 인터넷 버블기의 이러한 새로운 현상을 어떻게 파악할 것인가 하는 일련의 논의 중에서 경쟁법의 영역에서 논의된 것을 보아야 할 것이다. 이를 좀 더 명확하게 하기 위하여 신경제라는 단어를 조어한 '포스너'는 신경제를 전통적인 경제현상들에 대하여 우선 신경제에 속하는 산업으로 컴퓨터 소프트웨어 제조업, AOL과 아마존과 같은 인터넷을 기반으로 하는 사업자, 이러한 두 개의 사업을 지원하기 위한 기기를 생산하는 사업자 군으로 정의하고 있다.[348] 따라서 신경제라는 개념은 앞서 다소 모호하게 보이는 IT 산업이라는 것에 비하여 상대적으로 협소한 개념으로 사용하였다는 것을 우선 전제로 한다.

그리고 그는 이러한 산업들이 가지는 전통적인 굴뚝 산업[349]과의 구별점을 발견하기 위하여 전통경제가 가지는 특성으로 여러 개의 공장을 가지고 있으면서, 복수의 회사에서 생산을 하고, 이에 따라 규모의 경제(economies of scale)가 공장 및 회사 차원으로 한정 지어지게 됨에 따라 평균 총 비용(average total cost)이 적정 생산량에서 상승하게 되고, 안정적인 시장 수요와 많은 자본 투자가 필요하고, 혁신의 속도가 상대적으로 느리고, 시장에서의 진입과 퇴출이 상대적으로 빈도가 낮고, 느리다는 것 등을 들고 있다.[350] 이에 반하여 신경제 사업자들은 제품의 레벨과 광범위한 생산량 수준에서 지속적으로 평균비용이 하락하고, 혁신의 속도가 매우 빠르고, 시장에 진입과 퇴출이 매우 빠르고 빈번하게 일어난다. 그리고 소비에서 규모의 경제가 소위 네트워크 효과라는 이름으로 발생하며, 표준화가 독점기업에 의하여 또는 다수의 기업의 협력에 의하여 이루어진다는 것을 특징으로 들고 있다. 또 이러한 회사들의 결정적으로 중요한 차이점은 생산의 결과물이 컴퓨터 프로그램 코드와 같은 지적재산권이라는 것이다.[351] 물론 이러한 지

---

347) Richard A. Posner, Antitrust in the New Economy, 68 *Antitrust L.J. 925, 942(2001)*.

348) *Ibid,* p.1.

349) 그가 제시하는 굴뚝산업의 예로는 철강, 자동차, 알루미늄, 전동차제조, 담배사업 등이 있다(*ibid,* p.1).

350) *Ibid,* pp.1 - 2.

351) *Ibid,* p.2.

적재산권은 CD나 DVD라는 매체에 저장되어 이동되고, 공급되는 경우가 많았다. 이러한 의미에서 이러한 소프트웨어를 제공하는 회사들은 비록 그것이 대부분 주문자생산방식(OEM: Original Equipment Manufacturing)에 의하여 이루어지는 것이기는 하지만, 신경제에서의 굴뚝 산업이라고 불릴 수 있는 면이 있었다. 하지만 이제 직접 이러한 회사들의 서버에서 다운로드되는 방식으로 소프트웨어의 공급이 이루어지게 됨에 따라 전혀 저장매체마저도 불필요하게 되어 지적재산권 외에 생산물이라고 할 수 있는 것이 없다는 Posner의 주장은 오히려 시간이 경과함에 따라 타당성을 더욱 얻게 되었다고 할 수 있다.

나. 경쟁법의 집행의 조류과 마이크로소프트 사건

경쟁법은 과연 이러한 새로운 산업의 출현에 대하여 적절하게 대응하였는가 하는 논의에 대하여 Posner는 끼워팔기를 예로 들면서, 최소한 자신이 속하는 시카고학파의 관점에서라면[352] 신경제하의 기업들에 대하여 일방적인 기업의 행위(unilateral firm action)에 의하여 경쟁을 저해하는 행위를 하고, 다른 기업과 협력을 하지 않을 것이라고 주장하는 것은 타당하지 않다고 한다.[353] 끼워팔기의 경우가 문제가 되는 전통적인 경우는 A라는 시장에서 독점적인 지위에 있는 기업이 다른 B라는 시장에서 시장 지배력을 전이하여 독점적인 지위를 구축하려고 한다는 것인데, 이 상황에서 주의하여야 할 것은 만일 당해 독점 회사가 순이익을 증대시키는 위하여 양 시장에서 판매되는 제품이 상호 보완재(complementary goods)여야 하고, 이러한 두 번째 시장에서의 독점이 당해 기업으로 하여금 시장 차별화를 좀 더 용이하게 할 수 있다는 것을 전제로 하는 것으로 만일 이러한 가격 차별화를 효율적으로 수행할 수 없다면 이러한 끼워팔기는 수익을 증대시킬 수 없으므로 규제할 필요가 없다고 주장한다.[354]

---

352) 자신의 저서인 'RICHARD A. POSNER, "ANTITRUST LAW: AN ECONOMIC PERSPECTIVE" ch. 8(1976).'을 인용하면서 스스로를 시카고학파로 규정한다(*ibid*, 2).

353) *Ibid*, p.5.

354) *Ibid*, p.5.

학파적인 논쟁이라는 관점에서 보다, 셔먼법의 제정을 통하여 도산법제와 함께 가장 미국적인 성격을 보이는 법 중의 하나인 독점규제법은 지난 100여 년 미국에서의 경쟁법의 역사를 보면,[355] 미국에서의 경쟁법의 집행은 대공황기와 같이 경기가 불황기인 경우에는 경쟁법의 집행을 다소 미루었고, 이러한 점은 경쟁법의 집행이 상당 부분 정치적인 판단과 연결되어 있다는 것을 보여 준다.[356] 학파적인 관점에서 시카고학파의 강세는 경쟁법 집행에서 경쟁당국과 법원으로 하여금 좀 더 배분적 효율성(allocative efficiency)[357]이라는 관점에서 경쟁의 보호를 해석하도록 하였다. 이러한 시카고학파의 흐름은 경쟁당국으로 하여금 아주 극단적인 사안에서 시장이 기능하지 못하는 상황이 아니면 개입하지 않도록 함으로써 경쟁법의 집행을 소극적으로 하여 오다가, 1990년대에 이르러 배분적 효율성의 개념을 좀 더 적극적으로 해석하면서 경쟁법 집행이 강화되었다.[358] 그리고 최근의 부시 행정부가 지명한 대법원은 다시 한때의 대기업과 악(evil)을 동일하게 보는 개념에서는 벗어나고 있는 것으로 보인다.

이러한 경쟁법 집행의 조류에서 매우 중요한 역할을 한 것이 바로 마이크로소프트 사건이며, 이 사건을 통하여 신경제에 대한 경쟁법 적용에 대한 고민들이 야기되었다는 점에서 특히 신경제의 주요한 특징 중의 하나인 지적재산권의 문제와 연결하여 복잡하지만, 매우 중요한 문제점들을 야기하였다. 이러한 문제들은 하지만 그 문제점의 원천에 100년 전 미국에서 고민하였던 경쟁법의 목적과 관련된 논점이 숨어 있다고 본다. 경쟁법의 목적이 효율성의 달성인가에 대해서는 의문이 있었고, 오히려 초기 입법자들이 우려하였던

---

355) Richard Hofstadter, "What Happened to the Antitrust Movement?", in The Paranoid Style in American Politics and Other Essays 188, 195(1965).

356) Carol B. Swanson, "ANTITRUST EXCITEMENT IN THE NEW MILLENNIUM: MICROSOFT, MERGERS, AND MORE", 54 Okla. L. Rev. 285(2001) p.14.

357) Bork 판사는 셔먼이 셔먼법을 제정할 당시 소비자후생(Consumer Welfare)의 증진을 입법이유로 내세웠지만, 당시에는 배분적 효율성이라는 개념은 경제학의 관점에서 이제 막 등장하는 단계에 있는 개념이었다는 것을 지적하면서, 배분적 효율성을 염두에 둔 셔먼법의 해석을 비판한다 (Robert H. Bork, The Antitrust Paradox(1978); Robert H Lande, "Wealth Transfers as the Original and Primary Concerns of Antitrust; The Efficiency interpretation Challenged", 68 The Hastings law Journal, Vol.34, Sep. 1982. pp.64 - 66. 재인용).

358) *Ibid,* p.14.

것은 큰 것에 대한 두려움과 이러한 기업의 거대화가 사회경제적인 여러 가지 해악을 끼치고 있던 독점과 트러스트의 시대를 타개하기 위하여 고안된 것이 경쟁법이었다는 점을 생각하여 보면, 어떠한 철학적인 기초에 서는가에 따라서 법경제학이 역할을 할 수 있는 범위는 달라진다. 시카고학파와 후기 시카고학파(post – Chicago school)의 번영은 법경제학에 힘을 실어 주었지만, 이러한 경제학적인 분석의 한계는 경쟁법이 목적하였던 것에 대한 생각이 달라지면 노정될 수밖에 없다. 이하에서는 마이크로소프트 사건의 실제 쟁점들을 통하여 법경제학의 역할과 한계에 대하여 각각 살펴보기로 한다.

Ⅲ. 유럽공동체 조약 제82조의 해석과 전문가증인의 역할 및 한계

1. 유럽공동체 조약 제82조의 구조와 적용범위

가. 조약의 문언

유럽공동체 조약 제82조[359]는 공동체 역내에 있거나, 그 주요한 부분이 공동체 역내에 존재하는 하나 또는 그 이상의 기업이 시장지배적 지위를 남용하는 것은 회원국 간의 교역에 영향을 미치는 한 공동체 시장 내에서는 허용되지 않는다.

그런 남용은 특히 다음과 같은 경우가 있다.

(a) 직접 또는 간접적으로 불공정한 구매가 또는 판매가를 강제하거나 또는 다른 불공정한 거래 조건을 강제하는 행위

(b) 소비자에게 해를 줄 수 있는 생산이나, 판매, 기타 기술발전을 제한하

---

359) **[Article 82]** Any abuse by one or more undertakings of a dominant position within the common market or in a substantial part of it shall be prohibited as incompatible with the common market in so far as it may affect trade between Member States. Such abuse may, in particular, consist in:(a) directly or indirectly imposing unfair purchase or selling prices or other unfair trading conditions;(b) limiting production, markets or technical development to the prejudice of consumers;(c) applying dissimilar conditions to equivalent transactions with other trading parties, thereby placing them at a competitive disadvantage;(d) making the conclusion of contracts subject to acceptance by the other parties of supplementary obligations which, by their nature or according to commercial usage, have no connection with the subject of such contracts.

는 행위

(c) 서로 다른 거래 상대방과의 대등한 거래에서 서로 다른 조건을 적용
함으로써 그들이 경쟁열위에 서도록 하는 행위

(d) 계약에 있어서 계약의 특성이나 일반적 거래관행에 비추어 계약과 관
련 없는 부가적인 의무를 계약 상대방들에게 부담하도록 하는 계약을
체결하도록 하는 행위

나. 사건에서의 대상 조문

마이크로소프트의 유럽공동체 사건은 그 대상 조문이 위 조약 제82조(d)
항이었던바, 두 가지 실체법상 쟁점이었던 '끼워팔기'와 '일방적 라이선스
거절'에 대하여 위 조항의 적용이 이루어졌다. 위 조약은 82조에서 열거한
각 행위 유형에 위반사항을 국한시키지 않고 예시하고 있는 형태를 취하고
있으며, 특징적으로 미국의 경우나 우리 법과 달리 유럽공동체 시장의 단일
한 통합이라는 공동체의 목적을 반영하여 이를 고려하도록 하고 있다.

2. 미국에서의 전문가 증인에 대한 신빙성 판단기준

가. Frye 기준에서 Daubert 기준으로

현대적인 의미에서의 경제학자와 같은 전문가 증인에 대하여 그 신빙성
을 판단하는 기준은 소위 Daubert 사건[360)]에서 제시되었다. 이전에도 Fyre
심사[361)]가 제시되었고, 심사 내용은 그 전문가의 증언내용이 해당 분야에서
일반적으로 받아들여지는 것인지가 그 기준으로 제시되었다. 이 원clr은 70
년의 세월이 흐르는 동안 대체적으로 유지되었고, 이 기준에 의하면 판사가
아닌 전문가들이 당해 증언이나 증거, 경제적인 분석 내용들을 증거로서의
신빙성에 대한 판단을 하도록 하고 있었다.

하지만 Daubert 판결을 통하여, 기존의 미국 연방 증거법(Federal Rule of

---

360) Daubert v. Merrell Dow Pharmaceuticals, 509 U.S. 579(1993).

361) Fyre v. United States, 293 F.1013(D.C. Cir. 1923).

Evidence) 제702조의 해석과 관련하여, 기존의 Fyre 심사는 폐기되고, 새로운 심사가 제안되었다. 이제 전문가 증인의 증언과 관련하여 가장 중요한 심사기준은 그들의 증언이 적절하고, 신뢰가능한가 하는 것이다. 전자의 적절성(Relevancy)은 미국 증거법상 모든 증거에 요구되는 것이고, 여전히 문제가 되는 것은 신뢰가능성(Reliability)라고 할 것이다. 결국 법관은 공정거래법 사건의 경우 사건이 배당되어 기록을 받고 검토하면서, 당사자들의 신청에 의하여 경제전문가가 기술전문가 등을 전문가증인으로 소환하여 증언의 형식으로 내지 경제분석보고서(Econometric analysis report)나 기술보고서와 같은 서증형식으로 각 증거조사를 하게 되면, 제출된 증거에 대하여 다음과 같은 점을 검토하여야 한다고 Daubert 사건에서의 심사는 법관에게 요구하고 있는 것이다.

우선 당해 증언 내지 서증에서 사용된 분석기법이 일반적으로 받아들여지는 기법인지 아니면 독자적인 분석방법으로 학계에서 일반적으로 받아들여지지 않은 기법인지 하는 구체적인 내용에 들어가기 이전 단계에서의 분석기법의 타당성에 대한 판단을 하여야 한다는 것이다. 이를 위하여 학회나 동료 전문가들의 진술을 청취하거나, 논문 등에 의하여 지지되고 있는 것인지를 법관이 직권으로 조사하여 볼 수 있을 것이다. 이러한 Daubert 심사로의 전환을 통하여 이제는 특정한 전문가 증언이나 보고서를 채택할 것인지, 어느 정도의 신빙성을 줄 것인지 하는 것은 이제 미국의 경우 법관의 영역에 있게 된 것이다. 다만, 법관이 판단할 것은 전문가증인의 증언내용의 당부가 아니라, 증인의 방법론(methodology)의 당부이고, 경제전문가나 기술전문가가 아닌 법관이 그 구체적인 내용에 대한 당부 판단을 하는 것은 아니다.

나. General Electric 사건

미국의 경우 연방제 국가의 특성으로 인하여, Frye 심사에서 Daubert 심사로의 전환에도 불구하고, 여전히 주법원의 경우에는 Frye 심사를 채택하고 있는 곳들이 있지만, 연방법원의 경우에는 Daubert 심사를 채택하게 되었다. 그런데 연방법원의 Daubert 기준의 채택은 전반적으로 법관의 전문가증인 채택률을 떨어뜨리는 방향으로 작동하였고, 이에 따라 다시 연방대법원이

하급법원에게 전문가 증인 신청을 기각하는 기준을 제시하여 줄 필요성이 발생하였다. 이러한 맥락에서 나온 사건이 바로 General Electric 사건[362]이다.

이 사건은 발암물질인지 여부와 관련한 소송으로서 쥐에 대한 실험을 통하여 인간에 대하여 특정한 화학물질이 암을 유발할 수 있는가와 관련된 소송으로 연방지방법원은 쥐에 대한 실험결과를 인간에 대하여 대입하여 암을 유발한다고 결론을 내리는 것은 적절하지 않다는 이유로 하여 전문가 증언을 받아들이지 않았다. 이 사건에서 미국 연방대법원은 전문가 증인의 증언 등을 배척함에 있어 이러한 판단이 위법으로 판단이 되려면, 법관이 재량을 남용하여야 하는데,[363] 당해 사건에서는 이러한 법관의 재량 일탈 내지 남용이 없다고 판시하였다. 이 사건이 흥미로운 점은 법관이 사실은 방법론뿐만 아니라, 구체적인 판단에서의 내용에 대한 판단을 이 사건의 경우에는 사실상 한 것이고, 이러한 경우에 그 판단이 위법하게 되려면, 재량권의 일탈 내지 남용이 있어야 한다고 하는데, 이러한 일탈 내지 남용의 입증이 미국에서도 이루어지는 경우가 그리 많지 않다는 점을 염두에 두면 이 사건이 법관의 판단범위를 확장한 사건이라고 할 것이다.

다. 금호 타이어(Kumho Tire Co.) 사건[364]

금호 타이어 사건이 앞서의 Daubert 사건이나, General Electric 사건과 구별되는 선례로서의 의미를 가지는 영역은 이 사건이 Daubert 사건의 적용 범위에 대하여 모든 전문가 증인에 대하여 Daubert 사건에서의 기준이 일반적으로 적용되는 것인지 아니면 과학적인 실험에 기초한 반복가능성이 담보되는 경우에만 적용이 되는 것인가에 대한 연방대법원의 판단을 담고 있다는 점이다.

이 사건에서 미국 연방대법원은 미국 연방 증거법 제702조는 전혀 그 전문가 증인에 대한 판단대상을 과학적인 증거에 기초한 경우로 국한하고 있지 않으므로 과학자에 대한 경우가 아닌 다른 전문가 증인에 대한 경우에

---

362) General Electric v. Joiner, 522 U.S. 136(1997).

363) 재량권 남용 기준(abuse of discretion standard).

364) Kumho Tire Co. v. Carmichael, 526 U.S. 137(1999).

도 Daubert 기준은 그대로 적용되어야 한다고 판시하였다.

라. 공정거래법 사건의 경우

공정거래법 사건이라고 하여, 위의 기준들이 달라질 이유는 없다고 본다. 예를 들어 미국에서 실제 사건에서 사용된 것과 같이 가격고정행위 음모(illegal conspiracy to price fixing)의 경우 가격 고정의 입증을 위하여 전문가 증인이 사용한 제거법(process of elimination)을 통하여 가격고정합의가 없을 경우의 가격을 발견하는 방법과 같은 것을 경제학자가 전문가 증인으로 나와서 증언을 하는 경우 등을 예를 들어 볼 수 있다.[365]

3. 공정거래법에서의 판단의 기준과 전문가 증인의 역할

가. 판단의 원칙과 전문가 증인

당연 위법의 원칙(Per se illegal)과 합리의 원칙(Rule of Reason)의 대립과 관련하여, 전문가 증인의 역할을 달라진다. 당연 위법의 원칙을 적용할 경우에는 전문가 증인이 들어와서 입증할 수 있는 부분은 그리 많지 않다고 생각된다. 왜냐하면, 예를 들어 끼워팔기를 하였는가 아닌가 하는 점에 대하여, 기술적 끼워팔기 사건이 마이크로소프트 사건의 경우 이미 제품에 윈도우즈 미디어 플레이어가 포함되었다는 점에 대해서는 논란이 없었고, 이 점은 사실관계의 확정의 점에서 명확하게 드러나는 것과 같이 대부분의 사건에서 전문가 증인이 개입하지 않더라도 사실관계의 입증이 명확한 경우가 많기 때문이다.

물론 앞서의 가격고정행위(price fixing)의 존재에 대하여 노골적인 담합(naked collusion)이 있지 않아서, 전문가 증인으로 경제학자와 가격고정합의가 없을 경우의 가격에 대한 증언을 하는 경우와 같은 상황을 배제할 수는 없다. 하지만 그 빈도 내지 중요성은 분명히 다를 것이다.

---

365) 최승재, "전문가 증인의 신빙성과 법원의 판단", 국회보 통권 490호, (2007. 9.) 122 – 123면.

나. 판단 원칙과 관련된 논쟁

합리의 원칙366)은 미국에서 스탠더드 오일 사건367)에서 채택된 이래 가장 중요한 독점규제법의 집행과 관련된 가장 중요한 논쟁의 중의 하나가 되었다. 1890년 미국에서 셔먼법이 제정된 이래 일련의 법들은 명백한 불공정성의 기준을 제시하지 않았다. 정확히는 당시 미국 의회가 목적으로 하였던 경제력의 집중의 방지나 이를 방지하기 위한 불공정한 거래 관행에 대한 규제라는 목적은 모두 유형화가 매우 쉽지 않았기 때문에 미국 연방 거래위원회법 제5조368)가 규정하는 있는 것과 같은 불공정한 경쟁 방법 (unfair method of competition)과 같은 매우 광범위한 규정을 두고 구체적인 집행을 공정거래위원회에 맡기는 방식을 취하였기 때문이다. 여기에서 소위 합리의 법칙이라는 해석의 여지가 발생하는 것이다.369)

한편 이론적인 관점에서 보면, 미국 의회가 신뢰하였던 '경쟁(competition)' 이라는 것이 독점규제법이 달성하고자 하는 유일한 목적인가 하는 점도 합리의 원칙과 당연 위법이라는 양자 간에 있어서 논란을 불러일으키는 원인이 된다. 경제적 효율의 증진과 일부 대기업으로의 부의 집중 방지라는 두 가지 목적 가운데 초기 미국의 입법자들이 중점을 두었던 것은 트러스트와 독점을 중심으로 하여 지속적으로 경제력이 집중되는 것에 대하여 규제를

---

366) 호벤캄프 교수는 합리의 원칙은 행정비용(Administrative cost)과 순응비용(compliance cost)을 감안하여 결정되어야 한다고 하면서, 거래비용경제학의 관점에서 합리의 원칙과 당연 위법 원칙의 분배를 주장하는바, 참고할 만한 견해이다.

367) *Standard Oil Co. v united States*, 221 U.S. 1(1911).

368) 미국 공정거래위원회법 제5조의 입법배경과 관련하여 미국 의회는 불공정한 경쟁수단(unfair methods of competition)이라는 제5조의 규정을 통하여 의회는 다양한 착취적 행위 및 사기적인 방식에 의한 부의 불공정한 이전을 방지하려고 하였음. 제5조는 크게 두 개의 범주로 그 규제대상을 나누는데, 외부적으로 시장에서의 소비자의 선택을 제약하는 것에 대해서는 공정위 경쟁국(Bureau of Competition)이 소비자자가 주어진 선택안에서 합리적인 선택을 하지 못하는 것과 관련된 문제에 대하여 소비자보호국(Bureau of Consumer Protection)이 담당하게 되었다. 이 두 개의 국은 불공정한 부의 이전 방지와 경제적 효율성의 증진이라는 점에서 만들어진 것으로 시장 실패가 있을 때 시장 실패를 교정하고, 불공정한 거래 관행을 없애는 일을 담당하는 것이다. 의회의 목적은 셔먼법의 집행을 강화하는 것이었으며, 이를 위하여 FTC 법은 셔먼법에 비하여 미래지향적이면서도, 유연한 체제를 가지고 있고, 비윤리적인거나 사기적인 행위 등을 포함한 좀 더 광범위한 규정을 가지고 있다 (Lande, *op cit*, pp.101 – 104).

369) 합리의 원칙은 공리주의에 기초한 형량의 원칙이라는 미국 전통과 친한 원칙으로 법경제학의 도입의 중요한 기초가 된다.

하여야 사회·정치적인 관점에서 사회의 안정을 도모할 수 있다는 의도가 당시의 입법의도였던 반면, 시간이 지나면서, 당연 위법 위주의 독점규제법의 운용이 가지는 문제점에 대한 인식도 분명히 증가하게 되었고, 이러한 요구가 바로 합리의 원칙의 등장 배경이다.

결국 미국에서의 판단원칙과 관련된 논쟁의 흐름은 당연 위법의 원칙을 합리의 원칙으로 점차적으로 보완 내지 대체하여 가는 과정이었다고 할 수 있다.[370]

다. 끼워팔기의 예로 본 합리 원칙의 전개

미국 법원은 전통적으로 전형적인 끼워팔기(tying) 사건의 경우에는 당연 위법의 법칙(Per Se rule)을 적용하여 왔다.[371] 왜냐하면 이러한 끼워팔기는 심각한 반경쟁적 효과(anti-competitive effect)가 있을 수 있기 때문이다. 이러한 미국 사법부에서의 법리전개는 미국 의회로 하여금 클레이튼법(Clayton Act) 제3조[372]의 입법을 하도록 하였다.

하지만 미국 사법부는 마이크로소프트 사건[373]에서 항소법원은 합리의 법칙(rule of reason)에 의하여 판단하여야 한다고 판시하면서 사건을 지방법원으로 파기환송하였다. 이 사건은 결국 2002년 同意命令(consent decree)에 의하여 종료되었다.[374] 마이크로소프트 사건에서의 합리의 원칙을 선언한

---

370) 재판매가격 제한과 관련된 미국에서의 판단원칙과 관련된 논의 전개에 대하여, *Kahn v. State Oil Co.*, 93 F.3d 1358(7th Cir. 1996). 2007년 리진 사건(Leegin Creative Leather Product Inc. v. PSKS Inc., 551 U.S. 877 (2007)) 이후 재판매가격제한(RPM; Retail Price Maintenance)에 대한 판단의 기준은 당연위법 원칙이 아닌 합리의 원칙으로 변경되었다.

371) *Henry v. A.B. Dick Co.*, 224 U.S. 1(1912); *Motion Picture Patents Co., v. universal Film Mfg. Co.*, 243 U.S. 503(1917).

372) It shall be unlawful for any person engaged in commerce, in the course of such commerce, to lease or make a sale or contract for sale of goods, wares, merchandise, machinery, supplies, or other commodities, whether patented or unpatented, for use, consumption, or resale within the United States or any Territory thereof or the District of Columbia or any insular possession or other place under the jurisdiction of the United States, or fix a price charged therefor, or discount from, or rebate upon, such price, on the condition, agreement, or understanding that the lessee or purchaser thereof shall not use or deal in the goods, wares, merchandise, machinery, supplies, or other commodities of a competitor or competitors of the lessor or seller, where the effect of such lease, sale, or contract for sale or such condition, agreement, or understanding may be to substantially lessen competition or tend to create a monopoly in any line of commerce.

373) *United States v. Microsoft*, 253 F.3d 34, 346 U.S. App.D.C. 330(D.C. Cir.2001)(en banc).

374) 물론 환송사건을 담당한 연방지방법원의 콜리어 판사의 종용도 하나의 원인이 되었다고 할 수

것이 어느 날 갑자기 법원이 태도를 바꾼 것이라고 보기는 어렵고 법원은 이미 끼워팔기가 단순히 반경쟁적 효과 외에도 친경쟁적인 효과로서 품질의 개선이나 원가의 저하, 가격 경쟁의 격화 등의 효과가 있을 수 있다는 점을 인식하면서, 경우에 따라 당연 위법의 원칙에 의하면 고려하기 힘든 효율성에 기초한 형량이라든가, 끼워팔기의 시장에 대한 효과 등을 고려하기도 하였다. 그 결과 법원은 단순히 끼워팔기를 하였다는 점만을 이유로 하여 위법이라고 판단한 경우보다 정당화 사유의 판단을 하는 경우들이 이미 증가하고 있었다.375) 이러한 상황에서 미국 연방 대법원이 다시 끼워팔기에 대한 입장 표명을 하여야 할 시점이 오게 된다. 그것이 바로 제퍼슨 패리시 사건376)이다. 이 사건에서 미국 연방대법원은 5 대 4로 당연 위법의 원칙이 여전히 끼워팔기에 적용되어야 할 원칙이라고 선언한다.

하지만 이 사건에서 다수 의견을 작성한 John Paul Stevens 대법관은 끼워팔기 사건에서 당연 위법의 원칙이 적용되기 위해서는 두 가지의 전제가 충족되어야 한다고 판시한다. 우선 주상품 시장에서 시장지배적인 지위에 있어야 하고, 부상품시장과 주상품 시장이라는 두 개의 구별되는 시장의 존재가 끼워팔기 사건에 있어서 당연 위법 원칙을 적용하기 위한 요건으로 제시되었다. 결국 제퍼슨 패리시 사건은 당연 위법의 원칙이 끼워팔기 사건에서 적용된다는 점을 확인하였다는 점에서 의의가 있기는 하지만 그 적용 범위가 현저하게 제한되면서, 미국 연방대법원이 끼워팔기 사건의 경우에도 합리의 원칙을 적용하도록 할 수 있는 통로를 열어 준 사건이라고 판단된다. 이후의 미국 사법부는 일련의 사건들을 통하여 세 번째 요건으로 부상품 시장에서 상당한 정도의 상업적인 효과가 발생하여야 하며, 네 번째 요건으로 주상품 시장에서의 지배력이 부상품시장에서의 장점에 의한 경쟁을

있겠지만, 콜리어 판사가 종용을 하게 된 바탕이 바로 미국의 경우, 합리의 원칙을 적용하게 될 시 경쟁당국이 소송에서 승소하게 되는 경우가 적다는 점도 동의명령이 이루어지게 된 중요한 원인이라고 할 것이다.

375) *United States v. Jerrold Electronics Corp.*, 187 F. Supp.545(E.D. Pa. 1960), aff'd per curiam,365 U.S. 567(1961); *Betaseed, Inc. v. J. Inc.*, 6812 F.2d 1203(9th Cir. 1982).

376) *Jefferson Parish Hospital District No.2 v. Hyde*, 466 U.S. 2(1984).

제한하여야 하여야 한다는 요건으로 발전한다. 이러한 요건들의 입증이 되지 못하면, 당연 위법의 원칙이 아니라, 합리의 원칙이 적용되게 되게 되는 것이다. 바로 이러한 사건의 전개 맥락에서 존재하는 사건이 미국에서의 마이크로소프트 사건이라고 이해된다.

마이크로소프트 사건의 1심 법원에서 당연 위법의 원칙을 적용하여 사건을 처리하였다.377) 이러한 원칙하에서 윈도우즈 95와 98을 라이선스하면서, 인터넷 익스플로러를 같이 라이선스를 받도록 하고, 만일 이를 받지 않으면 데스크 탑 PC에 인스톨을 하지 못하도록 하고, 윈도우즈의 기본 브라우즈로 지정하고, 이를 제거할 수 없도록 하는 등의 행위를 한 것이 위법하다고 판단하였다. 하지만 이러한 1심 법원의 판단은 이 사건이 합리의 원칙에 의하여 판단되어야 한다는 항소법원의 판단에 의하여 뒤집어진 것은 주지하는 바와 같은바, 이러한 사건의 전개는 단순히 끼워팔기 사건에만 국한되는 것이 아니라, 구체적인 공정거래법 사건의 판단에 있어서 합리의 원칙과 당연 위법의 원칙의 적용이라는 것의 경계선에 대하여 중요한 시사를 주고 있는 사건이다.

라. 합리의 원칙과 경제학적 접근

합리의 원칙이란 이러한 比較 審査(balancing test)를 통하여 반경쟁적인 憂慮를 발생시킬 수 있는 불확실성과 소비자들에게 줄 수 있는 利得(benefit)을 서로 교량할 것을 요구하는 판단기준이다. 이러한 합리의 원칙의 적용이 경제학자들의 개입 여지를 만들어 주는 것이다. 공정거래 사건에서 법경제학적인 관점이라고 하면 그 적용될 수 있는 범위는 확대되지만 경제학이라고 국한시키면 그 범위는 실무상 시장의 획정과 경쟁제한성이라는 두 가지 영역에 국한되는 것으로 판단된다. 이 중에서 당연 위법의 원칙을 적용한다고 하더라도 여전히 시장의 획정이라는 문제는 잔존하기 때문에 시장의 획정을 위한 경제학적인 분석은 필요하다고 하다. 하지만 그 판단은 상당히 제한적이라고 보인다. 다만, 합리의 원칙을 적용하였다는 것은 이득을 고려하여 판단한다는 것으로 이러한 이득을 고려한 교량이 없어 단순히

---

377) *United States v. Microsoft*, 87 F.Supp.2d 30(D.D.C. 2000).

여러 가지 요소를 종합적으로 고려한다는 것과는 구별되어야 하는 개념으로 판단된다.378) 정황증거는 당연 위법의 원칙을 적용하는 경우에도 각 요소에 대한 간접사실로 고려될 수 있는 것이기 때문이다.

미국은 원고 회사의 윈도우즈가 독점적인 지위에 있다는 점, 넷스케이프라는 인터넷 브라우저가 웹을 기반으로 하여 윈도우즈에 대한 대안적인 플랫폼이 될 수 있다는 점, 이러한 점에 기초하여 마이크로소프트가 인터넷 익스플로러와 윈도우즈를 끼워팔아서 윈도우즈의 소스코드에 익스플로러를 포함시키는 방법으로 경쟁을 제한한 사실, 한편, 이러한 통합이 소비자에게 이익을 주는 면이 있고, 이러한 경쟁제한적인 면과 경쟁촉진적인 면이 동시에 존재하는 사실을 인정하였다. 이에 기초하여 이와 같은 플랫폼 소프트웨어의 경우에는 당연 위법의 원칙이 적용되어서는 안 되고, 합리의 원칙이 적용되어야 한다고 판시하였다.379)

이를 바탕으로 2002년 동의명령 당시 원고 회사와 미국 법무부(U.S. Department of Justice)는 인터넷 익스플로러 등의 기능에 대하여 OEM PC 제조업체들로 하여금 만일 이들이 원하는 경우에는 외부의 아이콘(icon)을 숨기고, 코드는 여전히 PC에 둔 상태에서 소비자들은 OEM 업체들이 판촉하고자 하는 다른 업체의 제품을 탑재할 수 있는 선택권을 OEM 업체들에게 부여하는 방식을 취하였고, 이를 통하여 소프트웨어 개발사들과 OEM PC 제조업체 등 여러 이해관계의 조정이 이루어지도록 하였다.

4. 마이크로소프트 사건의 경우; 유럽공동체 1심 법원의 태도

가. 사건의 개요

기능 통합 쟁점은 마이크로소프트 사건이 미국에서 시작되면서부터 문제가 되었던 사안이다. 소위 브라우저 전쟁이라고 불리는 마이크로소프트와 넷스케이프380) 간의 오랜 분쟁에서 마이크로소프트의 운영체제인 윈도우즈

---

378) 미국의 경우 판단의 기준에 대해서 2次的 考慮法(second look), 簡易考慮法(quick look) 등 기준이 있고 이것을 혼합식 방법(hybrid method)이라고 한다.

379) 각주 26) *Microsoft*, op cit, at 69.

에 브라우저인 인터넷 익스플로러를 기능의 일부로 포함시키는 것이 불법적인 끼워팔기인지 아니면 기능 통합으로 단일한 제품인지에 대한 논쟁[381]에서부터 촉발된 논쟁이다.

앞서 살펴본 것과 같이 IT 산업의 특성 중의 하나로서 디지털화라는 시대적인 조류에 비추어 보면, 마이크로소프트가 속해 있는 소프트웨어 제조업이라는 환경뿐만 아니라 전체적인 디지털화되는 환경에서 공통적으로 발견할 수 있는 현상이다.

기능 통합을 부정하는 것은 과학기술이 발전하면서 이루어 놓은 성과들을 포함하면서 개선하는 중요한 혁신의 방식을 부인하는 것과 마찬가지라고 할 수 있다. 그런데 왜 기능 통합은 과학기술의 발달과 경쟁법이라는 관점에서 문제가 되었나 하는 질문은 어느 정도 논쟁이 정리된 상황이지만 과학기술과 법이라는 주제하에서는 매우 중요한 주제로서 논의의 가치가 크다고 할 것이다.

이 사건의 마이크로소프트의 통합모형(integration as a business model)에 대하여 리얼 네트웍스가 유럽공동체 위원회에 진정을 함으로써 개시된 사안이다. 우리나라에서는 WMP(Window Media Player), IM(Instant Messenger), WMS(Window Media Services) 세 가지 제품이 문제가 된 반면, 유럽 공동체에서는 WMP만 문제가 되었다. 위원회는 제2의결서[382]에서 처음으로 통합모형에 대한 언급을 하였다. 위원회는 간접적인 네트워크 효과(indirect network effect)를 통하여 미디어 재생기(media play－back player) 시장에서 봉쇄효과가 발생하였다고 하는 이유로 경쟁법 위반으로 이론 구성하였다.[383]

---

380) 보도에 의하면 넷스케이프社를 인수하였던 AOL社는 더 이상 넷스케이프의 기능을 개선한 버전을 출시하지 않겠다고 발표하였고, 이러한 발표에 미루어 보면 이제 넷스케이프는 역사 속으로 사라지게 되었다(http://hi8001.egloos.com/1217277 2008. 2. 4. 최종접속).

381) 마이크로소프트사는 제퍼슨 패리쉬 사건에서 미국 연방대법원의 서로 구별되는 두 개의 제품이라는 심사와 관련하여, 일관되게 하나의 제품임을 주장하였으나, 이러한 주장은 법원에 의하여 받아들여지지 않았다.

382) 유럽공동체 집행위원회는 이 글의 대상이 된 마이크로소프트 사건에서 총 3건의 의결서를 내었다.

383) 한국에서의 WMS 예로 간접적 네트워크 효과를 이용한 이론구성을 설명하여 보면, 특정 스트리밍 미디어 서버 프로그램에 대한 수요 증가는 사용가능한 응용 솔루션 프로그램의 다양성 및 전송되는 콘텐츠의 다양성을 증가시키고, 이렇게 멀티미디어 콘텐츠가 다양해질수록 호환가능한 미디어 플레이어가 더 많이 사용될 것이며, 이는 결국 그 스트리밍 미디어 서버 프로그램에 대

위원회는 이에 기초한 조치(remedy) 중의 하나로 원고 회사가 제조 생산하는 PC용 운영체제인 윈도우즈에 미디어 재생기가 탑재되어 있는 버전과 탑재되어 있지 않은 XP N 버전을 동시에 생산하도록 하였다.384)

나. 끼워팔기 사건에서의 위법성 판단의 요소

(1) 개관 유럽공동체 1심 법원385)은 마이크로소프트사의 통합모형에 대한 판단과 관련하여

(a) 두 개의 서로 구별되는 제품의 존재

(b) 끼워파는 시장(主商品市場)에서 당해 기업이 우월적인 지위에 있는지

(c) 副商品에 대한 구입 강제가 있었는지

(d) 이와 같은 시도가 경쟁을 봉쇄하였는지386) 네 가지 요소로 심사하였다.

공동체 1심 법원도 당연 위법의 원칙을 적용한지는 않았지만, 합리의 원칙의 적용이라는 것은 유럽공통체 조약의 문언387)상 적용이 없는 것으로 이해된다. 만일 공동체 1심 법원이 합리의 원칙을 사용하였다면, 예를 들어 N 버전의 출하가 실제로 소비자들의 구매로 이어지고 있지 않은 것은 소비자들의 효용을 증가시키고 있다는 점에 대해 그다지 소비자들의 선택권을 실질적으로 높여서 효용을 증대시키고 있다는 점에 대한 실질적인 입증이 되지 않고 있다는 점이나 통합모형이 PC 제조업자나 콘텐츠 제공자 등과 같은 자들에게 이와 같이 하는 것이 어떤 효용을 주는 것인지에 대하여 판단하고, 이와 같은 효용에 대한 판단 및 효용(pro‒competitiveness)과 경쟁제한적인 면(anti‒competitiveness)을 각각 비교하는 식의 전개를 했어야 할 것이다.

실제로 마이크로소프트는 유럽공동체 1심 법원에서 미국에서의 경우와

한 수요를 증가시켜, 결국 스트리밍 서버 프로그램에 대한 수요에 긍정적인 피드백 효과를 일으키게 된다고 리얼네트웍스 측 경제학자였던 박상인 교수는 주장하였다. 바로 이것이 간접적 네트워크 효과에 의한 이론구성의 예라고 할 것이다.

384) 한국의 경우 우리 공정거래위원회도 탑재버전과 비탑재버전을 동시에 출시하도록 하였다. 비탑재버전은 제거버전(reduced version)이라고도 하는데, 유럽과 같이 약 200여 개의 파일이 이 버전에서 제거되었다.

385) *Microsoft*(이하에서 para.라고만 표시한 것은 유럽공동체 1심 법원 판결문의 paragraph를 표시한 것이다).

386) Para. 842.

387) 유럽공동체 조약 제82(d).

같이 합리의 원칙이 적용되어야 한다고 하면서, 유럽공동체 1심 법원이 이런 형량을 하여야 한다고 주장하였다. 하지만 법원이 이와 같은 전개를 하지 않은 점에 기초하여 미국식의 관점에서 보면, 유럽공통체 1심 법원의 태도는 당연 위법의 원칙을 적용한 것이라고 이해할 수 있을 것이다. 이런 관점에서 사건을 보면, 마이크로소프트는 소송 중 통합모형이 소비자에게 주는 효용을 부각시킴으로써 형량요소로서 사건을 유리하게 끌고 가려고 하였던 것으로 보이나, 법원이 이를 고려하지 않음으로써 그러한 주장은 법원의 판단에 실질적인 영향을 주지 못하였던 것으로 보인다.

나아가 이러한 이해의 연장선상에서, 법원은 원고 회사가 주장한 소비자들에게 어떤 이익이 있는지에 대한 판단을 하지 않은 것으로 보인다. 원고 회사는 위원회가(1) 조약의 문언상으로는 체결된 계약이 계약의 성질 또는 상거래 관행에 의할 때 그런 계약의 주체와 관련이 없다는 취지의 문언을 "우월한 지위에 있는 자의 의무로 소비자에게 주상품(tying product)을 구매하는 소비자에게 부상품(tied product)과 결합되어 있지 않은 제품을 구매할 기회를 제공하지 아니한(dominant undertaking does not give customers a choice to obtain the tying product without the tied product)"으로 무단히 자구를 바꾸어 해석하였다는 점, (2) 위원회가 제82조에는 규정되어 있지도 않은 封鎖라는 要件(foreclosure requirement)을 추가하는 중요한 두 가지 실수를 저질렀다고 주장하였다.[388]

그러나 유럽공동체 1심 법원은 소비자에 대한 이익 내지 효용에 대한 형량요소로서의 고려를 하지 않았고, 위의 쟁점들에 대해서도 이를 반박하지 않고 위원회의 결정을 수용하였다. 따라서 굳이 미국식의 표현을 빌린다면, 유럽공동체의 태도는 당연 위법 쪽에 가까운 태도라고 할 것이다. 따라서 상대적으로 경제분석의 필요성은 적다고 생각되며, 유럽공동체의 규범주의적인 경쟁법에 대한 접근태도와도 일치한다고 생각된다. 결국 법경제학의 역할은 상대적으로 제한적일 수밖에 없었다고 할 것이다.

---

388) Para. 844-846.

(2) 별개제품성과 전문가 증인

유럽공동체법원의 태도는 부상품의 제조에 특화된 별개의 제조업체가 존재하므로 별개의 소비자 수요가 존재하고 부상품에 대한 별개의 시장이 존재한다는 사정이 입증되어야 한다는 것으로, 이러한 이해는 유럽공동체 집행위원회가 조약 제82조의 해석과 관련하여 별개 제품성은 시장에서의 소비자의 수요라는 관점에서 판단되어야 한다는 것과 같은 맥락이라고 할 것이다. 하지만 이러한 수요의 존재 입증을 시장지배적 지위남용행위와 관련하여 법경제학이 할 수 있는가에 대해서는 다소 의문이다. 굳이 전문가 증인이 증언을 하지 않더라도 소비자의 인식, 실제의 구매 통계, 적절한 대조군의 발견 등은 규범적으로 얼마든지 해소할 수 있기 때문이다. 하지만 법경제학은 독립적인 제조자 내지 수요자라는 관점에서 살펴보아야 한다는 시각을 제시하였다는 정도의 의미는 있을 것이다.

(3) 제거 버전 구입 수요의 부존재 입증과 전문가 증언

원고 회사는 위원회가 N 버전에 대한 수요가 없다는 점에 대하여 이러한 점은 결국 소비자에 대한 실질적인 구입 강제가 부존재한다는 것을 입증하는 것이라고 주장하였다. 이러한 주장은 우리나라에서도 동일하게 원고 회사에 의하여 이루어졌다. 위원회는 미디어 기능이 없는 운용체제에 대한 소비자 수요를 입증하여야 하는바, 완전 버전과 기능삭제 버전(reduced version)의 동시 출시를 명한 위원회의 결정은 삭제 버전에 대한 소비자 수요가 사실상 거의 없음이 입증되었기 때문에 위원회는 구입 강제에 대한 입증을 다 하지 못한 것이라고 주장하였다.

이러한 주장에 대하여, 법원은 위원회의 판단을 그대로 인정하였다. 위원회는 OEM 제조사들이 원도우 운영체제를 라이선스받아 PC에 인스톨 되어 있는 상태 그대로 소비자에게 판매되고 소비자는 구매 시에 별도의 의사결정을 할 수 없으므로 결국 소비자들은 구입이 강제되고 있는 상황이라고 이해하였다. 동시에 위원회는 미국에서의 동의명령은 이러한 구입 강제 상태를 완전히 제거하지 못하였다고 보아 구입 강제 상황을 제거하기 위한

제거 버전의 출시를 명령하는 것이 타당하다고 판단하였다.389) 이 인정 과
정에서 경제분석의 역할은 거의 고려되지 않은 것으로 보인다.

다. 입증책임의 분배와 객관적 정당화 사유

(1) 입증책임의 분배

조약 제82조를 침해한 사실에 입증책임은 위원회에 있다. 이 점은 확립
된 판례라고 할 수 있다. 또, 우리 대법원의 판례이기도 하다. 우월적 지위
에 있는 회사는 행정적인 절차가 끝나기 전까지 자신의 행위에 대한 객관
적 정당화 사유에 대한 입증을 하여야 하고, 위원회는 우월적인 지위를 남
용하였다는 점에 대하여 입증을 마친 후에 객관적 정당화 사유가 이러한
침해의 점에 대하여 우월한 정도의 입증이 이루어지지 못하게 되면 시장지
배적 지위에 있는 회사가 소송에서 패소하게 된다.390)

(2) 객관적 정당화 사유의 입증391)

원고 회사는 두 가지 객관적 정당화 사유를 주장하였다. (a) 위원회는 새
로운 기능을 윈도우즈에 추가하는 기능 통합모형으로 인한 소비자의 혜택
에 대하여 이를 무시하였다. (b) 위원회가 명령한 것과 같이 기능제거버전
을 출시하는 것은 소비자, 소프트웨어 개발자, 그리고 인터넷 사이트 개발
자들에게 많은 피해를 야기하게 된다.

(가) 기능 통합과 소비자의 혜택

원고 회사는 기능 통합이 소프트웨어 개발자와 인터넷 사이트 개발자들
에게 안정적이고 잘 정의된 윈도우즈 플랫폼을 제공함으로써 가지게 되는
이익을 해치게 되는바, 이러한 점에 대하여 위원회가 의도적으로 무시하여
버림으로써 이를 형량요소로 사용하지 아니하였다. 특히 윈도우즈의 경우
소프트웨어 공학에서 흔히 언급되는 소위 컴포넌트화(부품화 내지 모듈화)

---

389) Para. 946-947.

390) Para. 1144.

391) 객관적 정당화 사유의 입증은 유럽공동체 조약 조에 규정되어 있다. 이러한 점을 전제하여 보
　　면, 형량 요소가 없다고 볼 수 없어, 유럽공동체법원의 태도는 당연 위법이라고 단정하기 어려
　　운 점이라고 보인다.

현상을 고려하여 볼 때 결국 운용체제를 파편화함으로써 소비자들에게 오히려 불편을 증가시키게 된다는 점을 형량요소로 고려하지 않았다고 주장하였지만 받아들여지지 않았다.[392] 전문가 증인은 형량요소를 입증하는 부분에서 전문성을 보일 수 있지만, 이 사건의 경우 유럽공동체 1심 법원은 전문가 증인인 경제학자들의 주장을 받아들이지 않았다고 볼 수 있다.

그런데 이 점에 대해서는 두 가지 요소가 있다. 하나는 경제학자들의 주장이 구체화되지 못하였다는 점이다. 소비자가 이익이 있다는 점은 유럽공동체 1심 법원이 인정한 것처럼 사실상 표준의 일반적인 혜택으로 존재하는 것이나, 이 정도의 이익이 있다는 점으로는 부족하고, 구체적인 입증을 요구한 것인데 이러한 혜택의 수치화는 실제로 매우 어려운 과제이다. 두 번째 미국과 달리 유럽공동체는 아직 경제학자들의 주장에 대한 신뢰가 상대적으로 낮지 않았나 하는 생각이 있다. 이러한 문화적인 차이도 경제학자들의 전문가 증언의 신빙성을 떨어뜨리는 요인이 되었다고 본다.

(나) 사실상 표준과 정당화 사유

사실상의 표준화는 일방적인 행위에 의하여 이루어진다. 표준화의 방법 중에서 표준화기구(Standard Setting Organization)에 의하여 이루어지는 표준의 경우에는 국내 표준이건, 국제 표준이건 간에 의견의 제시, 표결 등의 일련의 정해진 여러 개의 회원사 내지 회원국가 간의 의사합치 절차에 의하여 이루어지게 되지만, 반면 사실상의 표준의 경우에는 일방적인 행위에 의하여 이루어지는 것이다. 이러한 일방적인 행위에 의한 표준화는 바로 많은 기업들이 사용하는 경쟁의 방법 중의 하나이다. 결국 위원회의 판단을 그대로 인정한 법원의 판단은 시장지배적인 회사로서 우월한 지위에 있는 회사들에 대해서는 이러한 방식의 경쟁을 허용하지 않는다는 것으로 유럽에서의 시각을 살펴볼 수 있는 것으로 매우 중요한 부분 중의 하나이다.

(다) 네트워크 외부성의 입증과 전문가 증언

한국 사건에서 공정거래위원회 측 경제학자는 경제학적인 관점에서 구매

---

392) Para. 1146 – 1147.

강제성은 약정 또는 제품의 디자인을 통한 실질적 강제성과 가격설정을 통한 재정적 강제성 중 어느 하나의 형태를 띤다고 하면서, WMS의 경우 재정적 강제성을 띠고 있다고 주장한다.[393] WMS가 무상으로 제공된다는 점을 고려하면, 이러한 재정적 강제성이라는 이론구성은 결론에 동의하는가를 떠나서 입론으로서 타당성이 있다고 본다. 하지만 유럽에서건 한국에서건 WMP에 대한 구매강제성은 그 시장에서의 대부분의 제품이 무상이며, 복수사용이 가능한 점으로 인하여 이 부분에 대한 경제적인 분석은 '간접적 네트워크 효과'라는 이상의 결론을 내고 있지 못하다.

라. 소결

유럽공동체의 경우에는 미국에서의 같은 경쟁법 사건에서의 전문가 증인의 역할이 마이크로소프트 사건의 경우를 예를 들어 검토한 결과 경제전문가이건, 기술전문가이건 상대적으로 적었던 것으로 판단된다. 그 이유는 유럽공동체의 경우 실제로 객관적 정당화 사유의 입증과 관련하여, 이를 인정하는 경우가 많지 않기 때문에 이런 결과에 이르게 되는 것으로 보인다. 이러한 판단기준의 차이에도 불구하고, 미국 회사인 마이크로소프트는 합리의 원칙을 적용한 미국에서와 같은 방식으로 유럽공동체에서도 접근한 것으로 보이지만, 상대적으로 유럽공동체에서의 경제학자를 비롯한 전문가 증인들의 증언은 역할이 제한되었던 것으로 보인다. 물론 향후에 유럽공동체에서의 전개가 동일하게 이루어질지는 알 수 없으나 오히려 유럽공동체에서는 마이크로소프트 사건이 상대적으로 객관적 정당화 사유를 배척한다는 판단이 이루어진 거의 최초의 사건으로 판단되는 점에서 상당 기간 이러한 차이는 존재할 것으로 보인다.

---

393) *Ibid*, para. 101.

Ⅳ. 일방적 라이선스 거절행위와 법경제학의 역할과 한계

1. 사건의 개요

1998년 선 마이크로시스템즈의 편지로 시작된 상호운용성 문제는 2000년 위원회의 첫 의결서와 이후 2003년 10월 3차 의결서까지 이 사건의 경우 이례적인 상황(exceptional circumstances)이 존재한다는 이유로 라이선스 거절에 해당한다고 판시하였고, 위원회는 원고 회사가 통신 프로토콜을 위한 명세서를 제공하여야 한다고 하면서, 원고 회사로 하여금 직접적인 경쟁자에 대하여 기술 라이선스를 하도록 명령하였다. 이후 원고 회사는 라이선스를 하였으나 선 마이크로시스템즈는 제공된 정보가 불충분하고 로열티가 높았다고 주장하였고, 위원회는 이러한 선 마이크로시스템즈의 주장을 받아들여 원고 회사에게 2억 8,050만 유로의 履行強制金을 부과하였다.[394]

2. 시장의 획정과 경제분석

가. 시장획정의 실무상 위치

이 쟁점과 관련하여 우리가 우선 부딪히게 되는 문제는 시장획정의 문제다. 현재 경쟁법의 실무에 있어 시장 획정 문제는 시장지배적 사업자인지 여부를 판단하는 장인바, 일단 시장지배적 사업자로 판단되면, 이후의 경쟁제한성과 관련된 주장에 있어 앞서의 기능 통합 쟁점에서 보았던 것처럼 많은 제약을 받게 되므로, 시장획정은 매우 중요한 쟁점이 된다.

나. 일반적인 시장획정의 기준

시장획정은 경제학적인 관점에서 가상적 독점기업과 대표적 소비자 관점이라는 두 개의 관점에서 논의가 된다. 일본의 경우 일본 공정취인위원회는 시장획정의 원칙을 대표적 소비자 관점에서 가상적 독점기업의 관점으로

---

394) 최승재, "유럽공동체 1심 법원의 판결에 대한 연구", 정보법연구, 정보법학회(2008. 1), 61면.

전환하였다.395) 이 둘의 차이는 같은 SSNIP(Small but significant and non-transitory increase in price) 심사396)를 한다고 하더라도, 대표적 구매자 관점에서 모든 밀접한 대체재를 포함하는 시장범위가 주어져 있다고 하면, 이 시장의 가상적 독점기업은 비록 대체효과는 작다고 할지라도, 정상재의 경우 음의 소득효과로 인해서 가격인상 시에 매출이 크게 감소할 수도 있기 때문에, SSNIP의 가격인상을 통해 이윤을 증가시키지 못하는 경우도 상정할 수 있는 것과 같이 대표적 구매자 관점에서 정의된 시장범위보다 가상적 독점기업의 관점에서 정의된 시장범위가 더 큰 경우가 있을 수 있는 점에서 알 수 있는 것과 같이 차이가 있을 수 있다. 이러한 차이뿐만 아니라, 분석의 용이성 관점에서도 임계 매출손실 분석(critical loss analysis)이 가상적 독점기업이론에 의하여만 가능하다는 점도 장점으로 지적될 수 있다.397)

하지만 우리 공정거래위원회의 판단398)과 유럽공동체 집행위원회의 판단399)에서 보는 것과 같이 이러한 시장획정의 판단은 규범적인 판단으로 실제 경제학적인 분석이 적용될 수 있는 영역은 매우 제한적이거나, 그러한 분석이 그대로 시장을 획정하는 단일하고 확정적인 기준이 되기는 어렵다.400)

다. 서버 시장의 경우

서버 시장은 매우 복잡한 시장이다. 역사적으로 IBM이 개척하여 온 시장으로 여전히 IBM은 이 시장에서 강자적인 지위를 가지고 있다. 하지만 시

---

395) 일본 공정취인위원회, "기업결합심사에 관한 독점거래법의 운영지침", 2007. 3. 28.

396) 문제가 되는 제품 중 가장 작은 제품군을 출발점으로 하여, 가상의 독점업체가 해당 제품의 가격을 올리는 경우를 가정하여, 이 제품에 대한 수요가 얼마나 감소하게 되는지를 계산한다. 가상의 독점업체가 이렇게 가격을 상승시켰는데도 이익을 올릴 수 있다면, 소비자들의 타 제품들에 대한 구매전환이 한정적이므로 따라서 해당 제품에 대한 충분한 대체품은 사실상 없다는 결론에 이르게 되어 관련시장은 출발이 정한 제품만을 포함하는 것으로 획정할 수 있는 것이다.

397) 전성훈, "컨버전스 시대의 경쟁정책의 시사점", 2007 한국 산업조직학회 추계 정책 세미나 자료집 12 - 13면(2007. 10. 18).

398) 공정거래위원회 전원회의 의결 제2006 - 042호, 2006. 2. 24. 2002경촉0453, 2005경촉0375 의결서, 28 - 38면.

399) Commission Decision of 24 May 2004(Case COMP/C - 3/37 - 792 - Microsoft) as to Work group server para. 7 - 11.

400) 이러한 기준들이 실제 사건에서도 그렇고 기업결합과 관련하여 주로 논의가 이루어짐을 염두에 둘 필요가 있다고 본다.

간이 지나면서, PC, 워크스테이션, 서버라는 구별이 점차 기술의 발전으로
인하여 그 경계가 붕괴되어 현재는 워크스테이션이라는 구별은 사라지고,
PC와 서버 시장으로 구별할 수 있을 것인데, PC의 기능향상에 따라 서버와
의 구별도 점차 경계선이 모호하여지고 있다. 하지만 우리 공정거래위원회
가 지적하고 있는 것과 같이 현재 양자가 수행하는 기능에서의 차이는 구
별이 가능하나,[401] 가격에서의 차이는 저가서버가 가격 대비 성능이 증가하
면서 점차 감소하고 있다. 고가 서버 시장은 주로 은행거래의 관리라든가,
항공기 발권시스템의 관리, 데이터베이스의 관리와 같은 특화된 기능을 수
행하는 용도[402]로 사용되고 있다.[403] 이러한 구별을 다시 말하면, 메인프레
임 서버 시장과 소형 서버 시장으로 구별할 수 있다고 할 수 있다.

하지만 실제의 시장에서 메인프레임과 같은 대형서버와 소형서버가 상호
수요관점에서 대체성이 존재하는 예는 어렵지 않게 찾을 수 있다. 그리고
소형서버를 묶어서 대형서버를 사용하는 기존의 대형서버 업체의 고객을
뺏어 오기 위하여 TOC(Total Operating Cost)라는 개념을 사용하는 보고서
에서 볼 수 있는 것처럼 이들은 실제로 가격경쟁을 하고 있다. 소비자의 기
존 인식을 설문을 통하여 파악하는 것이 미래의 시장 흐름을 예견하는 것
에 도움이 될 정도가 그리 크지 않을 것임을 예견할 수 있는 또 하나의 이
유는 이러한 기술발전의 속도가 최근에 들어 매우 높아지고 있다는 것이다.
기존의 데이터를 통한 미래의 기술발전 속도에 대한 예측은 그리 쉽지 않
다.[404] 또 하나, 개인휴대용 정보기기의 운영체제와 PC 운영체제, 서버 운
영체제는 서로 통신하는 것에 대한 요구가 많아지고 있다. 이들이 궁극적으
로 서로 유사하게 닮아 갈 가능성이 높고, 이러한 범용화된 운영체제의 존
재는 궁극에서 있어서는 가격경쟁을 가져와 소비자의 후생을 증대시키게

---

401) 의결서 29면, 다만 이러한 구별도 점차 BI(business intelligence) 프로그램의 성능의 고도화로 소
　　멸되고 있다고 보인다.
402) 이러한 경우를 'mission critical'한 기능이라고 하는바, 예를 들면 오라클사(Oracle)의 경우에는 데
　　이터베이스용 서버 소프트웨어에 강점을 가지고 있는 등 강자의 전문성을 가지는 분야가 있다.
403) 각주 73) *ibid.* para 9.
404) 다소 완화하여 표현한 것이지 개인적으로는 1년 후의 일기를 예측하는 것과 그리 차이가 많지
　　않다고 생각한다.

된다. 이론적으로는 메인프레임 서버를 워크 그룹 서버와 같은 용도로 사용할 수도 있고, 워크 그룹 서버 용도로 사용하는 윈도우 서버와 같은 소형 서버를 네트워크로 묶어서 대형 서버의 대용으로 사용할 수도 있다. 그런데 왜 메인프레임 서버를 워크그룹 서버가 주로 하는 업무로 유럽공동체 집행위원회에서 지적한 업무인 메일의 발송, 프린트, 파일의 저장과 같은 사무직 종사자들의 일상적인 업무의 수행을 위한 용도[405]로 사용하지 않는가 하는 것에 대한 답은 이러한 용도로 사용하기에 너무 비싼 서버이기 때문이다.

이러한 점들이 과연 유럽공동체 사건에서 경제분석을 통하여 고려되었나? 아니 경제분석을 통하여 고려될 수 있나? 과거의 전개가 혹 경쟁제한성 판단에 있어서 왜곡을 불러오거나, 기술혁신을 제약하고 있지는 않는가 하는 의문을 가지게 되는 맥락이다.

역사적으로 보면, 서버제품군의 경우 운용체제가 여전히 초기의 컴퓨터 시장과 같이 수직적으로 전개되어 있어 예를 들어 IBM의 경우나 선 마이크로시스템즈와 같은 회사들은 독자적인 운용체제를 가지고 자신의 서버를 운용하게 되는 경우가 많다. 범용적인 운용체제로는 오픈소스 소프트웨어(open source software)인 리눅스(Linux) 등에 기반을 두어 개발된 경우도 상당히 그 시장점유율을 높이고 있다. 서버 시장에서의 강자는 여전히 IBM이고, 이 시장에서 원고 회사는 시장진입자의 지위에서 소형서버 위주로 시장을 확대하고 있는 상황이다. 전체 서버용 운용체제 시장에서 원고 회사의 시장점유율은 30% 정도였다. 전용 운영체제와 결합된 하드웨어인 서버의 경우에는 대형이라고 구분한 고성능 서버(high-end server)의 경우에는 심지어 이것이 독립적인 시장이라고 할 수 있는지도 의문인 것이 IBM과 선 마이크로시스템즈 등 이런 고성능 서버를 제조 생산하고 독자적인 운영체제를 가지고 있는 회사들의 경우에는 이들 안에서도 수요대체성은 零에 가깝다. 오히려 이러한 이질성을 감안한다면, 전체 서버 시장이 PC용 운용체제와 구별되는 시장이라고 보는 것이 현재의 네트워크 운영의 기본적인 개

---

405) 각주 73) *ibid.* para 7.

념인 서버－클라이언트 시스템을 감안하면 더욱 적확한 규범적인 시장획정의 결론이 아니었나 하는 생각이다.[406]

그럼에도 불구하고 위원회는 워크 그룹 서버로만 이 사건 시장을 획정하고, 이 시장에서 원고 회사가 시장지배적인 지위에 있다고 하고 있다. 분산형 컴퓨팅 시스템까지 진행되고 있는 상황을 생각한다면, 이러한 판단에 대해서는 다분히 정언적이고 규범적인 판단이라고 볼 수밖에 없다는 것이 결론이다. 시장획정과 관련된 경제분석보고서(Economic Analysis Report)의 내용은 규범적인 결론을 뒷받침하는 이상의 의미는 아니었다고 보인다.[407]

3. 지적재산권 라이선스의 거절

가. 유럽에서의 전개

이 문제를 논의하기 위하여 통상 시작되는 점은 필수설비이론[408]이다. 공식적으로는 유럽공동체 최고법원(European Court of Justice)도 필수설비이론을 언급한 적은 없다. 하지만 유럽공동체 최고법원은 분명, 커머셜 솔벤트 사건[409] 이래 특정한 사항에서 시장지배적 기업의 경우에는 그 경쟁자들에게 필수적인 사항에 대한 공급을 거절하는 것을 공동체 조약 제82조의 위반으로 보아 왔다. 이와 관련하여, 오스카 브로너 사건[410]은 위원회가 기존에 항구와 같은 물리적인 실체에 대하여 접근권을 제공한 것에 대하여 그 적용범위를 제약하였다는 점에서 의의를 가지는 사건이다. 법원은 설비에 접근거절이 시장에서의 모든 경쟁(all competition)을 소멸시키고, 이러한 설

---

406) 이러한 비판은 우리 공정거래위원회가 x－86과 non－x－86으로 시장을 획정하여 WMS의 경쟁제한성을 판단한 것에도 그대로 적용될 수 있을 것으로 보인다.

407) 한국 사건의 경우에도 미국과 유럽공동체에서의 시장획정방식과 같이 SSNIP 심사를 하였다. 주요 논점으로 인접시장에 관하여 스트리밍서버와 다운로드서버가 서로 별개의 시장인가 하는 점이 논란이 되었다. 기술적으로 이 두 개의 시장은 서로 근접하며, 시차를 두고 발전하여 간다는 점은 어느 편에 서는가와 상관없이 분명하다. 우리 법원의 결론이 나지 않은 사안이지만 개인적으로는 서로 구별되는 시장인지 의문이다.

408) 김권회, "필수설비 보유자의 지위남용", 서울대학교 법학전문분야 연구강의 강의 자료 2006. 3. 20.

409) Commercial Solvent and Ohters v. Commission, [1974] ECR 223.

410) Oscar Bronner v. Mediaprint, [1998] ECR Ⅰ－7791.

비에 접근이 신청인의 사업에 필수불가결(indispensible)하여야 하며, 이러한 접근에 대한 거절이 객관적 정당화 사유가 없어야 한다고 판시하였다.411) 한편 이 사건에서 필수성의 개념에 대하여 잠재적인 대체물이 전혀 존재하지 않는다는 의미에서 설비접근을 원하는 사업자의 경쟁활동의 수행에 없어서는 안 되는 경우를 의미하는 것으로 복제불가능성과 대체불가능성이라는 두 가지 요건을 심사하는 것이라고 유럽공동체법원은 판단하고 있다.412) 이러한 오스카 브로너에서의 판지는 후에 맥길 사건413)에서도 대부분 수용된다. 그 결정판이 뒤에서 볼 IMS 사건이라고 할 수 있다. 그 연장선상에서 최근 선고된 마이크로소프트 사건이 존재한다고 할 것이다.414)

나. 지적재산권의 경우

특히 지적재산권의 경우에는 이러한 경쟁법의 태도와 지적재산권의 목적이 서로 충동되는 것처럼 보여 이러한 점이 더욱 부각된다.415) 지적재산권에 대하여 독점적인 권리를 부여하는 것은 혁신에 대한 동기(incentive to innovate)를 부여하기 위한 것이다. 시장경쟁에서 경쟁우위(competitive advantage)를 가지기 위하여 할 수 있는 주요한 방법 중의 하나가 기술적인 우위를 통한 차별화 전략의 추구인바, 만일 경쟁자들이 자신들이 지적재산권에 의한 경쟁자들의 경쟁우위로 인하여 손해를 보았다고 선언하기만 하면, 바로 경쟁법이 시장에 개입하여 경쟁에서 열위에 서게 되어 기존의 시장을 상실하고 있는 경쟁자를 필수설비라고 규정하면서, 보호하게 된다면, 혁신 동기는 현

---

411) *Ibid,* para. 41.

412) *Ibid,* para. 41, 42.

413) Commission Decision No 89/205/EEC of 21 Dec. 1988, Migill TV Guide, BBC and RTF, OJ(1998), L 78/43.

414) 최승재, "유럽공동체 1심 법원의 판결에 대한 연구", 정보법연구, 정보법학회(2008. 1.) 참조.

415) 물론 특허권을 보유하고 있다는 것이 상업적인 성공을 보장하는 것은 아님은 분명하지만, 필수설비이론 그 자체로는 불분명한 하나의 아이디어를 제공할 뿐, 명확한 기준을 제공하는 것은 아니므로, 만일 우리 법과 같이 법문상으로 '필수설비'라는 용어를 사용하였다고 하더라도 독점규제및공정거래에관한법률 시행령 제5조 제3항 제3호(정당한 이유 없이 다른 사업자의 상품 또는 용역의 생산·공급·판매에 필수적인 요소의 사용 또는 접근을 거절·중단하거나 제한하는 행위) 및 제4항 제3호(정당한 이유 없이 새로운 경쟁사업자의 상품 또는 용역의 생산·공급·판매에 필수적인 요소의 사용 또는 접근을 거절하거나 제한하는 행위) 당장 필수성(essentiality)이라는 것 자체로서 법률용어로서의 명확성을 가지고 있는 것은 아님은 분명하다고 할 것이다.

저하게 저해되게 된다. 어느 한 경쟁법의 혁신 저해가능성을 줄이기 위하여 원칙적으로 경영자의 탁월한 경영적인 기술개발전략 내지 기술적인 우위에 기초한 제품의 우위에 바탕을 둔 시장에서의 우월적인 지위를 비난하도록 허용되어서는 안 된다. 바로 이런 의미에서 필수설비이론이 지적재산권자의 경쟁우위를 패배자들이 빼앗기 위한 수단으로 활용되어서는 안 된다.416) 이 논점에 대하여 유럽공동체법원은 마이크로소프트사건 이전에 가장 중요한 사건인 IMS Health 사건에서 판단한 사항을 좀 더 상세히 보기로 한다.

다. 지적재산권의 강제 라이선스의 허용을 위한 법리적 전개

(1) IMS Health 사건417)

IMS Health 사건에서 유럽공동체 최고법원은 일방적인 지적재산권의 라이선스 거절행위가 공동체 조약 제82조를 침해하여 위법한 것이 되기 위하여 이러한 라이선스 거절 내지 공급거절이 네 개의 요건을 모두 충족하여야 한다고 하였다.

우선 대상 기술은 2차 시장(secondary market)에서 필수적인 기술(indispensable technology)이어야 한다고 판시하여 필수설비이론의 적용을 위하여, 두 개의 시장을 상정하고 있다.

두 번째 요건으로 공급거절은 2차 시장에서 소비자 요구에 의한 새로운 제품이 출시되지 못하게 하여야 한다. 세 번째 요건으로 공급거절은 '모든 경쟁(all competition)'을 없애야 한다고 판시하였다.418) 마지막으로 기술의 공급거절이 객관적으로 정당화(objectively justifiable)되지 못하여야 한다고 판시하였다. 위의 요건 중에서 새로운 제품의 출시라는 신제품요건(new product requirement)을 제외하고는 이미 오스카 브로너 사건에서 설시된 것을 재확인하였고, 신제품요건은 맥길 사건에서 등장한 것을 확인하여 이 전체를 통합하였다.

---

416) Paul D. Marquardt & Mark Leddy, "The Essential Facilities Doctrine and Intellectual Property Rights; a Response to Pitofsky, Patterson and Hooks", 70 Antitrust L J. 847(2003).

417) Case T - 184/01 R, IMS Health Inc. v. Comm'n., 2001 E.C.R. Ⅱ - 3193.

418) 이 요건은 특히 만족시키기 어려운 매우 엄격한 요건이라고 할 것이다.

(2) 마이크로소프트 사건419)

유럽공동체 1심 법원은 이러한 기존의 IMS Health 사건에서의 판례를 완화하여 원고 회사가 선 마이크로시스템즈社에 기술을 제공하여야 한다고 판시하였다. 1심 법원의 판결에 의하면, (1) 대상 기술은 필수적인 기술이어야 한다. (2) 공급거절은 2차 시장에서 소비자 요구에 의한 예상되는 새로운 제품(hypothetical new product)이 출시되지 못하게 하여야 한다. (3) 공급거절은 유효경쟁(effective competition)을 없앨 우려가 있다면 그것으로 충분하다. (4) 기술의 공급거절이 객관적으로 정당화되지 못한다고 판단하였다.420) 결국 이 사건에서의 유럽공동체 1심 법원도 기존의 IMS Health 사건에서의 유럽공동체 최고법원의 판례를 거의 대부분 인용하고 있다. 하지만 중요한 차이가 있는 부분이 바로 첫 번째와 세 번째 요건에 존재한다. 직접 경쟁하는 시장에서의 경쟁자가 포함될 수 있도록 첫 번째 요건을 완화하였고, 모든 경쟁을 없애야 한다는 요건을 유효경쟁을 없앨 우려라는 정도로 완화하였다. 이 차이가 바로 IMS Health 사건이 위원회의 패소로 끝났던 것과 대조적으로 마이크로소프트 사건은 사실상 위원회의 전부 승소421)로 끝난 원인이라고 생각된다.

그 결과 이 사건을 통하여 선 마이크로시스템즈와 같이 동일한 시장에서 서로 '直接的으로 競爭(directly competitive)'하는 경쟁자에게도 기술을 제공하도록 함으로써 우월적인 지위에 있는 회사의 경우에는 이를 통한 경쟁우위 상실의 우려를 가지게 되었다. 또, 이 사건의 경우 원고 회사는 명령을 받을 당시에는 제공대상 기술인 윈도우즈 서버 2000의 출시 이전임에도 불구하고 기술 제공을 명령받음으로 인하여 향후 시장지배적인 지위에 있을 수 있는 회사도 이러한 기술 제공 의무가 지워질 수 있는 경우가 있을 수 있게 되었다. IMS Health의 경우와 달리 동일 시장에서 직접적으로 경쟁하

---

419) 이 사건에 대해서는 최승재, "유럽공동체 1심 법원의 판결에 대한 연구", 정보법연구, 정보법학회(2008. 1.) 참조.

420) Para. 563.

421) 위원회는 감독위원회의 비용을 원고 회사에 부담시키도록 한 쟁점 외에 나머지 기능 통합, 상호운용성 등 모든 쟁점에서 승소하였다.

는 경쟁자에게도 기술 제공 의무가 발생할 수 있도록 되어 기술 제공이 시장상황을 획기적으로 변경되도록 할 수 있는 경우가 발생하게 되었다는 점에 대하여 충분한 합리적인 분석이 이루어졌는지에 대해서는 법경제학적인 관점에서 검토의 실익이 있다.[422]

라. 검토: 무임승차의 문제

지적재산권 보유자의 라이선스 거절이 잠재적 수요가 존재하는 신제품의 출현에 대하여 이를 제한하는 방향으로 작용하는 경우 소비자 이익을 해하는 예외적인 상황에서는 지적재산권도 필수설비에 해당될 수 있다고 해석하는 것으로 새기는 유럽공동체법원의 견해를 해석하는 견해가 있다.[423] 논자는 마이크로소프트 사건을 언급하면서 이 사건에서 유럽공동체 위원회의 태도는 지적재산권 보유기업의 혁신동기 저하효과와 관련산업 전체에 있어서의 혁신향상 효과 간의 형량을 통하여 지적재산권에 대한 필수설비이론이 적용가능하다고 형량을 하고 있음을 지적하고 있다.[424]

하지만 특허권 등을 새로운 형태의 경쟁을 제한하기 위한 수단으로만 사용되는 경우를 제한하는 경우에 한정되어서 제한이 가하여져야 한다는 점에서 당해 기술이 비록 열후적(inferior way to get the same result for the purpose of forming a new business model)이지만 동일한 결과를 가지고 올 수 있는 수단이 존재하지 않는다는 것 외에 그러한 필수성에 더한 경쟁제한성 消費者厚生(consumer welfare)을 높일 수 있는 다른 비즈니스 모델이 있다는 점에 대한 입증이라는 의미에서 경쟁을 제한한다는 의미를 말하는 것이다. 이 추가적으로 요구된다는 것에 대한 입증이 이루어져야 한다. 결국 강제적인 라이선스(compulsory license)라는 것은 단순히 필수설비이론과

---

422) 다만, 경쟁 그 자체의 보호인가, 아니면 경쟁자의 보호인가에 대한 논의(protection of competitor rather than competition itself)는 자주 언급되는 논의이지만, 경쟁법의 역사를 비추어 경쟁법의 목적을 보면 경쟁법은 경쟁자의 보호도 고려하지 않는 것이 아니라는 점에서 철학의 차이 및 이에 기초한 정책적인 이해의 차이는 있겠으나 반드시 경쟁자를 보호하면 안 되는 것은 아니라고 할 것이다.

423) ECJ, [2004] 4 CMLR 1534 "IMS Health GmbH & Co. OHG v. NDC Health GmbH & Co. KG"의 태도에 대한위 김권회 논문 10면 주) 48의 견해.

424) Comm., 2004 COMP/C-3/37, 792 위 논문 같은 면 재인용.

동치 되는 것이 아니며, 강제적인 라이선스가 이루어져야 하는 상황은 경쟁을 제한하여야 하는 것을 통하여서 지적재산권이 달성하고자 하는 이익과 지적재산권이 부여하는 정당한 경쟁우위를 통하여 회사가 제공할 수 있는 소비자후생의 증대는 반드시 고려되어야 한다. 그러므로 경쟁법이 문제가 되는 대부분의 상황은 기존 시장에서의 우월한 지위를 가지고 있는 회사가 부가시장(ancillary market) 내지 2차 시장에서 전이하고자 하는 경우로 매우 제한적인 경우에만 문제가 될 수 있을 것이라고 할 수 있다.

경쟁법의 궁극적인 목표가 새로운 개선 제품과 값싼 제품을 소비자들에게 공급하여 혜택을 제공하는 것이라면,[425] 지적재산권법과의 조화는 분명히 가능하다. 지적재산권법이 상업적 사용을 위한 법정의 독점권을 허여하는 것이며, 知的財産權法의 歷史를 비추어 보면, 그 혁신에 기여하는 효과는 분명하다. 이러한 혁신은 위에서 몬티가 경쟁법의 목적이라고 하였던 것과 과연 다른가? 지적재산권법제를 통하여 혁신자는 그의 창조를 위한 노력에 대하여 보상을 받고, 시장에서의 경쟁을 위한 우위를 차지하게 된다. 이러한 지적재산권에 대한 보호를 제거하거나 완화하는 것이 결국 많은 비용과 노고가 수반되는 연구개발활동에 대한 제약이 될 것이라는 점에 대해서는 의문이 없다. 정도의 문제는 있을지라도. 이러한 제약을 시스템적으로 승인하게 되면, 無賃乘車者(free-rider)에게 혜택을 부여하는 시스템이 되게 된다. 경쟁법의 경우도 그러하지만, 지적재산권법의 경우에도 조화의 노력이 있기는 하지만, 더욱 屬地主義的이다. 동태적 효율을 달성하는 것과 단기에서의 보호적인 정책을 취하여 당해 지역에서의 경쟁 양상에 영향을 주는 것은 서로 정책적인 목적이라는 관점에서 정책입안자들에게 분명한 메시지를 준다.

혁신을 위한 유인체계의 제공을 목적으로 지적재산권 법제가 제공하는 독점적인 사용권은 결국 더 나은 제품을 더 낮은 가격에 제공할 수 있는 여지를 제공하기 때문에 동태적인 관점에서 경쟁을 촉진한다. 필수설비이론

---

425) "The ultimate goal of the competition rules is simple: to assure that consumers benefit from new and improved products and lower prices"[Mario Monti, "Competition and Information Technologies", speech before the Barriers to Cyberspace Conference, Kangaroo Group, Brussels(Sep. 18. 2000)].

은 결코 지적재산권의 가치를 감소시키도록 하거나, 경쟁우위를 가졌다는
점만을 이유로 해서 명확하게 정의되지 않은 상황에서 남용되어서는 안 된
다고 생각한다.[426] 이 부분은 지금까지 규범적으로 논의된 영역으로서 법경
제학이 향후 지적재산권에 대한 무임승차의 문제에 시장에서 경쟁 촉진 간
의 관계에 대한 자신의 역할을 할 수 있는 부분이라고 보인다.

V. 結 論

이상에서 전문가 증인에 대한 이론을 살펴보고, 이를 마이크로소프트 사
건에서 논의된 맥락 중의 일부를 살펴서 그 역할과 한계에 대한 살펴보았
다. 마이크로소프트 사건은 주로 산업조직론(Industrial Organization)을 전공
한 경제학자들과 과학기술분야에 대한 전문가들이 변호사들과 같이 어울려
가장 끝단의 법규범 해석에 대해 치열하게 공방한 사건이며, 사실 이들 논
점 중의 대부분은 법리를 형성해 나가는 과정에 있었다는 것을 유럽공동체
사건을 통하여 보게 된다.

우리의 경우 시장지배적 지위의 남용과 관련하여 마이크로소프트 사건이
한국에서 판결이 이루어지지 않았지만, 이러한 논점은 후에 포스코 사건[427]
의 우리 대법원 판결을 통하여 우리 법원의 태도를 간취할 수 있었다. 이
사건들을 통하여 우리가 알 수 있는 것은 경쟁법은, 최소한 유럽공동체의
경쟁법은 그 자체가 효율성만을 추구하고 있지 않고, 경쟁자의 보호 내지
중소기업의 보호도 염두에 두고 있으며, 이러한 목적에서 보면 법경제학의
기여는 규범적인 결론에 이르기 위한 도구적인 관점을 가지는 경우가 다수
있음을 알 수 있고, 이러한 점이 한계가 될 것이다. 경우에 따라서는 완결
적인 분석이 이루어지지 못했거나, 장래를 염두에 두고 판단을 하는 작업을
하면서도 그 작업이 이미 이루어진 규범적인 결론을 뒷받침하기 위하여 사

---

426) Derek Ridyard, "Essential Facilities and the Obligation to Supply Competitors under the UK and EC Competition Law", 8 E.C.L.R. 438(1996).

427) 대법원 2007. 11. 22. 선고 2002두8626 사건(전원합의체).

용된 것은 아닌가 하는 의문이 들기도 하였다.

그럼에도 불구하고 대상이 된 마이크로소프트 사건에서 법경제학이 제시하는 여러 가지 기준들과 이를 전달할 전문가 증인의 증언은 법학적인 규범판단을 위한 유용한 도구로서 역할을 하였지만, 그 한계도 분명히 노정하였다. 향후 우리도 이러한 전문가 증인 역할과 법경제학적 도구들에 관한 법원 판단에 대한 연구가 추가적으로 이루어져야 할 것이다.

요약

전문가 증인 역할은 공정거래법 사건에서 합리 원칙의 적용범위가 넓어짐에 따라 더 증가할 것이다. 마이크로소프트 사건은 미국과 유럽, 한국에서 다 진행되었기 때문에 이 부분에 대한 각국의 이해를 비교해서 검토하여 보기에 매우 좋은 사안이다. 유럽공동체의 경우에는 같은 끼워팔기 사건에서도 합리의 원칙을 적용한 미국의 경우보다 전문가 증인의 역할은 상대적으로 제한적이었다. 하지만 유럽공동체의 경우에도 조약의 문언 및 마이크로소프트 사건에 대한 선고 이후 문헌들을 보면, 향후 실무례에서 전문가 증인의 역할은 증대될 것으로 보인다.

우리의 경우 마이크로소프트가 소를 취하하였기 때문에, 법원의 판단은 없었지만, 시장지배적 지위의 남용과 관련하여 마이크로소프트 사건이 한국에서 판결이 이루어지지 않았지만, 이러한 논점은 후에 포스코 사건의 우리 대법원의 판결을 통하여 우리 법원의 태도를 간취할 수 있었다.

미국에서의 다우버트 사건과 금호 사건 등에서 발달한 이론들이 유럽공동체와 우리나라에서도 시사하는 점은 그런 의미에서는 상당하다. 지금까지 법경제학이 제시하는 여러 가지 기준들과 이를 전달할 전문가 증인의 증언은 법학적인 규범판단을 위한 유용한 도구로서의 역할을 하였지만, 그 한계도 분명히 노정하였다. 향후 우리의 경우에도 이러한 전문가 증인의 역할과 법경제학적 도구들에 관한 법원 판단에 대한 연구가 추가적으로 이루어져야 할 것이다.

Ⅰ. 2007년 9월 17일 저녁

2007년 9월 17일 오후 5시 30분 한국시간으로 2004년 이후 3년을 끌어오던 마이크로소프트 유럽공동체 제1심 법원(CFI: Court of First Instance) 사건의 판결이 선고되었다. 필자는 한국 마이크로소프트 회의실에서 당시 마이크로소프트의 법무팀장이었던 Brad Smith의 짧은 논평과 함께, 판결 선고 결과를 들었었다. 선고 이전의 대체적인 예상이었던 일부 원고[428] 청구기각 결정과는 달리 판결은 크게 네 개의 쟁점 중에서 감독위원회의 구성에 대한 하나의 쟁점을 제외하고는 원고 측의 청구가 전부 기각되었다. 이러한 결론은 관련자들에게 의외로 받아들여졌고, 동시에 기업 결합 사건에서 가장 대표적인 사건이라고 할 수 있는 'GE 하니웰 사건'을 포함한 일련의 유럽공동체와 미국에서의 경쟁당국 및 법원의 태도가 서로 괴리되는 현상이 더욱 강화된 것으로 인식되었다. 따라서 이 사건은 여러 가지 면에서 향후 경쟁법의 집행에 있어서 유럽공동체에서의 선도적인 사건(leading case)으로 향후 문제가 될 여러 사건의 결정적 선결례(compelling case)로 기능할 가능성이 높은 사건이라고 할 수 있을 것으로 생각된다.[429]

그런 의미에서 이 사건을 검토하여 보는 것은 매우 시의적이면서 중요한 선례를 검토하는 의미를 가짐과 아울러 향후 경쟁법과 이를 둘러싸고 있는

---

428) 이하 마이크로소프트社(Microsoft Corp.)를 '원고' 또는 '원고 회사'로, 유럽공동체경쟁위원회(Commission)를 '피고' 또는 '위원회'로 각각 표시하기로 한다.

429) 결정적 선결례의 의미에 대한 상세한 것은 저자의 법조(法曹)지 게재 '결정적 선결례' 관련 논문 참조.

법영역에서의 긴장관계 특히 지적재산권법과의 관계 정립을 어떻게 하여 갈 것인가 하는 점에서 매우 의미 있는 일이 될 것이다. 우리나라에서도 서울고등법원에서 공정거래위원회의 시정명령 및 과징금 부과처분에 대한 부과처분 및 과징금 부과처분 취소소송이 제기되어, 2007년 10월 17일 선고가 예정되어 있었지만 마이크로소프트 측의 소취하 신청을 공정거래위원회가 동의함으로써 한국 사건은 종결되었다. 이에 따라 마이크로소프트의 끼워팔기 사건은 유럽공동체 사건만이 유럽공동체 1심 법원의 판결이 실제로 선고된 사건이 됨으로써 그 중요성은 더욱 커졌다. 마이크로소프트는 유럽공동체 1심 법원의 판결에 대해서 상고하지 않음으로써 사건은 종결되었다.

유럽공동체 사건의 네 개 쟁점인 (1) 감독위원회(monitoring trust)의 설치 및 비용부담에 대한 원고 청구인용판결, (2) 징벌적 벌금 부과, (3) 원고의 기능 통합행위에 대한 점 및 (4) 원고의 워크 그룹 서버에서의 정보제공 요구에 대한 거절행위에 대한 점 등에 대한 각 원고 청구 기각 판결 중에서 (3)의 점에 대한 쟁점은 일부 공통되는 점이 있기에 우리나라 사건에 주는 시사점 내지 비판점도 있다.

이 글은 우선 이 사건의 전개를 역사적으로 요약하고(Ⅱ), 우리나라에서의 사건과 관련되어 있는 통합모형과 관련된 부분을 우선 선제적으로 검토하고(Ⅲ), 지적재산권과의 관계에서 매우 중요하고 복잡한 시사점을 제시하고 있는 상호운용성과 관련된 부분을 검토하기로 하며(Ⅳ), 이후 기타 벌금 및 감독위원회 등 이 사건에서 문제가 된 사안들에 대해서도 간략하게 검토하고(Ⅴ) 난 뒤에 전체적으로 우리나라에 대한 시사점을 정리하는 순으로 하여 전개하려고 한다.

Ⅱ. 사건의 전개

1. 사건의 역사적 전개

이 사건은 1998년 9월 15일 선 마이크로시스템즈사(Sun Microsystems Inc.)[430]의 부사장이었던 그린(Green) 氏가 마이크로소프트社의 부사장이었던 매리츠(Maritz) 氏에게 보낸 편지에서 시작된다. 그는 이 편지에서 자신들은 자신들의 서버인 솔라리스(Solaris)서버에 COM object와 액티브 디렉토리(Active Directory)와 관련된 완벽한 정보를 마이크로소프트가 제공하여 주기를 바란다는 점과 이를 통하여 윈도우즈 서버와 아무런 문제없이 솔라리스 서버가 윈도우즈 서버와 상호 통신할 수 있기를 원한다고 썼다.[431]

유럽공동체 사건은 미국에서의 사건과 애초 사건이 출발한 것은 6개월 정도의 간격만이 존재하였고, 미국 사건의 경우에는 2002년에 종료되었다. 미국 사건의 주체는 넷스케이프(Netscape)이었고, 유럽 사건의 경우에는 선 마이크로시스템과 리얼 네트웍스가 문제되었다.[432]

2. 경쟁법과 관련된 유럽공동체 사법제도

유럽공동체 법을 이해함에 있어서 매우 중요한 것은 유럽공동체의 통합이다. 특히 경제법의 이해에 있어서는 유럽공동체가 단일 시장으로서의 시장통합 및 그 유지라는 이슈가 유럽법원의 사법적 판단에도 곳곳에 녹아 있다는 점을 이해하여야 한다.

가. 유럽공동체 1심 법원(Court of First Instance)[433]

유럽공동체 1심 법원은 1989년에 창설되었다. 유럽공동체 1심 법원 창설

---

430) 미국 팔로 알토(Palo Alto)에 본사를 두고 있는 회사로 서버와 서버운용체제를 공급하고, 자바(Java) 언어를 개발한 회사로 서버 시장에서는 IBM과 함께 주요한 시장 경쟁자 중의 하나인 회사이다.

431) Letter of 15 September 1998.

432) 한국 사건의 경우에는 '리얼 네트웍스'와 '다움(Daum)'이 신고인이었다.

433) 관련 상세한 것은 채형복, 유럽연합법, 한국학술정보(2005) 참고.

이전에는 각국의 내국법원 외에 유럽공동체법원(European Court of Justice)만 존재하였다. 현재는 유럽공동체 1심 법원에서 분쟁에 대한 불복이 있는 경우에 유럽공동체 최고법원인 유럽공동체법원에 상소할 수 있는 시스템으로 구성되어 있다. 결국 유럽공동체 1심 법원의 창설로 이제 유럽은 사실문제까지 판단할 수 있는 유럽공동체 1심 법원과 법률문제만을 판단하는 최고법원으로서의 유럽공동체법원으로 나뉘는 2심제 체제를 가지게 되었다.[434]

유럽공동체 1심 법원은 경쟁법 영역을 비롯한 상표, 사회정책, 상업정책, 농업 정책, 국가 간 보조금 사건 등의 사건에 대하여 1심 법원으로서의 관할권을 가지고 있다. 2007년 1월 현재 유럽공동체 1심 법원은 총 27명의 법관들이 일하고 있고, 6년 임기제이고 각 회원국이 최소한 1인의 법관을 국적별로 가질 수 있도록 국적별 배려가 이루어지고 있다. 유럽공동체 1심 법원은 독자적인 절차규정을 가지고 있고, 개별 사건마다 담당법관이 지명되어 일단 서면심리를 진행하고, 쟁점이 정리되고 나면 공개법정에서 구술변론을 하게 된다.

나. 유럽공동체최고법원(European Court of Justice)

유럽공동체최고법원은 유럽공동체 지역 내에서의 최고법원으로서의 유럽공동체법이 공동체 지역 내에서 균질적으로 적용되도록 하는 것을 목적으로 한다. 다만 인권문제에 대해서는 유럽공동체 인권법원(European Court of Human Right of the Council of Europe)[435]이 있어 이와 관련된 사건에 대해서는 유럽공동체최고법원은 관할권을 가지지 아니한다.[436] 이 법원은 1951년 파리조약에 의하여 창설된 법원으로 ECC(European Coal and Steel Community)를 위한 기관이었다. 당시 7명의 판사로 구성되어 있었고, 각

---

434) 유럽공동체 1심 법원의 경우 지속적인 사건의 증가로 인하여 1989년 창설 이후 2003년 2월 1일 유럽공동체 회원국 간의 니스조약(Treaty of Nice)에 의하여 담당하는 개별 영역마다 전담부(Judicial panels)가 설치되었다. 이에 따라 예를 들어 2005년 12월부터 발효된 유럽공동체 민사법원(European Union Civil Service Tribunal)으로 인하여 민사사건의 경우의 1심 관할이 민사법원에 주어졌고 이 법원은 7명의 법관으로 구성되어 있다. 이 외에도 유럽공동체 특허법원(European Union Patent Tribunal)의 창설도 검토 중이다.

435) 1950년에 창설된 법원으로 유럽인권협약(European Convention on Human Rights)의 이행을 감시하고, 인권과 기본권 분야에서 유럽공동체지역에서의 관할권을 가지는 법원이다.

436) 유럽공동체최고법원도 1952년 창설된 이래 유럽공동체 1심 법원과 마찬가지로 룩셈부르크에 위치하고 있다.

회원국에 의하여 지명되는 시스템이었다.

이후 유럽공동체의 통합이 이루어져 나가면서, EEC[437]와 Euratom[438]의 기관이 되었다. 1992년 마스트리히트 조약이 체결되면서, 이 법원은 명칭의 변경 없이 유럽공동체 지역의 최고법원의 지위가 부여되었지만 구체적인 구성 등에 대해서는 1957년 협약은 암스테르담조약에 의하여 대체되어 오늘날에 이르게 되었다. 유럽공동체법원의 이해와 관련하여 반드시 선행되어야 할 것이 각국의 개별 내국법원과의 관계 문제이다. 이와 관련하여 예비결정권고(reference for a preliminary ruling)는 유럽공동체법원에 있어서의 매우 특이한 제도이다. 유럽공동체법의 집행과 준수에 있어서 가장 일차적인 책임을 부담하는 것은 각국의 법원이며, 이러한 각국 법원은 공동체법의 집행에 있어서 사법심사에 대한 권한을 보유한다.[439] 각국 법원은 조약의 해석과 관련하여 유럽공동체 최고재판소에 해석에 관한 의견을 조회하여 유럽공동체 내의 규범의 정합성을 확보하고자 한다. 유럽공동체입법의 효과적이고 통일적인 이행과 각양각색의 해석이 이루어지는 것을 방지하기 위하여 각국 법원은 유럽공동체법원에 질의를 할 수 있거나 경우에 따라서는 하여야 하는바, 이러한 내국법이 유럽공동체법과 일치하는가에 대한 문제를 해결하기 위한 이러한 장치가 바로 예비결정권고이다.

각국 법원의 요청이 있을 경우 유럽공동체법원의 응답은 단순한 의견제시가 아니고, 판결(Judgment)이나 명령(Order)의 형식을 취하게 된다. 이러한 유럽공동체법원의 판결은 모든 공동체지역 내의 각국 법원들을 구속하며, 이와 관련된 사안의 당사자가 되는 유럽공동체 시민들의 행동 준칙을 제시하게 된다.

---

437) European Economic Community의 약칭.

438) European Atomic Energy Community의 약칭.

439) EC조약 現 제225조 제1항은 "제1심 재판소는 제234조에 의거하여 선결적 판결을 위하여 부탁되는 문제를 심리하고 결정할 권한이 없다고 규정함으로써 규정된 소위 先決的 付託節次(preliminary reference procedure)에 의한 권고이다."(「EU법」, 사법연수원, 2004).

Ⅲ. 機能 統合 模型(integration model)에 대한 검토

1. 사건의 개요

이 사건의 마이크로소프트 통합모형(integration as a business model)에 대하여 리얼 네트웍스가 유럽공동체 집행위원회[440]에 진정을 함으로써 개시된 사안이다. 우리나라에서는 WMP(Window Media Player), IM(Instant Messenger), WMS(Window Media Services) 세 가지 제품이 문제가 된 반면, 유럽 공동체에서는 WMP만 문제가 되었다.

집행위원회는 제2의결서(Second Statement of Objection)에서 처음으로 통합모형에 대한 언급을 하였다. 집행위원회는 간접적인 네트워크 효과(indirect network effect)를 통하여 미디어 재생기(media play – back player) 시장에서 봉쇄효과가 발생하였다고 경쟁법 위반에 대한 이론을 구성하였다. 집행위원회는 이에 기초한 조치(remedy)로 원고 회사가 제조 생산하는 PC용 운영체제인 윈도우즈에 미디어 재생기가 탑재되어 있는 버전과 탑재되어 있지 않은 XP N 버전과 Vista N 버전을 동시에 생산하도록 하였다.

2. 판단의 기준

가. 합리의 원칙

미국의 경우에는 마이크로소프트사건 이전의 전형적인 끼워팔기(tying) 사건의 경우 당연 위법의 법칙(Per se rule)을 적용하여 왔다. 하지만 미국의 경우 마이크로소프트 사건에서 항소법원은 합리의 법칙(Rule of Reason)에 의하여 판단하여야 한다고 판시하였다. 이러한 항소법원의 태도는 2001년 지방법원으로 다시 파기환송되었을 때, 2002년 同意命令(consent decree)에 의하여 사건이 종료될 수 있는 원인이 되었다.[441]

---

440) 이하 '집행위원회'라고 약칭한다.

441) 물론 환송사건을 담당한 연방지방법원의 콜리어 판사의 종용도 하나의 원인이 되었다고 할 수 있겠지만, 콜리어 판사가 종용을 하게 된 바탕이 바로 <u>미국의 경우, 합리의 원칙을 적용하게 될</u>

이러한 比較 審査(balancing test)를 통하여 반경쟁적인 憂慮를 발생시킬 수 있는 불확실성과 소비자들에게 줄 수 있는 利得(benefit)을 서로 교량하여야 한다. 여기서 미국 연방항소법원이 합리의 원칙을 적용하였다는 것은 이득을 고려하여 판단한다는 것으로 이러한 이득을 고려한 교량이 없어 단순히 여러 가지 요소를 종합적으로 고려한다는 것과는 구별되어야 하는 개념으로 판단된다. 정황증거는 당연 위법의 원칙을 적용하는 경우에도 각 요소에 대한 간접사실로 고려될 수 있는 것이기 때문이다.442)

미국의 경우 원고 회사의 윈도우즈가 독점적인 지위에 있다는 점, 넷스케이프라는 인터넷 브라우저가 웹을 기반으로 하여 윈도우즈에 대한 대안적인 플랫폼이 될 수 있다는 점, 이러한 점에 기초하여 마이크로소프트가 인터넷 익스플로러와 윈도우즈를 끼워팔아서 윈도우즈의 소스코드에 익스플로러를 포함시키는 방법으로 경쟁을 제한한 사실, 한편, 이러한 통합이 소비자에게 이익을 주는 면이 있고, 이러한 경쟁제한적인 면과 경쟁촉진적인 면이 동시에 존재하는 사실을 인정하였다. 이에 기초하여 이와 같은 플랫폼 소프트웨어의 경우에는 당연 위법의 원칙이 적용되어서는 안 되고, 합리의 원칙이 적용되어야 한다고 판시하였다. 이를 바탕으로 2002년 동의명령 당시 원고 회사와 미국 법무부(U.S. Department of Justice)는 인터넷 익스플로러 등의 기능에 대하여 OEM PC 제조업체들로 하여금 만일 이들이 원하는 경우에는 외부 아이콘(icon)을 숨기고, 코드는 여전히 PC에 둔 상태에서 소비자들은 OEM 업체들이 판촉하고자 하는 다른 업체의 제품을 탑재할 수 있는 선택권을 OEM 업체들에게 부여하는 방식을 취하도록 하는 방법을 취하였다. 이러한 타협안을 통해서 마이크로소프트와 같은 소프트웨어 개발사들과 OEM PC 제조업체 등 여러 이해관계의 조정이 이루어지도록 하였다.

시 경쟁당국이 소송에서 승소하게 되는 경우가 적다는 점도 동의명령이 이루어지게 된 중요한 원인이라고 할 것이다.

442) 미국의 경우에도 판단의 기준에 대해서는 2次的 考慮法(second look), 簡易 考慮法(quick look) 등 기준이 있다고 하지만 어떻게 보면 이것을 혼합식 방법(hybrid method)이라고 하는 것은 어찌 보면 언어적 유희에 그치는 것이라고 할 수 있을 것 같다.

나. 당연 위법의 원칙

유럽공동체 1심 법원은 (1) 2개의 서로 구별되는 제품의 존재, (2) 끼워파는 시장(主商品市場)에서 당해 기업이 우월적인 지위에 있는지, (3) 부상품(副商品)에 대한 구입 강제가 있었는지, (4) 이와 같은 시도가 경쟁을 봉쇄하였는지[443] 여부에 따라서 판단하게 하고 있다.

그리고 유럽공동체 1심 법원도 당연 위법의 원칙을 적용한 것이라고 선언한 사실은 없다. 다만, 만일 공동체 1심 법원이 합리의 원칙을 사용하였다면, 예를 들어 N 버전의 출하가 실제로 소비자들의 구매로 이어지고 있지 않은 것을 소비자들의 효용을 증가시키고 있다는 점에 대해 그다지 소비자들의 선택권을 실질적으로 높여서 효용을 증대시키고 있다는 점에 대한 실질적인 입증이 되지 않고 있다는 점이나 통합모형이 PC 제조업자나 콘텐츠 제공자 등과 같은 자들에게 이와 같이 하는 것이 어떤 효용을 주는 것인지에 대하여 판단을 하여야 한다. 경쟁제한성의 판단은 친경쟁적인 면(pro-competitiveness)과 경쟁제한적인 면(anti-competitiveness)을 각각 비교하는 식의 전개를 하여야 한다. 이와 같은 전개를 하지 않은 점에 기초하여 보면 실질적으로 당연 위법의 원칙을 적용한 것이 아닌가 하는 것이다.

유럽공동체 1심 법원은 유럽공동체 조약 제82(d)를 위반하였다는 위원회의 결정을 그대로 유지하면서 원고 회사가 주장한 소비자들에게 어떤 이익이 있는지에 대한 판단을 하지 않은 것으로 보인다. 원고 회사는 위원회가 (1) "조약의 문언상으로는 체결된 계약이 계약의 성질 또는 상거래 관행에 의할 때 그런 계약의 주체와 관련이 없다."는 문언을 "우월한 지위에 있는 자의 의무로 소비자에게 주상품(tying product)을 구매하는 소비자에게 부상품(tied product)과 결합되어 있지 않은 제품을 구매할 기회를 제공하지 아니한(dominant undertaking does not give customers a choice to obtain the tying product without the tied product)"으로 무단히 자구를 바꾸어 해석하였다는 점, (2) 위원회가 82조에는 규정되어 있지도 않은 封鎖라는 要件(foreclosure

---

443) Para. 842의 4(이하 이절에서 'para'라는 표시는 유럽공동체 1심 법원의 마이크로소프트 사건에서의 판결문의 paragraph를 표시하는 것임).

requirement)을 추가하는 중요한 두 가지 실수를 저질렀다고 주장하였다.[444]

이와 같은 점들을 종합하여 보면, 유럽공동체 1심 법원은 당연 위법 원칙을 적용한 것이 아닌가 하는 의문이 든다.

3. 별개제품성

가. 원고 회사의 주장[445]

원고 회사는 다음과 같은 주장을 하였다.

(1) 미디어 기능의 경우에는 오랜 기간 동안 윈도우즈의 일부 기능으로 포함되어 있던 기능 윈도우즈의 미디어 기능은 1992년으로 거슬러 올라가게 되는바, 위원회가 문제 삼은 시기는 1999년의 기능 통합에 대한 것으로 스트리밍 미디어 기능추가 이후를 문제 삼았다.[446] 윈도우즈에 포함되어 있는 오디오나 비디오를 재생하는 기능을 하기 위한 코드는 윈도우즈의 다른 정보에 접근하기 위한 코드와 다르지 않다. 바로 그 윈도우즈 코드를 기반으로 하여 다른 응용 프로그램 개발회사들이 제품을 개발하는 플랫폼으로서 기능한다.[447] (2) 수요자의 관점에서 실제로 미디어 기능을 제외한 운영체제에 대한 직접적인 수요가 존재하지 않는다. (3) 만일 이와 같은 기능 통합에 의한 혁신을 하는 경우에는 만일 이러한 우월적 지위에 있는 회사의 기능 통합을 벌하는 경우에는 별개의 독립적인 제품이 존재하는 경우마다 이와 같은 기능 통합에 의한 혁신이 저지된다.[448] 그리고 (4) Mac OS, Linux, OS/2, Solaris 등 다른 PC 운용체제의 경우에도 거의 예외 없이 미디어 기능을 포함시키고 있다는 점에서 이러한 통합을 통한 혁신이라는 모형은 산업계의 보편적인 관행이라는 점이 논거로 주장되었다.

---

444) Para. 844 – 846.

445) Para. 886 – 897.

446) Para. 889.

447) Para 886.

448) Para. 888 – 889.

나. 테트라팩 사건(Tetra Pak Ⅱ)449)과 정당화 사유로서의 거래관행

1950년대 스웨덴의 테트라팩社는 무균 포장을 위한 공정과 팩 제조 기술을 개발하였다. 이러한 팩은 오렌지 주스, 우유 기타 액체 내지 액체류의 식품을 포장하기 위하여 사용되었다. 초기에는 파스퇴르 처리된 우유를 보관하기 위하여 사용되었지만, 점차 6개월 이상 냉동 보관하지 않는 액체류의 보관을 위하여 사용하게 되었다. 源泉 特許는 이미 특허기간의 경과로 소멸되었지만, 이에 대한 개량기술을 테트라팩이 지속적으로 개발하여 이러한 개량기술에 대한 특허를 출원하는 방법으로 특허를 통한 기술보호 전략을 취하였다. 非無菌 시장의 경우에는 며칠 정도 기간 동안의 보관을 위한 방법이 존재하고, 이 시장에서는 태트라팩은 50% 정도의 시장을 점유하고 있었다. 위원회는 이 사건에서 테트라팩사가 식용 액체 및 반액체(semi-liquid) 음식을 위한 통합된 유통망에 공급하였다는 것이 위반이 아니라는 주장은 타당하지 않다고 하면서 태트라팩이 행한 포장용기 기계와 이에 더하여 그 수리 및 유지서비스를 결합하여 판매하는 것은 이러한 포장용 기계 판매에 있어서의 관행이라고 할 수 없다고 하면서 관행이라는 주장을 배척하였다.450)

그런데 법원은 테트라팩사의 주장과 달리 끼워파는 것이 시장에서의 관행이거나 상거래상 일반적으로 받아들여지는 형식이라고 하더라도 이러한 관행이 끼워팔기의 위법성을 정당화하는 사유로 사용될 수 없다고 판단하여 관행의 존재를 입증하는 경우에서조차도 정당화 사유가 아니라고 하여 오히려 쉽게 인정될 수 있도록 하였다.451)

다. 消費者의 購入 強制

(1) 제거 버전 구입 수요의 부존재 원고 회사는 위원회가 N 버전에 대한 수요가 없다는 점에 대하여, 이러한 점은 결국 소비자에 대한 실질적인 구

---

449) Tetra Pak International SA v. Commission(T-83/91) 6 October 1994, [1994] ECR Ⅱ-762, [1995] Ⅰ CEC 34; (C-333/94P), 14 November 1996, [1996] ECR Ⅰ-5951. [1997] 4 CMLR 662, [1997] CEC186.

450) Richard Whish, "Competition Law", 5th ed. p.662.

451) (C-333/94P), 14 November 1996, [1996] para. 293.

입 강제가 부존재한다는 것을 입증하는 것이라는 주장하였다. 이러한 주장
은 우리나라에서도 동일하게 원고 회사에 의하여 이루어지고 있으며, 위원
회는 미디어 기능이 없는 운용체제에 대한 소비자 수요를 입증하여야 하는
바, 완전 버전과 기능삭제 버전의 동시 출시를 명한 위원회의 결정은 삭제
버전에 대한 소비자 수요가 사실상 거의 없음이 입증되었기 때문에 위원회
는 구입 강제에 대한 입증을 다하지 못한 것이라고 판단하였다. 이러한 주
장에 대하여, 법원은 위원회의 판단을 그대로 인정하였다. 위원회는 OEM
제조사들이 윈도우 운영체제를 라이선스받아 PC에 인스톨되어 있는 상태
그대로 소비자에게 판매되고 소비자는 구매 시에 별도의 의사결정을 할 수
없으므로 결국 소비자들은 구입이 강제되고 있는 상황이라고 이해하였다.
동시에 위원회는 미국에서의 동의명령은 이러한 구입 강제 상태를 완전히
제거하지 못하였다고 보아 구입 강제 상황을 제거하기 위한 제거 버전의
출시를 명령하는 것이 타당하다고 판단한 것이다.452)

(2) 購入에 있어서의 有償性 要件

원고 회사는 윈도우 미디어 플레이어를 포함한 미디어 플레이 백 플레이어
(media play – back player)들의 경우에는 무상으로 다운로드받아서 설치할 수
있는 시장에서 무상으로 다운로드받는 방식이 보편화되어 있어 구입을 강제한
사실이 없다고 주장하였다. 이에 대하여 유럽공동체 1심 법원은 원고 회사가
미디어 플레이어를 구입하기 위하여 추가적으로 금원을 지급할 필요가 없다는
주장은 조약 제82조(d)의 문언을 비추어 볼 때 문언상 별도의 지불조건(paying
requirement)이 존재하지 않으므로 타당하지 않은 주장이라고 판단하였다.453)

(3) 複數使用(Multi – homing) 주장과 전문가 증언

원고 회사는 본질적으로 윈도우 미디어 플레이어와 윈도우즈는 조약 제
82조(d)의 의미에서 서로 끼워파는 것이 아니며, 어떤 구입 강제도 있지 않

---

452) Para. 946 – 947.

453) Para. 948; 우리 법의 경우에는 '購入'이라는 단어를 사용하고 있는바(시행령 별표 1), 이런 구입
이라는 문언은 국어적으로 유상성을 전제로 하는 것이라고 할 것이어서 우리의 경우에도 이와
같이 해석할 수 있을지에 대해서는 의문이 있다.

다고 주장하면서, 앞서 언급한 것과 같이 전혀 추가적인 부담을 소비자가 할 필요가 없으며, 소비자들은 얼마든지 다른 미디어 플레이어를 설치하여 사용할 수 있는 소위 복수사용이 가능하므로 이러한 의미에서 구입 강제라고 볼 수 없다고 주장을 하였다.[454]

하지만 유럽공동체 1심 법원은 소비자들은 미디어 플레이어가 포함되어 있지 않은 윈도우즈를 구입하는 것은 계약상 불가능한 사정이므로 이 점만으로도 구입 강제는 이루어지고 있는 것으로 보아야 하며, 강제는 OEM 단계에서 이미 이루어진 것으로 이러한 구입 강제가 소비자에게 그대로 이전된 것(pass on to the consumers)으로 90% 이상의 PC는 OEM 형식으로 라이선스가 이루어져서 조립이 되며, 단지 10%만이 원고 회사의 라이선스 정책상 개별적인 라이선스가 이루어지는 것으로 보아 이미 이 단계에서 계약적으로 OEM에 대한 구입 강제는 이루어진 것으로 보는 것이 옳고, 소비자들이 최초 구입한 PC(out - of - the - box PC)의 경우에는 당연히 구입이 강제된 상태가 계속되는 것으로 복수사용이 구입 강제를 달리 판단하게 하는 사유가 되는 것은 아니라고 판단하였다.[455]

이와 같이 판단하는 것은 OEM 단계를 전제로 한 것으로 소비자 계층의 다단계에서 오로지 OEM에 초점을 맞춘 것으로 콘텐츠 제공자, PC 제조업체, 최종 소비자 등 여러 층의 소비자 내지 사용자 계층 중에서 특정한 층에만 초점을 맞추어 정작 최종 소비자의 소비 형태에 대해서는 너무 쉽게 강제의 이전이 이루어진다는 식으로 구조화한 것이고 복수사용에 대한 실증적인 주장에 대한 반박으로 볼 수는 없고, 규범적으로 판단한 것으로 향후 유럽공동체에서 법경제학적인 접근을 강화한다면 논증과 관련하여 태도의 변화 내지 논란이 있어야 할 영역으로 판단된다. 특히 복수사용을 하더라도 복수사용 비용이 零이 되는 미디어 플레이어나 인스턴트 메신저의 경우에는 최종

---

454) Para. 960; 우리나라에서의 소송에서도 문제가 된 것으로 쏠림현상이나 고착현상이 발생하는 대표적인 사례라고 할 수 있는 VCR의 경우처럼 하나의 제품을 구입하면, 다른 제품을 구입하는 것이 사실상 어려운 경우와 달리 무상이고, 복수사용이 용이한 메신저나 윈도우 미디어 플레이어의 경우에는 봉쇄효과가 같지 않다는 주장이 이루어졌지만, 역시 소 취하로 법원의 판단은 이루어지지 않았다.

455) Para. 962 - 964.

사용자의 관점에서는 오히려 그 효용을 높여 주고 PC 사용 便宜性을 증가시켜 주는 것으로 이러한 점이 전혀 판단되지 않았다는 문제가 있다고 본다.

4. 입증책임의 분배와 객관적 정당화 사유

가. 입증책임의 분배

유럽공동체 조약 제82조를 침해한 사실에 입증책임은 위원회에 있다. 이 점은 확립된 법원의 판례라고 할 수 있다. 이는 우리 대법원의 판례이기도 하다. 우월적 지위에 있는 회사는 행정적인 절차가 끝나기 전까지 자신의 행위에 대한 객관적 정당화 사유에 대한 입증을 하여야 하고, 위원회는 우월적인 지위를 남용하였다는 점에 대하여 입증을 마친 후에 객관적 정당화 사유가 이러한 침해의 점에 대하여 우월한 정도의 입증이 이루어지지 못하게 되면 시장지배적 지위에 있는 회사가 소송에서 패소하게 된다.[456]

원고 회사는 아래의 두 가지 객관적 정당화 사유를 주장하였다.

(1) 위원회는 새로운 기능을 윈도우즈에 추가하는 기능 통합모형으로 인한 소비자의 혜택에 대하여 이를 무시하였다. (2) 위원회가 명령한 것과 같이 기능제거버전을 출시하는 것은 소비자, 소프트웨어 개발자, 그리고 인터넷 사이트 개발자들에게 많은 피해를 야기하게 된다.

나. 기능 통합과 소비자의 혜택

원고 회사는 기능 통합이 소프트웨어 개발자와 인터넷 사이트 개발자들에게 안정적이고 잘 정의된 윈도우즈 플랫폼을 제공함으로써 가지게 되는 이익을 해치게 되는바, 이러한 점에 대하여 위원회가 의도적으로 무시하여 버림으로써 이를 형량요소로 사용하지 아니하였다. 특히 윈도우즈의 경우 소프트웨어 공학에서 흔히 언급되는 소위 컴포넌트화(componentization) 현상을 고려하여 볼 때 결국 운용체제를 파편화함으로써 소비자들에게 오히려 불편을 증가시키게 된다는 점을 형량요소로 고려하지 않았다고 주장하였다.[457]

---

456) Para. 1144.

이에 대하여 이 사건 법원은 원고 회사가 주장하는 어떠한 PC의 운용체제 환경하에서도 동일한 미디어 플레이어가 설치되어 있는 환경이라는 것이 바로 위원회가 이 사건에서 원고 회사의 비즈니스 모델을 문제 삼는 이유이며, 설사 이러한 보편적인 운용체제 내의 미디어 환경이 주는 소비자에 대한 혜택이 존재한다고 하더라도 이러한 혜택이 바로 그로 인한 반경쟁적인 효과를 상쇄하기에 족한 것이 아니며, 위원회가 인정하고 있는 것과 같이 사실상의 표준화(de facto standardization)가 소비자에게 일정한 혜택을 주는 것은 사실이지만 그렇다고 하더라도 일방적으로 시장지배적 지위에 있는 회사가 사실상의 표준을 끼워팔기에 의하여 형성하는 것을 바로 정당화시키는 것은 아니라고 판시하여 원고 회사의 주장을 배척한다.[458]

다. 검토

사실상의 표준화는 일방적인 행위에 의하여 이루어진다. 표준화의 방법 중에서 표준화기구(Standard Setting Organization)에 의하여 이루어지는 표준의 경우에는 국내 표준이건, 국제 표준이건 간에 의견의 제시, 표결 등 일련의 정해진 여러 개의 회원사 내지 회원국가 간의 의사합치 절차에 의하여 이루어지게 되지만, 반면 사실상 표준의 경우에는 일방적인 행위에 의하여 이루어지는 것이 당연하고, 이러한 일방적인 행위에 의한 표준화는 바로 경쟁의 방법이다. 결국 위원회의 판단을 그대로 인정한 법원의 판단은 시장지배적인 회사로서 우월한 지위에 있는 회사들에 대해서는 이러한 방식의 경쟁을 허용하지 않는다는 것으로 이해될 수 있다. 다시 말해서 원고 회사와 비슷한 유형의 회사들에 대하여 특별한 책임(special responsibility)을 인정하는 것과 마찬가지가 된다고 할 것이다. 유럽에서의 시각을 살펴볼 수 있는 것으로 매우 중요한 부분 중의 하나로, 미국적 시각과 유럽적 시각에 따라서 관점을 상당히 달리할 수 있는 부분이라고 할 것이다.

---

457) Para. 1146 – 1147.

458) Para. 1151 – 1152.

Ⅳ. 상호운용성에 대한 검토

1. 사건의 개요

앞의 1998년 선의 편지로 시작된 상호운용성 문제는 2000년 위원회의
첫 의결서(Statement of Objection)와 이후 22003년 10월의 3차 의결서까지
이 사건의 경우 이례적인 상황(exceptional circumstances)이 존재한다는 이유
로 라이선스 거절에 해당한다고 판시하였고, 위원회는 원고 회사가 통신 프
로토콜(protocol)을 위한 명세서를 제공하여야 한다고 하면서, 원고 회사로
하여금 직접적인 경쟁자에 대하여 기술 라이선스를 하도록 명령하였다. 이후
원고 회사는 라이선스를 하였으나 선 마이크로시스템즈 사는 제공된 정보가
불충분하고 로열티가 높았다고 주장하였고, 위원회는 이러한 선 마이크로시
스템즈사의 주장을 받아들여 원고 회사에게 履行强制金을 부과하였다.

2. 시장의 획정

서버 시장은 매우 복잡한 시장으로 크게 구분하면, 메인프레임 서버 시장
과 소형서버 시장으로 구별할 수 있다. 하지만 실제의 시장은 메인프레임과
같은 대형서버와 소형서버가 상호 수요관점에서 대체성이 존재하는 예는
얼마든지 찾을 수 있다. 실제에 있어서 메인프레임 서버를 워크 그룹 서버
와 같은 용도로 사용할 수도 있고, 워크 그룹 서버 용도로 사용하는 윈도우
서버와 같은 소형서버를 네트워크로 묶어서 대형서버의 대용으로 사용할
수도 있다. 이러한 서버군의 경우에는 운용체제가 여전히 초기의 컴퓨터 시
장과 같이 수직적으로 전개되어 있어 예를 들어 IBM의 경우나 선 마이크
로시스템즈사와 같은 서버 회사들은 독자적인 운용체제를 가지고 자신의
서버를 운용하게 되는 경우가 많다. 다만 운용체제에 있어서는 오픈소스
(open source software)인 리눅스(Linux) 등에 기반을 두고 개발된 경우도 상당
히 그 시장점유율을 높이고 있다. 서버 시장에서의 강자는 여전히 IBM이라

고 할 수 있고, 이 시장에서 원고 회사는 시장진입자의 지위에서 소형서버 위주로 시장을 확대하는 상황이다. 서버용 운용체제 시장에서 원고 회사의 시장점유율은 30% 정도였다. 공급 대체성 면에서도 대형서버와 소형서버는 상호 대체적인 생산 및 유통은 매우 용이하게 이루어질 수 있는 상황이다.

그럼에도 불구하고 위원회는 워크 그룹 서버로만 이 사건 시장을 획정하고, 이 시장에서 원고 회사가 시장지배적인 지위에 있다고 하고 있는바, 시장획정에 대해서는 쉽게 동의하기 어렵다. 우리나라에서의 서울 고등법원 사안에서도 WMS의 경우에 x86시장과 non-x86시장으로 시장을 구획하고 있고, 이 중 마이크로소프트가 문제가 되는 시장으로 획정된 시장은 x86시장으로 한정하고 있는바, 이러한 시장획정 역시도 자의적인 것이 아닌가 하는 의문이 있다.

3. 競爭政策과 知的財産權政策의 調和

가. 政策的 目的의 衝突과 動態的 均衡點의 發見

경쟁정책과 지적재산권정책의 조화는 누구나 동의하는 것과 같이 쉽지 않은 일이지만, 양자는 모두 혁신을 촉진하고, 소비자후생을 증대하는 것을 공통의 목적으로 한다. 하지만 분명한 것은 어느 정도 양자의 충돌은 실제로 존재한다는 것이다. 이러한 의미에서 앞서의 필수설비이론은 이러한 양자의 충돌에 대하여 어느 정도 가이드라인을 제공할 수 있는 가능성을 제공한다고 보이고, 이러한 점이 바로 IMS Health 사건이 가지는 의미라고 할 수 있다. 지적재산권법은 그 본질상 남용될 수도 있는 소유자에게 독점적인 권리를 부여함으로써 소유자 이외의 자들에게는 지적재산권에 대한 접근을 막을 수 있는 권리로 기능한다. 競爭法은 그런 우월적인 지위를 남용하는 것을 방지함으로써 시장에서의 효율성(market efficiency)을 확보하는 것을 정책적인 목적으로 하는 것이다.

하지만 분명한 것은 어느 선진국에서든지 지적재산권은 국가발전의 중요한 역할을 하며, 이 둘의 조화를 통하여 지적재산권의 보호를 통한 혁신을

위한 동기의 유발과 적절한 유인체계를 설계하지 못하면 시장에서의 動態
的 活力은 枯死될 수밖에 없다. 문제는 각국이 처한 경제적인 상황이 상이
하기 때문에 이러한 균형점을 찾아내는 것이 서로 완전히 동일할 수 없다
는 것이다. 지적재산권이라는 것이 산업의 분야에 따라서 그 특성을 반영하
여 유인구조도 상이하지만 IT 산업이나 제약산업의 경우 초기 많은 연구개
발비용이 소요된다는 공통적인 특징이 있다.[459]

특허법을 포함한 지적재산권법은 직접적으로 그 결과물인 지적재산권에
대한 설계를 통하여 유인구조를 만들어 내는 법인 데 반하여, 경쟁법은 더
효율적인 생산방법이나, 우월한 제품 개발을 통하여 소비자에게 혜택을 부
여하는 것을 적절한 시장환경을 조성하는 방식으로 달성하는 것을 입법목적
으로 하는 법이다. 만일 이 두 가지 법영역이 조화 대신 그 격차(disparity)가
증대되는 방향으로 입법이 되거나, 해석이 이루어지는 것은 피하여야 할 점
이라는 것에는 쉽게 동의를 얻어 낼 수 있는 것이라고 할 것이다.

나. 新經濟의 特性과 調和의 問題

시장마다 발생하는 경쟁의 양상이 상이하고, 이러한 점에서 경쟁당국의
시장에 대한 접근은 각 시장이 가지고 있는 특성을 반영하는 것이어야 한다.

신경제라는 용어 자체는 논자에 따라 쉽게 동의할 수 없는 것일 수도 있
지만,[460] 특징적인 점을 들자면, 연구개발비용은 많이 소요되지만 일단 개
발되고 나면 생산을 위한 비용은 거의 없는 수준에 귀결되어 限界費用
(maginal cost)이 零으로 수렴하게 되고, 신경제에 있어서는 그 내구성
(durability)이 구경제 시대보다 훨씬 크기 때문에 경쟁의 양상이 자신의 제
품 라인업 사이에서 일어나게 되어 구버전과 신버전 제품 간에서도 서로
경쟁이 일어나게 된다.[461] 또한 신경제하에서는 네트워크 효과가 커질수록

---

459) 製藥産業에서의 知的財産權에 대한 誘引體系에 대해서 최승재, "생명공학 특허를 통하여 본
특허성(patentability)에 대한 소고", 法律新聞 2007. 1. 11. 참고.

460) Christian Ahlborn, et al., "Competition Policy in the New Economy: Is European Competition Law
Up to the Challenge", 5 Eur. Competition L. Rev. 156(2001).

461) 예를 들어 소프트웨어의 경우 '윈도우즈 비스타'와 '윈도우즈 XP'가 서로 간에 경쟁을 하는 양
상이 일어나고 있다는 것을 들 수 있을 것이다. 그러므로 신버전은 항상 구버전보다 향상된 기

소비자들의 효용이 증가하게 되므로 경쟁압력이 지적재산권에 의한 보호를 능가하는 경우가 발생한다.[462] 신경제에서는 이러한 현상이 좀 더 빨리 일어날 수 있고, 일어나고 있다. 기존 시장에서의 경쟁우위 역시도 기술의 급격한 발전을 통하여 우회될 수 있다. 신경제하에서는 경쟁의 양상이 서로 상이하므로, 경쟁정책의 지적재산권정책과의 조화에 대한 균형점의 발견을 위한 유인체제의 설계와 그 양상도 서로 상이하여야 한다. 다만, 어느 정도나 다를 것인가 하는 정도의 문제에 대해서는 더 많은 논의가 있어야 할 것이다. 왜냐하면, 이 문제는 각국 경제발전의 정도가 서로 상이하고, 산업의 전체적인 구조가 상이하다는 다른 변수가 같이 고려되어야 하기 때문이다.

다. 지적재산권법의 목적과 필수설비이론

공동체 위원회의 위원장이었던, 마리오 몬티(Mario Monti)는 "경쟁법의 궁극적인 목표는 매우 단순하다.: 새롭고 개선과 제품과 값싼 제품을 소비자들에게 공급하여 혜택을 제공하는 것이다.[463] 그렇다면 지적재산권은 경쟁정책 내지 경쟁법의 목적의 걸림돌인가? 지적재산권법은 상업적 사용을 위한 법정의 독점권을 허여하는 것이며, 知的財産權法의 歷史를 비추어 보면, 그 혁신에 기여하는 효과는 분명하다. 이러한 혁신은 위에서 몬티가 경쟁법의 목적이라고 하였던 것과 과연 다른가? 지적재산권법제를 통하여 혁신자는 그의 창조를 위한 노력에 대하여 보상을 받고, 시장에서의 경쟁을 위한 우위를 차지하게 된다. 이러한 지적재산권에 대한 보호를 제거하거나 완화하는 것이 결국 많은 비용과 노고가 수반되는 연구개발활동에 대한 제약이 될 것이라는 점에 대해서는 의문이 없다. 정도의 문제는 있을지라도. 이러한 제약을 시스템적으로 승인하게 되면, 無賃乘車者(free-rider)에게 혜

능을 가지고 있어야 새로운 수요가 발생하게 된다.

462) 예를 들어 VHS의 특허를 통하여 보호받을 수 있는 지적재산권에 의한 보호가 기술의 발전에 의하여 경쟁시장하에서 새로운 DVD 포맷의 등장으로 무용지물이 되는 상황이 발생할 수 있는 경우를 말할 수 있다.

463) "The ultimate goal of the competition rules is simple: to assure that consumers benefit from new and improved products and lower prices." Mario Monti, "Competition and Information Technologies", Speech before the Barriers to Cyberspace Conference, Kangaroo Group, Brussels(Sept. 18. 2000).

택을 부여하는 시스템이 되게 된다. 경쟁법의 경우도 그러하지만, 지적재산권법의 경우에도 조화의 노력이 있기는 하지만, 더욱 屬地主義的이다.

동태적 효율(dynamic efficiency)을 달성하는 것과 단기에서의 보호적인 정책을 취하여 당해 지역에서의 경쟁 양상에 영향을 주는 것은 서로 정책적인 목적이라는 관점에서 정책입안자들에게 분명한 메시지를 준다. 혁신을 위한 유인체계의 제공을 목적으로 지적재산권 법제가 제공하는 독점적인 사용권은 결국 더 나은 제품을 더 낮은 가격에 제공될 수 있는 여지를 제공하기 때문에 동태적인 관점에서 경쟁을 촉진한다. 필수설비이론은 결코 지적재산권의 가치를 감소시키게 하거나, 경쟁우위를 가졌다는 점만을 이유로 해서 명확하게 정의되지 않은 상황에서 남용되어서는 안 된다.[464]

4. 小 結

결국 이러한 점을 종합하여 보면, 본 건 '마이크로소프트 對 유럽공동체 집행위원회 사건'이 유럽공동체최고법원(ECJ)에 상고되었다면 어떤 결론이 났을까. 유럽공동체 최고법원은 과연 IMS Health 사건에서의 판례는 파기하였을까. 만일 이 사건이 유럽공동체 최고법원에 상고되었고 유럽최고법원이 유럽 1심 법원의 판결을 유지하는 경우에는 기존의 판례가 변경되었다고 볼 수 있었을 것이다. 그러나 이 사건은 양당사자 모두 상고하지 않음으로 인해서 확정되었다.[465]

마이크로소프트 사건을 통하여 선 마이크로시스템즈사와 같은 시장에서 서로 '直接的으로 競爭(directly competitive)'하는 경쟁자에게도 기술을 제공하도록 함으로써 우월적인 지위에 있는 회사의 경우에는 이를 통한 경쟁우위의 상실 우려를 가지게 되었다. 또, 이 사건의 경우 원고 회사는 명령을 받을 당시에는 제공 대상 기술인 윈도우즈 서버 2000의 출시 이전임에도

---

464) Derek Ridyard, "Essential Facilities and the Obligation to SupplyCompetitors under the UK and EC Competition Law", 8 E.C.L.R. 438(1996).

465) 2007년 당시 유럽공동체 지역에서 '인텔(Intel)', '퀄컴(Qualcomm)', '애플(Apple)' 등의 여러 회사에 대하여 위원회의 조사가 이루어지고 있었고 2009년 현재에도 여전히 흥미로운 관찰점이다.

불구하고 기술 제공을 명령받음으로 인하여 향후 시장지배적인 지위에 있을 수 있는 회사의 경우에도 이러한 기술 제공 의무가 지워질 수 있는 경우가 있을 수 있게 되었다. IMS Health의 경우와 달리 동일 시장에서 직접적으로 경쟁하는 경쟁자에게도 기술 제공 의무가 발생할 수 있도록 되어 기술 제공이 시장 상황을 획기적으로 변경되도록 할 수 있는 경우가 발생하게 되는바, 이는 경쟁자의 경쟁력 강화 이외의 다른 정당화를 하기 힘든 결정이라고 판단된다.

아울러 이러한 이 사건 법원의 결정은 결국 특허 Active Directory 기술의 경우,[466] 영업비밀과 관련된 것을 제외하고, 지적재산권과 관련하여서만 보더라도 마이크로소프트의 지적재산권의 가치를 희석화(dilution of IP value)시켜서 시장에서 내지 산업에서의 지적재산권 포트폴리오를 강화하기 위한 노력에 대한 유인을 약화시키게 되는 문제가 있을 수 있다.

물론 이러한 지적재산권법을 통한 소비자후생의 증대와 경쟁법 집행을 통한 소비자후생의 증대의 양자 간의 상호 형량의 문제라고 할 수 있을 것이나, 어느 경우에도 지적재산권의 기본적인 체계를 흔드는 것은 타당하지 않고 매우 예외적이고 제한적이면서도 분명한 가이드라인에 기초하여 허용되어야 할 것이라는 점에서 이 사건에서의 유럽 1심 법원의 판단은 분명히 문제가 있는 것으로 보인다. 나아가 상호운용성에 대한 이 이슈의 경우에는 단순히 마이크로소프트의 비즈니스 모델의 문제라기보다는 지적재산권과 경쟁법의 관계에 대한 일반적인 이슈와 연결되어 있어 향후 지적재산권을 많이 가지고 있는 회사들과 이러한 기술 기업들을 가지지 못한 국가들 간의 문제의 하나의 맥락에서 경쟁법이 논의되게 됨으로써 더 많은 영향을 각국에 미칠 가능성이 많은 사안이라는 점이 주목하여야 할 것이다. 그런 면에서 이 사건이 통신 프로토콜을 강제로 실시하도록 하는 것에 국한되지 않고 그 이상의 요구로 공개의 폭과 대가의 면에서 확장되는 경우 그 파장

---

466) Active Directory 기술에 대해서 마이크로소프트는 우리나라에서 우선권 주장을 통하여 2004년 출원(출원번호 10 - 2005 - 0019076)하였고, 2005년 등록되었다. 이 기술을 개발하기 시작한 마이크로소프트사는 1998년 이 기술에 대한 상표출원(198. 10. 29. 출원번호 40 - 1998 - 0028178)을 한국에서 하였다.

은 기업 기술들의 모국으로서는 매우 심각한 통상문제로까지 파급될 가능
성이 있다고 보인다.

V. 벌금 및 감독위원회 관련 쟁점에 대한 검토

1. 사안의 개요

원고는 매출액을 기준으로 하였을 때 기준에 따른 원고의 벌금액은 약
165억 유로 정도가 되어야 하는데, 실제 위원회가 마이크로소프트에게 부
과한 벌금액은 약 497억 유로 정도로 3배 정도의 징벌적인 성격을 가지고
있는 벌금액이 부과된 것으로 이러한 벌금의 부과는 법률상 근거 없는 위
법한 것이라고 주장하였다.

2. 억지 효과(deterrence effect)와 벌금

이와 같은 매출액 등에 기초한 금액에 배수로 벌금을 부과하는 것은 카
르텔과 같은 경우에는 그 적발의 가능성과 적발 시의 처벌을 염두에 두면,
만일 적발 시의 처벌이 이득의 환수에 그치는 경우에는 카르텔을 시도하는
유인이 훨씬 크게 되어 카르텔을 유지하는 것을 방조하는 것이 되므로, 카
르텔을 억지하기 위해서 이득액의 배수로 예를 들어 3배 배상과 같은 제도
가 도입되어야 한다고 한다.[467]

하지만 이와 같은 억지가 이루어지기 위하여 당해 행위가 위법이라는 인
식과 이러한 인식에 기초하여 그와 같은 행위로 나아간다는 것에 대한 행
위 의사가 존재하여야 할 것이다.[468]

---

467) 예를 들어 만일 카르텔 적발가능성이 50%이고, 이로 인한 이득액이 1억 원이라면 이 경우 억지
를 위한 배수(deterrence multiplier)는 2배가 되어 2억 원을 부과하여야 실제 抑止力(deterrence
power) 면에서는 中立的이 될 것이다.

468) 영국 트랙터 사건(ECJ(C - 7/95P), [1997] ECR Ⅰ - 3111)에서 위원회는 이 사건이 정보교환계약
에 대한 비가격 정보에 대한 첫 사안이라는 이유로 하여 심지어 담합 사건임에도 벌금을 부과
하지 않았던 것도 바로 이러한 예견가능성의 결여로 인한 억지력의 결여가 바로 이유라고 분석

3. 감독위원회의 문제

원고 회사가 유일하게 승소한 감독위원회와 관련된 부분은 원고 회사의
비용으로 위원회 및 감독위원회뿐만 아니라, 경쟁자까지도 조사를 할 수 있
도록 하는 권한을 부여하는 것이 타당하지 않다는 것이고 이 부분은 우리나
라에서의 사안과 쟁점으로서의 관련성이 크지 않아서 상설하지 않기로 한다.

Ⅵ. 결론: 미국과 유럽공동체 경쟁당국 간의 괴리와 전망

유럽공동체 위원회는 2004년 3월 마이크로소프트가 '선 마이크로시스템
社'에 윈도우즈 서버 2000과 관련된 마이크로소프트의 특허, 저작권, 영업
비밀에 의하여 보호되는 정보를 제공하지 않는 것은 공동체 조약 제82조를
위반한 것이라고 하면서, 통신 프로토콜(communication protocol)을 합리적이
고 차별적이지 않은 조건(reasonable and non－discriminatory condition)으로
제공하도록 명령하였다.[469]

미국 법원과 규제 당국은 시장에서의 우월적인 지위에 있다고 하더라도
그 특허권을 허여하도록 하는 것에 대해서는 매우 제한적인 태도를 취하고
있음은 주지하는 바와 같다.[470] Verizon 사건에서 미국 연방대법원은 애스
핀 스킹 판결(Aspin skiing case)을 매우 제한적으로 적용하여야 한다고 설시
하고 있다.[471]

할 수 있을 것이다.

469) 마이크로소프트 사건은 끼워팔기와 라이선스 강제(강제실시권 Compulsory License)라는 두 개의 큰
쟁점이 있다. 후자는 라이선스 거절(refusal to supply)과 競爭者의 保護의 문제라고 할 수 있다.

470) Verizon Communication INC v. Law Offices of CURTIS V TRINKO, LLP, Case No.01－7746
540 U.S. 398(2004) 1996년 통신법에 의하여 뉴욕지역의 LEC(Local Exchange Carrier)인 버라이
전에 대하여 통신 네트워크를 경쟁자와 공유(network sharing)하여야 하는 상호접속 의무(inter－
connection obligation)를 부담시키고 있는바, 이 사건은 지적재산권의 강제적인 사용 강제에 대한
사례는 아니지만 분명히 미국에서의 이러한 통신망의 강제적인 사용에 있어서도 매우 제한적인
적용을 하도록 하는 것이 연방대법원의 태도임을 분명하게 설시 한 사례라고 이해되고 있다.

471) 연방대법원은 Verizon 사건에서 Verizon 사건과 Aspen Skiing 사건을 서로 구별(distinguishing case)
되는 사건이라고 Aspen Skiing 판결의 Verizon 사건에의 적용을 부인하였다.

　한편 관련된 쟁점인 네트워크 중립성(network neutrality)에 대한 미국에서의 전개에 대해서는 유럽의 경우에는 소비자후생을 보호한다는 것은 통상적으로 주장되는 경쟁법 집행의 목적이나, 실제의 집행에 있어서는 경쟁력이 시장에서 뒤처지는 덜 효율적인 경쟁자를 보호하기 위한 목적으로 집행되는 것처럼 보이는 경우들이 있다는 점이 비판점으로 논의되었다. 이 사건에서도 공동체 1심 법원은 "마이크로소프트사가 자신들이 시장에서 상당한 점유율 워크 그룹 서버(work group server)는 메일을 보낸다든가 프린팅을 하는 등의 목적으로 사용되는 서버로서 이 시장에만 시장획정을 하면서 국한을 시킨 위원회의 태도가 타당한가에 대해서는 의문이 있지만 이 부분만이 하나의 시장이 될 수 있다면 워크 그룹 서버 시장에서 80%정도의 시장점유율을 가지고 있는 마이크로소프트는 이 시장에서 유효경쟁구조(effective competitive structure)를 침해하였다.[472]"고 판시하고 있다.

　유럽 법원의 금번 결정은 서버 시장에서뿐만 아니라, 시장 전반에서 유럽에서 사업을 하고자 하는 많은 기업들에게 불확실성을 줌으로써 특히 지적재산권 소유자들의 경우에는 경쟁자들에 의한 요구가 있을 경우 지적재산권을 강화하려는 의지를 희석화하는 문제가 심화될 것으로 생각된다. 특히 다국적 기업의 경우에는 미국과 유럽, 그리고 향후 우리나라를 중심으로 하여 아시아 국가들에서의 경쟁당국 내지 사법부의 판단이 이러한 괴리 현상을 강화시키는 방향으로 이루어지게 되는 경우에는 글로벌 스탠더드(global standard)라고 불릴 수 있는 기준의 결여가 이러한 다국적 기업들로 하여금 가장 경쟁법적 규제가 심한 지역에 부합하는 제품을 생산하도록 하는 결과로 귀결될 가능성이 높아진다.

　소프트웨어의 경우 RTM 버전(Released To Manufacturing version)을 N 버전을 위하여 만든다고 하는 경우, 만일 이러한 N 버전이 여러 개가 있다면 실제로는 여러 개의 제품을 개발하는 것과 별반 큰 차이가 없는 개발비용이 소요되므로 결국 버전의 수를 줄이는 것이 비용 관점에서는 매우 긴요

---

472) Para. 664.

하여질 것이라고 판단되기 때문이다. 과연 이러한 결과가 소비자후생에 긍정적인 결과를 발생시킬 수 있는지에 대해서는 고려할 필요가 있다고 보인다. 유럽공동체지역에서는 미국에서와 달리 필수설비이론이 발전하였다. 이러한 필수설비이론의 전개는 민영화가 급속하게 전개되었고, 우월적인 시장지배적 회사에 의하여 시장이 좌우되고 있던 유럽에서의 시장구조적인 특색을 고려하면 당연한 전개였던 것으로 보이는 면도 있다. 기반설비(infrastructure)에서의 경쟁의 경우에는 이와 같은 필수설비이론에 의한 경쟁자에 대한 접근을 허용하는 것 외에는 별다른 수단이 없다고 판단한 것이라고 할 수 있다. 미국적 시각에서는 이러한 유럽공동체에서의 접근은 이해하기 힘든 접근으로 향후 대서양을 사이에 둔 양안이 서로 어떤 수렴점을 찾을 수 있을지 지켜보아야 할 것이다.473)

---

473) Eleanor M. Fox, "What is Harm to Competition? Exclusionary Practice and Anticompetitive Effect", 70 Antitrust L. J. 371(2002).

제4절 상호운용, 표준 및 라이선스 전략과 법

Ⅰ. 서 론

상호운용성(interoperability)이라는 개념을 법학에서 사용하려면 개념을 명확하게 정의할 수 있어야 한다. 그리고 상호운용성이라는 개념을 기존의 규범틀 안에 위치 짓는 작업을 동시에 병행적으로 수행하여야 한다. 그럼에도 과학기술과 법 영역에서 특히 최근에 이슈가 되고 있는 경쟁법과 지적재산권법과의 관계적인 조화라는 주제하에서 과학기술의 영역 내지 비즈니스적으로 사용되던 용어들이 별다른 개념의 명확화나 개념적인 정합성이라는 검증을 거치지 않고 도입되어 사용됨으로 인하여 여러 가지 문제점을 노정하게 되는 사안들이 발생하게 되는 것으로 보인다.

상호운용성이라는 용어를 규범적으로 사용하기 위해서도 바로 이러한 작업들을 선행적으로 수행하여야 한다. 최근의 마이크로소프트사에 대한 유럽공동체 1심 법원의 판결이 있고 난 뒤에 상호운용성이라는 용어가 종종 사용되지만, 이러한 용어례에 대한 구체적인 정의에 대해서는 명확하지 않은 것 같고 논자마다 서로 사용례가 다르게 되어 오해마저 생기게 되는 것 같다.

이 글에서는 이러한 점을 감안하여, 우선 상호운용성의 개념과 의미에 대하여 살펴보고(Ⅱ), 이어서 이러한 상호운용성을 확보하기 위한 방안으로서의 표준화와 관련된 이슈를 살펴봄으로써 경쟁법과 연결될 수 있는 합동적인 작업을 통한 상호운용성을 확보에 대하여 살펴보고(Ⅲ), 뒤이어 라이선스를 통한 상호운용성 확보와 관련된 경쟁법적인 함의에 대하여 일방적인 행위로서의 라이선스 거절행위에 대하여 살펴본다. 이러한 논의는 기존의 필수설비이론과의 연관하에서 검토될 수 있을 것이다(Ⅳ). 결론적으로 이러한 양자의 조화를 위한 앞서의 논의를 정리하여, 양자의 조화와 균형을 위한 방향성을 언급하기로 한다(V).

Ⅱ. 상호운용성의 개념과 의미

1. 상호운용성의 개념

상호운용성(interoperability)이라는 개념은 A라는 기기가 다른 기기와 대화할 수 있는 능력을 말한다. 쉽게 예를 들어 말하자면, PC가 프린터와 서로 대화하고, 이를 통하여 PC 상의 명령을 통하여 프린터가 작동될 수 있도록 하는 능력을 의미하는 것이다. 물론 이러한 정의는 이 개념이 사용되는 범위만큼 다양하게 이루어질 수 있을 것이나, 최고한 정보통신(IT) 업계[474]에서의 정의는 위와 같이 하는 것이 타당하다고 보인다. 이러한 상호운용성의 개념은 점차 과학기술의 진보가 더 빨리 이루어지게 됨에 따라, 그 중요도가 더해 가고 있다. 왜냐하면 상호운용성이 떨어지게 될수록 소비자로부터 시장에서 외면당할 가능성이 커지기 때문이다.

2. 구별개념

구별개념은 상호운용성 개념 자체의 혼란으로 인하여 중요하다. 법적인 개념을 정립함에 있어 기존에 다른 영역에서 사용되던 용어를 법률개념으로 포섭하는 방법 중에서 상호운용성의 경우에는 다른 구별개념을 제외하는 방식으로 좀 더 명확화할 수 있다고 생각되기 때문이다.

---

474) 사실이 정보통신(IT)업계라는 것도 명확한 정의를 가지고 있지 않고, 그 범위도 다종다양하게 표현된다. 하지만 그 범위의 광협이 본고의 진행에 영향을 미치는 것은 무시할 정도의 수준으로 이해가 되어 별도의 정의를 하지는 않는다. 다만, 경우에 따라서는 정보통신업계라는 표현과 IT 업계 내지 IT라는 용어를 혼용하여 사용하기로 한다.

가. 상호호환성(Compatibility)

가장 혼동이 되는 개념이 바로 상호호환성이다. 상호호환성은 A라는 기가가 같은 A라는 종류의 기기와 서로 아무런 차이 없이 사용될 수 있는가 하는 개념이다. 예를 들어, PC 간에도 서로 규격이 다르기 때문에 부품 간에 서로 호환이 되지 않는 것이 대표적일 것이다. 배터리 규격이 통일되어 있지 않기 때문에 PC라고 하여 모두 배터리를 호환적으로 사용할 수 없는 것이다. 휴대전화의 핀 수도 마찬가지다. 20핀을 사용하는 회사와 24핀을 사용하는 회사가 있기 때문에 같은 휴대전화이지만, 서로 호환이 되지 않는다.

이러한 상호호환성의 결여를 표준화하는 방법으로 해소하는 것은 대표적인 방법이라고 할 것이다.

나. 신뢰성(Reliability)

또 다른 구별개념이 신뢰성이다. 신뢰성이란 어떤 제품의 성능이 항상 일정 수준 이상이 나온다는 믿음을 의미한다. 예를 들어 전기의 예를 보면, 신뢰성을 이해할 수 있다. 이전의 에디슨 시대의 전기는 신뢰성이 매우 떨어졌다. 그래서 항상 원하는 사양을 얻을 것으로 기대할 수 없는 상황이었고, 따라서 사용자는 어떤 상황에서 전기를 사용할 수 있을지에 대한 항상적인 기대를 하는 것이 불가능하였다. 하지만 신뢰성을 갖춘 오늘날의 전기의 경우에는 220볼트의 전기선에 연결하면 220볼트라는 전압으로 전기가 공급될 것이라는 것을 우리는 거의 확신을 가지고 기대할 수 있다. 이것이 바로 신뢰성이다.

이 개념은 관계적인 것이 아니라, 스스로에 대한, 자체적인 성능에 대한 개념이다.

3. 상호운용성 개념의 의의

상호운용성 개념은 산업지형의 변화 내지 소비자 수요 변화에 따라서 변화하고 있다.

가. 산업지형의 변화

산업지형의 변화라고 하면, PC의 예를 들어 보면, 수직적, 전유적 IT 산업 시스템에서 수평적, 협업적 IT 산업 시스템으로의 전이를 들 수 있다. 1980년대의 IT 산업의 구조는 어느 한 회사가 시스템의 하단에서 상단에 이르는 일련의 과정을 총괄적으로 단독적으로 담당하는 형식을 취하였다. 대표적인 이 시대의 회사들인 IBM이나 NCR 등의 경우를 보면, 이 회사들은 저장장치에서 프로세서와 컴퓨터와 같은 하드웨어와 이를 구동하기 위하여 사용하는 소프트웨어로서 운용체제, 응용프로그램과 솔루션 등을 모두 다 자신의 사업으로 영위하였다. 따라서 이러한 구조하에서는 상호운용성이라는 것은 전혀 개입할 여지가 없었다. 상호운용성을 확보할 수 없었다는 의미가 아니라, 상호운용성이 확보되지 않는 독자적인 다른 시스템과 구별되는 시스템을 구축하는 것이 자신들의 사업을 다른 동종 사업을 영위하는 회사들과의 관계에서 구별되도록 하는 경쟁의 원천이 되었기 때문이다.

산업지형의 변화라고 명명하였지만, 이러한 수직적인 체제를 유지하는 회사는 지금도 존재한다. 그리고 정도의 문제이기는 하지만 다소 간 수직적인 체제는 수평적인 IT 산업 시스템으로의 전이가 이루어진 시기에도 여전히 존재한다. 수직적인 체제를 여전히 유지하는 회사로 대표적인 회사를 들라면 역시 애플(Apple)社[475]를 들 수 있다. 애플의 경우에는 독자적인 하드웨어 모델인 애플의 아이북이나 맥킨토시와 같은 PC를 생산하고 있고, 이를 운용하기 위하여 맥 OS라는 운영체제를 가지고 있고, 이러한 맥 OS 위에서 기동하는 일련의 응용프로그램들을 개발하여 사용하고 있다.[476]

하지만 마이크로소프트사와 인텔사로 대표되는 IBM의 소위 IBM 호환 PC(IBM Compatible PC) 프로젝트가 진행됨에 따라, 이러한 전유 모델은 상대적으로 범용 PC에 밀려서 시장에서 도태되어 소멸되게 되는 운명에 처하게 되고, 애플 컴퓨터의 경우에도 매우 심각한 경영적인 어려움에 처하게

---

475) 1977년 설립된 애플사는 2007년 1월 이전의 애플 컴퓨터(Apple Computer Inc.)에서 애플사(Apple Inc.)로 사명을 변경하였다.

476) 다만, 애플의 경우에는 마이크로소프트와의 협약에 의하여 마이크로소프트에서도 맥 PC을 위한 프로그램이 개발되기 때문에 이러한 점에서 보면, 1980년대형의 수직적 체제와는 다소 다르다.

되었다. 이러한 PC 업계에서의 수평적인 분화로 인하여 소비자들은 저렴한 가격에 PC에 접근할 수 있게 되었고, PC의 성능 역시도 매우 급속도로 향상될 수 있는 기초가 마련되었다. 하지만 여전히 혼동하지 말아야 할 점은 이러한 PC의 범용화에도 불구하고 전유적인 PC 내지 시스템의 개발이 유지되고 있는 영역이 있고, 이러한 점은 전유적인 시스템이 가지는 장점이 있음을 보여 준다. 이러한 영역은 메인프레임 서버 시장인데, 이러한 메인프레임서버 시장의 경우에는 여전히 전유적인 A부터 Z까지의 개발이 모두 하나의 회사에 의하여 대체적으로 이루어지고 있다. 이러한 전유적인 개발시스템의 가장 큰 강점은 바로 내부적인 정합성이 높게 되고, 전체적인 안목을 가지고 설계를 할 수 있고, 자신의 문제들은 신속하게 내부화하여 해결할 수 있다는 점에서 수평화 내지 협업화된 환경에서의 시스템에 비하여 안정성과 정합성이 높은 시스템을 설계 운용할 수 있게 된다는 점에서 찾을 수 있다.

이러한 전유적인 시스템의 장점에도 불구하고, 대세적인 산업의 지형은 수평적인 방향으로 흘러가고 있다고 할 수 있고, 수평적 협업적 환경에서는 각자 독자적으로 개발된 시스템의 통합을 하는 것이 매우 중요한 과제가 되고 있다. 다만 주의할 점은 이러한 수평적인 협업환경이라고 하더라도 내부적인 일군의 업계 간의 연합체 내에서는 자신들의 시스템의 성능을 위하여 별도의 규범적인 개입이 없더라도 스스로 제품 사양(specification) 안에서 제품의 설계 내지 이를 위한 개발 도구의 개발 과정에서 상호운용성을 확보하게 될 것이다.

나. 소비자 수요의 변화

소비자들은 상호운용성이 확보되지 않으면 어떤 불편함을 겪게 될까? 완전히 상호운용성이 확보되는 경우에 비하여 상호운용성이 확보되지 않는 상황은 소비자의 관점에서 불편함이 있다. 예를 들어, 어떤 PC와 어떤 프린터를 조합하여도 항상 문제가 없이 사용할 수 있게 된다면,[477] 분명히 소비자들의 선택의 폭이 넓어지게 되는 것은 맞다.

---

477) 별도의 드라이버(driver)를 설치하는가 아니면 운영체제가 스스로 장치를 설치하면, 그 즉시 관련 드라이버를 찾아서 설치가 되도록 하는가 하는 문제와는 다른 맥락에서의 논의다.

하지만 소비자들은 다종다양한 형태를 가지고 있으며, 대표적인 소비자를 상정하는 것은 매우 어려운 결정이다. 게다가 소비자의 수요가 실제로 변화하다면, 공급자들은 이러한 소비자의 수요에 따라 그에 맞는 제품을 공급하게 된다. 그리고 만일 소비자의 수요를 만족시키지 못하는 기업의 제품은 시장에서 외면당하게 된다. 이러한 예로 적절한 것이 바로 애플의 PC이다. 애플은 공유하지 않는 독자적인 제품군과 이러한 제품군에 대한 다른 사용자들과 공유하지 않는다는 점에서 거의 컬트적인 열광적인 마니아 소비자군, 그리고 기술적인 선도자의 입지를 통하여, 엄청난 지지를 얻었다. 하지만 시장이 IBM 호환 PC 시장으로 재편되어 가는 과정에서도 시장 확대보다는 기존의 이러한 열광적인 소비자로 자신의 구매자층을 유지하였고, 이 과정에서 일부의 소비자들은 애플이 잃게도 되었지만, 스티브 잡스의 귀환 이후 애플이 마이크로소프트와 일부 기술을 공유하기 전까지 이러한 선택은 계속되었다. 경영성과의 관점에서 애플이 잘못된 판단을 할 수 있을지는 모르지만, 규범적인 관점에서 애플이 잘못된 것인가에 대해서는 그렇다고 말하기 어렵다.

왜냐하면 자신의 노하우나 지적재산을 어떤 식을 사용할 것인가 하는 점에 대한 판단은 기본적으로 자신의 판단에 의하여 이루어져야 한다는 기본적인 전제를 우리가 택하는 시장 경제 시스템에서는 취하고 있기 때문이다. 시장경제체제하에서, 시장이 시대적인 조류를 읽지 못하고, 공유하지 않음으로 인하여 회사가 위기에 처하거나 파산할 수 있다. 하지만 시장이 이와 같이 작동할 수 있는 경우라면 규범화라는 이름으로 시장에 개입하는 것이 오히려 시장에 왜곡을 일으킬 수 있는바, 대표적으로 시장에서 이미 퇴출되었어야 할 좀비(zombie)[478] 회사들이 시장에 존속하여 시장을 왜곡시키는 경우가 발생하는 경우를 들 수 있다.

---

478) 좀비란 원래 서아프리카의 부두(Voodoo)족이 숭배하는 뱀의 신에서 유래된 말로서, 무사안일주의로 살아가는 화이트칼라를 꼬집는 용어이다(http://100.naver.com/100.nhn?docid=700143 2007. 12. 10. 최종접속). 산업계에서는 국가적인 조력에 의하여 사실상 이미 시장에서 퇴출되어야 할 회사가 존속하고 있는 경우를 의미한다.

4. 웩더독(WAG – the – DOG) 現像

'웩더독(wag the dog)'이라는 것은 그 표현에서 알 수 있는 것과 같이 개의 꼬리가 개를 흔든다는 의미이다. 원래 개는 머리가 꼬리를 흔들어야 하는 것인데, 개의 머리가 제대로 일을 하지 못하면, 개의 꼬리가 머리를 흔들게 된다는 의미로 정치에서는 현상에서의 문제를 회피하기 위하여 다른 일을 터트려 혼동을 일으키는 방법으로 시선을 돌리는 것을 의미한다고 하고, 주식시장에서는 선물시장과 현물시장과의 관계에서 현물시장에서의 리스크 회피를 위하여 만들어진 선물시장에서의 거래가 현물시장에서 영향을 미치게 되는 현상을 의미한다. 상호운용성과 관련된 논의에서 이러한 웩더독 현상이 발생하는 있는 것이 아닌가 하는 생각을 하게 된다.

원래 상호운용성이라는 논의는 그 자체로는 규범적인 의미를 가지는 않는 중립적인 용어례이다. 즉 상호운용성을 확보하는 것은 당시의 산업구조와 구체적인 시장에서의 행위자 의사결정에 의하여 결정되는 것으로 상호운용성을 확보하거나 하지 않는 것 자체가 규범적으로 바로 위법하게 된다거나 되지 않는 것은 아니다. 하지만 과학기술의 발달로 인하여 규범의 환경이 변화되어 가고 상호운용성이라는 것이 언급되지 않는 환경에서 규범적으로 상호운용성을 확보하여야 할 필요성이 있지 않는가 하는 맥락으로 전개되어 있다. 하지만 규제의 영역에서 여전히 主가 되는 것은 규범인지, 從이 되는 것이 규범인지 모호하고, 자칫 혼동적인 상황하에서 상호운용성과 관련된 논의가 이러한 여과 없이 그대로 들어오게 되면 자칫 꼬리가 개를 흔드는 것과 같은 현상에 부딪히게 되는 것이다. 대부분의 경우에 기술의 발전은 그 스스로의 방향성을 가지고 흘러가며, 이러한 기술발전의 속도는 규범화의 속도를 앞지른다. 그런데 이러한 기술발전의 속도와 규범화의 속도 차이는 전자가 선행하여 후자에 대한 신호(signal)를 주고 이러한 신호를 해석하여 규범화하는 일련의 과정을 거치는 것이 타당하며, 만일 이러한 주·종의 관계가 바뀌어서 선제적으로 규범화하려고 하면서 기술발전을 저해하거나 왜곡된 방향으로의 기술발전을 유도하게 되는 문제가 발생하게

되는 것이다. 이런 규범이 기술을 선도하려고 하는 현상을 필자는 '웩더독'
현상이라고 과학기술법에서 부를 수 있다고 생각하고, 이 글에서는 이렇게
용어를 사용하기로 한다.

5. 상호운용성과 표준

가. 상호운용성의 획득방법

상호운용성을 획득하도록 하는 방법에는 여러 가지 방법이 있다. 사적 오
더링(Private Ordering)에 의하여 다수의 보완적 특허간의 보완재 문제
(complements problem)를 해결할 수 있는 방안으로 특허풀(patent pooling
arrangement)에 의한 방법, 교차 라이선스(cross-license)에 의한 방법, 그리
고 기업 인수 합병에 의한 방법 등이 논의될 수 있다.[479] 이를 크게 대별하
면, 특정한 회사가 개별적인 회사의 차원에서 상호운용성을 위한 필요한 인
터페이스(interface)를 모두 공개하고, 이러한 인터페이스를 감안하여 자신의
제품을 설계하는 방법으로 이러한 공개된 인터페이스를 다른 회사에서 활
용하도록 하여 상호운용성을 획득하게 하는 방법이 있다. 그렇지 않으면 이
러한 인터페이스와 관련된 기술에 대하여 여러 개의 회사가 관련된 특허를
가진 상황에서 관련된 여러 개의 인터페이스를 하나의 통일화된 체제로 가
기 위하여 공동개발을 하고, 이를 위하여 필요한 지적재산권에 대하여 크로
스라이선스(cross-license) 방식으로 상호 실시토록 하여 상호운용성을 확보
하도록 하는 방법이 있다. 이와 같은 경우는 실제 거래계에서 많이 사용되
는 방식으로, 이러한 방식을 통하여 업체 들은 특허권 등의 지적재산권 분
쟁에 대한 부담을 줄이면서, 상호운용성을 높일 수 있게 되는 것이다.[480]

여기서 강조되어야 할 점이 바로 상호운용성이라는 것이 A라는 기기와
다른 기기와의 연동성이라는 관점적인 개념이라는 점을 고려한다면, 이러한

---

479) 박상인, "혁신적 산업에서의 특허와 경쟁정책", LAW & TECHNOLOGY 제3권 제5호(2007. 9.)
113-115면.

480) 보완재 문제를 통한 혁신산업에서의 상황에 대하여, 박상인, "혁신적 산업에서의 특허와 경쟁정
책", LAW & TECHNOLOGY 제3권 제5호(2007. 9.) 109면 이하.

개념은 정도의 문제라는 것이다. 물론 A라는 기기와 특정한 회사의 특정한 기기와의 관계에서는 있고, 없고의 문제이지만, 전체적으로는 정도의 문제라는 것이다.

나. 표준화

(1) 개념의 구별

그보다 좀 더 심화된 방식은 표준(standard)으로 구현하는 것이다. 물론 이러한 표준이라는 개념도 매우 혼란스러운 개념이다. 왜냐하면, 표준이라는 용어 자체가 일반적으로는 한국표준원과 같은 도량형 표준을 담당하는 곳에서 미터법과 같은 도량형 표준을 제정하는 것을 의미하거나 아니면, 표준화기구에 의한 표준과 같은 것을 염두에 두기 때문에 다양한 용어 자체의 사용에서 발생하는 혼동이 존재하게 되는 것이다.

표준이라는 것이 계측의 기준이 되는 미터법과 같은 경우에는 다수의 계측 표준이 한 국가 내에서 혼동스럽게 사용되는 것이 사고나 오류의 원인이 되므로, 도량형의 통일을 통하여 국가 내의 의사소통 문제점을 제거하고, 효율화할 수 있는 것이 있고, 반면, 시장에서 표준 간의 경쟁을 유도하는 방식으로 사용자의 편익이라는 관점에서 표준이 결정되도록 하는 것이 타당한 경우가 있다. 이 둘의 구분은 도량형 표준에서 미터법과 야드법을 사용하는 것을 혼용하여도 그 자체에서 익숙함으로 인하여 오는 실익이 있고, 야드법에서 미터법으로 변경함으로 인하여 발생하는 소위 메뉴 비용(menu cost)이 있다는 점 외에는 오히려 정밀가공과 같은 경우와 같이 환산손실(conversion loss)이 발생하게 되는 점에 기인한 사회적인 비효율이 더 큰 경우가 있어서, 메뉴 비용을 감수하고 환산손실을 줄이기 위하여 도량형을 미터법으로 통일할 실익이 있고, 이러한 점 때문에 최소한 단일한 국가 영역 내에서는 어떤 정부든지 하나의 도량형 표준을 채택하여 운용하려고 하고 있다.

하지만 기술표준의 경우에는 이러한 도량형표준과는 구별되는 개념이다. 기술표준은 서로 다른 기술적인 구현목표를 가지고 있을 경우에 이러한 목표에 종속되어 결과적으로 하나의 형식으로 구현된다고 하더라도 상호 다른 표준으로 공존할 수 있게 된다. 예를 들어, 디지털 이미지를 구현하기 위한 기술로서의 JPEG[481]와 PNG[482]는 동일하게 결과적으로 디지털 이미지를 구현하기 위한 기술이라는 점에서는 공통점을 가진다. 하지만 이 둘의 기술은 서로 다른 기술구현목표를 가지고 있다. JPEG는 압축률이 높은 정밀도가 요구되지 않는, 그래서 적은 메모리 용량으로도 이를 휴대용 화상기기인 디지털 카메라 등에서 구현할 수 있도록 하는 것을 목적으로 하는 표준인 반면, PNG는 압축률은 떨어지더라도 정밀한 디지털 영상을 필요로 하는 경우에 이러한 요구를 만족시키기 위하여 사용하는 것이다. 이러한 차이는 실제로는 동일한 디지털 영상의 저장을 위한 파일 포맷이라는 기술표준의 일종이라는 점에서 일치하더라도 양자가 서로 다른 목적을 위하여 공존할 수 있게 되는 이유가 된다. 소비자들은 오히려 서로 다른 표준의 존재로 인하여 서로 다른 표준이 제공하는 효익을 제공받을 수 있게 되는 것이다.

따라서 오히려 도량형 표준의 경우와 달리 복수의 표준을 사용하는 것이 실제로 더 많은 경제적인 효익을 사회에 제공할 수 있게 되는 것이다. 하지만 이러한 설명은 반드시 사회에 기술표준이 많은 것이 유리하다는 것은 아니다. 하지만 표준의 수나 표준이 추구하는 목적이라는 것이 기술표준의 경우에는 개발자의 관점 내지 목적에 따라 상이하다고 하더라도 이러한 상이한 기술표준의 존재가 도량형 표준과 달리 사회적인 폐해를 가지고 오는 것이 상대적으로 적고, 더해서 국가가 개입을 하지 않더라도 소비자의 선택에 의하여 잘못된 개발목표를 가지고 소비자의 수요를 무시한 기술의 표준화를 시도하는 경우에는 표준화가 되지 않거나 된다고 하더라도 사장된 표

---

481) Joint Photographic Coding Experts Group[JPEG 위원회에 의해 개발되었다. JPEG는 풀 컬러(full-color)와 그레이 스케일(gray-scale)의 압축을 위하여 고안되었으며, 사진이나 예술분야의 작업에서 장점을 나타낸다. GIF와 함께 인터넷에서 가장 자주 사용된다. GIF에 비해 데이터의 압축 효율이 더 좋다. 또한 GIF는 256색을 표시할 수 있는 데 반해 JPEG는 1,600만 색상을 표시할 수 있어 고해상도 표시장치에 적합하다. 또 한 가지 JPEG의 유용한 점은 이미지를 만드는 사람이 이미지의 질과 파일의 크기를 조절할 수 있다는 것이다. 예를 들어, 이미지가 큰 파일을 아주 작은 크기의 파일로 압축하려 하면 이미지의 질이 그만큼 떨어지게 된다. 그러나 JPEG 압축 기술을 이용하면 이를 적절히 조절하여 이미지에 손상에 가지 않도록 이미지를 압축할 수 있다 (http://100.naver.com/100.nhn?docid=717715 2007. 11. 16. 최종접속).

482) Portable Network Graphics.

준이 될 가능성이 높다는 점을 알 수 있다. 기술표준은 따라서 표준화라는 개념하에서 도량형표준과 구별되어야 하는 것이다.

(2) 표준화를 통한 상호운용성의 확보

표준화는 상호운용성의 확보에 있어서 매우 유용한 수단으로 굳이 경쟁법의 개입을 통하지 않더라도 지적재산권의 영역에서 상호운용성을 확보하는 것을 가능하게 하여 주는 유용한 수단이다. 마이크로소프트가 윈도우즈 API[483]를 일반에 공개하여 소위 자신의 소프트웨어 에코시스템을 구축하여 이 환경 내에서 자신의 API가 표준이 될 수 있도록 하는 일방적인 행위를 통하여 표준을 구축하여 가는 것과 같은 경우가 있다. 마이크로소프트의 경우에는 바로 이러한 방식을 통하여 사실상의 표준(de facto standard)을 구축하였다.

하지만 이와 같은 사실상 표준의 구축은 기업들의 경쟁 역사를 보면 매우 어려운 일이지만, 일단 형성되고 나면 이를 바꾸는 것은 쉽지 않다. 이의 대표적인 예가 바로 1860년대에 개발된 쿼티(Qwerty keyboard)라고 할 수 있다. 쿼티 자판은 결코 그 뒤에 나온 다른 자판들에 비하여 우월한 자판이라고 할 수는 없었지만, 소비자들에게 일단 사실상의 표준으로 굳은 이후에는 소비행태의 관성으로 인하여 변화가 되지 않고, 현대에까지 사용되는 것이다. 이와 같이 사실상 표준임에도 불구하고 드보락 방식 등과 같은 서로 다른 표준 간의 경쟁에 있어서 경쟁우위를 득하고 지속적으로 그 생명을 유지하는 표준이 존재하는 반면, 역으로 ISO(International Standard Organization)에 의하여 제정된 표준도 역으로 사장되기도 한다. TCP/IP[484]

---

483) 이러한 마이크로소프트의 공개 API 정책에 의하여 많은 프로그래머들은 단지 이미 제공받은 API를 활용함으로써 기반이 되는 기술에 대한 별도의 추가적인 노력을 하지 않고도 쉽게 새로운 응용을 할 수 있게 된다. 마이크로소프트의 API도 계속 새로운 버전이 나오는데, WIn16, Win32, Win32 for 64-bit Windows 등이 지속적으로 나오고 프로그래머들에게 제공되고 있다.

484) Transmission Control Protocol-Internet Protocol의 약칭임.
    [기종이 서로 다른 컴퓨터 시스템을 서로 연결해 데이터를 전송하기 위한 통신 프로토콜으로서 1980년 초 미국 국방부가 제정하였다. 유닉스(UNIX) 운영체제 내에 채용되었으며 인터넷에도 사용되었고, 유닉스와 인터넷 사용이 늘어나면서 TCP-IP는 네트워크상에서 데이터를 전송하는 표준이 되었다. 미국 국방부에서 구축한 전산망인 알파넷(ARPAT)에서 개발된 프로토콜으로서 1983년 1월 알파넷에서 NCP 대신에 이 표준을 사용하였다. 그 후에 알파넷에서 Milnet를 독립시키고, 이 두 네트워크 사이의 통신으로 인터넷을 이용할 무렵 미국 방위통신청(DCA: Defense Communication Agency)이 모든 알파넷을 이용하는 호스트 컴퓨터를 TCP-IP로 사용하도록 한

라는 인터넷 전송 프로토콜이 나오기 이전에 ISO가 바로 이러한 전송의 표준을 만들기 위하여 진행한 프로젝트의 성과인 OSI - 7 계층 모델의 경우485)에는 업계의 광범위한 채택을 유도하지 못하고, 결국 사용되지 않는 표준이 되었다. 표준화라는 것은 기술표준에 있어서 이와 같이 도량형 표준과는 서로 상이하게 국가에서 일관되게 혹은 표준화기구에서 일관되게 표준화하는 것은 가능하지만 그 자체가 바로 널리 사용되는 것을 담보하지는 않는다.486)

어떤 방식이건 간에 표준화에 성공하여 이러한 표준을 업계에서 일반적으로 사용하게 되면, 이러한 표준의 사용을 통하여 상호운용성이 확보될 수 있을 것이므로, 이러한 상호운용성의 확보를 위한 수단으로 기술표준의 제정은 매우 유용한 수단이 될 수 있다.

것이 시초가 되었다. TCP - IP의 기본 서비스에는 원격 로그인, 파일전송 및 전자우편이 있다. 이 밖에도 TCP - IP에 의해 연결된 네트워크 장치는 LAN 노드(node)의 물리적인 주소를 살핀다든지, 기기의 영문자를 숫자명으로 매핑한다든지, 네트워크를 관리한다든지 하는 등의 작업을 할 수 있다. 독립적인 개방형 구조로서 이들 일련의 프로토콜은 호스트의 하드웨어·운영체제·접속매체의 차이와 관계없이 동작되도록 설계되어 있다 (http://100.naver.com/100.nhn?docid=700757 2007. 11. 16. 최종접속).

485) 7 layer - model for OSI [통신망을 통한 상호접속에 필요한 제반 통신절차를 정의하고 이 가운데 비슷한 기능을 제공하는 모듈을 동일계층으로 분할하여 모두 7계층으로 분할한 것이다. 이는 통신기능을 7개의 수직계층으로 분할하여 계층마다 다른 계층과는 무관하게 자신의 독립적인 기능을 지원하도록 구성하였다. 각각의 계층을 다른 계층과 독립적으로 구성한 것은 한 모듈에 대한 변경이 전체 모듈에 미치는 영향을 최소화하기 위해서이다. 즉 일부 모듈의 변경이 있는 경우에 전체 모듈을 변경하는 대신 변경이 있는 해당 모듈만을 바꾸면 되도록 하였다. 이러한 계층은 크게 통신망 기능을 제공하는 계층, 응용기능을 제공하는 계층 그리고 이들 사이를 연결해 주는 전송계층으로 나누어지며 세부적으로 살펴보면 각 계층은 최상위 계층인 응용계층(application layer)으로부터 시작하여 표현계층(presentation layer), 세션계층(session layer), 전송계층(transport layer), 네트워크 계층(network layer), 데이터 링크 계층(data link layer), 물리계층(physical layer)으로 구분되고, 각 계층마다 특정한 서비스를 제공함과 아울러 이를 위한 프로토콜들이 존재한다(http://100.naver.com/100.nhn?docid=716880 2007. 11. 16. 최종접속).

486) 물론 도량형 표준의 경우에도 국가에서 정한 표준도량형과 달리 다른 도량형, 예를 들어 관습적으로 사용되어 오던 넓이에서의 坪(평), 무게에서의 斤(근), 頓(돈) 등이 사용되고 더 강한 생명력을 유지할 수 있는 경우도 있다.

Ⅲ. 표준화와 특허권의 남용, 경쟁법의 역할

1. 표준화 과정론(Standardization Process)

가. 서론

표준화를 하는 것은 앞서 살펴본 것과 같이 상호운용성의 관점에서 매우 바람직한 방식이다. 무엇보다도 긍정적인 것은 그 과정에서 관련된 업계가 관여하여 자율적으로 상호의 이해관계를 조절할 수 있게 됨으로써 이해관계에 대해서 정확하게 모르는 제3의 규제기관이 개입함으로 인하여 발생하게 되는 유인의 왜곡을 피할 수 있게 된다는 점이다. 이하에서는 이러한 표준화의 과정에 대해서 살펴봄으로써 표준화의 과정에서의 각 관계자의 특허권 처리와 관련된 쟁점들을 살펴보고, 이 가운데 경쟁법이 관여할 수 있는 부분 내지 역할은 어떻게 정립할 수 있을 것인가에 대하여 살펴본다.

나. 표준화의 과정

(1) 표준화 과정의 종류

표준화의 과정은 (i) 하나의 회사에서 자신의 기술을 사실상의 표준으로 정립하고자 하는 경우, (ii) 업계에서 자신들이 협의한 기술을 업계의 표준으로 정립하고자 하는 경우, (iii) 초국가적인 국제기구(supranational international standard setting organization)에서 표결을 통하여 특정한 기술을 표준으로 정립하고자 하는 경우 등으로 나누어 볼 수 있다.

첫 번째의 경우에는 하나의 회사가 표준으로 정립하고자 하는 것이므로 관련되는 시장에서 자신의 상방 및 하방의 가치사슬에 속하는 회사들에 대하여 자신이 제공하고자 하는 기술을 사용할 수 있도록 유도하는 것이 핵심적인 쟁점이 될 것이다. 이를 위하여 마이크로소프트의 경우에는 앞서 언급한 공개 API 정책(open API policy)을 통하여 윈도우즈라는 운영체제를 둘러싸고 있는 응용프로그램 개발자, 콘텐츠 제공자, PC 제조업체 및 모바일 기기 제조업자들에게 이와 관련된 별도의 개발비용을 없애거나 최소화하는 방식을 가치를 제공하고, 이런 가치의 공유를 통하여 자신의 기술이 표준으로 확산되도록 하는 정책을 취하게 되는 것이다.

하지만 이와 같은 사실상의 표준 경우에는 어느 한 회사의 정책에 의존하여 전개되는 것이므로 관련업계의 관점에서는 항상 독자적인 기술을 준비하여야 할 필요성을 가질 수 있다. 따라서 이런 위험을 피하기 위하여 관련업계에서 이러한 사실상의 표준을 업계의 표준으로 만들도록 압력을 가하게 된다. 이러한 업계의 표준으로 하는 과정에서 일 대 다수의 협상을 통하여 적절한 조건으로 안정적으로 사용할 수 있는 기반을 조성하게 되는 것이다. 이것이 바로 RAND(Reasonable and Non - Discriminatory) 조건의 의미이다. 이와 같이 어느 한 회사의 기술이 하나의 국제적인 표준으로 정립된 대표적인 경우가 바로 어도비社의 문서 포맷(format)인 아크로뱃(acrobat)이다. 주지하는 것과 같이 아크로뱃은 어도비사의 문서 포맷으로 출발하였지만, 광범위하게 사용됨으로 인하여 이제는 ISO에 의하여 국제 문서표준으로 정립되었다.487)

(2) SSO(Standard Setting Organization)에서의 표준 결정 절차의 특징488)
기술의 종류만큼이나 지구상에는 다수의 표준화기구(Standard Setting Organization)가 존재한다. 그중 ISO489)는 가장 대표적인 표준화기구이다. 이 외

---

487) 다만, 여기서 주의하여야 할 점은 ISO에 의하여 표준이 되었다는 것이 이제 문서표준에 대해서는 아크로뱃만 존재하게 된다는 의미는 아니다.

488) 명칭은 SDO(Standard Development Organization), SSO 등 여러 가지가 표준화기구를 지칭하면서 사용된다. 이러한 기구들은 ISO를 포함하여 위원회를 형성하여 특정한 기술을 표준으로 승인할 것인가에 대하여 의사의 합치를 이루어 나가는 과정을 가지고 있다[Kathleen M. H. Wallman, "The Role of Government in Telecommunications Standard - Setting", 8 CommLaw Conspectus 235(2000)].

489) International Organization for Standardization의 약칭으로 1926년 ISA(International Federation of the National Standardizing Associations)를 설립해 기계공학 분야에서부터 표준화를 시작하였다. 제2차세계대전으로 잠시 활동을 중단하였으나 1946년 런던에서 25개국이 참가한 가운데 모임을 재개하고 1947년 2월 23일 현재의 이름으로 공식적인 업무를 시작하였다. 조직은 총회, 이사회, 기타 전문부회가 있으며 기술적인 업무는 2,850개의 기술 위원회, 하부 위원회와 업무수행 그룹이 맡아 시행한다. 표준화 업무에는 산업 각 분야, 조사 학회 회원, 정부 관계자, 사용자 단체, 국제기구 등이 참가하며, 해마다 모임에 참가하는 전문가의 수는 3만 명에 이른다. 주로 각국의 공업규격을 조정·통일하고, 물자와 서비스의 국제적 교류를 유도하며, 과학적·지적·경제적 활동 분야의 협력을 증진하는 것을 목적으로 활동한다. 다루는 분야는 IEC(International Electrotechnical Commission)의 담당 분야인 전기와 전자 공학 분야를 제외한 모든 부문이며 필요한 부분에서는 IEC, 세계무역기구(World Trade Organization: WTO) 등 기타 전 세계 500개

에도 EMEA, IEEE 등의 기구들도 표준화기구이지만, ISO의 경우에는 이러한 업계표준화기구와는 달리 국가별로 1국 1표 주의를 적용하고 있는 기구이다. 산업별 표준이 우위에 있는가 혹은 국가별 표준이 우위에 있는가 하는 것은 적절한 질문은 아니며, 결국 널리 업계에서 많이 쓰이는 표준이 우월한 표준일 것이다. 하지만 ISO의 역할을 각국의 특정한 의제로 상정한 기술에 대하여 표준으로 승인할 것인가에 대하여 표결이라는 방식을 통하여, 국제적인 표준으로서의 요건을 구비하였음을 인정하는 절차라는 점에서 국제적인 확산에 기여할 수 있다는 점에서 장점이 있다는 점이다.

역으로 ISO라는 기구는 이러한 국가적인 의견을 종합하고 집계하여 요건에 부합하면 국제 표준으로 승인하는 기구이지, 당해 기술의 우월성 내지 기술적인 적합성을 그 기구 자체에서는 판단하는 기구가 아니며, 또한 국가들 간의 서로 기술적인 성숙도 및 당해 기술에 대한 인식이 상이하므로 이러한 표결과정에서 다분히 기술정치적인 고려(techno-political consideration)가 개입될 수 있다는 점이 특징적인 점이라고 할 것이다.

결국 ISO의 표준이 되었다는 것은 국제적인 인식을 받았다는 점에서는 분명히 의의를 가지고, 이러한 국제적인 표준을 만족시킴으로 인하여 최소한의 요구조건은 구비한 것으로 이해될 수 있을 것이지만, 이것이 최고의 기술임을 증명하는 것은 아님은 ISO 국가 간의 정치적인 역학관계에 대한 이해만 하여도 쉽게 인식할 수 있는 것이라고 할 것이다.

지역 기관들과 협력한다. 1987년 최초로 ISO 9000시리즈를 제정하는 등 설립 이래 2000년 현재 1만 2,000건 이상의 광범위한 분야의 국제표준을 제정, 공표하였다. 산업 분야에서 필요한 표준화 작업은 해당 국가 단체에서 충분한 의견 수렴을 거쳐 ISO에 제안되면 분과위원회와 기술위원회를 거쳐 총회 정원의 75%의 찬성을 통해 국제규격(IS: International Standard)으로 승인되고 ≪International Standards≫에 실린다. 재정의 80%는 회원의 기부, 20%는 기관 표준과 다른 출판물들의 판매 이익으로 충당하고 있다. 한 나라에서 한 기관만 회원으로 가입할 수 있으며 2002년 현재 139개국이 회원국으로 있으며, 본부는 스위스 제네바에 있다. 한국은 1963년에 가입하였다(http://100.naver.com/100.nhn?docid=23052 2007. 11. 16. 최종접속).

2. 램버스 사건; 표준화, 지적재산권 그리고 경쟁법 관여의 근거[490]

가. 램버스 사건의 개요

램버스社는 반도체 업계의 분쟁의 중심에 2000년 이후 계속 있었다. 램버스사는 인피니언社와 일전을 벌였고,[491] 삼성전자와 하이닉스와도 특허소송을 하였다. 또, 별도로 램버스社는 미국의 연방거래위원회(Federal Trade Commission)의 조사를 받아 경쟁법위반의 점에 대해서도 문제가 되었다. 1990년 4월 램버스社는 D램(Dynamic Random Access Memory) 반도체에 사용되는 소위 898 특허[492]를 출원하였다. 이 898 특허를 출원하는 과정에서 램버스사는 여러 건의 분할출원(divisional application)과 계속출원(continuation application)을 하였다.[493] 아울러서 램버스사는 PCT(Patent Cooperation Treaty) 출원도 위의 898특허에 기초한 우선권을 주장하여 하였다.

1992년 2월 이러한 특허 포트폴리오를 가지고 있던 램버스사는 공식적으로 JEDEC(Joint Electron Device Engineering Counsil)[494]의 멤버가 되었다. JEDEC에서는 그 구성원의 기술이 표준으로 정하여질 경우에는 그 구성원이 RAND조건으로 다른 멤버들에게 라이선스를 줄 것을 요구하고 있었다. 램버스사는 JEDEC에 자신이 898특허를 분할출원한 703 특허[495]를 출원후인 1993년 9월에 공개하였다. JEDEC에서는 SDRAM(Synchronous Dynamic Random Access Memory)에 대한 특허를 램버스사가 JEDEC의 구성원이 된

---

490) Nicos L. Tsilas, "Toward Greater Clarity and Consistency in Patent Disclosure Policies in a Post‒Rambus World", Harvard Journal of Law & Technology, Vol.17, Nov. 2 Spring(2004).

491) 이 글에서 주로 보려고 하는 사건은 *Rambus, Inc. v. Infineon Techs. AG, 318 F.3d 1081*(Fed. Cir. 2003) cert. denied, 124 S.Ct. 227(2003) 사건이다.

492) U.S. Patent No.07/510,898.

493) 이러한 분할출원과 계속출원은 특허를 사용한 공격 내지 방어전략을 수립함에 있어 자주 사용되는 방법으로 램버스사의 이러한 행동은 이미 출원 당시에 이와 같은 특허의 활용을 염두에 둔 것으로 보인다.

494) 미국전자공업협회(EIA)의 하부 조직으로, 제조업체와 사용자 단체가 합동으로 집적 회로(IC) 등 전자 장치의 통일 규격을 심의, 책정하는 기구. 여기에서 책정되는 규격이 국제 표준이 되므로 JEDEC는 사실상 이 분야의 국제 표준화기구로 통한다 (http://terms.naver.com/item.nhn?dirId=2&docId=6108 최종접속 2007. 11. 12).

495) U.S. Patent No.5,243,703(898특허의 분할출원으로 그 내용은 898 특허와 유사하였음).

뒤이지만, 위의 703특허가 공개되기 전에 표준으로 정하였다. 그 후 램버스사는 1996년 6월 JEDEC에서 탈퇴하였고, 그 이후로도 분할출원과 계속출원을 하였다. 1996년 12월 JEDEC은 SDRAM의 차세대 메모리 반도체인 DDR-SDRAM(double data rate-SDRAM)의 표준에 대한 작업을 시작하여 2000년에 발표하였다.[496] 2000년 말 램버스사는 인피니온사를 상대로 하여 위 898 특허 등의 침해를 원인으로 하여 특허침해소송을 제기하였다. 이에 대하여 인피니언사는 램버스사가 표준화기구인 JEDEC의 회원사로서 자신의 특허를 JEDEC에 공개하였어야 함에도 이를 하지 않고는 후에 표준이 설정되고 난 뒤에 그 표준을 사용한 회사들을 상대로 소송을 제기하는 것은 기망적 행위(fraud)라는 점을 들어 반소를 제기하였다.[497]

나. 사건의 경과

(1) 지방법원의 판결

특허사건의 1심 법원이었던 동버지니아 지방법원[498]에서 배심원들은 거의 모든 청구취지에 대하여 인피니언사의 손을 들어 주었다. 하지만 판사는 이러한 배심원들의 DDR-SRAM에 대해서는 평결에도 불구하고, 램버스의 청구를 인용하였다.[499] 법원은 기망적 행위로 판단되기 위하여 다섯 가지 요건을 구비하여야 된다고 보았다. (ⅰ) 자신이 공개하여야 할 의무 있는 사항에 대하여 의도적으로 허위의 사실을 개시하거나, 숨기는 행위, (ⅱ) 그러한 사실이 중요한 사실일 것, (ⅲ) 이러한 행위가 의도적으로 그리고 지득한 상

---

496) 이 사건에서 시점들이 매우 중요한바, 램버스사와 인피니온사 간의 특허소송(Rambus v, Infineon, 318 F.3d. 1081)에서 인피니온사는 램버스가 최종적으로 JEDEC모임에 참석한 것이 1995년 12월 6일자이고, 공식적인 탈퇴 편지를 보낸 것이 1996년 6월 17일이기 때문에 이 사이에 램버스사가 회의에 참석하면서 논의가 된 사항들이 실제로 DDR-SDRAM의 표준의 설정에 있어서 관련되었다는 주장을 하였다.

497) 이 소송은 2000년 DRAM 반도체 업체를 소송의 소용돌이로 몰아넣었던 램버스 사건의 일부로 인피니언사 외에도 마이크론 테크놀로지사(Micron Tech. v. Rambus, Inc, (D. Del. June 28, 2002)(Doc No.00-CV-792), 하이닉스사(Hyundai Electronics v. Rambus., Inc(N.D. Cal. Aug. 29, 2000)(Doc No.00-CV-20905) 등도 소송을 당했다.

498) Rambus, Inc. v. Infineon Techs. AG, 164 F. Supp2d(E. D. Va. 2001).

499) 이와 같은 방법으로 배심원의 평결을 뒤집는 판결을 JMOL(Judgement as a Matter of Law)이라고 부른다.

태에서 이루어질 것, (iv) 오인을 유도할 의사를 가질 것, (ⅴ) 상대방이 이러한 행위에 대하여 신뢰할 것이라는 요건이 구비되어야 한다고 보았다.

이러한 요건에 기초하여 볼 때, 램버스사의 행위는 SDRAM의 경우 자신이 특허를 보유하고 있다는 중요한 사실을 이미 램버스사에서 참석한 임직원들이 이러한 특허를 공개하여야 하는 것이 JEDEC의 경우에는 관행으로 정립되어 있음을 당시의 회의록, JEDEC의 정책500) 등에 의하여 인피니언사에서 입증하였다고 보았다. 그리고 램버스사의 내부 직원의 이메일을 통하여 램버스사가 의도적으로 특허를 숨기고, 이후에 특허소송을 제기하려고 하는 의도가 있었음도 입증이 되었다. 그리고 인피니언사로서는 이러한 JEDEC의 정책 등을 감안하여 볼 때 램버스사와 같은 JEDEC의 회원사가 특허소송을 제기하리라고 기대하는 것은 어렵다는 점을 법원은 인정하여 결국 램버스사의 행위는 위의 각 요건에 모두 구비되는 행위라고 판단하였다. 하지만 DDR – SDRAM에 대해서는 램버스사의 특허침해주장을 인용하여, 결국 양당사자가 모두 항소하였다.

(2) 항소법원의 판결501)

항소법원은 결론적으로 지방법원이 인피니언의 승소로 판단한 부분까지 파기하여 램버스사의 전부승소를 판결하였다. 그 이유를 간략하게 설명하면, JEDEC 정책의 불명확성에서 찾고 있다. 만일 램버스사의 비공개행위가 위법한 기망적 행위라고 판단하기 위하여 우선적으로 전제가 되어야 할 것이 램버스사의 공개의무이다. 그런데 항소법원은 램버스사에게 공개의무가 있는지가 명확하지 않다고 하여 공개의무를 부인하였다. 항소법원은 만일 JEDEC의 경우와 같이 공개에 대한 기준이 명확하지 않은 상황에서도 일반적으로 표준화기구(SDOs)에 참여하고자 하는 회사들에게 자신이 보유한 특허 등의 지적재산권의 공개의무를 부과하는 경우에는 이러한 표준화를 위한 기구에 참여하는 것에 대한 현저한 우려를 가지게 하여 이러한 표준화

---

500) JEDEC의 정책(policy)상으로 표준화와 관련된(related) 사항에 대해서는 공개하도록 하고 있었다.
501) Rambus Inc. v. Infineon Techs. AG, 318 F.3d 1081(Fed. Cir. 2003).

를 위한 기구에의 참여를 저조하게 할 우려가 있음을 이유로 들었다. 결국 특허 사건에 대하여 인피니언사가 미국 연방대법원에 상고하였지만, 상고가 불허되어 특허사건은 램버스사의 승소로 확정된다.502)

(3) 미국 연방거래위원회의 개입

이와 같이 특허사건에 있어서 법원이 램버스사의 전부승소로 사건을 마무리한 것과는 별도로 2002년 6월 18일 지방법원의 판결이 있은 후에, 미국 연방거래위원회에서 독자적인 조사를 시작하였다.503) 미국 연방거래위원회는 연방거래위원회법504) 제5조 위반505)을 이유로 한 소송을 제기하였다. 주지하는 바와 같이 연방거래위원회법 제5조는 불공정한 경쟁방법(unfair method of competition) 및 불공정하거나 기만적인 거래관행(unfair or deceptive acts of practice)의 경우에는 연방거래위원회에게 불공정행위의 판단에 대한 광범위한 재량을 부여하고 있다.

미국 연방거래위원회는 표준화기구에 참여하면서도 자신이 보유한 특허가 기술표준이 되도록 하고는 뒤에 소송을 제기한 램버스사의 행위에 대하여, 이러한 행위가 연방거래위원회법 제5조에 위반된다고 판단하였다. 왜냐하면, 램버스사는 기만적인 행위와 관행에 의하여 램버스사는 DRAM 시장 및 4개의 하부시장506)에서 독점력을 취득하였고, 이러한 램버스사의 행위는 독점화를 하겠다는 의도에 기초한 것으로서, 램버스사는 이러한 독점력을 통하여 시장에서 비합리적인 거래의 제한을 하려고 시도하였다고 보았기 때문이다.

이러한 미국 연방거래위원회의 제소에 대하여 행정판사(ALJ)는 램버스사의 약식판결(summary judgment) 신청을 기각하고, 2004년 2월 24일 판결을 선고하였다. 결과는 미국 공정거래위원회의 청구를 모두 기각하였고, 그 이유는 미국 연방거래위원회가 소장에서 적시한 사항에 대한 입증이 제대로

---

502) Infineon Techs. AG, v. Rambus, Inc., 124 S.Ct. 227(2003).

503) 이 사건의 진행에 대해서는 http://www.ftc.gov/os/adjpro/d9302/index.shtm

504) 15 U.S.C. § 45(a)(1)(2000)로 흔히 FTC Act라고 하고, 이하에서도 필요에 따라 FTC Act라고 하면, 이 법을 말한다.

505) 요건상 대부분 셔먼법 위반의 경우에는 FTC Act 제5조도 위반으로 판단된다.

506) Latency, burst length, clock synchronization, data acceleration.

되지 않았음을 이유로 하였다. 행정판사가 인정한 사실관계에 의하면 램버스사는 최소한 자신이 JEDEC의 회원사일 때에는 자신의 특허에 대한 공개의무를 다하였고, 이러한 JEDEC의 정책상의 필수적인 특허에 대한 조기의 자발적인 공개의무와 관련하여 램버스사의 행위는 신인의무(duty of good-faith)를 위반한 것이라고 볼 수 없어, 법상의 요건인 기만적인 행위 내지 거래관행이라고 판단할 수 없다고 보았다.

그러자 미국 연방거래위원회는 이 사건을 2004년 3월 1일 전원회의에 회부하였다.[507] 장고를 거듭하던 미국 공정거래위원회는 2006년 7월 31일 마침내 램버스사에 대하여 미국 연방거래위원회법 제5조 위반 심결을 하였다.[508] 그리고 2007년 2월 2일 이 결정은 최종적으로 확정되었다. 미국연방거래위원회는 이 사건의 결정에서 위원회의 특허와 독점규제법 간의 관계에 대한 이해를 분명하게 밝힌다. 미국 연방거래위원회[509]는 특허 그 자체는 독점을 형성하는 것이 아니며 오히려 양자가 모두 혁신을 촉진하고, 소비자의 후생을 증대시키는 것을 법의 목적으로 하고 있다고 보았다.

따라서 램버스사가 주장하는 것과 같이 특허법과 독점규제법은 본질적으로 상호 긴장관계에 놓여 있으므로, 이러한 긴장관계하에서 위원회는 램버스사의 행위가 연방거래위원회법 제5조 위반이라고 판단을 하기 위하여 명확하고 분명한 입증(clear and convincing evidence)을 하여야 하는 것은 아니며, 단지 연방거래위원회법 제7조에 따라 우월한 증거의 원칙(preponderance of evidence)에 따라 입증하면 족하다고 하였다.[510]

또 하나 미국연방거래위원회는 램버스사의 만일 위원회가 자신들의 행위

---

507) 이후의 상황전개와 관련하여, 2006년 4월 25일 당시 신문기사의 일부를 인용하면, 당시 램버스사 사건이 얼마나 반도체 업계에 영향을 미쳤는가를 알 수 있다. "향후 실적전망에 대해 낙관론과 신중론이 엇갈리고 있는 반도체주에 이번에는 '램버스 충격'이 가해졌다. 미국 노던 캘리포니아 지방법원이 24일(현지시간) 하이닉스의 램버스 메모리칩 기술특허권 침해를 인정하면서 3억 700만 달러의 손해배상금을 지급하라는 결정을 내린 것이다. 이 소식이 전해진 25일 시장에서 하이닉스는 장중 3만 3천 원이 일시 무너졌다. 전날보다 1.92% 떨어진 3만 3천250원에 마감됐다."(http://blog.naver.com/gonutting?Redirect=Log&logNo=60023854484 2007. 12. 11. 최종접속)

508) In re matter of Rambus, Inc. Docket No.9302.

509) 이 장에서의 '위원회'는 '미국연방공정거래위원회'를 말한다.

510) 각주 29)의 결정문 pp.22-23.

가 연방거래위원회법 제5조 위반이라고 판단하게 되는 경우, 이러한 판단은 표준화기구(Standard Setting Organization)에 대한 참여를 제한하게 되는 효과(chilling effect)를 가지고 올 것이라는 주장에 대하여, 전혀 이러한 주장을 뒷받침할 증거를 발견하지 못하였다고 하면서, 오히려 만일 램버스사의 기만적인 행위를 방치할 경우 상호 협조적인 표준화기구의 본질에 비추어 이러한 표준화기구에의 참여가 제한받게 될 것이라고 판단한다. 따라서 이러한 현상을 방지하기 위해서는 표준화기구가 참여하는 회원들이 기만적인 수단을 사용하지 않는다는 것에 대하여 확신을 심어 줄 수 있어야 한다고 판단한다.[511]

이러한 판단에 기초하여 보면, 램버스사의 행위는 셔먼법 제2조(Section 2 of the Sherman Act) 및 연방거래위원회법 제5조 위반의 문제가 있게 되는 바, 셔먼법 제2조의 경우에는 이러한 행위가 성립하기 위하여 당해 회사가 관련시장에서의 독점력을 가지고 있어야 하며, 이러한 독점력의 의도적인 취득이나 유지해위가 우월한 상품(superior product), 사업적 탁월함(business acumen) 또는 역사적인 우연(historic accident)에 의하여 발생한 것이 아니어야 한다는 두 개의 요건이 구비되어야 한다.[512] 여러 가지 증거를 종합하여 보면, 결국 램버스사의 독점적인 지위는 기만적인 램버스사의 행위에 기초한 것으로서,[513] 결국 램버스사는 이와 같이 취득한 독점력을 기초로 하여, 배제적 남용행위(exclusionary conduct)를 네 개의 관련시장에서 하였다고 판단하였다. 바로 이와 같은 기만적인 은닉행위로 인하여 표준화기구인 JEDEC은 적절한 로열티 수준을 결정할 수 있는 기회를 상실하게 되었다고 판단하였다. 그러면서 램버스사가 자신들의 기술이 표준으로 된 것은 자신들의 기술이 우월하였기 때문이지, 자신들이 설사 특허 사실을 숨겼다고 하더라도 이러한 사실이 표준이 되도록 한 것은 아니라는 주장 및 자신들의 기술에 JEDEC

---

511) 각주 29)의 결정문 pp.24 - 25.

512) United States v. Grinnell Corp., 384 U.S. 563, 570 - 571(1966).

513) 각주 29)의 결정문 pp.63 - 64.에 의하면, 1995년 당시 LG 반도체, 삼성전자, NEC 등 반도체 업체들은 램버스사의 기술이 공개된 기술로서 기술료가 없을 것으로 생각하였고, 1999년 HP의 경우에도 램버스사 기술의 경우에는 JEDEC에 의하여 공개된 것으로 그 외에 램버스사가 주장하는 것과 같이 특허가 있을 것으로 생각하지 않았다고 한다.

및 다른 회원사들이 고착화(lock-in)된 것이 아니라는 주장을 하자, 이에 대해서는 이러한 사실을 입증하지 못하였다고 하여 그러한 주장을 배척하였다. 그러나 합리적인 범위에서의 로열티를 수령하는 것을 막지는 않았다.[514)

로열티에 대한 사항은 추후 2007년 2월 2일 최종명령에서 규정되었는데, 이에 따르면 램버스사는 최종명령이 발령된 날로부터 30일 이내에 이해관계인들에게 전 세계적인, 비독점실시권(worldwide, non-exclusive license)을 관련 미국 특허법에 따라 허여하여야 한다.

이 경우에 로열티[515)는 SDRAM(0.25%), DDR SDRAM(0.5%), Non-DRAM 제품 중에서 JEDEC의 SDRAM 표준에 부합하는 제품(0.5%)과 Non-DRAM 제품 중에서 JEDEC의 DDR-SDRAM 표준에 부합하는 제품(1.0%)에 대하여 각각 그 상한을 정하고 있다.

다. 표준화와 기술의 공개, 경쟁법의 개입

(1) 특허법에서의 표준화 관련 기망행위의 취급의 곤란

이 사건은 전형적인 지적재산권이 경쟁법과 서로 충돌하는 모습을 보여준다. 특허권침해사건이 제기되고, 일각에서는 이러한 특허권자의 행위가 독점규제법 위반의 양상을 띤다는 주장을 하게 된다. 물론 이 사건의 특징적으로 표준화기구와 관련된 쟁점이 있고, 이와 관련된 쟁점에서 가장 중요한 것은 민사사건에서는 소위 보통법상의 사기(common law fraud)가 문제되었다. 하지만 이 사건에서 본 것과 같이 특허권과 관련된 미국 법원의 남용행위에 대한 오랜 판례 정립에도 불구하고, 적법하게 취득된 특허권에 대하여 법원이 그 집행가능성이 없다고 판단하는 것은 쉽지 않다. 이와 비교하여 만일 특허권의 취득이 만일 특허청에 대한 기망적인 행위에 의하여 이루어진 경우에는 이러한 특허에 대한 집행가능성은 배제될 수 있을 것이다.[516) 굳이 문제가 된다면 표준화와 관련하여서는 표준화와 관련된 협약이

---

514) 각주 29)의 결정문 pp.119-120.

515) 최고 허용 로열티(Maximum Allowable Royalty Rates)이라는 표현을 사용하고 있다(Final Order pp.7-8).

516) *Walker Process Equipment v. Food machinery & Chemical Corp*, 382 U.S. 172(1965).

회원들 간의 계약이라고 할 수 있을 것이므로 계약 위반의 문제가 있을 수 있다고 할 것이어서, 지적재산권법이 스스로 이와 같은 문제를 해결하는 것은 특허법을 포함하여 쉽지 않은 영역이라고 생각된다.

이러한 점은 우리 특허법에서의 마찬가지라고 생각된다. 물론 우리의 경우에는 우리 기업 들 간에 있어서의 이런 표준화기구를 형성하고 이러한 표준화기구에서의 행위에 대하여 어떻게 취급할 것인가에 대한 쟁점은 현재로는 거의 없다고 할 것이나, 국제적인 표준화기구에 가입하면서, 우리 법원에 관할이 생기게 되는 경우에 이에 대한 처리와 관련된 시사점을 가지게 된다.

(2) 경쟁법 개입의 정당성

기본적으로 지적재산권법, 예를 들어 특허법의 영역은 영역 자체의 독자적인 고유성이 있다. 그렇기 때문에 만일 문제가 발생하게 되는 경우에도 그 영역 자체에서의 해결이 가능하다면, 굳이 경쟁법이 이러한 영역에 개입할 필요는 없을 것이다. 하지만 램버스사의 사건에서 보는 것과 같이 결국 이 사건의 특허침해사건은 민사법원에서 아직도 경쟁당국의 결정에도 불구하고, 계속되고 있다.[517]

반면 2007년 2월 2일 미국 연방거래위원회는 향후 10년간 램버스사의 로열티에 대한 이행감시치는 영향을 분리하여 적절한 조치를 취하도록 하고 있는 것이다.

바로 이러한 맥락이 특허법과 독점규제법이 서로 보완적으로 시장에서 공통적인 목적인 혁신의 촉진과 소비자후생의 증진에 기여할 수 있게 되는 것이라고 할 것이다.

---

[517] 미국 반도체회사 램버스가 하이닉스반도체를 상대로 제기한 특허권 침해 소송의 내용을 확대할 수 있게 됐다. 캘리포니아 산호세 지방법원의 로널스 와이트 판사는 소송에서 최신버전 D램은 빼 달라는 하이닉스 측의 요청을 기각했다고 블룸버그통신이 16일 보도했다. 램버스는 지난 7월 하이닉스를 비롯해 삼성전자·마이크론테크놀러지 등을 상대로 제기한 소송에 최신 D램인 DDR3와 GDDR4를 포함했었다.
램버스는 지난해 하이닉스를 상대로 제기한 특허권 침해 소송에서 승소해 1억 2,240만 달러를 받아 낸 바 있다
(http://www.newsva.co.kr/uhtml/read.jsp?idxno=214143§ion=S1N6§ion2=S2N346).

라. 표준화를 통한 상호운용성의 확보와 경쟁법

표준화는 이와 같은 램버스사의 사건을 통하여, 경쟁당국의 관점에서도 협조적인 참가자들의 행동이기는 하지만, 이러한 행동이 가지는 소비자후생의 증진과 기술혁신에의 촉진에 기여하는 측면이 큰 경우가 많다. 램버스사의 표준화 참여에 대한 냉각효과(chilling) 주장에 대하여 미국 공정거래위원회도 이를 배척하지 않고, 오히려 이를 이용하여, 램버스사의 행위와 같은 기만적인 행위를 방지하여야 표준화기구에 대한 자발적인 참여가 촉진된다고 판단하면서, 표준화의 친경쟁적이면서, 긍정적인 면을 인정하고 있다.

바로 이러한 표준화는 아울러 상호운용성의 확보에도 긍정적인 기여를 하게 된다는 점은 이미 앞에서 본 바와 같다. 이러한 친경쟁적인 점들이 경쟁법이 표준화와 관련하여, 표준화기구에서의 행위가 기본적인 협약에 의하여 자율적인 이루어지는 것이기는 하지만, 특정한 회원사의 행위가 표준화를 통하여 이득을 보고, 이에 더 나아가 독점적인 지위에 이르게 되는 과정에서의 기만적인 행위를 포착하여 규제함으로써 시장에 미치는 반경쟁적인 효과를 제거할 수 있게 될 것이고, 바로 이 맥락이 경쟁당국이 경쟁법을 통하여 표준화와 관련된 특허법 관련 이슈에 개입할 수 있는 근거가 된다고 생각한다.

3. 퀄컴 사건과 상호운용성, 표준화

가. 사건의 개요

2007년 8월 6일 캘리포니아 연방 남부지방법원은 '퀄컴 對 브로드컴' 사건[518]에서 퀄컴이 브로드컴사를 상대로 제기한 특허침해소송에서 퀄컴의 특허가 집행불가능(unenforceable)하다고 판시하여 브로드컴의 승소판결을 하였다. 2005년 10월 14일 퀄컴사는 자신들의 104특허[519]와 767특허[520]를 브로드컴사가 침해하였다는 이유로 특허침해소송을 브로드컴사를 상대로

---

518) Qualcomm Inc. v. Broadcom Corp., 05 – CV – 1958 – B(BLM) U.S. District Court of Southern District of California.

519) U.S Patent No.5,452,104.

520) U.S Patent No.5,576,767.

제기하였다. 배심원들은 2007년 1월에 열린 배심원 평의에서 각 퀄컴사의 특허들이 진보성이 인정되나, 이 특허들은 각 부당한 행위(inequitable conduct)에 의하여 등록된 것으로 집행될 수 없다고 하는 의견을 내었다. 이에 법원은 퀄컴의 특허소송의 원인된 이 특허들이 결국 H.264 표준으로 채택되었던바, 이러한 표준화의 과정에서 이미 합동비디오팀(Joint Video Team[521])이라는 표준화기구(Standard Setting Body)에 의하여 표준화하는 과정에서 유예(waiver)를 한 특허로서 집행이 안 된다고 판단하였다.[522] 이 사건에서 연방지방법원은 스스로가 자신의 재량에 기초하여 특허청에 의하여 적법하게 특허가 된 특허에 대해서도 집행이 불가능한 특허라고 판시할 수 있지만,[523] 이렇게 하지 않고 브로드컴이 명확한 증거의 법칙(clear and convincing evidence rule)에 의하여 이러한 퀄컴의 특허유예사실을 입증하여야 한다고 판시하였다. 이 사건에서 램버스사건에서 문제가 되었던 특허개시의무(duty to speak)가 문제가 되었다.

2001년 말 JVT라는 표준화기구는 두 개의 상부표준화기구인 ITU−T(International telecommunication Union Telecommunication Standardization Sector)와 ISO(International Organization for Standardization)의 MPEG(Moving Picture Experts Group)분과에 의하여 만들어졌다. 이 JVT의 목표는 제한된 대역폭이나 저장용량하에서 기술적으로 서로 정렬되고, 완전히 상호 연동될 수 있는 효율적인 기술표준(aligned and fully interoperable standard)을 만드는 것을 목표로 하였다. 이를 통하여 다양한 플랫폼상에서 그리고 서로 다른 기기하에서도 완전히 상호운용성을 확보할 수 있도록 하려는 것을 목표로 하였다. JVT의 경우에는 위의 두 개의 상부표준화기구의 규약을 따랐는데, 이에 의하면 참여기업들은 표준화 제안과 관련된 지적재산권 정보를 가능한 빨리 공개하도록 요구받고 있다.[524] 퀄컴은 이 표준화기구에 증거에 의하면 2002

---

521) 이하 'JVT'라고 한다.

522) 이 사건의 디스커버리(discovery) 과정에서 무려 230,000페이지 분량의 퀄컴사 내부 이메일과 각종 메모들이 제출되었다. 그리고 위의 사실들은 바로 이러한 결과물들에 기초하여 이루어진 것이다.

523) Refac int'l, Ltd v Lotus Dev. Corp., 81 F.3d 1576, 1581,1585(Fed. Cir. 1996).

524) ITU−T와 ISO/IEC IPR policy, members/experts are encouraged to disclose as soon as possible

년 1월에 이미 참가하고 있었고, 이때는 2003년 5월 채택된 H.264표준이 결정되기 전임은 분명하다.[525] 그리고 이러한 퀄컴의 임직원들은 자신들이 표준화와 관련되는 특허들을 공개하여야 하는 점에 대하여 이미 알고 있었다.

H.264표준은 이 사건에서 문제가 된 104 및 767 특허의 발명자 중의 한 사람의 증언[526] 및 기타 정황증거를 종합하면, 퀄컴사는 자신이 특허로 출원등록한 기술이 HDTV 관련 압축기술로 사용될 것이라는 것을 알고 있었고, 그럼에도 의도적으로 이러한 특허의 존재를 숨기고, 다른 참여자들이 H.264 표준을 채택함으로써, 자신들의 104 및 767 특허를 침해하도록 하고, 필수적인 기술의 라이선스를 할 수 있는 기회를 얻으려고 했음이 드러났다. 결국 이 사건 법원은 램버스사 사건[527]을 통하여 확립한 공개의무를 통하여 표준화기구에의 참여가 확산되고 기업들은 중요한 혜택을 받을 수 있게 되고, 소비자들 또한 전 세계적으로 이익을 얻게 될 수 있다는 점을 분명히 하였다.

나. 퀄컴 사건의 의미

(1) 표준화기구 참여자의 의무

앞서 2장 5절에서 언급한 것과 같이, 상호운용성을 확보하는 여러 가지 방법 중에서 가장 효율적인 방법 중의 하나가 바로 표준화기구를 통하는 방법이다. 그런데 이러한 표준화기구를 통하는 방법은 가장 중요한 것 중의 하나가 바로 기술의 공개이다. 모든 표준화기구 참여자들은 관련 표준에서 자신의 기술이 채택되기를 원한다. 그렇지만 표준화기구에의 참여가 유일한 방법은 아니다. 자신의 기술이 표준화가 되어 있지 않다고 하더라도 얼마든지 독자적으로 자신의 기술을 표준화된 기술과 경쟁하도록 할 수 있고, 앞서 본 것과 같이 복수의 표준이 되도록 하여 경쟁할 수 있도록 하는 방법은 남아 있다.

하지만 어느 경우이든지 일단 표준화기구에 참여하는 경우에는 자신의

IPR information(of their own or anyone else's) associated with any standardization proposal(of their own or anyone else's). Such information should be provided on a best effort basis.

525) 여러 증거가 있지만, 퀄컴의 직원이었던 Silberger가 다른 직원인 Mr. Yun에게 보낸 이메일을 보면 퀄컴사가 MPEG/JVT/JPEG 등의 미팅에 참석하고 있음을 확인할 수 있다(각주 39)의 판결문 11면).

526) 발명자 Lee Choung의 증언은(각주 39)의 판결문 19 – 20면).

527) 318 F.3d at 1096 – 1102.

기술을 공개하도록 하여야 하며, 이러한 공개가 보장되지 않으면 표준화기구의 참여는 저조하게 될 수밖에 없다는 점을 램버스사사건과 퀄컴사건에서 미국의 연방법원들은 분명하게 설시하고 있다. 역으로 표준화기구에 참여하고자 하는 자들은 바로 이러한 점 때문에 자신의 기술적인 장점, 표준화기구에의 참여를 통한 이점, 자신의 지적재산권 포트폴리오의 현황 등에 대한 사정을 신중하게 판단하여야 한다.

이러한 전제하에서 표준화기구는 여러 가지의 대안적인 기술 중에서 특정한 기술 내지 기술들은 표준으로 채택하게 되는 것이다. 그러므로 이러한 수개의 기술적인 대안 중에서 특정한 기술이 선택되고 이러한 기술이 표준으로 확산이 되는 경우 이 기술은 표준화에 의하여 필수불가결한 기술(indispensible technology)이 되는 것이다.

(2) 공개의무(duty to speak) 위반과 경쟁법의 관여

바로 이러한 표준화의 특징적인 점 때문에 표준화기구의 회원사 내지 전문가들은 반드시 자신의 지적재산권에 대하여 공개하여야 할 의무가 발생하게 되는 것이고, 이러한 공개 의무는 대부분의 표준화기구의 정관에 명문으로 규정되어 있다. 논리적인 전개상 라이선스 조건인 RAND 내지 FRAND에 선행하는 이러한 공개의무를 위반하여 자신의 특정한 지적재산권을 의도적으로 숨기는 경우에 이러한 문제를 어떻게 처리할 것인가?

퀄컴 사건의 경우에도 수개의 다양한 무선시스템[528]이 기술적으로는 시장에서 존재하고, 이러한 상황하에서 서로 다른 시스템 간에서는 서로 대체적으로 호환 내지 상호운용이 이루어질 수 없는 환경인바, 상호운용성의 확보를 위해서는 표준이 가장 중요한 대안이었음은 분명하다. 더구나 이러한 무선시스템의 경우에는 상호운용성의 확보가 매우 중요한 것이 하나의 무선통신사업자가 망을 포함한 무선중계기 등의 기반설비를 구축하기 위해서 수십억 달러 이상의 투자가 요구되고, 일단 투자가 진행되고 나면, 이러한 투자는 매몰비용(sunk cost)이 되어, 다른 시스템으로의 전환비용(switching

---

528) GSM, GPRS, EDGE, 2G CDMA, 3G CDMA, UMTS 등.

cost)이 엄청나게 소요되어, 실제적인 전환이 거의 불가능한 상황에 이르게 된다. 따라서 퀄컴이 이 사건과 같은 경우에 취한 것과 같은 행위를 방치하게 되면, 시장에서 독점적인 지위가 표준화과정에서 그것도 기만적인 방법을 통하여 자신의 관련되는 특허를 은비함으로 인하여 발생한 경우라면, 경쟁당국이 개입하여 특허권의 효력을 부인하지 않고도 램버스사 사건과 같이 시장에 대한 교정적인 조치를 취할 수 있다는 점을 보여 준다.

4. 소 결

이상에서 표준화라는 방식을 통하여 상호운용성을 확보하는 경우에 있어서 가장 문제가 되는 공개의무 위반에 대한 문제점에 대한 해결책을 살펴보았다. 이 문제에 대해서는 앞서의 램버스사 사건과 퀄컴 사건은 두 개의 서로 다른 해법이 존재할 수 있음을 보여 주고 있다. 하나는 바로 램버스사 사건에서 하였던 것처럼 경쟁당국이 나서서 독점화 내지 독점화의 유지와 관련된 Sherman법 제2조를 적용하거나 연방거래위원회법 제5조에 의한 기만적이고 불공정한 거래관행으로 판단하여 해결하는 방법이고, 다른 하나는 퀄컴 사건에서 남부 캘리포니아 지방법원이 취하였던 것과 같은 특허법에 의하여 집행이 되지 않도록 하는 방법으로 해결하는 방법이 또 다른 방법이다.

이러한 두 가지 해결방법 중에서 특허법에 의한 해결방법은 미국 법원이 법리적으로 발전시켜 온 소위 특허권 남용법리를 통하여 해결하는 것으로 특허권의 남용이 인정되는 경우에는 이러한 문제가 된 특허 자체의 효력을 부인하지는 않고[529] 특허침해소송이 제기되었을 때 그 집행을 거절하는 방식으로 해결하는 방법이 있다.[530] 반면, 이와 별개로 만일 시장에서의 독점적인 지위가 이러한 표준화과정에서의 기망적인 행위에 의하여 발생하였고, 이러한 표준화를 통하여 획득한 시장에서의 독점적인 지위를 남용하여 특

---

529) 미국의 경우 특허청(USPTO)을 상대로 하여 출원과정에서 기망적인 행위를 하는 경우에는 효력 자체를 부인하여 무효(invalidity)로 만들 수 있는 경우도 있다.

530) 이러한 방법을 사용한 실제 사건은, 우리나라의 경우에는 아직 필자의 과문함으로 인하여 알지 못한다.

허침해소송을 제기한다든지 하는 경우 이러한 상황을 경쟁당국이 경쟁법을 통하여 문제를 해결하기 위하여 램버스사사건에서와 같이 적절한 로열티율을 제시하는 방법으로 표준화기구를 통하여 확정되지 못한 로열티 조건을 사후적으로 결정되어 자발적으로 합의에 이를 수 있도록 가이드하는 방법이 있을 수 있다. 이 둘은 서로 병립적으로 사용될 수 있을 것이며, 구체적인 정황에서 판단될 것이기는 하나, 램버스사 사건과 퀄컴 사건은 이러한 점에 대한 좋은 시사점을 제시한다고 할 것이다.

Ⅳ. 지적재산권 라이선스의 거절(refusal to license), 필수설비이론과 경쟁법

1. 도입: 도구개념으로서의 '필수설비이론(essential facility doctrine)'

지적재산권에 대한 라이선스 거절을 경쟁법의 관점에서 문제 삼기 위한 도구개념으로 필수설비이론(essential facility doctrine)이라는 것이 필요한가? 이 점에 대한 문제인식을 선행적으로 가져야 한다는 것이 필수설비이론과 관련되어 지적재산권에 대한 논의가 이루어질 때마다 필자가 가지는 의문이었다. 이러한 판단을 하기 위해서는 각국에서의 입법적인 전개를 살펴볼 필요가 있다고 보이고, 우리 법의 경우에도 우리 법제를 당연히 염두에 두고 검토하여야 할 것이므로 아래에서는 미국법, 유럽공동체법을 먼저 보고 우리 법제하에서 이 문제를 살펴보기로 한다.

2. 미국에서의 필수설비이론과 지적재산권

가. 초기판결들

필수설비이론이라는 것이 미국에서 최초로 논의되는 사건은 셔먼법 제1조 위반이 문제되었던 1912년의 Terminal Railroad Association 판결531)이다.

---

531) U.S. v. Terminal Railroad Association, 244 U.S. 383, 32 S.Ct. 507(1912).

사건은 세인트루이스 시 철로를 소유하고 있던 대부분의 철도회사들로 구성된 피고조합 Terminal Railroad Association이 미시시피 강을 건널 수 있는 두 개의 철도교 모두와 이에 연결된 선로시설, 창고 및 터미널과 배를 통한 운반을 위한 선착장을 모두 취득하여 운영하게 되어 다른 모든 도강시설에 대해 통제 독점함으로써, 어떤 철도회사도 피고조합이 지배하고 있는 설비를 이용하지 않고는 세인트루이스를 통과하거나 그 도시에 진입하는 것이 불가능하게 된 사안이었다. 연방대법원은 피고조합의 이러한 일련의 행위가 셔먼법 제1조에 위반된다고 판단하였다.

1945년 미국 연방대법원은 Associated Press('AP') 판결532)에서 미국 내의 대부분의 신문사를 회원으로 두고 있던 AP 통신사가 회원사를 위하여 수집한 뉴스를 비회원사에게 제공하지 못하도록 하는 정관을 제정·시행한 행위에 대하여 셔먼법 제1조 및 제2조에 위반된다고 판시하였던 사건이 필수설비이론과 관련하여 많이 언급되는 사건이지만, 이 사건 자체에서도 뉴스를 필수설비라고 명시적으로 언급하지는 않았다. 1973년의 Otter Tail 판결533)에서 미국 연방대법원은 Minnesota 주 등 5개 주의 중소도시의 91%가 넘는 도시에 전기를 공급하는 소매시장에서의 독점공급자로서 해당 지역 내 송전선을 모두 독점하고 있던 Otter Tail이 지방전기판매회사(municipal distribution system)에 대하여 자사의 전기공급을 거부함은 물론 다른 전기공급회사로부터 공급되는 전기를 자사의 송전선로를 이용하여 수용가의 배전선로까지 연결해 주는 탁송(wheeling)까지도 거부한 사안에서 연방대법원은 셔먼법 제2조의 독점화금지에 위반된다고 판단한 사건도 전기의 공급이라는 망 사업의 특성을 감안하면, 필수설비이론과 관련된 사건이라고 할 것이다.

나. MCI 판결과 Aspen Skiing 판결

비록 연방대법원의 판결은 아니나, 역사적인 전개에서 기억하여야 할 사

---

532) Associated Press v. U.S. 326 U.S. 1, 65 S.Ct. 1416(1945). 유사한 사건으로 지역신문이 99% 지역 내의 일간신문시장을 장악하고 있던 경우에 셔먼법 제2조 위반을 인정한 사안으로 Lorain Journal v. U.S. 342 U.S. 143, 72 S.Ct. 181(1951).

533) 410 U.S. 366(1973).

건이 바로 1983년 연방 제7항소법원에 의하여 선고된 MCI 사건534)이다. 연방 제7항소법원은 판결에서 필수설비이론을 적용하기 위한 요건으로 (i) 독점사업자에 의한 설비의 지배, (ii) 경쟁사업자가 관련설비를 현실적으로 또는 합리적으로 복제 또는 재생산하는 것(practically and reasonably duplicate)이 불가능할 것, (iii) 경쟁사업자의 설비이용을 거절하였을 것, (iv) 당해 설비의 제공이 실제로 가능할(feasible) 것 등 네 가지 요건의 충족이 필요하다고 판시하여 미국에서 필수설비이론의 인정을 위한 이론적인 기초를 제공하였다.

이 MCI 사건에 이어 필수설비이론이 논쟁의 중심에 서게 된 사건이 바로 1985년의 Aspen Skiing 사건535)이라고 할 것이다. 이 사건에서 미국 연방대법원은 필수설비이론을 적용하여, 셔먼법 제2조 위반을 인정한 항소심의 판결을 유지하여 필수설비이론을 인정한 것으로 판단된다. Aspen 지역에 세 개의 스키활강시설을 가지고 있던 스키社(Ski Co.)가 한 개의 활강시설을 가지고 있던 하일랜드(Highlands)에 대하여 활강시설의 공동이용을 내용으로 하는 티켓(all – aspen – ticket)의 판매를 허용하고 있다가 일정 기간 이후에 거절한 이 사안은 필수설비이론을 미국 연방대법원이 인정한 사안으로 판단되지만,536) 필자의 관점에서 이 사건의 한계는 이미 지속적인 거래관계를 가지고 있던 이 사건에서 필수설비이론을 적용한 항소심의 판단이 과연 타당한 것인가, 이러한 필수설비이론이 아니면 거래거절을 해결할 수 없었던 것인가 하는 의문이 있다. 하지만 이 사건 이후 연방항소법원에서는 필수설비이론이 종종 이론구성에 있어서 이용되었고, 이러한 이론은 뒤의 하급심 판결에 의하여 구체화되었다. David L. Aldridge Co. v. Microsoft Corp.판결537)에서 텍사스 연방 남부 지방법원은 필수설비에 해당하기 위해

---

534) 708 F.2d 1081(7th Cir. 1983).

535) Aspen Skiing Co., v. Aspen Highlands Skiing Corp., 105 S.Ct. 2847(1985).

536) 엄밀히 말하자면, 연방대법원은 필수시설 이론에 대해서는 전혀 언급하지 아니한 채 위 사건의 피고 스키장이 위 계약에 참가하지 않은 것은 이익추구라는 목적에 있는 것이 아니라 지역 내 경쟁기업인 원고에 타격을 주기 위한 목적이 인정된다고 판시함으로써 판단을 유보하였다고 보는 것이 타당한 사건이며, 이렇게 보는 것이 뒤의 Verizon 사건에서 연방대법원 설시와의 일관성을 찾을 수 있다.

537) David L. Aldridge Co. v. Microsoft Corp., 995 F.Supp.728, 754(S.D.Tex. 1998).

서는 (ⅰ) 자연독점, (ⅱ) 법률상 복제가 금지된 설비, (ⅲ) 정부보조에 의한 것으로서 사인에 의해서는 현실적으로 구축될 수 없는 설비, 그리고 (ⅳ) 지리적 관련시장 내에서 유일한 설비 중 하나에 속해야 한다고 하여 필수 설비로 인정되기 위한 범주를 규정하기도 하였다.

다. Verizon 판결

미국법상 필수설비이론의 필요성 내지 적용범위 의문점은 미국 연방대법 원이 결국 2004년 Verizon Communication Inc. v. Trinko 판결[538]을 선고함 으로써 어느 정도 해소되었다고 할 것이다. 이 사건은 1996년 미국통신법 (Telecommunication Act of 1996)의 강제규정에 따라 기존 지역전화사업자 인 Verizon은 신규 경쟁사업자인 AT&T와의 협정을 맺어 규제기관이 정한 조건에 따라 자신의 전화망에 AT&T가 접속하도록 한 상황에서 AT&T의 고객인 Trinko 법률사무소가 Verizon이 AT&T에 대하여 접속에 있어 차별 한다며 제기한 소송이다. 이 사건의 항소심은 필수설비이론에 근거하여 셔 먼법 제2조 위반을 인정하였으나 연방대법원이 이러한 항소심의 판결을 파 기하였다. 연방대법원은 필수설비이론을 종래 연방대법원이 인정한 바가 없 으며, 이를 인정하거나 부정할 필요를 느끼지 못한다고 전제한 후, 가사 그 러한 필수설비이론을 적용한다고 하여도 "필수설비이론을 적용하기 위한 불가결한 요건은 필수설비에 대한 접근이 불가능하다는 것이므로, 접근이 존재하는 경우 필수설비이론은 적용될 여지가 없으며, 규제기관이 설비의 공동사용을 강제하고 그 범위와 조건을 규율할 효율적 권한이 있는 경우 필수설비 주장은 받아들일 수 없다."고 판시함으로써,[539] 적어도 미국 셔먼 법상 독점화행위로서의 거래거절과 관련하여서 필수설비이론의 독자적 법 리로서의 필요성이 매우 제한적임을 확인한 판결이라고 보인다.

---

538) Verizon Communications Inc., v. Law Offices of Curtis V. Trinko, LLP, 540 U.S. 398 124 S.Ct. 872(2004). (이하 'Verizon 사건'이라고 한다.)

539) 540 U.S. 398, 411.

라. 지적재산권 라이선스 거절과 필수설비이론

이러한 점을 보면 미국 연방대법원이 특허권의 존재가 독점을 보장하지 않는다고 판시하고 있음을 염두에 둔다면, 미국법의 해석에서 위와 같은 Verizon 사건을 염두에 둔다면 필수설비이론이 지적재산권 특히 특허법의 영역으로 들어와 경쟁법의 적용을 위한 근거로 사용될 가능성은 당분간 거의 없다고 판단된다.

3. 유럽공동체에서의 필수설비이론의 전개와 지적재산권

가. 필수설비이론과 브로너(Bronner) 사건

거래거절이 시장지배적 지위의 남용이 되는 경우에 대하여 유럽공동체 최고법원의 기본적인 입장은 대체로 미국의 필수시설 이론에 유사한 접근을 하고 있다고 할 수 있다. 기존 공급행위의 철회나 새로운 거래의 거절 모두 시장지배적 지위의 남용에 해당하기 위해서는 모두 지속적인 거래가 경쟁의 지속을 위해서 꼭 필요하거나 물리적 시설이 반드시 필요한 경우였다.[540] 이러한 일련의 유럽공동체 최고법원의 판결을 정리하는 사건이 바로 1998년의 Oscar Bronner GmbH & Co. KG v. Mediaprint Zeitungs – und Zeitschriftenverlag GmbH & Co. KG[541]판결이다.[542] 브로너 사건의 개요는 다음과 같다. Austria 신문시장에서 이 사건의 원고인 Bronner는 발행부수로는 3.6%, 광고수입으로는 6%에 해당하는 시장점유율을 가진 신생 일간신문사로 급성장 중이었다. 반면, 피고 Media Prints는 발행부수로는 46.8%, 광고수입으로는 42%의 시장점유율을 보이고 있었으며 Austria 내부에서 유일하게 조간신문을 집에 배달하는 배송망을 갖추고 있었다. Bronner가 신청한 위 배송망을 통한 신문보급을 Media Prints가 거부하자 Bronner는 위 행

---

540) H. Sea Containers v. Stena Link Commission Decision 94/19/EC, 1994 O.J. (L 015) 8; Régie des Télégraphes et Téléphones v. GB – Inno – BM S.A 1991 E.C.R. Ⅰ – 5941, [1994] 1 C.M.L.R. 117.; Aéroports de Paris v. Commission 2002 E.C.R. Ⅰ – 9297.

541) 1998 E.C.R. Ⅰ – 7817, [1999] 4 C.M.L.R. 112.

542) Korah, *ibid*, pp.204 – 216.

위가 유럽공동체 조약 제82조 위반이라고 제소했다. 이에 대하여 유럽공동체 최고법원은 Media Prints가 가정 내 배송망 시장에서 지배적 지위를 갖추고 있음을 인정하면서도, 1)그 거래거절행위가 그러한 서비스를 요구하는 쪽 입장에서 일간신문 시장 내의 모든 경쟁을 소멸시켜야 하며, 2) 거절행위가 객관적으로 정당화될 수 없는 것이어야 하며, 3) 문제된 서비스가 현재나 잠재적인 대체재가 없어 사업운영에 필수불가결하여야 한다고 판시하면서, 이 사건에서는 신문 배급에 덜 효과적이지만 다른 대체수단이 존재하며, Bronner 자신이 자신의 배급망을 만드는 데 아무런 법적, 물리적 제약이 없다는 이유로 위 요건을 충족시키지 못한다고 판시하여 위 청구를 부정하였다. 특히 이 사건에서 Advocate General이었던 Jacobs는 위 배급망을 건설하는 것이 적은 신문부수로 인하여 경제적으로 사업성이 없는가가 문제가 아니라 경제적 실현가능성이 아예 없어 다른 제3자가 이와 같은 산업에 진입할 가능성이 아예 없어야 한다는 입장과 대체재의 기준이 주관적이 아닌 객관적 기준이 되어야한다는 입장을 표시하면서, 거래상대방 선택의 자유는 각 회원국에서 기본적으로 인정된 자유이고, 이러한 기본원칙에 대한 침해는 신중한 판단을 요구하며, 이러한 판단에 이를 때에는 장기적으로 각 사업자의 사업에 대한 투자유인을 고려해야 하며, 너무 쉽게 시설의 공유를 허용할 경우 시설투자의 과소화를 불러올 수 있으며, 단지 선행시장에서 지배적 지위에 있다는 이유만으로 후속시장에 대하여 거래거절이 당연히 지배적 지위의 남용에 해당하지는 않는다고 판시하였고, 그 참조판례로 미국의 MCI 사건이나, Otter Tail 사건 등을 언급하면서, 이 사건의 판결이 MCI의 다섯 가지 요건 심사와 유사한 필수설비이론의 이론적인 기초에 의하여 판단하였다고 하였다.

나. 지적재산권과 필수설비이론의 적용

(1) IMS Health 사건543)

(가) 사건의 경과

IMS Health社(Intercontinental Marketing Service Health Inc.)는 미국 회사로 제약 및 건강관련 정보를 제공하는 회사로 유럽시장에서도 관련 사업을 하고 있었다. 이 회사는 전 세계의 약 도매상과 소매상으로부터 정보를 수집하여 공급하는 역할을 하고 있었다. 문제가 된 사안은 독일에서의 정보제공과 관련되어서만 문제가 된 사안으로 독일의 경우에는 유일한 제약관련 정보 제공 업체였다.

1999년 다른 미국 회사인 NDC(National Data Corporation)社와 벨기에 회사인 AzyX社가 이 시장에 진출하려고 하였으나544) IMS Health社의 소위 1860 블릭 시스템(1860 brick system)이 사실상 표준으로 기능하고 있었기 독일시장에서의 시장 진입은 매우 어려웠다.545) 이 시스템은 판매 자료를 지역별로 수집하는 것과 관련된 것으로, 여기서 '블릭(brick)'이라 함은 적어도 4~5개의 약국으로 구성되어 있는 지역적인 단위로 이 단위에 의한 정보를 수집하여 그에 따른 판매수익과 시장수익률 정보를 고객들에 제공하며, 각 고객들은 그 정보를 이용하여 자신의 판매사원에게 보상을 제공하거나 판매전략을 정하였다. 이 사건의 블릭 시스템은 유럽의 데이터베이스 보호지침546)에 의하여 위 데이터베이스에 대한 저작권은 고객에 대해 제공한 데이터베이스 자체만이 아니라 데이터를 가공하는 데이터베이스의 구성방법에까지 미쳤다.

---

543) Case T-184/01 R, IMS Health Inc. v. Comm'n., 2001 E.C.R. Ⅱ-3193[이 사건의 판결은 미국의 Verizon 사건과 비슷한 시기에 서로 상이한 결론이 내려짐으로 인하여 상당한 논란을 일으켰다].

544) 이 데이터베이스 공급시장은 1999년 이전에는 IMS가 독점하던 위 시장으로 1999년 2월 Pharma Intranet Information AG(PI)라는 미국 회사가 진입했고, 1999년 10월에는 AzyX Deutschland GmbH Geopharma Information Service(AzyX)라는 벨기에 회사의 독일자회사가 시장에 진입했는데 모두 고객들의 요구에 따라 원래 자신들의 원래 데이터베이스 블록과는 달리 IMS의 데이터베이스와 유사한 1860블록으로 표현된 데이터베이스를 제공했다. 두 회사 모두 원래는 IMS의 임원이었던 사람들이 사직 후 설립한 회사들이었다.

545) 1969년부터 IMS는 독일자회사를 통하여 독일을 지역적으로 1,860개의 블록으로 나눈 데이터베이스를 도입하여 2000년에 새 버전을 판매하고 있었다.

546) Council Directive 96/9/EC of 11 March 1996 on the Legal Protection of Databases, art. 3, 1996 O.J. (L 77) 20.

2000년 4월 PI의 저작권 침해를 의심한 IMS는 독일지방법원에 PI를 제소했고, 독일법원은 2회에 걸쳐 1860 블록이나 그 전 단계인 2847 블록을 사용한 방식을 모두 사용하지 못하도록 가처분을 명했으며, 2000년 12월에 IMS는 PI를 인수한 NDC와 AzyX를 상대로 소송을 제기해 가처분을 받았다.547) IMS가 독일법원에 소송을 제기하는 동안 NDC와 AzyX는 EU의 공정거래위원회에 IMS의 저작권 사용계약요구의 거절을 Art. 82 위반으로 고발했다. 2001년 공정거래위원회는 위 1860 블록구조가 독일시장에 진입하기 위한 필수적이라고 인정한 다음 드물게 행사하는 중간적인 조치인 긴급 시정명령으로서 IMS에게 모든 경쟁기업에 적절한 가격으로 비차별적 조건으로 사용을 허가할 것을 명했다.548) 이 이례적인 조치에 대하여 IMS가 법원에 위 강제실시를 중단해 달라고 항고했고, 법원은 20년 만에 처음으로 위 조치를 최종 판결 시까지 정지시켰다. 중단의 사유는 종전의 판례에 의하면 거래거절은 상위시장에서 독점적 지위를 가지는 자가 후속시장에 자신의 독점력을 행사하는 경우이지 이 사건과 같이 동일한 시장에서 경쟁하는 자의 경우는 아니었고, 두 번째로 이 사건이 Magill 사건이 요구하는 이례적 상황에 해당한다는 증거가 없으며, 세 번째로 이미 독일법원이 IMS의 저작권을 지지하고 있는 상황에서 위와 같은 긴급 시정조치는 주권침해의 소지가 있다는 것이었다.549) 최종적으로 독일 지방법원 항소부에서는 특허 침해사건의 피고회사들이 이 사건 IMS의 저작물의 내용을 침해했다고 판단했으며, 위 저작권은 데이터베이스의 원자료를 공급한 자들과 공동으로 가지고 있어 그 동의를 받지 않는 한 IMS가 피고회사들의 저작권 사용계약 요구를 거부한 것은 정당하다고 보았다. 당시 심결법원에서 Art. 82 위반사건이 진행되고 있어 이러한 독일법원의 판단과 EU 법의 충돌을 우려한 독일법원은 ECJ에 대하여 몇 가지 선결문제550)에 대한 판단을 요구했다. 이

---

547) IMS Health GmbH & Co. OHG v. NDC Health GmbH & Co. KG, 2004 E.C.R. Ⅰ-05039, [2004] 4 C.M.L.R. 28.

548) Press Release, Commission of the European Communities, Commission Imposes Interim Measures on IMS Health in Germany, IP/01/941.

549) Case T-184/01 R, IMS Health Inc. v. Commission, 2001 E.C.R. Ⅱ-3193.

에 따라 ECJ가 자신의 판례를 검토해 내린 법률적인 판단이 이 사건이다.

(나) 유럽공동체 최고법원(ECJ)[551]의 판단

ECJ의 선결문제에 대한 답변은 매우 중요한 몇 가지 선례적인 가치가 있는 판단을 한다. 독일법원이 ECJ에 요구한 선결문제 중 하나는 공동저작권자가 있을 때 이러한 상황이 유럽공동체 조약 제82조 위반 판단에 영향을 미치는지 하는 문제였다.

ECJ는 이 사건에서 위 데이터베이스를 만드는 데 다수의 제약회사가 참여하고, 이에 따라 사용자들의 노력과 각종 자원이 이미 위 데이터베이스에 투자된 점을 중시했다. 따라서 Bronner 판결의 기준에 따라 위 데이터베이스의 1860 블록구조라는 저작권에 의하여 보호되는 데이터베이스라는 지적재산권이 필수설비인지 여부는 경쟁자가 경제적으로 실현가능성이 있는 대안을 만들 수 있는지에 달려 있으며 이 문제는 궁극적으로 독일법원의 사실판단에 의할 것이나 이 사건과 같이 다수의 고객이 상당한 노력을 들인 가운데서는 경쟁자가 기존 고객들을 다른 대안으로 이동시키는 게 불가능할지 모른다고 판단하였다. ECJ의 기존 판례인 Magill 사건[552]은 지적재산

---

550) 유럽공동체최고법원(ECJ: European Court of Justice)은 선결문제에 대한 판결 판단(preliminary ruling)을 할 수 있는 권한을 가지며, 그 목적은 유럽공동체 내에서의 규범적인 조화이다.

551) 이하 'ECJ'라고 한다.

552) Radio Telefis Eireann(RTE) and Independent Television Publications Ltd(ITP) v. Commission, 1995 E.C.R. Ⅰ-743, [1995] 4 C.M.L.R. 718, [1995] 1 CEC 400[이 사건의 다른 일방 당사자인 Magill 의 이름을 따 Magill 사건으로 불린다. 사건은 RTE, ITV, BBC가 북아일랜드 및 아일랜드의 방송권을 독점하면서 동시에 자사의 주간 방송일정에 대하여 <u>저작권</u>을 가지는 데서 시작된다. 물론 세 회사는 각자 자신의 방송가이드를 발간하는 동시에 신문에 매일 공짜로 자신의 방송일정을 제공했다. 1985년 Magill이 위 3사의 저작권 사용승낙을 받아 통합 방송가이드를 발간했는데 저작권 사용승낙은 발간당일의 방송프로그램, 그 주 금용일과 토요일의 프로그램이나 토요일과 일요일의 프로그램, 그리고 다음 주 방송의 하이라이트 소개까지가 허용되었다. 초기 위 저작권 사용계약에 따라 수개월간 방송가이드가 제작되다가 당사자 사이에 분쟁이 발생했고, 20주간 방송가이드 출간이 중단되었다. 1986년 다시 Magill은 방송가이드를 출간했는데 저작권 계약과는 다르게 전체주간 방송일정이 담겨 있었다. 3개 회사는 Magill을 상대로 저작권을 기반으로 한 발간금지 명령을 아일랜드 및 북아일랜드 법원에 구했고, 위 명령이 받아들여져 항고 상태에서 Magill은 위 방송사들을 공정거래위원회에 고발했는데 위원회가 이를 받아들여 방송3 사에게 프로그램 정보를 Magill 에게 제공하라고 명령한다. 이에 대하여 방송 3사가 이의를 제기한 사건에서 유럽공동체 1심 법원(Court of First Instance)은 Volvo 사건을 인용하면서 이 사건은 Volvo가 언급한 예외적 사항에 해당한다고 판단하고 방송 3사가 자신들의 기존 방송가이드를 보호하기 위하여 Magill이 만든 통합 방송가이드의 출현을 방해하기 위해 저작권을 행사하므로 이는 파생시장의 독점을 유지하기 위해 저작권을 사용한 경우로 유럽공동체 조약 제82 위반이 된다고 판시하였다. 이 사건의 항소심에서 유럽공동체 최고법원(ECJ)은 저작권의 행사는 예외적인 상황(exceptional circumstance)에서

권 행사가 유럽공동체 조약 제82조 위반이 되는 경우는 예외적인 상황이 있을 때이며 이러한 예외적인 상황으로는 사용계약의 거절이 1) 소비자의 수요가 존재할 새로운 상품의 출현을 막아야 하며, 2) 다른 사업상의 정당한 목적이 없어야 하며, 3) 거래거절이 후속시장에서의 모든 경쟁을 소멸시키는 경우여야 한다고 판시하고 있었다. 이러한 조건이 모두 충족되어야 하는가 또는 일부 만족으로도 충분한가에 대해서 ECJ는 위 조건이 모두 충족된 경우에 한하여 유럽공동체 조약 제82조 위반이 된다고 본 뒤 차례로 이 사건에서 위 조건의 만족 여부를 판단한다. 먼저 새로운 상품의 요건에 대하여 ECJ는 위 유럽공동체 조약 제82조는 기존 저작권자가 시장에 공급하는 상품을 그대로 복제하거나 동일한 상품을 제공하는 경우에까지 확대되는 것은 아니며, 기존의 서비스와는 다르거나 새로운 상품을 제공하는 경우에 한정된다는 것을 명백히 했다. 하지만 이 사건 NDC 등의 상품이 이러한 새로운 상품인지 여부는 사실관계의 문제이므로 독일법원에 판단을 맡겼다.553) 또 다른 쟁점으로 데이터베이스가 후속시장에서의 경쟁을 소멸시키는 것인지 아니면 그 자체로 하나의 시장인지 문제에 대하여 판단했다. 이 사건에서 IMS는 이 사건에서 경쟁자들은 별도의 시장에서 IMS와 경합하는 것이 아니고 IMS와 동일한 의약품 데이터베이스 판매시장에서 경합하고 있어 위 요건을 만족시키지 못한다고 주장했고, 이에 대해 NDC 등은 위 Magill은 별도의 시장을 요구하지 않는다고 주장했다. ECJ는 여기서 문제된 필수적 투입요소는 후속시장에서 제공되는 상품과 명백히 구별되거나 적어도 일정한 가치가 투여되어야 한다고 보면서도, 별도로 실재하는 두 개의 시장이 요구되지는 않으며 후속시장은 선행시장에 의해 인식될 가능성이 있으면 충분하다는 어찌 보면 상호 모순적인 입장을 취했다. 따라서 투

유럽공동체 조약 제82조 위반이 될 수 있다고 판시한 뒤, Magill 사건에서는 이러한 예외적 상황이 존재한다고 판시했다. ECJ는 예외적인 상황으로 1) 방송 3사의 거래거절로 과거의 제품과는 다른 새로운 제품의 시장 출현이 방해받았고, 2) 방송 3사가 자신의 방송가이드를 발간하거나 공짜로 신문에 제공하는 행위는 거래거절의 정당한 사유가 되지 못하며, 3) 방송 3사가 저작권을 이용하여 후속시장을 자신들을 위하여 독점하면서, 모든 경쟁을 억눌렀으며, 4) 방송 3사의 프로그램 정보가 Magill의 방송가이드 발행을 위해서는 필수적이라는 점을 들었다.

553) 이 쟁점은 유럽공동체 1심 법원에서의 '마이크로소프트사건'에서 중요하게 다루어졌다.

입요소의 시장이나 투입요소를 사용한 서비스 시장이 별도로 존재하지 않고 하나로 있다고 하더라도 이 사건과 같이 투입요소인 데이터베이스와 그 결과물의 판매라는 시장으로 분석될 수 있다면 별개의 후속시장으로 위 Magill의 요건을 만족시킬 수 있다고 보았다.

(2) 마이크로소프트(Microsoft) 사건554)

(가) 사건의 경과

유럽공동체 집행위원회에서의 네 개의 쟁점 중 상호운용성과 관련된 부분은 워크그룹 서버 등의 프로토콜에 대한 선 마이크로시스템즈社의 요구에 대한 마이크로소프트社의 정보제공 거절과 관련된 사안으로 이 사건의 선 마이크로시스템즈社가 마이크로소프트社에 요구하였던 정보 중의 일부인 액티브 디렉터리(Active Directory) 기술의 경우에는 특허권에 의하여 보호되고 있는 지적재산권이며, 나머지는 마이크로소프트社의 영업비밀 등의 형식으로 보호되고 있는 상황이었다. 1998년 선 마이크로시스템즈社는 자신과 경쟁하고 있던 마이크로소프트社의 PC OS 소프트웨어인 Windows 2000과 자사의 서버 운영체제인 Solaris의 상호운용성을 확보하기 위하여 PC 운영체제 내부의 워크그룹(work group)에 대한 교신 프로토콜(communication protocol) 등에 대한 정보의 제공을 요구했다. 이에 대하여 마이크로소프트社는 위 정보공개를 거부했고, 선 마이크로시스템즈社는 유럽공동체 집행위원회에 마이크로소프트社를 제소했다.

2004년 유럽공동체 집행위원회는 마이크로소프트社의 PC 소프트웨어 시장의 지배적 지위와 마이크로소프트社가 선 마이크로시스템즈社와 경쟁하는 Server 시장에서의 지위가 강한 상호연관성을 가지고 있다고 판단했다. 서버시장의 정의와 관련된 관련시장 획정의 논점에 대해서는 논란이 있을 수 있으나, 워크 그룹 서버 등과 같이 소형 서버시장으로 국한되어 논의된 이 사건에서 이미 PC용 운영체제(Operating System) 시장에서 시장지배적인 지위를 가지고 있는 마이크로소프트社기 소형서버시장에서 PC 사용자들과 연결해

---

554) "Microsoft v. The European Commission", CFI Decision 17 September 2007, T201/04.

공동 작업을 할 수 있도록 하는 프로토콜 등을 제공하지 않게 되는 경우에는 상호운용성에서 우위를 차지하는 것을 이용하여, 서버시장에서의 우위를 취할 수 있게 된다고 판단하였다. 따라서 이러한 점을 고려하여 보면, 만일 선 마이크로시스템즈社가 Widows 2000 개발과 관련하여 이러한 상호운용성 확보를 위한 정보를 제공받지 못하게 되면, 결국 서버시장에서의 경쟁을 소멸시킬 위험이 있다고 판단한 것이다. 따라서 워크그룹 서버시장에 있어서 필수적인 것으로 판단되는 상호운용성 관련 정보에 대하여 마이크로소프트社는 적절한 가격에 경쟁자들에게 라이선스를 하여야 한다고 판단하였다.555)

이후 유럽공동체 1심 법원은 집행정지 사건에서 위원회 결정에 일부 논리적 문제가 있음을 어느 정도 인정하면서도 이로 인한 손해가 회복불가능한 손해가 아니라는 이유로 집행정지 신청을 기각했다.556) 그리고 2007년 9월 17일 역사적인 유럽공동체 1심 법원의 선고가 있었고, 마이크로소프트의 이 논점에 대한 청구는 기각되었다.

(나) 판결의 내용과 의의

이 사건 판결의 내용은 대부분 유럽공동체 집행위원회의 결정 내용이 타당하다고 존중하는 취지였기 때문에 법적인 의미에서 가장 중요한 부분은 기존의 IMS Health 사건과의 관계에서 지적재산권에 대한 경쟁법의 관점에서의 라이선스를 경쟁당국이 강제적으로 요구하기 위한 요건이 어떤 것인가 하는 점에 대한 것이었다. 앞서 살펴본 것과 같이 IMS Health 사건에서는 "(1) 대상 기술은 2차 시장(secondary market)에서 필수적인 기술(indispensable technology)이어야 한다. (2) 공급거절은 2차 시장에서 소비자 요구에 의한 새로운 제품이 출시되지 못하게 하여야 한다. (3) 공급 거절은 '모든 경쟁(all competition)'을 없애야 한다. (4) 기술의 공급거절이 객관적으로 정당화(objectively justifiable)되지 못한다."는 네 개의 예외적인 상황하에서는 지적재산권의 라이선스 거절이 위법한 공급거절이 된다고 판시하였다.

---

555) 이 부분에 대한 상세한 설명은 최승재, "마이크로소프트 유럽공동체 사건 판결에 대한 연구 — 소프트웨어 생태계와 경쟁 전략에 대한 법적 접근", 정보법학회 2007년 1월 게재예정 참고.

556) Case T — 201/04 R, Microsoft Corp. v. Comm'n of the European Cmtys.

유럽공동체 1심 법원은 이러한 기존의 IMS Health 사건에서의 판례를 완화
하여 원고 회사가 선 마이크로시스템즈社에 기술을 제공하여야 한다고 판시
하였다.557) 1심 법원의 판결에 의하면, "(1) 대상 기술은 필수적인 기술이어야
한다. (2) 공급거절은 2차 시장에서 소비자 요구에 의한 예상되는 새로운 제품
(hypothetical new product)이 출시되지 못하게 하여야 한다. (3) 공급 거절은
유효경쟁(effective competition)558)을 없앨 우려가 있다면 그것으로 충분하다.
(4) 기술의 공급거절이 객관적으로 정당화되지 못한다."고 판단하였다.559)

4. 소 결

지적재산권에 대하여 독점적인 권리를 부여하는 것은 혁신에 대한 동기
(incentive to innovate)를 부여하기 위한 것이다. 마이클 포터가 '경쟁론(On
Competition)'에서 밝히고 있는 것처럼 경쟁우위(competitive advantage)를 가
지기 위하여 할 수 있는 주요한 방법 중의 하나가 기술적인 우위를 통한
차별화 전략의 추구인바, 만일 경쟁자들이 자신들이 지적재산권에 의한 경
쟁자들의 경쟁우위로 인하여 손해를 보았다고 선언하기만 하면, 바로 경쟁
법이 시장에 개입하여 경쟁에서 열위에 서게 되어 기존의 시장을 상실하고
있는 경쟁자를 필수설비라고 규정하면서, 보호하게 된다면, 혁신 동기는 현
저하게 저해되게 된다. 어느 한 경쟁법의 혁신 저해가능성을 줄이기 위하여
원칙적으로 경영자의 탁월한 경영적인 기술개발전략 내지 기술적인 우위에
기초한 제품의 우위에 바탕을 둔 시장에서의 우월적인 지위를 비난하도록

---

557) 이러한 판단에 대한 반대적인 견해로는 Thomas Vinje, "European Union law on interoperability;
   What I the impact of the EU Court of First Instance's Microsoft Judgment?", 경제법 판례연구
   11월 발표자료 중[이 발표에서 마이크로소포트의 반대진영에서 활동하였던 Thomas Vinje 변호
   사는 이 사건은 기존의 맥길 사건이나, IMS Health 사건의 판례의 연장선상에 있고, 별도의 특
   이한 법리를 설시한 것이 없다고 주장한다].

558) 有效競爭의 의미에 대하여, 예를 들어 어느 정도의 경쟁자가 시장점유율을 가지고 있어야 유효
   경쟁이 이루어지고 있다고 할 것인지 등에 대해서는 명확한 기준은 존재하지 않는 것으로 보인
   다. 다만 産業組織論(Industrial Organization) 등의 학문에서 사용되고 있는 용어로 개별적인 시
   장구조에 따라서 달라질 것으로 보인다. 그만큼 이 유효경쟁이라는 개념은 모호성이 높은 개념
   이라고 판단된다.

559) 마이크로소프트사건 유럽공동체 1심 법원 판결문 Paragraph. 563.

허용되어서는 안 된다. 바로 이런 의미에서 필수설비이론이 지적재산권자의 경쟁우위를 패배자들이 빼앗기 위한 수단으로 활용되어서는 안 된다.560)

다만, 이러한 주장이 어떤 경우에도 지적재산권에 대한 경쟁법의 관여를 통하여 필수적인 지적재산권에 대한 라이선스를 하도록 경쟁당국이 관여하여서는 안 된다는 의미는 아니며, 오히려 지적재산권법과의 조화를 위하여 일방적인 성격을 가지는 거래거절행위(refusal to deal)로서의 지적재산권 라이선스 거절행위 경우에는 비록 그것이 최상의 방법이 아니더라도 다른 방법으로 접근할 수 있는 가능성은 어느 것보다도 특히 다수 존재할 수 있는 것이며, 이러한 우회적 설계 행위는 지적재산권의 영역에서는 항상 존재하는 것이므로, 이러한 관행을 감안하며, 필수성(essentiality)의 개념을 기능적인 개념(operational definition)으로 사용하여 제한적으로 작동할 수 있도록 하여야 한다는 점을 지적하고자 하는 것이다.

이러한 경향은 미국에서의 Verizon 사건이나, IMS Health 사건이 다소 표현을 달리하고 있지만, 같이 고민하고 있는 바일 것이라고 생각한다. 물론 유럽공동체의 경우에는 지적재산권에 대한 인식이 다소 공동체의 통합의 관점에서 부정적으로 보이는 점이 역사적으로 있으나, 그렇다고 하여 공동체 지역이라고 하여 기술혁신에 등한시하여야 할 것은 아니라고 본다면 마이크로소프트사 사건 이후의 판결을 지켜보는 것은 매우 흥미로운 일이 될 것이다. 결국 이와 같은 관점에서 본다면, 브로너 사건에서 유럽공동체 최고법원이 필수성은 잠재적인 대체물이 전혀 존재하지 않는다는 의미에서 설비접근을 원하는 사업자의 경쟁활동의 수행에 없어서는 안 되는 경우를 의미하는 것으로 복제불가능성과 대체불가능성이라는 두 가지 요건을 심사하는 것이라고 유럽공동체법원은 판단하고 있다는 점도 이해가 될 수 있을 것이다.561)

물론 특허권을 보유하고 있다는 것이 상업적인 성공을 보장하는 것은 아니다. 이와 같은 연장선상에서 특허권을 가지고 있다고 하여 모든 특허가

---

560) Paul D. Marquardt & Mark Leddy, "The Essential Facilities Doctrineand Intellectual Property Rights; a Response to Pitofsky, Patterson and Hooks", 70 Antitrust L J. 847(2003).

561) Oscar Bronner v. Mediaprint ECJ, [1998] ECR Ⅰ－7817 paragraph.41.

특정 제품의 생산이나 서비스의 제공을 위하여 항상 필수적인 것이 아님도 이해하여야 할 것이다. 아울러 필수설비이론 그 자체로는 불분명한 하나의 아이디어를 제공할 뿐, 명확한 기준을 제공하는 것은 아니므로, 만일 우리 법과 같이 법문상으로 '필수설비'라는 용어를 사용하였다고 하더라도 당장 필수성(essentiality)이라는 것 자체로서 법률 용어로서의 명확성을 가지고 있는 것은 아님도 같이 고려되어야 할 것이다.562)

한편, 필수성이라는 요건이 아니라면 같이 논의될 수 있는 것이 設備의 意味인바, 이러한 설비의 개념에 知的財産權의 包含되는 것인가 하는 논의를 할 수 있을 것이다. 유럽공동체법원은 지적재산권 보유자의 라이선스 거절이 잠재적 수요가 존재하는 신제품의 출현에 대하여 이를 제한하는 방향으로 작용하는 경우 소비자 이익을 해하는 예외적인 상황에서는 지적재산권도 필수설비에 해당될 수 있다고 해석하는 것으로 새기는 유럽공동체법원의 견해를 해석하는 것으로 이해된다.563) 특허권 등을 새로운 형태의 경쟁을 제한하기 위한 수단으로만 사용되는 것을 제한하는 경우에 한정되어서 제한이 가하여져야 한다는 점에서 당해 기술이 비록 열후적(inferior way to get the same result for the purpose of forming a new business model)이지만 동일한 결과를 가지고 올 수 있는 수단이 존재하지 않는다는 것 외에 그러한 필수성에 더한 경쟁제한성564)이 추가적으로 요구된다는 것에 대한 입증이 이루어져야 한다. 결국 강제적인 라이선스(compulsory license)라는 것은 단순히 필수설비이론과 동치되는 것이 아니며, 강제적인 라이선스가 이루어져야 하는 상황은 경쟁을 제한하여야 하는 것을 통하여서 지적재산권이 달성하고자 하는 이익과 지적재산권이 부여하는 정당한 경쟁우위를 통하여 회사가 제공할 수 있는 소비자후생의 증대는 반드시 고

---

562) 독점규제및공정거래에관한법률 시행령 제5조 제3항 제3호(정당한 이유 없이 다른 사업자의 상품 또는 용역의 생산, 공급, 판매에 필수적인 요소의 사용 또는 접근을 거절, 중단하거나 제한하는 행위) 및 제4항 제3호(정당한 이유 없이 새로운 경쟁사업자의 상품 또는 용역의 생산, 공급, 판매에 필수적인 요소의 사용 또는 접근을 거절하거나 제한하는 행위).

563) ECJ, [2004] 4 CMLR 1534 "IMS Health GmbH & Co. OHG v. NDC Health GmbH & Co. KG."

564) 消費者厚生(consumer welfare)을 높일 수 있는 다른 비즈니스 모델이 있다는 점에 대한 입증이라는 의미에서 경쟁을 제한한다는 의미를 말하는 것이다.

려되어야 한다. 그러므로 경쟁법이 문제가 되는 대부분의 상황은 기존 시장에서의 우월한 지위를 가지고 있는 회사가 부가시장(ancillary market) 내지 2차 시장에서 전이하고자 하는 경우로 매우 제한적인 경우에만 문제가 될 수 있을 것이라고 할 수 있다.

그러므로 근본적으로 필수시설의 이론이 독점기업이 경쟁자를 의도적으로 배제해 경쟁을 없애려 하는 상황에서 공정거래법의 적용을 용이하게 함으로써 경쟁을 오히려 촉진한다는 입장[565]과 필수시설의 이론을 도구로 하여 지적재산권 보유자의 일방적인 라이선스 거절행위에 대하여 이 공정거래법의 지나친 확장으로 득보다는 실이 많다는 입장에서는 지적재산권이 창출해 내는 혁신 유발적 효과를 고려하여 이를 허용하여서는 안 된다는 입장[566] 내지 필수시설의 이론이 실제로는 강제적인 공유와 강제 실시의 성격을 가지고 있는 데 비해 지적재산권은 배타적인 행사를 원칙으로 하고, 배타적일수록 가치가 높아져 지적재산권의 가치가 높아질수록 필수시설로서 공유되어야 한다는 논리로 이어질 수 있어 지적 재산권의 성격과 맞지 않는다는 주장[567] 등은 서로 균형적으로 고려되어야 하며, 기본적으로는 지적재산권법의 독자성을 존중하여 그 독자적인 틀 안에서 해결되도록 하되, 예외적으로 시장에서의 문제 해결이 시장지배적 지위를 가진 사업자의 행위로 인하여 잔여적인 경쟁마저도 위태로워지고, 오로지 경쟁당국의 관여만으로 문제를 해결할 수 있다고 판단되는 상황하에서만 허용되는 것이 타당하다고 판단된다(競爭法의 補充性).

---

565) Robert Pitofsky, Donna Patterson & Jonathan Hooks, "The Essential Facilities Doctrine Under U.S. Antitrust Law", 70 ANTITRUST L.J. 443(2002).

566) 위 AREEDA & HOVENKAMP 책 ¶771c.

567) Abbott B. Lipsky, Jr. & J. Gregory Sidak, Essential Facilities, 51 STAN. L. REV. 1193(1999), p.1219. 참조.

V. 결론: 경쟁법과 지적재산권법의 균형과 조화

경쟁법과 지적재산권법의 균형과 조화는 과연 가능한 것인가? 업무적으로 경쟁법과 지적재산권법을 담당하는 변호사로서 기본적으로 가지고 있던 문제의식을 상호운용성이라는 화두를 들고 전개하여 보았다. 이 문제는 본질적으로 지적재산권법이 점차 소위 프로 패턴트(pro-patent) 논의와 함께 각광을 받게 되고 그 보호의 정도가 강화되어 나감에 따라 발생하게 된 문제라고 할 수 있다.

競爭政策과 知的財産權政策의 調和는 이제 점차 무형의 지적재산권이 실제적인 기업의 가치에서 가치는 중요성이 커질수록 증대하게 될 것이다. 결국 이러한 양자의 균형 및 조화는 지적재산권법과 경쟁법이 가지는 양자의 政策的 目的의 衝突과 動態的 均衡點의 發見이라는 것이 과제가 될 것이다. 경쟁정책과 지적재산권정책의 조화는 누구나 동의하는 것과 같이 쉽지 않은 일이지만, 양자는 모두 혁신을 촉진하고, 소비자후생을 증대하는 것을 공통의 목적으로 한다. 하지만 분명한 것은 어느 정도 양자의 충돌은 실제로 존재한다는 것이다. 이러한 의미에서 앞서의 필수설비이론은 이러한 양자의 충돌에 대하여 어느 정도 가이드라인을 제공할 수 있는 가능성을 제공한다고 보이고, 이러한 점이 바로 IMS Health 사건이 가지는 의미라고 할 수 있다. 지적재산권법은 그 본질상 남용될 수도 있는 소유자에게 독점적인 권리를 부여함으로써 소유자 이외의 자들에게는 지적재산권에 대한 접근을 막을 수 있는 권리로 기능한다. 競爭法은 그런 우월적인 지위를 남용하는 것을 방지함으로써 시장에서의 효율성(market efficiency)을 확보하는 것을 정책적인 목적으로 하는 것이다. 하지만 분명한 것은 어느 선진국에서든지 지적재산권은 국가발전의 중요한 역할을 하며, 이 둘의 조화를 통하여 지적재산권의 보호를 통한 혁신을 위한 동기의 유발과 적절한 유인체계를 설계하지 못하면 시장에서의 動態的 活力은 枯死될 수밖에 없다. 문제는 각국이 처한 경제적인 상황이 상이하기 때문에 이러한 균형점을 찾아내는 것이 서로 완전히 동일할 수 없다는 것이다. 지적재산권이라는 것이 산업의 분야에 따라서 그 특성을 반영하여 유인구조도 상이하지만[568] 과도한 초기의 개발비용이 소요된다는 것이고, 이러한 연구개발비용의 규모는 IT 산업의 경우에는 특히 가속화되고 있다. 특허법을 포함한 지적재산권법은 직접적으로 그 결과물인 지적재산권에 대한 설계를 통하여 유인구조를 만들어 내는 법인 데 반하여 경쟁법은 더 효율적인 생산방법이나 우월한 제품 개발을 통하여 소비자에게 혜택을 부여하는 것을 적절한 시장환경을 조성하는 방식으로 달성하는 것을 입법목적으로 하는 법이라고 할 수 있다.

이러한 양자의 조화라는 과제는 앞서 언급한 경쟁법의 독자적인 목적을 고려한 보충적인 관여를 통하여 달성될 수 있을 것이며, 이러한 보충적인 관여를 위한 가이드라인의 충실화는 우리가 지적재산권이 강조되며, 그 외연이 확장되는 시기에 있어서 달성하여야 할 중요한 과제라고 할 것이다. 따라서 현재 공정거래위원회에서 2000년 8월 30일 제정한 '지적재산권의 부당한 행사에 대한 심사지침'은 이러한 고려에 기초하여 수정, 보완할 필요가 있다고 보며, 구체화는 결국 공정거래위원회와 법원의 개별 사례의 처리를 통하여 진행하고, 발전할 수 있을 것이라고 본다.

한편, 주의하여야 할 것은 상호운용성은 개별 기업의 차원에서 자신의 독자적인 판단에 의하여 이루어져야 할 것이므로, 이를 강제하는 것은 매우 주의하여야 한다. 그러므로 이러한 상호운용성을 확보하는 방법으로 표준화의 경우에는 개별적인 사안에 따라서 판단이 이루어져야 할 것이고, 개별 기업에 의한 라이선스의 경우에는 미국 및 유럽 공동체에서의 사안을 참고하여 개별적인 사안에 적용할 수 있는 법리를 개발할 수 있을 것이다.

---

568) 製藥産業에서의 知的財産權에 대한 誘引體系에 대해서는 최승재, "생명공학 특허를 통하여 본 특허성에 대한 소고", 法律新聞 2007. 1. 11. 參照.

요약

상호운용성의 개념은 서로 다른 종류의 기기 간에 소통을 할 수 있는 능력을 의미하며, 이러한 능력을 의미하는 상호운용성은 개별 기업의 차원에서 자신의 독자적인 판단에 의하여 이루어져야 할 것이므로, 이를 강제하는 것은 매우 주의하여야 한다. 상호운용성을 확보하는 방법은 보완적인 특허가 있는 경우에는 사적 오더링(Private Ordering)에 의하여 다수의 보완적 특허 간의 보완재 문제(complements problem)를 해결할 수 있는 방안으로 특허풀(patent pooling arrangement)에 의한 방법, 교차 라이선스(cross-license)에 의한 방법, 그리고 기업 인수 합병에 의한 방법 등이 논의될 수 있다. 한편, 특정한 기술에 대한 상호운용성의 확보의 경우에 특정한 회사가 개별적인 회사의 차원에서 상호운용성을 위한 필요한 인터페이스(interface)를 모두 공개하고, 이러한 인터페이스를 감안하여 자신의 제품을 설계하는 방법으로 이러한 공개된 인터페이스를 다른 회사에서 활용하도록 하여 상호운용성을 획득하도록 하는 방법이 있다. 이러한 개별 회사의 기술에 대하여 경쟁법이 관여할 수 있는 방법은 라이선스 거절 법리를 가지고 강제로 라이선스하도록 하는 방법이 있을 수 있지만, 이러한 경쟁법의 개입은 특허의 속성상 우회하는 대체적인 방법이 다수 존재할 수 있다는 점, 특허법 독자의 수단을 강구할 수 있다는 점을 감안하여 보충적으로 이루어지는 것이 타당하다.

그러므로 이러한 상호운용성을 확보하는 방법으로 표준화의 경우에는 개별적인 사안에서 표준화의 과정에서 기망적인 방법의 사용 등이 있는 경우에 경쟁법이 관여할 수 있는 것이고, 개별기업에 의한 라이선스의 경우에는 미국 및 유럽 공동체에서의 사안을 참고하여 보충적으로 경쟁법이 개별적인 사안에 적용할 수 있는 법리를 개발할 수 있을 것이다. 이를 통하여 지적재산권법과 경쟁법의 조화 및 균형이 가능할 것이다.

 情報交換契約(Information Exchange Agreement)을 통한 담합행위[*]

Ⅰ. 경쟁법의 조화(Harmonization)

현재 전 세계를 관통하는 경쟁법의 큰 두 개의 프레임(frame)은 유럽경쟁법과 미국경쟁법이라고 할 수 있다. 이런 식의 지리적인 구분은 물론 OECD나 ICN과 같은 경쟁법 집행 당국 및 전문가 간의 회의에 의하여 간극이 좁혀지고 있지만 2007년의 경우 2007년 5월 29일부터 6월 1일까지 러시아의 모스크바에서 제6차 ICN 연차총회가 개최되었고,. 6월 4일부터 6월 7일까지 프랑스 파리에서 OECD 경쟁위원회가 개최되었다. 여전히 기본적인 경쟁법 집행의 이념과 시스템에서의 차이는 상존하고 있다. 우리 공정거래법 이 글에서는 「독점규제및공정거래에관한법률」을 '법' 또는 '공정거래법'이라고 칭한다. 공정거래법의 적용에 있어 미국 경쟁법을 위주로 한 하나의 사고 틀과 유럽공동체의 경쟁법을 비교하여 적용 여부를 검토할 수 있다는 것은 우리가 긍정적으로 활용할 수 있다면 우리로서는 후발주자의 이익을 얻을 수 있을 것이다. 경쟁법은 시장을 규율하는 법이므로, 시장상황이 상이하다면, 유사한 것처럼 보이는 사안에서도 그 결론을 각국이 처하고 있는 경제 현실이 서로 상이한 점으로 인하여 서로 다른 결론에 이를 수 있다. 결국 우리의 경우에도 구체적인 경쟁법의 집행은 우리나라의 독특한 사정은 감안되어야 할 것이라는 점은 동일하다. 다만 그럼에도 불구하고 유지되어야 할 점은 경제법 영역에서의 공통되는 기반적인 이해를 바탕으

---

[*] 본고는 기업소송연구회에서 발표되고, 기업소송연구(2007)에 게재된 내용을 원본으로 하였다.

로 하여 한국에서의 경쟁법을 합리적이고, 한국에서 비즈니스를 하려는 자들에게 예측가능하게 만드는 것은 필요하고 요구되는 것이라고 하겠다.

이하에서 이러한 이해를 바탕으로 담합과 관련된 일반적인 행위 방식의 전개를 개관하면서, 정보교환계약을 중심으로 하여 유럽법원에서의 주요 판례들을 통하여 정보교환계약이라는 유형을 통한 담합의 가능성과 집행에 대하여 검토하여 보고, 이러한 사안을 바탕으로 하여 시장의 구조, 정보의 투명성과 경쟁압력의 정도의 관계에 대하여 이론적으로 고찰함과 아울러, 우리 법에 주는 시사점을 공정거래법 제19조의 적용과 관련하여 검토하여 보기로 한다. 특히 담합의 경우에는 대부분의 경쟁법을 운용하고 있는 법역에서 경쟁법의 규제대상으로 보고 있으며, 학파적인 대립에서도 하버드학파, 시카고학파, 후기 시카고학파 모두 규제대상으로 보는 데 이견이 없으므로 가장 경쟁법의 조화가 쉽게 이루어질 수 있으며, 경쟁법 집행에서도 국제적인 공조가 활발하게 이루어지고 있은 영역이다.

Ⅱ. 담합과 정보교환계약

1. 정보교환계약

가. 개념의 정의

정보교환계약(Information Exchange Agreement)이란 중앙기관을 통하여 수량, 가격, 할인, 기타 서비스와 다른 공급자 및 소비자에 대한 정보를 교환하는 계야글 의미한다. 중앙기관(central agency)은 각 산업별 연합체나 협회 같은 곳으로 정보 교환의 매개가 되는 기관을 말한다. 그러나 반드시 이러한 기관에 국한하지 않고 마케팅 부서장 간의 정례 간담회와 같은 자리를 만들어서 중앙기관과 같은 역할을 수행하도록 할 수 있다.

나. 구별 개념

구별되어야 할 것은 직접적으로 합의의 당사자가 되는 당사자들이 가격 내지 비가격 정보를 교환하고 이를 실행에 옮기기로 합의하는 담합(collusive agreement)이다. 정보의 흐름이 직접적으로 주체 간에 이루어지는 것이 아니라, 다른 계약으로 중앙기관을 통하여 이루어진다는 점에서 구별된다.

당사자 간에 모여서 회의록도 작성하고, 합의한 가격 등의 사항을 정하고 난 뒤에 이러한 합의 사항을 위반하는 경우에는 이에 대하여 제재를 하겠다는 형식의 노골적 담합을 도식화하면 중간에 매개하는 기관이 없다는 점과 이에 따라 담합행위의 당사자들 간에 직접적으로 합의가 이루어진다는 점에서 서로 구별될 것이다. 그리고 또 하나의 구별되는 개념으로 교환계약이라는 형식이 아닌 통계청과 같은 국가 기관의 일부로서 또는 이와 같은 역무를 수행하는 공무수탁기관도 법령으로 있을 수 있으므로 이와 같이 정보를 각 시장 주체로부터 수집하여 수집한 정보를 통계적으로 처리하여 다시 시장 주체들에게 제공하기도 하는바 이와 같은 경우와는 정보 수집의 근거와 주체의 관점에서 구별된다.

다. 문제의 소재

문제는 이러한 정보교환계약이 법령에 의한 경우가 아니라, 사업자단체 혹은 이러한 목적으로 설립된 단체에 의하여 이루어지는 경우, 이러한 계약은 향후 협력계약으로 이어지면서, 가격 내지 비가격 경쟁을 덜하게 하는 방향으로 작동하여 직접적인 담합을 회피하기 위한 수단으로 이용될 수 있다는 점에서 이러한 정보교환계약의 경쟁제한성 내지 위법성의 판단과 관련된 문제가 발생하는 것이다.

2. 정보교환계약의 속성

가. 담합 행태의 변화 추이에 대한 예상

시장에서의 플레이어들이 경쟁법의 집행이 점차 강화됨에 따라 아주 노골적 담합(naked collusion)을 하는 경우가 점차 줄어들게 된다. 대신 노골적 담합의 자리를 동조적 행위라는 형식으로 메워 나가게 될 것이다. 이와 같은 경우에는 메모라든가 하는 직접적인 증거를 작성하는 것은 매우 어리석은 행위라는 것을 담합행위자들이 인식하지만, 여전히 담합이 필요하다고 생각하는 경우에는 한자리에서 모이는 행위는 하지 않지만 자신들이 합의한 묵시적인 신호를 통하여, 일정한 사업자가 행동을 개시하면, 이를 신호로 하여 동시에 또는 순차적으로 가격 인상을 하는 방식을 취할 수 있을 것이다. 동시에 가격 인상을 하든 이전의 행태에 비하여 시차를 두고 가격 인상을 하는 방식을 취하면서, 그 시차도 불규칙하거나 일정한 형태를 가지고 있지 않은 것처럼 보이도록 하는 방식을 고안하려고 할 것이다. 결국 담합이 성공할 수 있는가의 요체는 어떻게 다종다양한 가격 내지 비가격 신호를 경쟁자들에게 전달할 수 있는가 하는 것에 있다.

물론 가격 정보의 경우와 비가격 정보의 경우를 동일하게 볼 것인가의 문제는 있다. 기업들로서는 이러한 신호 전달을 주기 위한 방법들이 고안하여, 노골적인 담합 행위와 같은 세련되지 않은 행위를 통하여 경성(Hard Core) 카르텔로 적발되어 과징금을 부담하고, 형사고발이 되어 형사처벌 되는 등의 위험을 피하고자 할 것이다. 왜냐하면 이러한 위험에도 불구하고 기업들의 관점에서 가격 내지 비가격 경쟁이 주는 수익성의 악화 위험이나 시장에서의 요구를 만족시키기 위한 원가절감을 위한 고통스러움을 회피하기 위하여 담합 또는 동조적 행동(concerted action)을 할 가능성은 시장에서 항상 존재하기 때문이다. 담합은 경제학적 붕괴가능성에도 불구하고 존재하여 왔고, 앞으로도 계속 존재할 것이라고 보는 이유 중의 하나는 담합이 적발되기 어렵다는 점도 존재한다. 이러한 담합의 적발의 어려움이라는 관점에서 징벌적 배상과 같은 방식을 취해야 적절한 담합을 제어할 수 있는 규범력을 가지는 배상을 강제할 수 있다는 견해가 있다. 예를 들어 담합을 하였을 경우에 적발될 확률이 1/3이고, 적발되지 않은 확률이 2/3이라고 하자.

위와 같은 경우에 적발 시 징벌이 600이 되어야 중립적인 의사결정을 하게 될 것이고, 이와 경우 기업들이 대개 위험중립적(risk neutral)인지, 위험회피적(risk averse)인지와 같은 기업들의 위험에 대한 태도에 따라서 담합이 이루어지게 될 것이다. 물론 이러한 논의는 손해에 대한 배상에 있어서 징벌적인 배상제도를 인식하고 있지 않은 우리 법제에서는 가능하지 않은 논의라고 할 것이나, 제재의 성격을 가지는 과징금의 산정에 있어서 이러한 억지력(deterrence)의 문제가 고려될 수 있을 것이다. 이러한 억지력이라는 관점이 강조되면 될수록 기업들의 관점에서는 발각의 가능성을 줄이거나, 발각이 되더라도 쉽게 담합을 인정할 수 있는 담합을 하자는 회의록을 작성하거나, 메모를 돌리는 것과 같은 노골적인 담합을 하는 것을 회피할 것이다.

하지만 여전히 담합을 시도할 가능성은 높은 것이 시장은 항상 성숙화되는 과정을 거치게 되기 때문에 성숙기의 시장 상황에서 과점적인 상황이고, 더 이상 이러한 상품에서 손해를 감내하는 것이 기업 내부에서 어려운 상황이 되기 때문이다.

나. 정보교환계약의 경우

이러한 점에서 경쟁당국이 이러한 정보교환계약에 시선을 두고 관찰하여야 하는 이유를 발견할 수는 있다. 정보의 교환은 시장 참여자 여기서의 '시장 참여자'란 공급자 및 소비자들을 포함한다. 여기서의 공급자와 소비자 개념은 B2B시장이냐 아니면 B2C 시장이냐에 따라서 그 위치를 서로 변경할 수 있음을 염두에 둔 의미이다. 경쟁당국들에게 유익한 경우도 다수이다. 그러므로 정보교환계약에 대하여 일도양단적으로 경쟁제한적이라거나 경쟁촉진적이라고 말하는 것은 타당하지 않다.

이 점에서 정보교환계약의 경우에는 경쟁당국으로 하여금 그 실체를 발견함에 있어 상대적으로 용이하지 않고, 발견한다고 하더라도 그러한 행위가 반경쟁적인 행위라고 단언하기 어렵다. 그러므로 유럽공동체의 경우에는 사안별로 경쟁제한적 정보계약과 아닌 경우를 구별하고 있다. 제공된 정보의 내용과 정보 처리 방식, 처리된 정보의 내용 등에 따라서 정보교환계약의 경쟁제한성이 달라지게 된다.

(1) 금지되는 정보와 금지되지 않는 정보

(가) 통계적인 정보의 경우

통계적인 정보(statistic information)는 규제의 대상이 되지 않음이 보통이다. 왜냐하면 통계적인 정보만을 가지고 시장참여자들은 향후의 추세 등에 대한 예측을 하기 위한 거시 또는 미시 지표로 활용할 수는 있지만, 바로 이러한 정보를 사용하여 담합을 형성하고 유지하는 것은 어렵기 때문이다. 직접적으로 담합적인 행동을 하기 위하여 사용하기에는 적당하지 않기 때문이다. 비교하여 통계청 등의 정부기관이 통계 내는 것은 정부의 국가에 대한 운용을 위한 관련 데이터의 확보라는 면이 주된 목적이기는 하나, 경쟁법적 관점에서 본다고 하더라도 통계목적의 행위는 규제하지 않고, 이를 지역적이나 기간별 등으로 분류하는 것도 막지 않는 것이 통상적임도 이러한 이해에 기초하고 있다고 볼 수 있겠다. 하지만 통계적인 정보의 경우에도 이러한 통계 자료가 다른 상대방의 경쟁적 행위를 파악하는 수단으로 사용될 수 있으면 경쟁제한적 행위로 파악될 수도 있다.

(나) 가격 정보와 비가격 정보

비가격 정보의 경우에는 상대적으로 가격 정보의 교환에 비하여 담합으로 파악될 소지가 적다고 판단된다. 하지만 통계적인 정보의 경우와 마찬가지로 비가격 정보의 경우에도 개별 기업의 생산량과 판매량, 할인조건, 신용공여조건, 운송이나 지불 조건, 경쟁자의 투자계획 등과 같이 이러한 정보를 취득하였을 경우에 쉽게 경쟁자들의 행동 양상을 파악할 수 있게 되는 경우라면 이러한 정보의 교환은 가격 담합을 위한 유인으로 사용될 수 있는 정보이다.

(2) 시장의 구조와 정보의 교환

정보의 내용 이상으로 중요한 역할을 하는 것이 바로 관련시장의 구조이다. 위원회는 관련시장의 구조(market structure)에 관심을 가지고 있다. 왜냐하면, 정보교환계약이 문제가 되는 맥락은 경쟁이라는 것이 각각의 생산자들이 시장에서 독립적으로 행동하고, 다른 경쟁자의 행동과 동조하지 않아야 경쟁이 촉진된다는 점에 있기 때문이다. 완전경쟁시장(perfect competition market)의 경우라면, 이미 시장에서의 정보의 흐름은 완전히 모든 시장 주체들에게 즉각적으로 알려지므로, 이러한 정보 계약의 유인도 이유도 없다. 강성 효율성 가정(strong efficiency hypothesis)을 완화하면 할수록 시장에서의 정보의 흐름이 강화되면, 시장에서의 정보의 양이 증가하는 것은 경쟁 촉진에 도움이 된다고 본다.

과점 시장(oligopoly market)의 경우 경쟁자의 행동에 대한 정보계약을 통하여 더 많은 정보를 가지게 되는 경우에는 다른 경쟁자의 행동에 대한 쉽게 반응할 수 있고 경쟁에 대한 압력을 줄일 수 있다. 정보가 더 많이 공개되어 경쟁의 압력이 완화된 경우, 가격의 방향성에 대해서는 결국 수요자와 공급자 간의 시장에서의 방향성, 즉 판매자 중심의 시장(seller's market)이냐 아니면 수요자 중심의 시장(buyer's market)인가에 따라서 다르다고 생각된다. 시장의 구조를 이해하기 위하여 완전경쟁과 단순한 독점만을 인식하고 있던 20세기 경제학과는 달리 과점이라는 분류하에서도 여러 가지 형태의 細分類가 가능한 상황에서 실질적인 시장상황에 대한 정확한 인식을 기초로 하여야 하며, 따라서 과점시장에서의 경쟁 양상도 완전한 독립된 행동과 순수한 담합으로만 구분되는 것이 아니며, 결국 상호 의존성이 큰 과점 시장의 속성을 감안하면, 정보교환계약에 대한 경쟁제한성에 대한 판단도 추정된 행동에 따른 편차(conjectural variation)가 상당히 클 수 있어 개별 구체적으로 판단되어야 할 것이라고 본다.[569] 예를 들어 소규모 판매자가 다수인 시장에서는 가격정보를 교환함으로써 잘못된 가격정보로 인하여 비롯되는 가격변동폭을 줄이고 이를 통해서 경쟁을 촉진할 수도 있다. 하지만 과점적인 시장구조에서 소수의 대기업들이 남아 있는 경우에는 이러한 가격 정보의 교환을 통한 경쟁 촉진의 효과를 기대할 수는 없다.

---

569) John Lipczinski, John Wilson, John Goddard, "Industrial Organization", 2nd edition pp.117 – 118.

다. 정보교환계약과 경쟁 전략의 관계

(1) 과점 시장에서의 게임이론의 적용

주로 경쟁 전략이 문제가 되는 것은 과점 시장이다. 전통적으로 과점 시장의 개념은 시장에서 경쟁자 수가 제한적인 경우로서 최소한 두 개 이상의 경쟁자가 존재하는 경우를 의미하여 왔다. 이러한 경쟁자의 수에 기초한 구별이 무의미한 것은 아니지만 경쟁자의 수가 모든 것을 말하지는 않는다.

오히려 시장에서의 상호 간의 행동이 다른 시장 경쟁자에게 큰 영향을 준다는 점이 과점 시장에서의 경쟁이라는 관점에서 가장 중요한 관점이라고 생각한다.[570] 이러한 과점 시장에서의 특징으로 인하여 과점 시장에서는 경쟁전략이라는 것이 매우 중요한 시장에서의 생존을 위한 요소가 된다. 과점 시장에서는 서로 경쟁을 하지 않는 것이 하나의 균형점으로 작용할 수 있게 되는데, 게임이론에 의하면 외려 가장 최악의 경쟁전략은 서로의 행동을 무시하고 움직이는 것이라고 할 수 있다.[571]

(2) 유럽공동체법원의 태도

앞에서 본 것과 같이 게임이론을 적용하게 되면, 과점 시장에서의 주체들은 서로 명시적 합의(express agreement)를 하지 않더라도 묵시적인 의사의 합치(tacit agreement)를 도출할 수도 있다. 이와 관련하여, 유럽공동체법원은 일정한 경우에는 竝行行爲(parallel conduct)가 전혀 담합의 의도에 의하여 이루어지지 않는 경우가 있을 수 있으며, 이는 시장의 구조에서 오는 당연한 결과라고 하면서 담합을 부인한 예도 있다.[572]

소위 '우드 펄프' 사건에서의 이러한 결론에서 주의하여야 할 점은 모든 과점 시장이 이와 같이 경쟁을 하지 않은 것이 시장 주체들에게 있어서 하나의 균형점을 제공하는 경쟁과 거리가 먼 시장은 아니라는 것이다. 과점시

---

570) Whish R. (2003), "Competition law", Lexis Nexis, pp.504 - 505.

571) 게임이론의 응용과 관련하여, Franzosi M. (1988), "Oligopoly and the prisoner's dilemma: concerted practices and 'as if' behavior", 9 European Competition Law Review 385 참조.

572) Joined Cases C - 89/85, C - 104/85, C - 114/85, C - 116/85, C - 117/85 and C - 125/85 to C - 129/85 A Ahlstrom Osakeytio e.a. (*Woodpulp II*) [1993] ECR Ⅰ - 1307, at paragraphs 101 - 102 (이하 '우드 펄프' 사건).

장의 경우에도 경쟁이 매우 치열한 시장은 존재하고, 이러한 차이는 다른 시장 주체의 행동을 쉽게 알아낼 수 있는가? 시장에서의 보복을 할 수 있는 적절한 수단이 존재하는가? 제품의 차이가 거의 없어서 차이의 이유를 쉽게 발견할 수 있는가 하는 등의 요건들이 중요한 사항이라고 할 것이다.[573]

(3) 유럽공동체 집행위원회의 태도

유럽공동체 조약 제81조는 문언상 합의(Agreement or coordinated action)가 존재하여야 한다. 따라서 시장에서의 경쟁자들 간의 의사의 합치가 존재하지 않는 경우에는 제81조의 적용은 없게 되는 것이다. 이러한 합의의 존재와 관련된 입증에 대하여 앞서의 우드 펄프 사건에서 병행행위에서 바로 이러한 합의를 도출할 수 없다고 유럽공동체 최고법원이 결정한 바는 과점 시장에서의 상호 의존성 이론(oligopolistic interdependence theory)을 받아들인 것으로 보인다.

유럽공동체 집행위원회도 공동체 조약은 경쟁자들 간에 서로 상호 간의 전략에 따라 반응하고 전략적인 행동을 하는 것을 금지하는 것은 아니며, 개별 사장에서의 행위자들은 특히 과점 시장의 경우 각자의 게임 상황에서 최적의 전략을 선택할 수 있고, 전략적 행동을 할 수 있다고 본다. 다만, 금지되어야 하는 협력 내지 협동은 직접 또는 간접적인 방법으로 서로 접촉(contact)하여 시장의 실제적인 내지 잠재적인 경쟁자들의 행동을 제약하고 그러한 과정에서 경쟁자들의 행동방식에 영향을 주는 것이라고 이해한다. 그러므로 시장참여자들이 경쟁을 위하여 필요한 정보를 수집하고, 이렇게 수집된 정보를 바탕으로 하여 상호 경쟁 전략을 수립하고 시행하는 것 자체는 경쟁의 방식이 경쟁제한적이냐 하는 문제와 다른 차원의 문제이므로 제외하고 정보의 수집과 처리 자체가 경쟁법적 문제가 되는 것은 아니라는 점을 분명하게 하고 있다. 선도 가격(price leadership)의 경우와 구별되어 정보의 교환이 기업 간에 존재한다는 입증이 이루어지는 경우에는 유사한 정황에서도 서로 다른 결론이 도출될 수 있다.[574]

---

573) Case T-342/99 Airtours v. Commission [2002] ECR Ⅱ-2585 at paragraphs, 58, 60 et seq.

574) Case T-202/98 Tale & Lyle v. Commission(British Sugar) [2001] ECR Ⅰ-1307, at paragraphs.

3. 유럽공동체법의 경쟁법 집행

유럽공동체 경쟁법의 집행을 이해함에 있어서 중요한 것 중 하나가 유럽공동체의 통합에 대한 고려이다. 특히 경제법의 이해에 있어서는 유럽공동체가 하나의 단일한 시장으로서의 '시장통합'이라는 이슈가 유럽법원의 사법적 판단에도 곳곳에 녹아 있다. '豫備決定勸告(reference for a preliminary ruling)'은 유럽공동체법원에 있어서의 매우 특이한 제도이다. 유럽공동체법의 집행과 준수에 있어서 가장 일차적인 책임을 부담하는 것은 각국의 법원이며, 이러한 각국의 법원은 공동체법의 집행에 있어서 사법심사에 대한 권한을 보유한다. 각국 법원은 조약의 조항들과 이에 기초하여 제정된 규칙들을 준수하도록 판단하여야 하는 것이다.

유럽공동체입법의 효과적이고 통일적인 이행과 각양각색의 해석이 이루어지는 것을 방지하기 위하여 각국 법원은 유럽공동체법원에 질의를 할 수 있거나 경우에 따라서는 하여야 하는바, 이러한 내국법이 유럽공동체법과 일치하는가에 대한 문제를 해결하기 위한 이러한 장치가 바로 예비결정권고인 것이다. 이 경우 유럽공동체법원의 응답은 단순한 의견제시가 아니고, 판결(Judgment)이나 명령(Order)의 형식을 취하게 된다. 이러한 유럽공동체법원의 판결은 모든 공동체 지역 내의 각국 법원들을 구속하며, 이와 관련된 사안의 당사자가 되는 유럽공동체의 시민들의 행동 준칙을 제시하게 된다.

Ⅲ. 정보교환계약과 유럽공동체법원의 태도

1. 영국 농업용 트랙터 사건[575]

가. 사실관계

이 사건은 무슨 종류의 정보가 합법적으로 교환될 수 있는가에 대한 사

---

75 et seq.

575) ECJ(C-7/95P), [1997] ECR Ⅰ-3111.

안으로 유럽공동체 1심 법원(CFI)과 유럽공동체 최고재판소(ECJ)에 의하여 판결이 이루어졌다. 위원회가 가격 관련 정보 교환 계약에 대하여 여러 차례 문제를 삼자 영국의 트랙터 제조업자들은 비가격 정보를 교환하였다. 이 사건 이전에도 '가격 정보'를 교환하는 경우에는 담합행위로 파악되어 위법성을 인정할 수 있고, 이 경우 조약 제81조의 적용이 가능하였다. 이 정보의 교환은 정보교환기구인 AEA에 의하여 이루어졌고 정보의 내용은 소매 판매량, 8개 제조업자들의 시장에서의 점유율, 농업용 트랙터 수입자들에 대한 정보 등이었다. 위원회는 이러한 계획에 대하여 반대하였고, 당사자들은 계약의 이행을 연기시켰지만, 네 개 사업자 뒤에 세 개 사업자로 줄어들었다. 당사자들은 위원회의 조치가 진행 중인 동안에 시행하지 않은 수정된 계획을 통지하였다. 중심적인 조직은 AEA이며, 1988년 1월 AEA는 정보교환 계약에 대한 통지 형식으로 이를 규정화하였다. 모든 정보는 AEA와 SIL에 의하여 정보 제공료를 받고 제공되었다. 다만 SIL은 단지 정보처리를 하기 위한 컴퓨터 처리기관에 불과하여 위원회는 절차 내에 이를 포함하지 않았다.

나. 제81조의 적용에 대한 법원의 판단

(1) 공동체 조약 제81조 제1항의 적용

개별 경쟁자의 매출정보의 파악 사실을 검토함에 있어 위원회는 시장의 구조, 상위 4사가 80% 이상의 시장을 점유하고 있는 집중도, 시장 진입의 곤란, 교환된 정보의 내용 등을 고려하였다. 유럽공동체 집행위원회는 이 사건에서의 정보 교환이 경쟁을 저해한다고 판단하였다. 하지만 이 사건이 유럽공동체 지역에서의 비가격 정보 교환에 대한 첫 번째 사안이었으므로 과징금은 부과하지 않았다.

(가) 고도로 집중화된 시장에서 숨겨진 경쟁(hidden competition)[576]의 방지

고도로 집중화된 시장의 경우 상호간의 비밀이나 시장의 불투명성으로 인한 경쟁 숨겨진 경쟁이 존재한다. 정보 교환은 이러한 경쟁을 소멸시키게

---

576) 이 개념에 대해서는 여러 가지 경쟁법상 논의가 있다. 경영학에서는 이를 숨은 경쟁전략(hidden competition strategy)라는 표현을 사용하여 설명한다.

된다. 정보 교환 계약 자체가 경쟁을 저해하는 것인지 아니면 이러한 계약에서 나아가 담합행위와 같은 개별 구체적인 경쟁제한적 행위를 하는 것이 요구되는지에 대해서는 의문이 있다. 다만 숨겨진 경쟁이라는 관점에서는 이렇게 말하는 것이 옳을 것이다.

그러므로 비밀성과 불확실성은 이런 시장에 있어서는 경쟁의 주요한 요인이 된다. 집중화된 시장의 경우 외부로부터의 경쟁 압력이 거의 없기 때문에 이러한 경쟁압력의 소멸은 과점 시장을 안정화시키게 되고, 경쟁적인 행동이 즉각적으로 다른 경쟁자들에게 파악이 되므로 경쟁유인을 감소시킨다. 영국의 트랙터 시장은 상위 4사가 80% 이상의 시장점유율을 가지고 있는 등 여러 요인에 의할 때 고도로 집중화된 시장이다. 영국의 수요자들의 경우에는 수요가 분산되어 있어 외국으로부터의 수입을 통한 수요의 이전이 용이하지 않다. 이런 상황에서 100%의 커버리지를 가지면서, 100% 정확한 정보의 제공은 시장상황의 변화를 즉시적으로 파악하고, 경쟁자의 매출 변화, 판매지역의 변화, 증가하는 모델의 변화와 시장 판매 전략까지도 파악하면서, 가격 인하 등 가격에 대한 경쟁을 정보를 즉시적으로 파악할 수 있는 점에 기초한 상대방의 대응가능성으로 인하여 감소시키게 된다.

정보의 교환은 결국 기존의 시장에서 우월한 지위를 차지하고 있는 사업자들의 지위를 공고화하는 효과가 있다. 만일 이러한 정보의 교환이 없었더라면 시장에서의 생산자들은 일정한 불확실성을 가지고 경쟁할 수밖에 없고, 통상적으로 불확실한 상황은 확실성이 높은 경우보다 더 많은 경쟁이 발생하게 된다는 점을 감안하면 이러한 정보의 교환은 경쟁을 제한하고 있다고 보아야 할 것이다.

(나) 비회원사의 시장 진입 제한

정보의 교환은 비회원사의 시장 진입을 제한한다. 만일 공급자가 이러한 교환계약의 회원사가 되지 않기로 한다면 정확하고 상세한 정보를 가질 수 없게 된다는 점에서 불이익을 받게 되는 한편, 회원사의 정확한 정보는 비회원사와의 경쟁우위 요인으로 작용한다. 만일 비회원사가 회원사가 되려고 하는 경우에는 모든 작은 시장과 상품의 매출에 대한 정보를 공개하여야 하므로 이러한 신규 회원사가 제공한 정보는 기존의 사업자들에게 자신들의 시장에서의 지위를 지킬 수 있도록 하는 수단이 된다. 결국 정보 교환의 밖에 있는 회사는 정보 교환 계약의 당사자가 되거나 되지 않거나 불이익을 입게 된다. 결국 이러한 정보 교환 계약은 영국에서 경쟁을 제한하고 있으며 신규 진입자의 영국 시장으로의 침투를 제한하는 역할을 하고 있다.

(다) 교환된 정보의 영업비밀성

당사자들은 정보의 교환이 영국 교통성에 의하여 산업에 제공된 등록정보에 근거하여 이러한 정보는 영업비밀이라고 할 수 없다고 주장하였으나 이러한 주장은 받아들여지지 않았다. 교환소는 단순한 추정치가 아니라 통상적인 경우에는 영업비밀로 공유되지 않는 정보를 공유하는 것으로 가격이나 기타 정보와는 달리 시장에서의 매출 정보나 시장점유율 정보는 시장에서 가장 파악하기 어려운 정보인바, 이러한 정보는 당사자들 간에 상호적으로 교환되고 있으며, 이러한 정보의 교환은 당사자들 간의 합의에 의하여 이루어졌고, 정부가 이러한 정보를 제공하였다는 것이 81조 (1)항의 적용을 배제하는 것은 아니라고 보았다.577)

(라) 과거 정보의 교환과 경쟁의 제한

당사자들은 교환된 정보라는 것이 과거의 정보이지 미래의 계획에 대한 것이 아니라고 주장하였으나 받아들여지지 않았다. 경쟁과 관련된 의사결정이 과거의 정보에 의하여 이루어지는 것이며 이러한 정보가 최신의 것이고 정확한 것일수록 미래의 행동에 대한 실제적인 영향은 더 크다고 할 것이기 때문이다.578)

그러나 일정한 정보의 경우에는 위원회도 오로지 역사적인 자료로서 더 이상 실제로 미래의 행동에 영향을 미치지 않는 경우도 있다고 하면서 이 사안의 경우에는 영국에서 개별 경쟁자들의 일 년 전의 매출정보 등이 이러한 예에 해당한다고 판단하였다.

---

577) Verband der Sachversicherer v, Commission[1987] ECR 405.
578) Zuchner v Bayerische Vereinsbank AG[1981] ECR 2021.

(마) 竝行輸入(parallel import)과 정보교환계약

이러한 정보의 교환은 어느 지역에서 어떤 모델의 트랙터가 팔렸는지에 대한 전체적인 정보에서 자신의 정보를 제거하는 방법 내지 직접적으로 개별 경쟁자 내지 경쟁사의 딜러들에 의하여 판매된 정확한 수량을 알아낼 수 있다. 이런 경우 정보 교환은 딜러나 병행수입자들의 소매활동을 방해하여, 경쟁을 저해한다. 이런 경우 다른 경쟁사의 트랙터를 많이 판매한 딜러에게는 공급을 줄이는 등의 방법으로 통제할 수 있게 되는 등 남용할 우려가 생기고, 이러한 수입, 수출 분석은 브랜드 간 경쟁을 감소시켜서 딜러가 자신과 제조사들을 위하여 높은 이윤을 유지할 수 있도록 한다. 이러한 정보 교환은 아울러 병행수입의 감소를 가져 오게 되어 영국의 딜러들에게 경쟁압력을 줄이는 역할을 한다. 이러한 정보 교환 메커니즘을 통한 병행수입의 중지는 다른 절차를 통하여 다루어질 것이다.

(2) 정보 교환 행위의 공동체 조약 제81조 제3항의 적용 여부

영국에서의 정보 교환 행위는 1975년 이래로 존재하여 왔고, 1988년 1월 4일 일련의 조사 끝에 산업계 전반에 걸친 정보의 교환이 있음이 밝혀졌다. 당사자들은 12년간 이러한 행위를 위원회에 통지하지 않고 하여 왔기 때문에 제81조 제3항의 적용을 받을 수 없다. 그리고 당사자들은 왜 개별적인 제조사와 딜러의 성과가 파악되어야 하는지에 대한 정당한 사유나 이익을 입증하지 못했다. 유럽공동체 집행위원회는 총합적인 산업정보(aggregate industry information)를 지역적인 구분을 하여 제공하는 것이나 반경쟁적인 경우가 아닌 한 자신의 회사의 정보를 제공하는 것까지 반대하는 것은 아니다. 그러므로 당사자들은 상세하고 최신의 산업과 회사들에 대한 데이터에 접근할 수 있다.

이런 모든 정보들은 각 회원사가 전체 시장의 동향을 파악하고 산업계의 수요 변화를 인식하고 이를 통하여 생산예측을 하는 것을 가능하게 하고, 딜러들로 하여금 적절한 트랙터의 재고수준과 부품의 재고수준을 유지할 수 있도록 한다. 이를 통하여 각 회원사는 제품과 딜러별로 산업전체의 관

점에서의 성과를 판단할 수 있도록 한다. 이 사건의 구두 변론에서 세 개의 회사는 통계적인 정보만으로도 충분히 영업할 수 있다고 진술하였고, 이것은 위원회의 결론이 타당하다는 증거이다.

딜러들의 성과에 대한 평가는 개별적인 제품의 최종적인 목적지를 파악하지 않는다고 하더라도 딜러가 판매한 총량만으로도 평가될 수 있다. 결론적으로 유럽공동체 집행위원회는 조약 제81조 제3항의 모든 네 가지 조건의 달성 여부를 검토하지 않더라도 필수성의 원칙(the condition of indispensability)이 만족되지 않아서 면책과 관련된 조약 제81조 제3항의 적용은 없다고 판단하였다.

2. Fitagri UK ltd and New HollandFordLtd v, Commision[579]

가. 사안의 개요

이 사건에서 CFI는 대체적으로 위원회의 결정을 확인하였고, ECJ는 적격과 관할권에 대하여 전체적으로 의문이 있었지만 CFI의 결정을 승인하는 것 외에 추가적인 작업을 하지는 않았다.

나. CFI의 판단

CFI는 시장의 과점적인 특성을 강조하였다. 그러나 법원은 이 사건이 가격이 아닌 사안에 대한 정보 교환에 대한 최초의 사건이며, 다른 반경쟁적인 담합을 기도한 것도 아니라는 점을 지적하였다. 또 원고들이 지적하는 것과 같이 투명한 정보 교환이 경우에 따라서는 시장에서의 경쟁을 격화시킬 수도 있다는 점도 인정한다.

하지만 법원은 위원회의 주장과 같이 주요 공급자들 간의 정확한 정보의 단기간 내의 교환이 이루어지고, 이러한 정보를 통하여 등록된 트랙터를 식별하고, 등록지까지 알 수 있는 상황은 본 사건과 같은 매우 집중적인 시장 상황에서는 경쟁을 제한하고 시장의 개별 경쟁자들의 지위와 전략에 영향

---

579) (T－34/92) 27 Oct 1974, [1994] ECR－905.

을 미치게 된다는 점을 인정하였다. 이러한 정보의 교환은 교환이 없는 상황에 비하여 시장의 경쟁자들이 좀 더 정확하게 시장을 예측할 수 있도록 하여 불확실성은 제거하게 된다는 점은 SIL에 의하여 제공한 설명에 의하여서나 각 회원사들에게 제공되는 정보 제공의 회수와 내용 등에 비추어 보아 분명하고, 더하여 위원회가 적절하게 지적한 것과 같이 이러한 협정에 가입하는 것이 설사 모두 하게 공개되어 있다고 하더라도 가입을 위해서는 즉시 모든 정보를 경쟁자들에게 공개하여야 한다는 점에서 설사 가입비용이 많지 않고 규정이 합리적이라고 하더라도 이러한 협약이 경쟁자들에게 불이익하게 작용한다는 점은 인정된다. 결국 위원회가 적절하게 인정한 여러 가지 사실관계에 기초하면 원고들의 주장과 같이 정보의 교환이 오히려 경쟁을 격화시킨다는 점을 인정할 수 있는 아무런 증거가 없고, 따라서 81(1)항의 적용이 잘못되었다는 원고의 청구를 기각한다.

3. Cartonboard 사건[580)]

가. 사안의 개요

카툰 판매업자들이 판매수량을 늘리기보다는 가격을 극대화하려고 정보를 '피데스'라는 명칭의 정보교환기구를 통하여 교환하기로 한 사건이다.

나. 피데스를 통한 정보 교환 행위

회원사들은 피데스에 순수한 데이터를 제공하고, 피데스를 이러한 데이터를 취하여 통계정보를 회원사들에게 제공하는 모델이다. 제공되는 정보(ⅰ) 주간 주문량 통계, (ⅱ) 월간 소비 통계(국가별 28개 등급 부여), (ⅲ) 월간 생산 및 인도 통계, (ⅳ) 매 6개월치의 시장 통계, (ⅴ) 매 6개월치의 중요 세목, (ⅵ) 매년 생산 능력 통계, (ⅶ) 기계재고(수시)는 여러 종류의 것이었던바, 당시 종이 보드 생산자의 75%가 '피데스'에 정도를 제공하고 있으며, 많은 경우 '피데스'의 정보 제공만으로 다양한 그룹의 시장점유율을 별도

---

580) 13 July 1994, [1994] OJ L243/1, [1994] 5 CMLR 547, [1994] 2 CEC 2186.

의 추가적인 정보 없이도 알 수 있는 상황이었다. 더구나, 카툰 보드의 경우에는 개별 생산자를 식별하는 것을 방지하기 위한 '피데스'의 통상적인 시스템도 존재하지 않았다. 생산 및 인도 통계의 경우 핀란드와 영국의 사업자는 단 두 개뿐이었기 때문에 개별 생산자에 대한 정보가 정확하게 파악될 수 있었고, 소비 통계의 경우에는 같은 정보가 좀 더 상세하게 제공되었다.

그러므로 '피데스' 시스템과 같은 정보 공유시스템은 개별적인 회사의 정보의 제공만을 금지하여야 하는 것이 아니라 현재의 주문량과 잔고에 대한 정보나, 생산 능력에 대한 예측 정보 등과 같은 현재 상태를 파악할 수 있는 정보도 제공하지 않도록 하여야 한다. 이러한 시스템은 오로지 총량적이고 통계적인 정보만을 제공할 수 있도록 하여야 하며, 결정이 있은 날로부터 3개월간 시스템을 이와 같이 수정할 수 있도록 하기 위한 기간으로 허용한다.

4. 정 리

가격이나 생산능력에 대한 정보제공 합의는 두 가지 목적이 있다. (1) 불법적인 카르텔의 집행을 감독하기 위한 수단으로 이용하기 위한 경우와 (2) 중대한 시장 진입장벽이 있는 경우에 이러한 과점 시장에서 경쟁을 하지 않도록 하기 위한 경우이다. 만일 어떤 회사가 특별한 할인이나 판매량의 증가가 있다면 이러한 행위는 즉시 경쟁자들에게 알려지게 되므로 경쟁자들은 특별히 경쟁한 유인이 없게 되는 것이다. 이러한 문제는 과점 시장의 경우에 더욱 부각된다. 하지만 문제는 '우드 펄프' 사건에서 유럽공동체 최고법원이 지적한 과점시장에서의 특성으로 인한 가격 동조 현상이 자연스러운 것으로 담합이 될 수 없다는 취지의 인정될 수 있는 영역과 관련하여 과점 시장이라고 하더라도, 합의를 위한 직접적인 접촉(contact)을 회피하는 수단으로 그것도 정보 교환을 위한 중앙기구를 사용하면서, 상호간의 계약을 통하여 비가격 정보를 통계적으로 제공하는 것과 같은 외양을 형성하는 경우에는 시장의 속성을 살펴보아 경우에 따라서는 담합으로 파악하여야 할 경우가 있다는 점을 알 수 있다.

Ⅳ. 결론: 정보 교환 계약과 공정거래법 제19조의 적용과 관련

정보교환계약과 담합행위의 인정과 관련하여, 노골적 담합이 아닌 사건에서 우리나라와 같이 각종 협회 조직이 많고, 이러한 협회 조직이 다양한 정보를 수집하고, 회원사에게 제공하는 상황에서 이러한 협회가 담합을 위한 수단으로 사용될 가능성이 상당히 존재한다고 본다. 일반적으로 카르텔을 형성하기 위해서는 참가하려고 하는 자들이 모두 조건에 동의하여야 하고, 최소한으로 가격과 수량, 그리고 이익의 분배에 대해서는 기본적인 합의가 이루어져야 할 것이다. 그리고 카르텔의 붕괴를 막기 위하여 카르텔에 관여한 자들에 대하여 속임수를 쓰는 것을 막는 장치를 강구하여야 하며, 카르텔에 속하는 않은 신규 진입을 막아야 한다. 이러한 카르텔이 기능하기 위한 조건을 구비하기 위해서는 반드시 카르텔 참여자 간의 의사소통이 이루어져야 한다. 이러한 카르텔 참여자 간의 의사소통의 방식은 당사자 간에 계약을 체결하는 방식으로 담합계약을 체결하고, 이러한 계약을 통하여 각 시장 주체들이 직면하게 되는 불확실성을 제거하는 단계가 하나 있고, 일단 담합계약이 이루어지고 난 뒤에는 속이는 자를 단속하기 위하여 의사소통을 하여야 하는 단계가 있다.

어느 단계에서든지 정확한 정보를 파악하는 것은 매우 중요하다. 최초의 담합 단계에서든지, 후의 담합을 유지하기 위한 감독을 위하여서든지 정보의 교환은 매우 중요하다. 우리 공정거래법은 제19조에서 담합행위를 금지하고 있는바, 정보교환계약의 경우 우리 법상 단순히 정보교환계약을 체결한 후 정보교환기구 주로 '사업자단체'가 이러한 역할을 수행할 가능성이 많을 것으로 판단된다. 사업자 단체를 사용하여 정보 교환을 개별 회원사들이 정보를 제공하고, 이를 정보 교환 기구가 가공하여 다시 회원사들에게 제공하는 방식으로 업무가 이루어진다고 하는 경우, 그것이 유럽공동체에서 문제가 되지 않는 총합적인 데이터 내지 통계적인 데이터와 같은 형태를 제외하고, 실질적인 의미를 가지는 개별 정보를 교환하는 경우라고 하더라도 그 자체로 바로 담합을 한 것으로 판단할 수는 없다. 그러나 담합의 추정을 위하여 필요한 정황증거로는 사용될 수 있을 것이다. 다만, 경우에 따라서는 정보교환계약의 형식을 취하고 있다고 하더라도 위에서 언급한 담합의 각 단계를 위하여 사용된 것으로 판단되는 경우에는 바로 담합의 직접적인 증거로 사용할 수도 있을 것으로 판단된다. 왜냐하면 정보의 교환은 카르텔의 형성을 위해서도 기여하지만 가장 중요한 것이 바로 담합에 있어서 가장 문제가 되는 감시 비용을 절감시킬 수 있는 기제로 사용될 수 있기 때문이다.

이를 통하여 카르텔의 안정성이 제고되는 것이다. 이와 같은 경우에는 바로 제19조 제1항의 증거로 사용될 수 있을 것이다. 다만, 이러한 정보교환계약이 우리 법상의 제19조 위반이 항상 된다거나 그렇지 않다고 단정적으로 말할 수는 없고, 유럽공동체법원이 인정하는 것과 같이 정보 교환 계약이 시장의 정보 유통을 촉진하여 경쟁을 강화할 수도 있다는 점과 같이 고려하여 개별 사안에 따른 시장의 구조, 정보의 내용, 경쟁가격 수준에서의 수요의 탄력성, 시장 진입에 소요되는 시간과 같은 병행수입의 경우에서 우리가 시사받을 수 있는 점, 구매자의 집중도, 생산품이 표준화되고 규격화된 것인지 아닌지, 초기 투자를 위하여 소요되는 고정비용의 크기와 각 경쟁자들의 비용구조 등 요소들을 종합적으로 판단하여 결정하여야 할 것이다.

<h1 style="text-align:center">※ 참고문헌 ※</h1>

　　아래의 참고문헌들은 각 장, 절별로 참고한 문헌들을 적시하였다. 다만 교과서는 글의 각주에는 언급되어 있으나 별도로 적시하지 않았다. 권오승 교수님, 정호열 교수님, 신현윤 교수님, 이기수·유진희 교수님, 홍명수 교수님, 이호영 교수님, 임영철 변호사님, 권재열 교수님의 경제법 교과서들은 매우 큰 도움을 준 교과서들로서 관련되는 공부를 하기 위해서는 당연히 보아야 할 책이나 굳이 언급하지 않았다. 그리고 관련되는 분야에 대한 필자의 논문이나 저서는 필자의 논문목록을 참고하였으면 한다.

<h2 style="text-align:center">제1장</h2>

제1절

김기중, "개정 저작권법에서 저작물의 전송을 차단하는 기술적인 조치", LAW & TECHNOLOGY(제3권 제2호, 통권 제11호), 2007. 3.

윤진수, "법의 해석과 적용에서 경제적 효율의 고려는 가능한가", 2009년 경제학 공동학술대회 한국법경제학회 자료집 중에서(2009. 2. 12.)

조정욱, "저작권법상 기술적 보호조치에 대한 침해행위", LAW & TECHNO-LOGY(제3권 제2호, 통권 제11호), 2007. 3.

Robert P. Merges, Contracting into Liability Rules: Intellectual Property Rights and Collective Rights Organizations, 84 Calif. L. Rev. 1293(1996).

John Lipczynski et al, "Industrial Organization: Competition, Strategy, policy", 2nd edition prentice hall, (2005).

Hill B, Wellford, "Antitrust Issues In Standard Setting", 2nd Annual Seminar on IT Standardization and Intellectual Property China Electronics Standardization Institute, Beijing, China, Mar 29, (2007).

Jorde, Thomas M., Sidak, J. Gregory and Teece, David J., "Innovation, Investment and Unbundling", Yale Journal on Regulation, Vol.17, No.1, pp.1－37, Winter 2000.

Sidak, J. Gregory and Spulber, Daniel F., "The Tragedy of the Telecommons: Government Pricing of Unbundled Network Elements Under the Telecommunications Act of 1996", Columbia Law Review, Vol.97, No.4, pp.1081－1161, May 1997.

Baumol, William J., Bork, Robert H., Crandall, Robert W., Daly, George, Demsetz, Harold, Eisenach, Jeffrey A., Elzinga, Kenneth G., Faulhaber, Gerald R., Fisher, Franklin M., Goetz, Charles John, Hahn, Robert W., Hausman, Jerry A., Jorde, Thomas M., Litan, Robert E., MacAvoy, Paul W., Sidak, J. Gregory, Spiller, Pablo T. and Spulber, Daniel F., "Supreme Court Amicus Brief of Professors and Scholars in Law and Economics in Support of Certiorari, Pacific Bell Telephone Co. v. linkLine Communications, Inc., No.07－512(filed Nov. 16, 2007)"(November 16, 2007).

Robert Landes, "Wealth Transfers as the Original and Primary Concerns of Antitrust; The Efficiency Interpretation Challenged", 68 The Hastings Law journal, Vol.34(1982).

Stefan Bechtold, "DRM－Standardisierung und DRM－Regulierung", Digital Right Management Conference, Berlin, Germany(2002).

제2절

박익수, "공정거래법상 관련시장의 지역적 범위에 관한 연구 － 임계매출감소분석에 의한 시장획정을 중심으로", 연세대학교 법무대학원 석사학위논문, (2006).

이기종, "공정거래법상 시장지배적사업자 여부의 판단을 위한 관련시장의 획정 및 시장지배력의 평가에 관한 연구", 기업법연구 제20집 제4호(통권 제27호)(2005).

이인호, 김종민, "디지털 컨버전스 시대의 기업합병 심사", 산업조직학회 세미나 자료(2007).

전성훈, "컨버전스 시대의 경쟁정책적 시사점", 산업조직학회 세미나 자료(2007).

홍명수, "관련시장 획정과 통방융합", 경쟁법연구 13권(2006).

Argentesi, E and M. Ivaldi, "Market Definition in Printed Media Industry: Theory and Practices", CEPR Discussion Paper No.5096(2005).

Commission Notice on the definition of the relevant market for the purpose of Community competition law. OJC 372 on 9/12//1997.

Evans, D and R. Schmalense, "The Economics of Interchange Fees and Their Regulation: An Overview", Proceedings - Payment Systems Research Conferences, Federal Reserve Bank of Kansas City, May(2005).

Jean - Charles Rochet · Jaen Tirole, "Two - Sided Markets: An Overview", Mar. 12 2004.

Mark Armstrong and Julian Wright, "Two - Sided Markets, Competitive Bottle-nectks and Exclusive Contracts", Review of Network Economics, Nov. 2004.

Mark Armstrong, "Competition in Two - Sided Markets", Working Paper, Department of Economics, University College London(2005),

Rysman M., "An Empirical Analysis of Payment Card Usage", journal of industrial Economics, 55, (2007).

제3절

박익수, "공정거래법상 관련시장의 지역적 범위에 관한 연구 - 임계매출분석에 의한 시장획정을 중심으로", 연세대학교 법무대학원 석사학위논문(2006).

신영수, "티브로드 사건 판례평석", 경쟁법판례연구회 발표문(2009. 1).

윤인성, "2008년 독점규제 및 공정거래에 관한 법률 관련판례의 개관", 한국경쟁법학회 동계학술대회 자료집(2009. 2).

조성국, "시장지배적 지위 남용행위에 대한 위법성 판단기준에 관한 연구", 한국경쟁법학회 동계학술대회 자료집(2009. 2).

최승재, "양면시장이론과 한국 경쟁법상 역할에 대한 연구 - 구굴의 더블클릭 인수 사건을 포함하여", 경쟁법연구 17권(2008).

최승재, "시장지배적 사업자의 거래거절 행위의 부당성 판단 기준", 판례연구 22집 제1권(2008).

Jean - Charles Rochet & Jean Tirole, "Two Sided Markets; An Overview", IDE Working paper(2004).

제4절

권오승 편, "통신산업과 경쟁법", 법문사, (2004).

허 영, "한국헌법론(전정3판)", 박영사(2007).

구자춘, "미국의 통신사업자간 상호정산제도 개혁 동향", 정보통신정책 제13권 9호(통권 278호)(2001. 5).

이석우, "포털의 UCC 유통과 법적 이슈", (2008. 4).

최승재, "네트웍 중립성과 의무전송의 법리에 대한 소고", 경제법판례연구 제4권, 경제법판례연구회(2008. 1).

Appropriate Framework for Broadband Access to the Internet over Wireline Facilities, FCC 05 - 151, CC. Docket No.02 - 33(2005).

Christopher S. Yoo, "Beyond Network Neutrality", 19 Harvard J.L. Tech. 1(2005).

Commission Policy Statement FCC 05 - 151(2005. 9. 23).

Federal Communications Commission, "New Principles Preserve and Promote the open and Interconnected nature of Public Internet"(2005. 8. 5).

Glen O. Robinson, "The Federal Communications Act: An Essay on Origins and Regulatory Purpose", in A Legislative History of the Communications Act of 1934(Max D. Paglin ed., 1989)

James B. Speta, "Common Carrier Approach to Internet Interconnection", 54 Federal Communication L. J. (2002).

Katz, M. L. and C. Shapiro, "Network Extensions, Competition, and Compatibility", The American Economic Review 75 Vol.3(1985).

L. Lessig & Tim Wu, "Re Ex Parte Submission in CS Docket No.02 - 52. Letter to: Federal Comunication Commission"(Washington, D.C.). August 22 2003.

Mark A. Lamley & Lawrence Lessig, "The End of End - to - End: Preserving the Architecture of the Internet in the Broadband Era", 48 UCLA L.Rev. 925(2001).

Menahem Blondheim, "News over the Wires: The Telegraph and the Flow of Public Information in America, 1844 - 1897", The Journal of American History, Vol.82, No.1(Jun. 1995),

OfCom, "Provision of Managed Transmission Service to Public Service Broadcasters"(2005),

Powell, Michael "Preserving Internet Freedom: Guiding Principles for the Industry" (2004. 2. 8).

Proposal of the Regulatory Framework Working Group, Digital Age Communication Act(Rel. 1.0, June 2005).

Robert L. Thomson, "Wiring a Continent: The History of the Telegraph Industry in the United States 1832 - 1866"(1947).

Stuart M. Benjamin, "Telecommunications Law and Policy"(2nd ed.) 2007

Supp.Carolina Academic Press(2007).

Thomas W. Hazlett, "The cubic zirconia court — approval of the 'must carry' rules requiring cable TV systems to give channel space to every local broadcast TV station"(1997).

Tim Wu, "Testimony of Tim Wu, Professor, Columbia Law School, House Committee on the Judiciary Telecom & Antitrust Task Force, Hearing on Network Neutrality: Competition, innovation and Nondiscriminatory Access"(2008. 2).

Tim Wu, "Why Have a Telecommunications Law? Anti — Discrimination Norms in Communications", J. On Telecomm. & High Tech. L. (2006).

Wallace Koehler, "Network Neutrality Under Challenge", Infotoday.com(2006).

제2장

제1절

윤인성, "2008년 독점규제 및 공정거래에 관한 법률 관련판례의 개관", 2009년 한국 경쟁법학회 동계학술대회자료집(2009).

이황, "공정거래법상 단독의 위반행위 규제의 체계: 시장지배적 지위 남용행위로서의 거래거절행위의 위법성, 그 본질과 판단기준", 사법, 사법발전재단 (2008).

차성민, "포스코 열연코일 공급 거절 사건에서 부당성의 의미", 경제법판례연구회 발표자료, 2008. 3. 27.

황창식, "공정거래법상 시장지배력 남용 규제의 해석 및 집행상의 문제점 — 불공정거래행위 규제와의 법적용 관계를 중심으로", 경제법판례연구회 발표자료, 2008. 3. 27.

Douglas Melamed & Ali M Stoppelwerth, "The CSU Case: Facts, Formalism and the Intersection of Antitrust and Intellectual Property Law", 10 Geo. Mason L. Rev. 407, 426, 427(2002).

제2절

김권회, "필수설비 보유자의 지위남용", 서울대학교 법학전문분야 연구강의 강의 자료, 2006. 3. 20. (이 글은 동일저자의 2005. 8. 서울대학교 법학 박사학위 논문을 요약한 것임. 따라서 좀 더 상세한 내용은 박사학위논문을 참고할 것.)

전성훈, "컨버전스 시대의 경쟁정책의 시사점", 2007 한국 산업조직학회 추계 정
        책 세미나 자료집 12 - 13면(2007. 10. 18).

최승재, "미국대법관이야기 23: 남북전쟁 이후 미국이 가야할 길 — 대법관 올리
        버 웬델 홈즈", 시민과 변호사, 2008년 3월호.

최승재, "유럽공동체 1심 법원의 판결에 대한 연구", 정보법연구, 정보법학회
        (2008. 1).

최승재, "전문가 증인의 신빙성과 법원의 판단", 국회보 통권 490호, (2007. 9.)
        122 - 123면.

일본 공정취인위원회, "기업결합심사에 관한 독점거래법의 운영지침", 2007. 3. 28.

Carol B. Swanson, "ANTITRUST EXCITEMENT IN THE NEW MILLENNIUM:
        MICROSOFT, MERGERS, AND MORE", 54 Okla. L. Rev. 285(2001).

Christian Ahlborn, et al., "Competition Policy in the New Economy: Is European
        Competition Law Up to the Challenge", 5 Eur. Competition L. Rev.
        156(2001).

Derek Ridyard, "Essential Facilities and the Obligation to Supply Competitors
        under the UK and EC Competition Law", 8 E.C.L.R. 438(1996).

Katz, M. L. & Shapiro, C. "Network Externality, Competition, and Compatibility",
        The American Economic Review, 75(3), 424 - 440. (1985).

Mario Monti, "Competition and Information Technologies", speech before the
        Barriers to Cyberspace Conference, Kangaroo Group, Brussels(Sept. 18. 2000).

NICHOLAS NEGROPONTE, "BEING DIGITAL", Vintage Books, (1995).

Paul D. Marquardt & Mark Leddy, "The Essential Facilities Doctrine and
        Intellectual Property Rights; a Response to Pitofsky, Patterson and Hooks",
        70 Antitrust L J. 847(2003).

RICHARD A. POSNER, "ANTITRUST LAW: AN ECONOMIC PERSPECTIVE",
        ch. 8(1976).

Richard A. Posner, Antitrust in the New Economy, 68 *Antitrust L.J. 925,
        942(2001)*.

Richard Hofstadter, "What Happened to the Antitrust Movement?", in The
        Paranoid Style in American Politics and Other Essays 188, 195(1965).

Richard Whish, "Competition Law", 5th ed. (2005).

Robert H. Lande, "Wealth Transfers as the Original and Primary Concerns of
        Antitrust; The Efficiency interpretation Challenged", 68 The Hastings law
        Journal, Vol.34, Sep 1982.

제4절

박상인, "혁신적 산업에서의 특허와 경쟁정책", LAW & TECHNOLOGY 제3권 제5호(2007. 9).

최승재, "마이크로소프트 유럽공동체 사건 판결에 대한 연구 — 소프트웨어 생태계와 경쟁 전략에 대한 법적 접근", 정보법학회 2008년 1월 게재 예정.

최승재, "생명공학 특허를 통하여 본 특허성에 대한 소고", 法律新聞 2007. 1. 11.

Abbott B. Lipsky, Jr. & J. Gregory Sidak, Essential Facilities, 51 STAN. L. REV. 1193(1999).

Robert Pitofsky, Donna Patterson & Jonathan Hooks, "The Essential Facilities Doctrine Under U.S. Antitrust Law", 70 ANTITRUST L.J. 443(2002).

Paul D. Marquardt & Mark Leddy, "The Essential Facilities Doctrine and Intellectual Property Rights; a Response to Pitofsky, Patterson and Hooks", 70 Antitrust L J. 847(2003).

Thomas Vinje, "European Union law on interoperability; What I the impact of the EU Court of First Instance's Microsoft Judgment?", 경제법 판례연구 2007. 11. 발표자료.

Korah, Valentine, "Cases and Materials on EC Competition Law", 3rd Edition, Hart Publishing, Oxford — portland Oregon(2006).

Kathleen M. H. Wallman, "The Role of Government in Telecommunications Standard — Setting", 8 CommLaw Conspectus 235(2000).

Nicos L. Tsilas, "Toward Greater Clarity and Consistency in Patent Disclosure Policies in a Post — Rambus World", Harvard Journal of Law & Technology, Vol.17, Nov. 2 Spring(2004).

제5절

John Lipczinski, John Wilson, John Goddard, "Industrial Organization", 2nd edition Prentice. Hall(2005).

색인 Index

사항색인

판례색인

▌약력

현) 경북대학교 법학전문대학원 교수
현) 대한변호사협회 법제위원(2007~   )
현) 행정안전부 자문교수
전) 법무법인 바른 변호사(파트너 대우)
전) 한국 마이크로소프트 담당임원(공정거래/특허)
전) 삼성SDI 선임변호사

▌학력

서울대학교 법과대학 박사과정 수료
Columbia Law School(N.Y.) LL.M
Sejong – Syracuse MBA Program MBA
서울대학교 법과대학 석사
서울대학교 독어교육/사법학(부전공) 학사

單行本
IT 기술과 법 I, 홍익대학교 출판부, 2007(2008. 8. 개정판)
民事訴訟法의 理論과 實際, 한빛지적소유권 센터, 1999.

論文
[공정거래법 관련]
양면시장이론과 한국 경쟁법상 역할에 대한 연구 — 구글의 더블클릭 인수사건을 포함하여, 경쟁법연구 제17권(2008. 5).
시장지배적 사업자의 거래거절 행위의 부당성 판단기준, 판례연구, 서울지방변호사회 제22권 제1호(2008. 8).
네트워크중립성에 대한 연구 — 브로드밴드 망을 중심으로, 서울대학교 법학, 서울대학교 법과대학(2008. 6).
통신산업에서의 표준화와 지적재산권과 경쟁법의 조화, 법조, (2008. 6).
경쟁법 사건에서의 전문가증인의 역할과 한계에 대한 연구 — IT 산업의 특성과 이에 대한 사법적 고려, 한양법학, 한양대학교 법과대학(2008. 3).
마이크로소프트 유럽공동체 사건 판결에 대한 연구, 정보법연구, 정보법학회, (2008. 1).
지적재산권법과 경쟁법 간의 조화와 균형에 대한 연구 — 상호운용성, 표준 및 라이선스 전략의 예를 중심으로, 경쟁법연구, 경쟁법학회(2008. 1).
의무전송(Must carry)조항, 네트웍 중립성, 통신규제의 특성, 변호사 제37집, 서울지방변호사회(2007. 1).
경쟁법의 운용과 기술혁신의 관계에 대한 연구, 경쟁저널 제128호, 한국공정경쟁연합회(2006. 9).
행정지도를 따른 행위와 부당한 공동행위의 추정의 복멸 — 대법원 2005.1.28. 선고 2002두12052 판결, 기업소송연구회(2005. 12. 26).
게임이론을 통한 행정지도의 권력성과 부당한 공동행위의 추정의 복멸: 권력적 사실행위도그마에 대한 비판적 검토, 競爭法研究 제12권, 競爭法學會(2005. 8. 19).
상품 및 용역거래의 부당지원행위 대상 거래 여부와 우회적 지원행위 — 독점규제및공정거래에관한 법률 제23조 제1항 제7호의 적용범위, 기업소송연구회(2006. 3. 1.) 2005(II).
獨占規制및公正去來에관한法律 제23조 제1항 제7호 상의 不當支援行爲의 判斷에 있어서의 考慮要所, 判例研究 19(I) 輯, 서울地方辯護士會(2005. 9).
부당지원행위 부당성 판단의 구조, 경제법 판례연구, 경제법 판례연구회(2005. 3).
中國企業法의 展開와 獨占規制法에 대한 展望, 法制, 法制處(2004. 4).

[지적재산권 관련]
미국 특허개혁법의 전개와 전망, 세계법제연구(법제처)(2008. 12).
미국에서의 디지털 콘텐츠의 공정이용항변의 적용과 한계 ― 유튜브(Youtube)를 둘러싼 일련의 소송을 중심으로, 계간 저작권(저작권위원회)(2008. 12).
특허법상 가처분에 대한 연구, 지식과 권리(2008. 10).
퍼블리시티권의 침해와 손해배상의 범위에 대한 연구, 스포츠와 법 제13권 제3호(2008. 8).
퍼블리시티권의 성격과 가처분의 성부에 대한 연구, 지식재산연구 제3권 제1호(2008. 6).
미국에서의 특허법의 개혁논의의 전개와 시사점, Law&Technology, 서울대학교 기술과법센터(2008. 6).
미국에서의 특허 진보성 판단기준의 전개에 대한 연구 ― 미국 연방대법원의 KSR 사건 그 이후, 홍익법학, 홍익대학교 법학연구소(2008. 2).
디지털 기술의 발달과 프라이버시권 보호에 대한 연구, 과학기술법 연구, 한남대학교, (2008. 3).
소프트웨어 저작권에 있어서의 권리소진이론의 적용에 관한 연구, 창작과 법 연구, 홍익대학교 창작과 법 연구센터(2007. 10).
특허의 진보성 판단의 구조와 진보성 판단기준에 대한 연구(上) ― 한국과 미국의 판례를 중심으로, 지식과 권리, 대한변리사회(2007. 12).
글록스터 판결의 의미와 P2P 기술의 미래, 변호사 제36집, 서울지방변호사회(2006. 1.) 127 - 159면.
特許 라이센스 政策의 競爭法的 含義, 公正競爭, 公正去來協會(2002. 9).
出願經過禁反言의 原則 ― Festo 판결과 관련하여, 辯護士, 서울地方辯護士會(2002. 1).
製造物責任法의 適用 範圍 劃定에 관하여, 人權과 正義, 大韓辯護士協會(2002. 11.) 특허침해소송에서의 균등관계의 범위, 저스티스, 韓國法學院(2002. 10. 20).

[기업법, 금융법 및 세법 관련]
금융시장에서의 금융소비자의 행동양태를 고려한 투자자보호규범의 설계에 대한 연구 ― 소위 행동경제학적 관점을 반영하여, 증권법연구 제9권 제2호(2008. 12).
구조화금융과 서브프라임금융위기의 전개에 대한 연구, 상장협연구 제58호(2008. 10).
은행 및 금융지주회사의 소유지배구조에 대한 연구 ― 미국 및 독일에서의 역사적인 전개 및 입법론을 포함하여, 증권법연구, 증권법학회(2008. 6).
원천징수제도의 유인구조와 적용범위의 재설계, 변호사지 제38호, 서울지방변호사회(2008. 1).
기업지배구조와 적대적 기업인수 방어수단의 도입에 관한 연구, 동북아법연구 제1권 제1호, 홍익대학교 동북아법 연구센터, (2007. 10).
분식회계와 실질과세의 원칙, 신의성실원칙, 판례연구 21집(1), 서울지방변호사회(2007. 9.) 9 - 35면.
한국판 '엑슨 - 플로리어법' 제정에 대한 연구 ― 입법론을 중심으로, 증권법연구 제7권 제2호, 증권법학회(2006.12.) 311 - 363면.
집행임원제도의 도입과 상법상 기업지배구조에 미치는 영향에 대한 검토, 기업지배구조연구, 한국기업지배구조개선센터(2006. 5. 15.) 42 - 53면.
집행임원의 지위에 대한 연구 ― 상법개정과 관련하여, 판례연구 20집(2), 서울지방변호사회(2006. 10. 25.) 263 - 285면.
사외이사제도의 실제와 집행임원제도 도입에 대한 연구, 증권법연구 제7권 제1호, 증권법학회(2006. 6.) 133 - 166면.
정리회사의 재무구조 변경과 주주의 지위 ― 대법원 2005.6.15. 선고 2004그84결정, 기업소송연구, 기업소송연구회(2006. 3. 3.) 368 - 392면.
不當行爲計算 否認과 關聯된 經濟的 合理性의 判斷을 中心으로 한 '判例'와 '決定的 先決例(Compelling Case)'의 區分에 대한 小考, 法曹, 法務部(2005. 3.) 175 - 201면.
Comparative Study on the Depositary Insurance between KDIC and FDIC, Columbia Law School(Parker Achievement Award: unpublished)(2004. 5).
株式買受選擇權 運用의 實務와 問題點, 法曹, 法務部(2002. 9. 1.) 144 - 180면.

[기타]
條約의 國內法的 效力에 대한 硏究, 서울대학교 碩士學位 論文(2000. 2).
성 중립성(Gender neutrality)과 성 평등성(Gender equality), 법제, 법제처, (2006. 7).
한국에서의 사내변호사의 현황과 전망, 베트남 정부 초청 세미나 한국 측 발표자료집(2005. 11).

초판인쇄 | 2009년 6월 15일
초판발행 | 2009년 6월 15일

지은이 | 최승재
펴낸이 | 채종준
펴낸곳 | 한국학술정보㈜
주 소 | 경기도 파주시 교하읍 문발리 파주출판문화정보산업단지 513-5
전 화 | 031) 908-3181(대표)
팩 스 | 031) 908-3189
홈페이지 | http://www.kstudy.com
E-mail | 출판사업부 publish@kstudy.com

등 록 | 제일산-115호(2000. 6. 19)
가 격 | 20,000원

ISBN   978-89-268-0055-3 93360 (Paper Book)
        978-89-268-0056-0 98360 (e-Book)